地方分権の財政学

原点からの再構築

Fiscal Decentralization and State-Local Finance:
Fundamental perspectives

持田信樹 [著]
Mochida Nobuki

東京大学出版会

Fiscal Decentralization and State-Local Finance:
Fundamental Perspectives

Nobuki MOCHIDA

University of Tokyo Press, 2004
ISBN 4-13-046081-1

はしがき

　民主主義的統治の強化やサービスの効率的供給を目的として，世界的に地方分権の高揚が見られる．1990年代から今世紀初頭にかけて地方分権化は日本でも重要な課題となっている．分権化は長期的なトレンドである．この改革は一過性のキャンペーンではなく，相当の時間的なスパンで継続的に試行錯誤を繰り返しながら進められることになると予想される．

　わが国において地方分権という方向に国内制度を再編しようとする駆動力は何であろうか．経済社会の発展段階によって集権による平等化と分権による個性的なサービスのバランスは変化する．また受益と負担の関係を身近な地方自治体レベルで明確化し，コスト原理を働かせることが公共部門のパフォーマンスを高めるためにも必要となる．さらに国境の存在によって保護されてきた多くのローカルな企業は，一方で技術の先端性や製品の認知度において優位に立つグローバルな企業の進出と，他方で，安い労働力を使った発展途上国からの輸入品と前面と背面の両面での競争を余儀なくされている．

　本書の目的は，「21世紀の経済社会において，どのような地方分権化が望ましいのか，そのための財政システムはどうあるべきかを検討し，そのあるべき見取り図を構想する」ことにある．なぜ，わが国では税財源面での分権化は膠着状態に陥っているのだろうか．地方財政がかつてない危機に直面しているのはどうしてか．われわれは何をなすべきか．こうした問いに答えるべく地方分権との関連で日本の財政システムの点検作業を行ない，国際的視野から問題を考え，斬新な分析に基づき具体的な制度設計を提示することが本書に託した私の意図である．

　地方分権との関連で日本の財政システムを論じた多くの優れた論文・書物が書かれている．その多くは政策提案を読者に対して説得することを主たる目的としたもののようである．「地方分権とは何か，その目標に到達するには，歳出や歳入をいかに異なるレベルの政府に割り当てるべきか，また財政錯覚を最小限に抑えつつ，両者のギャップを埋めるには政府間移転をどのように設計し

たらよいか」等の点についての包括的・根源的議論の扉は今開かれたばかりである．本書に「原点からの再構築」という気負った副題をつけたのは，かかる問題意識による．

　もちろん，分権的な財政システムを構想することは野心的な試みであり，私一人の能力を超えていると思える．本書は壮大な大伽藍のような「現代日本財政論」を提示するものではなく，地方分権についての仔細な概説書でもない．そうであれば当然，触れなければならないテーマを本書は必ずしもカバーしていない．本書で私が心がけたのは地方分権との関連で重要と思われる財政問題について，これまで十分に知られていなかった事実や原因を指摘し，斬新な分析や新しい理論的理解を示し，多くの人々が受け容れやすい解決あるいは改善の方策を提示することであった．またできるだけ広い国際的視野からものごとを考え，できるだけ平易な文章とロジックで書くことに専念したことである．この試みがどこまで達成されたかは読者の判断に委ねるしかないが，本書で提示されている数多くの分析と処方箋が，21世紀の地方分権改革において，現実に生かされることを切に望みたい．

　本書の執筆にあたり，多くの人々や機関から研究上の助言や援助を得た．本書の執筆に不可欠であった人々すべてあげたらきりがないので，本書の贈呈をもってかえさせていただく．ただ例外として是非ともあえて名前をあげて，以下の方々，諸機関に謝意を表したい．

　ジュン・マー（前世界銀行，現ドイッチュ・バンク），ユルゲン・ロッツ（前デンマーク大蔵省，現OECD），ロビン・ボードウェイ（クィーンズ大学），リチャード・バード（トロント大学），ポウル・ホブスン（アカーディア大学），ロバード・エーベル（世界銀行）の各氏には，分権化の国際的潮流と地方財政論の最先端について，議論や共同研究の機会を与えていただいた．また林建久，宮島洋，神野直彦，伊東弘文，堀場勇夫，井堀利宏，金本良嗣，林正寿，金澤史男の諸先生方との議論から経済社会の具体的問題に不断に問いかけていくことの大切さを学んだ．さらに村松岐夫，秋月謙吾両氏をはじめとする行政学の諸先生方には，政府間関係に関する新鮮な知識を与えていただいた．

　また内外の研究報告，研究会，パネル・ディスカッションに参加して，多く

のことを学んできた．世界銀行，経済協力開発機構（OECD），カナダ政府，ベトナム政府首相府，タイ内務省，中国全国人民代表大会議，国際共和制協会（IRI），国際財政学会，日本財政学会，内閣府，国際協力事業団（JICA），一橋大学大学院国際企業戦略研究科，明治学院大学，地方分権推進委員会，地方分権改革推進会議，全国知事会の方々には，研究報告・討議，パネル・ディスカッション，座談会の場を用意していただいた．

そして本書の執筆過程では各種の海外調査や長期の国際共同研究に参加し，資料を賜り，議論のための時間を割いていただくことが多かった．ヨーロッパ評議会，OECD のような国際機関からタジキスタンのような小国まで，またブラジル連邦政府の閣僚からタイのタンボン自治体のカムナンにいたる多くの政府関係者・研究者に対して，謝意を表したい．これら海外調査や共同研究が円滑に実施されたのは世界銀行経済発展研究所，国際協力事業団，各国日本領事館の方々の地道な努力の賜物である．

これらの調査・共同研究に関連して，あえて名前をあげて以下の機関・方々にお礼を申し上げたい．①タイ：ノーラニット・セータプット（タマサート大学），ニヨム・ラッタマリット（ラームカムヘン大学），チャラット・スワナマーラー（チュラロンコン大学），パタン・スワナモンコン（スコタイタマティラート大学），ソムキット・ラートパイトーン（タマサート大学），スラシット・ワジラカチョン（開発行政大学院），内務省地方行政局，タイ大蔵省，②国際機関：ラファエル・ベニテ（ヨーロッパ評議会），ライフ・イェンセン（OECD 租税・行政センター），イザベル・ジュマー（OECD），ウィル・ライフリッツ（OECD），ドゥブラフコ・ミハルジェク（国際通貨基金），ファラク・イクバル（世界銀行），③北欧：ニルス・ペダーセン（デンマーク大蔵省），ジャスパー・ステファンスン（デンマーク全国地方自治体連合），ビヨルン・ズンドストレム（スェーデン全国地方自治体連合），マーズ・ライ（ノルウェイ全国地方自治体連合），④カナダ：ジローム・ビソネッツ（カナダ財務省），ピエール・パスカル・ジェンドロン（トロント大学），ジャック・ミンツ（トロント大学），マイケル・ギラード（カナダ統計庁），ウィリアム・チャンドラー（カナダ財務省），⑤アメリカ：マーク・ハーズ（ミシガン州財政局），ロバート・トンプスン（ニュー・ジャージー州税務局），⑥オーストラリア：ボ

ブ・サーリ（オーストラリア連邦補助金委員会），⑦ブラジル：フェルナンド・レゼンデ（商工省），フェレイラ・フェルディ（財務省），リカルド・ファルサーノ（応用経済研究所），ロベルト・アフォンゾ（応用経済研究所），クロビス・パンツァリーニ（会計事務所），サンパウロ州政府長官，⑧フィリピン：ロザリオ・マナサン（フィリピン開発研究所），⑨中国：スー・ニン（全人代常設予算委員会），ワン・ユンジュン（中央財経大学）．

　また日本の地方財政政策の衝にあり，実務に携わってこられた方々にも，事実について教えを受け，資料を賜り，議論の相手になっていただいた．ことに瀧野欣也，岡本全勝，株丹達也の各氏（総務省），「地方分権と地方行政研究会」（国際協力事業団），「地方税源の充実確保方策に関する調査研究委員会」（自治総合研究センター），「地方財政研究会」（地方財務協会），「地方債に関する調査研究委員会」（地方債協会），「個人住民税研究会」（総務省），「固定資産税のあり方研究会」（資産評価センター），「付加価値税の政府間配分に関する研究会」（地方自治情報センター），自治体国際化協会ニューヨーク事務所の方々にはこの場を借りてお礼を申し上げたい．いうまでもなく，本書の内容ならびに意見は，すべて私個人に属するものである．

　さらに各方面の機関からは，研究費の支給，研究上の援助・便宜を受け，励ましをいただいてきた．本書の基礎となった研究には東京大学経済学振興財団，同日本経済国際共同研究センター，野村学術基金，鹿島学術振興財団の研究助成金，文部科学省の科学研究費（1993-1994 年度，1998-2000 年度，2003-2005 年度）を受けている．また本書は東京大学日本経済国際共同研究センターの 2003 年度刊行助成を得て出版される．ほぼ 9 年を費やした本書の構想・研究・執筆過程において快適な研究環境を整えていただいた斎藤静樹，宮島洋，堀内昭義，岩井克人の歴代経済学部長，教官秘書室のスタッフの方々，議論の相手になってくれた現役学部ゼミ生諸君，貴重な時間を割いて草稿に目を通し校正を手伝ってくれた大学院生の岩田由加子さん，そして本書の編集を担当された東京大学出版会の黒田拓也・池田知弘の両氏に厚くお礼を申し上げたい．

2003 年 12 月　　本郷にて

持田信樹

目　次

はしがき

序章　財政システムと地方分権 …………………………………………… 1
　　　長期トレンドとしての分権改革　1　　財政規律とグローバル化　2　　日本の地方財政の国際的位置　3　　地方固有財源としての地方税　5　　付加価値税の政府間配分　6　　地方交付税の改革　8　　地方財政調整制度と分権化　11　　地方債の未来　13　　ヨーロッパ地方自治憲章の有用性　16　　アジアにおける分権改革加速　17

1章　地方財政の国際的位置：日本と北欧 …………………………… 21
　1.　はじめに ……………………………………………………………… 21
　2.　地方政府の役割分担と裁量権 …………………………………… 23
　　　政府レベルにおける役割分担　23　　垂直的財政不均衡の比較　26
　3.　地方税システムと説明責任 ……………………………………… 29
　　　日本の地方税システム　30　　北欧諸国の地方所得税　33　　有権者に対する説明責任　35　　地方所得税の税務行政　38
　4.　包括補助金化と財政調整制度 …………………………………… 41
　　　政府間財政移転の構成　42　　財政調整効果の比較　43　　財政調整理念とアプローチの相違　47　　財政需要の算定の比較　50　　財政能力の測定　55
　5.　地方予算をめぐる国・地方の協調関係 ………………………… 57
　　　総務省と地方財政計画　57　　北欧諸国における地方自治体連合　58　　交渉を通じた自発的合意　60
　6.　結　語 ………………………………………………………………… 62

2章　税源配分論の展開と日本の地方税 …………………………… 67
　1.　はじめに ……………………………………………………………… 67

2. 日本の地方税システム …………………………………………………… 68
   垂直的財政不均衡 68　法人所得課税への依存 70　税収分割システム 72
3. 地方税原則の再検討 ……………………………………………………… 76
   規範論的な税源配分論 76　政策論的な税源配分論 78　二つの地方税原則論の比較 80
4. 税源配分の新しい制度設計 ……………………………………………… 81
   固定資産税 81　個人所得税 83　一般売上税 85　法人所得税 87
5. 結　語 …………………………………………………………………… 88
   簡素で公平な固定資産税 89　個人住民税の拡充 91　地方消費税の将来像 94　法人事業税の外形標準化 97

3章　付加価値税配分論と地方消費税 ……………………………… 103

1. はじめに ………………………………………………………………… 103
2. 地方消費税の創設と仕組み …………………………………………… 105
   ゴルディウスの結び目 105　消費譲与税から地方消費税へ 107　地方消費税の性格をめぐる論争 108　課税標準と税率 109　「消費地と税の帰属地の一致」論 110　商業統計等による清算 111
3. 地方消費税の意義と問題点 …………………………………………… 112
   課税ベースの可動性 112　課税ベースの地域分布 114　「清算基準」の問題点 117　簡素化と自己決定のトレード・オフ 118
4. 地方付加価値税の国際的潮流 ………………………………………… 120
   税収分与方式の多様化 121　独立税タイプの地方付加価値税 122　租税国境廃止後の EU 123　売上税をめぐる「協調」125　バードによる新見解 126
5. 原産地原則の検証と租税論のフロンティア ………………………… 128
   税収分与方式の難点 129　EC ノイマルク委員会勧告と原産地原則 130　ブラジルの商品サービス流通税 131　「仕送り状の観光旅行」と「財政戦争」132　原産地原則と税収の帰属 137　租税論のフロンティアと仕向地原則の再生 139
6. 境界統制と境界税調整の分離 ………………………………………… 142
   税額控除清算方式と「コックフィールド白書」142　キャッシュ・フロー問題 144　ボダー・モデル 145　繰延べ支払い方式のメカニズム 147　ケベック売上税（QST）149
7. カナダ協調売上税（HST）の長所 …………………………………… 151
   供給地ルール 152　HST の配分公式 154　HST の日本に対する意義 157

8. 結語 ··· 159

4章　地方交付税の制度設計 ··· 165
　　1. はじめに ··· 165
　　2. 財源不足と地財対策 ·· 169
　　　　地方財政計画上の財源不足額　169　　「供給側」の要因　170　　「需要側」
　　　　の要因　171　　財源不足発生の原因　175
　　3. 基準財政需要の裁量性 ·· 175
　　　　交付税の「合理的かつ妥当な水準」　175　　地方財政計画との連動　177
　　　　算定の裁量性　178　　過大な「単独事業」の帰結　180
　　4. 地方交付税制度とモラル・ハザード ··· 183
　　　　留保財源率の引上げ　184　　課税努力についての見方　186　　都道府県の
　　　　課税努力　187　　固定資産税の負担水準　189　　交付税余剰給付率の分析
　　　　191　　地方公共団体の行動によるモラル・ハザード　191　　固定資産税制
　　　　度によるモラル・ハザード　194
　　5. 財政調整制度の国際比較 ··· 196
　　　　カナダの平衡交付金制度　197　　オーストラリアの財政援助交付金　198
　　　　ドイツ統一と州間財政調整の動揺　201　　イギリスの歳入援助交付金　204
　　6. 結語 ··· 208
　　　　財政調整制度の位置付け　208　　地方交付税改革の基本的な考え方　209
　　　　客観的ルールと独立機関による算定　210　　対人サービスを支える「機会
　　　　の平等」　211

5章　地方分権下の財政調整制度 ··· 215
　　1. はじめに ··· 215
　　2. 地方分権のコストと財政調整制度の役割 ·· 216
　　　　地方分権のメリット　217　　地方分権のコスト　218　　財政的非効率性と
　　　　は何か　220　　地方分権化と地域格差　221　　「機会の平等」としての財
　　　　政的公平性　223　　制度設計の指針　224
　　3. 財政余剰の発生メカニズムと財政調整制度 ··· 225
　　　　財政的公平性のシナリオ　225　　人口移動に伴う非効率性　228
　　4. 地方交付税制度の存在根拠 ··· 232
　　　　居住地課税による準私的財供給　232　　転嫁仮説についての考え方　234
　　　　居住地課税の負担構造　235　　歳出を通じた所得再分配　236　　準私的財
　　　　の階層別帰着　237
　　5. 結語 ··· 239

6章 持続可能な地方債制度の将来像 …… 243

1. はじめに …… 243
2. 経済対策への協力と地方単独事業 …… 245
   地方税の自然減収 245　裁量的財政政策と地方単独事業 246　地方債に対する交付税措置 251
3. 財投改革と事前協議制 …… 254
   「暗黙の政府保証」の副作用 255　財投改革と事前協議制の影響 256　対国債スプレッドと銘柄間格差 258　市場公募債の流通市場分析 260　地方債市場の需給要因 264
4. 地方債制度の将来像 …… 265
   国際的類型 265　権力的関与の緩和 267　「市場による規律」の限界 267　「無救済政策」(non-bailout) の信頼性 269　ルール型規制の意義 271　フロー・ベースの会計情報の限界 272
5. 結語 …… 275
   ルールを主柱にした起債制限 275　公的資金から民間資金へのシフト 277　持続可能な地方債制度をめざして 280

7章 欧州地方自治憲章と分権化の戦略 …… 283

1. はじめに …… 283
2. 地方分権化の底流 …… 284
   EU統合と地域再生 284　行政的分権システム 286　ソフト化する予算制約 289
3. EU統合と地方財政の動向 …… 290
   分権化と集権化のスペクトラム 292　イタリア：地方分権化の進展 292　ドイツ：グローバル化と東西統一 295　北欧諸国：地方自治とマクロ的経済政策 297　イギリス：ヨーロッパの異端 298
4. ヨーロッパ地方自治憲章の基本的な考え方 …… 299
   公共部門における地方財政の役割 300　地方分権の意義と限界 302　税率決定権を伴う財源の分権化 303　租税競争についての評価 305　地方税原則と「最良の地方税」 307　政府間移転についての基本的立場 308　財政調整制度の意義と問題点 309　地方債の意義とルール 312
5. 地方自治憲章の日本に対する意義 …… 314
   日本における地方分権化の方向性 314　ヨーロッパ地方自治憲章の問題点 317
6. 結語 …… 318
   特定補助金の廃止・統合 319　居住地課税を主柱にした地方税 319

地方交付税の制度設計　322　　ルールによる地方債の管理　325

8章　東南アジアにおける分権改革 …………………………………… 331
　1. はじめに ……………………………………………………………… 331
　2. 分権改革の背景 ……………………………………………………… 332
　　　民主化との連動　332　　財政赤字の下方転嫁　333　　国家統合の維持　334
　3. 分権化の隘路 ………………………………………………………… 335
　　　「受け皿」問題　336　　地域格差の拡大　338　　マクロ経済の不安定化　338
　4. 地方政府への権限移譲の問題点 …………………………………… 339
　　　出先機関によるサービス供給　339　　地方ボスの影響力　341　　地方政府間の水平的連携　342　　中央政府による調整機能の停止　343
　5. 地方税拡充の障害 …………………………………………………… 345
　　　集権的な税源配分　345　　固定資産税の問題点　346　　税源の偏在　347
　6. 政府間財政移転の制度設計 ………………………………………… 347
　　　財政調整の未成熟　348　　交渉による補助金配分　349　　補助金交付にリンクした自治体分類　352
　7. 結　語 ………………………………………………………………… 354
　　　統合型分権化へ　354　　分権化についてのソフトな政策支援　355

索　引 ……………………………………………………………………… 359

序章　財政システムと地方分権

長期トレンドとしての分権改革

　地方分権化を志向する傾向は，先進国，発展途上国，移行経済国を問わず国際的潮流となっている．1990年代から今世紀初頭にかけて地方分権化は日本でも重要な課題となっている．1993年には衆参両院で「地方分権の推進に関する決議」が採択され，1995年には自社さ連立政権の下で「地方分権推進法」が成立した．この法律に基づいて設置された地方分権推進委員会は5次にわたる勧告をまとめ，それに基づき地方分権一括法が1999年に成立した．同法によって機関委任事務が廃止された．しかし税財源面では起債許可制度の廃止や制限税率の緩和などに止まったため，2001年に発足した地方分権改革推進会議では税源移譲並びに補助金・交付税改革の同時解決が焦点となり，経済財政諮問会議の提言とあいまって諸改革が進行中である．

　分権化は長期的なトレンドである．この改革は一過性のキャンペーンではなく，相当の時間的なスパンで継続的に試行錯誤を繰り返しながら進められることになると予想される．わが国において地方分権という方向に国内制度を再編しようとする駆動力は何であろうか．

　第1は地域間の平等と多様性のバランスであろう．日本人とその政府は，第二次世界大戦後，新憲法に「地方自治の本旨」を書き込み，知事公選を断行し，独立税を柱とするシャウプ勧告を受け容れた．しかし公共財の平等な供給と財源調達における負担の公平性は，経済社会の発展にとって，不可欠の前提条件とみなされてきた．戦後の日本では成長のアクセルを踏みつつ，その成果については精密な配分公式をもつ地方交付税制度を通じて，公平に各地域に配分して日本人の平等志向を満たした．多様性よりも地域間の平等に重点が置かれた．

　しかしながら経済社会の発展段階によって，集権による平等化と分権による

個性的なサービスのバランスは変化する．福祉，教育，都市基盤整備，道路といった基本的なサービスがほぼ整備された現状においては，標準的な水準を越える差別化されたサービスについては，当該地域の住民の支払う意思と地域特性に応じて供給されるべきである．このような経済社会の成熟に伴うニーズの変化が日本の地方分権を支える第1の底流であろう．公共財の平等な供給と負担の公平性を重視する社会から個性的なサービスをも考慮する社会への移行である．

財政規律とグローバル化

　第2は受益と負担の関係の明確化である．ヨーロッパ諸国ではEU統合という外圧を受けて，加盟国が国家としてのパフォーマンスを高めるため，意識的に地方分権化を進めたというケースがある．また各国中央政府の権限の低下に伴って，従来，暴力的に抑圧されてきた国内の文化・宗教・言語における少数者に包括的な自治権を与える動きもある．この点に注目すると，外圧や国内少数者による分離主義的遠心力は日本では必ずしも強いとはいえない．

　しかしバブル崩壊とその後の後遺症によって政府債務残高が制御不可能に陥る可能性は依然として残っている．国・地方ともに地方財源不足を交付税特別会計や地方債によって補塡し，後年度負担を増やす手法が既に不可能なレベルまで，財政状況が悪化していることについて大方の異論はないだろう．政府間の移転財源を縮小し，地方団体の自主財源比率を高めることは，緩みきった財政規律を回復するためにも必要である．1990年代のイタリアの地方分権改革が物語っているように，受益と負担の関係を身近な地方自治体レベルで明確化しコスト原理を働かせることが公共部門のパフォーマンスを高めるために必要である．

　第3の駆動力は地域統合への対応である．EUは統一通貨ユーロのさらなる強化，金融を含む財貨の統一的市場の完成，そしてヨーロッパ全域での税制の整合化を行ない，最終的には域内国境の全面的撤廃をめざしている．地域統合のプロセスの中で，ヨーロッパ諸国が経験しているようなEU中枢への権力集中と加盟国の財政・金融政策決定権の低下は，わが国には現時点で見られない．ヨーロッパではEU中枢への権力集中に対する拮抗力として，住民に身近なレ

ベルでの説明責任を求める声が増している.

しかし日本の地方経済はグローバル化の下で国際的な競争の影響を受けつつある. グローバル化により国と国, 地域と地域, 都市と都市の間で, モノやサービスが自由に動く. これまで国境の存在によって保護されてきた多くのローカルな企業は, 一方で技術の先端性や製品の認知度において優位に立つグローバルな企業の進出と, 他方で, 安い労働力を使った発展途上国からの輸入品と前面と背面の両面での競争を余儀なくされる. 多くの製造業の工場が立地している日本の「地方」の疲弊が目立つのは, このことを物語っている. 自由貿易協定の締結が進展すれば, アジア地域での地域間競争は熾烈なものになる. かかる状況で日本の競争力を維持するために, 地方自治体に権限と財源を与え, 企業と連携して地域経済の活性化をはかる必要性がますます高くなる.

本書の目的は,「21世紀の経済社会において, どのような地方分権化が望ましいのか, そのための財政システムはどうあるべきかを検討し, そのあるべき見取り図を構想する」ことにある. なぜ, わが国では税財源面での分権化は膠着状態に陥っているのだろうか. 地方財政がかつてない危機に直面しているのはどうしてか. われわれは何をなすべきか. こうした問いに答えるべく, 地方分権との関連で日本の財政システムの点検作業を行ない, 国際的視野から問題を考え, 斬新な分析に基づき具体的な制度設計を提示することが本書に託した意図である.

税財源の地方分権化については既に多くの優れた論文・書物が書かれている. 以下ではイントロダクションとして, 本書の基本的な考え方を明らかにしておくのが適当であろう.

日本の地方財政の国際的位置

日本の中央地方関係の際立たせているのは, 中央・地方を通ずる租税と経費の実質上の分担関係に大きな乖離が生じていることである. 地方公共団体は租税総額の35%を徴収するにすぎないのに, 中央地方の経費総額の65%を支出している. 地方の支出は先進国では連邦制をとっている国における州と地方の支出に比肩しうる. その差額を埋め合わせている資金再配分の主要なルートは国庫支出金と地方交付税交付金である. われわれは「**1章 地方財政の国際的位**

置：日本と北欧」において高度に分権的な公共部門を通じて，充実した福祉政策を実行している北欧の地方財政を比較の基準におき，日本の地方財政システムの国際的特徴を検討する[1]．

イギリスのレイフィールド委員会は，北欧諸国を「地方の説明責任」(local accountability) の模範として紹介した．北欧諸国は地方自治体の財源に関するヨーロッパ地方自治憲章9条の勧告にほぼ沿った財政システムを採っている点でも際立つ．事実，分析で明らかにされるように，イギリスやノルウェイのように地方公共団体は地方税を実質的に持っていないような国の方が，あたかも支出統制が簡単であるかのようにみえるが，実際にはデンマークとスウェーデンのように強力な独立税をもつ地方財政責任型の国家のほうが，結果的に支出はうまくコントロールできた．

ではそれが可能になったのは何故であろうか．北欧の地方財政システムの現実はティブー，マスグレイブ，オウツを代表とする伝統的な財政連邦主義の理念型とは大きく乖離している．周知のようにマスグレイブは所得再分配機能を地方に配分すべきではないと示唆している．最新の財政連邦主義や国際課税論においても，開放経済下の政府は均衡状態においては移動可能性の高い生産要素には課税できないと指摘している．

したがって再分配的性格をもつ社会的サービスを供給し，税率決定権を保持した所得税に依存する北欧型地方財政は通説に対する異議申立であり，標準的な学説からは「謎めいた矛盾の塊」として映らざるをえない．

地方所得税への依存は移動可能性の高い要素に対する課税である．かかる租税への依存は地域間の資源配分に干渉し，かつ租税競争を誘発することで再分

---

[1] 1章は筆者とデンマーク大蔵省（現 OECD）のユルゲン・ロッツ氏との共著（"Fiscal Federalism in Practice, the Nordic Countries and Japan", *The Journal of Economics*, Vol. 64, No. 4, 1999）をベースにして，その後筆者が単独で実施したデンマーク，スウェーデン，ノルウェイ三カ国の現地実態調査（1999年12月）で得た新情報を付加したものである．上記の共同論文を執筆した契機は，世界銀行が日本政府の政策・人的資源開発基金の援助を得て実施した調査プロジェクト「戦後日本における地方政府の発展」（代表：村松岐夫，Farrukh Iqbal, 期間 1995-1998 年）に筆者が参加を許され，ペーパーを作成して世界各国の研究者と議論を積み重ねる中で，貴重なコメントをロッツ氏から頂いたことであった．世銀のプロジェクトへの筆者の貢献は発表したが (Michio Muramatsu, Farrukh Iqbal, Ikuo Kume (eds.), *Local Government Development in Post-War Development*, Oxford University Press, 2001 に所収)，ロッツ氏との共同作業を通じて，標準的な財政理論では説明のつかない北欧の地方財政システムについて多面的に考察する機会を得た．

配政策は底辺に向けて切り下げられていくはずである．中央政府も所得税を賦課しているので異なるレベルの政府が単一の課税標準を重複して課税してしまい垂直的外部性も発生する．問題は北欧諸国がどのようにして競争問題を緩和して地方所得税に伴うコストを小さくしているかである．この謎を解く鍵は，1章で詳しく検討するように財政調整制度の制度設計にある．

重要なことは北欧のシステムを真似することではなく，北欧と日本の地方財政の比較からいかなる「教訓」を引き出すことができるかである．日本の財政制度は税負担の調和やサービス水準の標準化ならびに上位の政府によるコントロールを目標にしている．反面，有権者に対するアカウンタビリティを高めることを怠り，異なる個人の選好に適応できる多様なサービスの供給に失敗している．かかるシステムを本書では「行政的分権」とよぶ．北欧の「協調的分権」モデルと対比することで「行政的分権」の限界を明らかにする作業は，日本の研究者や実務家にとって興味深いに違いない．

地方固有財源としての地方税

日本の地方財政システムが納税者に対する説明責任を欠いているのは，政府間移転財源への深い依存によって受益と負担が乖離し，公共サービスのコストが住民に認識されにくい構造になっているからである．説明責任を高めるためには，地方固有財源である地方税の充実を図ることが第一義的に重要であることはいうまでもない．地方分権推進委員会がその最終報告書である『分権型社会の創造』で，

「地方の歳出規模と地方税収との乖離の縮小，住民の受益と負担の対応関係の明確化の観点から，地方税源の充実確保を図るべき」

と述べているのも同様の趣旨である．「**2章 税源配分論の展開と日本の地方税**」では地方税システムの問題点を抽出し，地方税源則論に基づいて税源配分の基本的方向性を提示する[2]．

標準的な財政論では地方自治体には主に使用料と固定資産税を配分するという処方箋が導かれる．法人税（マクリュアー），地域的に偏在した天然資源税

---

[2] 2章は最近のリチャード・バード氏による一連の業績が伝統的な垂直的税源配分論を根底的に問うていることに啓発を受けて，本書のために書き下ろしたものである．

（ミツコウフスキィ），累進的な所得税（マスグレイブ）が配分されるのは中央政府である．州等の中間レベルの政府については最終消費に課税される単段階の小売売上税と若干の個別消費税が配分される（マスグレイブ）．

たしかに移動性の高い課税ベースは税率引下げを手段とした地方政府間の自滅的な租税競争を誘発するので，税源配分論において「移動性の低さ」（low mobility）は重要な要素である．しかし，だからといって租税競争など分権的税制に伴う外部性だけにとらわれることは，必ずしも賢明なことではない．

財政学における中央・地方の財源配分論も，地方固有財源である地方税の充実確保を図るべしという社会的要請を無視することはできない．筆者は標準的な税源配分論は規範的な性格があまりにも強く，社会的要請との間に齟齬が生じていると考える．地方政府の財政機能が必ずしも資源配分機能のみに限定されず，範囲，規模とも拡大している現状を踏まえて，伝統的な税源配分論を再検討し，地方固有財源の拡充を図るための基本的な方向性を明らかにせねばならない．

そこにおいて明らかにされるように，わが国では地域の住民が負担する個人所得税や一般消費課税等の居住地課税のウェイトが低く，その分法人課税のウェイトが大きい．かつ地域の住民が負担する居住地課税は限りなく税収分割に近い実態をもっている．このため受益と負担が乖離し，地方財政の説明責任が弱まり，公共サービスの真のコストが住民に認識されにくい構造になっている．

本書で提示される政策論的な税源配分論は「地方固有財源の十分性」と「便益に応じた居住地課税」の二原則を柱としている．ここからいかなる地方税充実強化のための基本的方向性が導かれるか，それが2章のハイライトである．

付加価値税の政府間配分

地方への税源移譲の有力な候補が住民税であることに大方の意見は一致している．しかし北欧諸国のように所得税を地方税に，一般消費税を国税にという分離型パターンを志向するには疑問が残る．日本では累進的所得税の再分配機能は低下している．かつ比例的な地方所得税を実現する上で，課税最低限の高さは実行上の障害になっている．重複型の地方税制は有効である．

外形標準課税導入論議が一応終結した今日，都道府県税としての地方消費税

をどのようにしていくかという点が，国の財政再建論議とも絡んで最も大きな議論になると考えられる．「**3章　付加価値税配分論と地方消費税**」では，こうした状況を念頭において付加価値税の政府間割当てに関する国際的動向および租税論のフロンティアを検討し，日本の地方消費税の今後の方向性を考察する[3]．

このように課題を設定した場合，議論の展開が多少複雑で込み入ったものになる．なぜならば，原産地原則か仕向地原則かという選択も含めて，あらためて地方消費税の課税の仕組みを原理的に検討することが必要となるからである．われわれはまず「税率決定が可能な地方消費税は原産地原則に適合的であるか」という問題を設定する．検討の結果，この問題に肯定的な回答を下すことができれば清算基準の問題は消滅する．しかし，ここで逆に「地方消費税も仕向地原則であるべき」という結論になれば，「国家間と違って地方間では境界統制ができないという条件をどのようにクリアするか」という別個の問題を解かなければならない．この問題が解けなければ，われわれは現行制度を追認せざるえをえない．

「多段階の間接税は地方税になじまない．付加価値税を地方税化しようとするのは誤った考え方であり，税理論の観点から受け容れることはできない」と考える経済学者や財政学者がとくに日本には少なくない．40年前のECノイマルク委員会報告（1963年）の精神はいまだに多くの研究者の思考を支配しているのだろうか．いわく仕向地原則（移出非課税，移入課税）であれば税率決定権が保持されるが，開放経済である地方公共団体間で境界統制を実施するのは不可能である．逆に原産地原則（移出課税，移入非課税）は実行可能であるが，税率決定権を制約しなければ資源配分が攪乱される．小アジアの古代国家フィリジアのゴルディウス王によって結ばれ，これを解く者はアジアを支配すると予言された「ゴルディウスの結び目」（Gordian knot）に比喩されるよ

---

3) 3章は既発表論文（「付加価値税の政府間割当て——国際比較の視点から」『経済学論集』（東京大学経済学会）第67巻第2号）に基づくが，その後行なった2度の海外調査（カナダ2002年9月，ブラジル2003年8月，いずれも地方自治情報センター後援）で得た知見を追加して作成したものである．筆者が上記の論文を執筆した契機は1997年に地方消費税が実施された際の理論的裏づけに違和感をいだいたことにある．「世界の常識」と「日本の常識」とを比較対照しつつ，約6年間，カナダのモントレンバンで開催された連邦国家国際フォーラムや日本財政学会等で考えを発表し，多くの方々と議論を積み重ねてきたが，一応の「結論」を本書に収録することにした．

うに，付加価値税の政府間配分論は難問中の難問であって，世界における一流の財政学者の叡智をもってしても議論は必ずしも収束していない．

「地方付加価値税ペシミズム」はたしかに理解しやすく，一見，有益と思われる．しかし今日の租税論のフロンティアと世界的な発展からは多くの点で疑問がもたれている．クノッセン，シャウプ，バードの所説に代表される新しい「世界の常識」は，仕向地原則の優位を前提にして租税境界なしにいかに仕向地原則を実施するかという実務的な問題に焦点をあてている．その問題意識は境界統制と境界税調整とを区別し，前者を省略しても仕向地原則が可能であるという判断である．この問題意識から注目されているのが税額控除清算方式と繰延べ支払い方式である．

後者のアプローチによって暫定的に仕向地原則を実施しているのが1992年の租税国境廃止以降のEUとカナダのケベック売上税（QST）である．一方，連邦と州が付加価値税を共有して，一定の配分公式によって最終消費地に配分しているのがカナダ大西洋沿岸3州の協調売上税（HST）である．地方付加価値税の税務行政上の難点は理論的には解決済みであり，かつ実践的にも原産地原則ではなく仕向地原則に基づいて漸次導入が開始されている．

税源配分論の焦点になるであろう日本の地方消費税の将来像を描くことが3章の究極的な目的である．「地方付加価値税ペシミズム」は日本の地方分権化についてわれわれの考え方を不必要なまでに束縛している．ノイマルク委員会の亡霊に呪縛されるのは決して望ましいことではない．われわれが行なうべきことは「世界の常識」に耳を傾け，カナダやブラジルの経験を徹底的に検証することである．これが本書のメッセージである．

地方交付税の改革

わが国では中央・地方を通じる租税と経費の実質上の分担関係に大きな乖離が生じているが，その差額を埋めている資金再配分の主要ルートは国庫支出金と地方交付税交付金である．このうち地方交付税は国税5税の一定割合をナショナル・ミニマムのための財源保障と地方公共団体間の財政調整を目的として各地方公共団体の財政力の強弱に応じて交付される一般補助金である．シャウプ勧告によって導入され短命に終わった地方財政平衡交付金にかわって交付税

が創設されてから50年が経過した．国から地方へ税源が移譲されると地域間の財政力格差が拡大する一方，増税を行なわないかぎり交付税原資は減少する．地方分権化に伴って生じる地域間の財政力格差を是認するか否かについては財政学者の間でも意見のわかれるところである．

「**4章 地方交付税の制度設計**」では地方交付税制度が戦後史上，かつてない不安定性と信頼の喪失に直面しているのはどのような「原因」によるのかを実証的に考察し，安定的で透明性の高いシステムへと地方交付税を再生するための制度設計が検討される[4]．

地方財政計画上の財源不足額が，国税の定率分で計算した普通交付税額の概ね1割程度以上となり，その状況が2年連続して生じ，3年度以降もつづくと見込まれる場合を地方交付税法（昭和25年法律第211号）第6条の3第2項に該当する事態という．1996年度から今日まで8年連続して，この条項に該当する事態が発生している．地方団体が受け取る「出口ベース」の地方交付税総額の大半は毎年の「地方財政対策」で確保されており，「32%ルール」は完全に形骸化している．

地方交付税の信頼喪失問題との関連で本書が強調したのは，そもそもどのようにして地方財政計画上の財源不足が生まれたのかという問題である．現行の地方交付税では，地方交付税の対象税目と主要な地方税の税源が重複しているために，地方交付税は景気の変動による地方税収の増減を相殺するような機能を有していない．地財計画の財源不足は景気変動によって自動的に発生してい

---

4) 筆者は前著（『都市財政の研究』東京大学出版会，1993年）の刊行以来，長年に亘り，地方交付税には関心を寄せてきた．90年代央にはジュン・マー博士（前世界銀行，現ドイッチュ・バンク）の業績に啓発されて，非裁量型の財政調整制度としての地方交付税について論稿を書き（"An Equalization Transfer System in Japan," in Shibata/Ihori (eds.), *Welfare State, Public Investment and Growth*, Selected Papers from 53rd World Congress of the IIPF, Springer Verlag, 1998），かつ世界銀行，OECD，国際財政学会，中国全人代等の主催する国際会議で世銀の顧問あるいは研究者として世界各国の研究者に混じって報告・討議を行なってきた（96年3月ハノイ，同6月ウィーン，97年4月ホーチミン・シティ，同6月ブタペスト，同8月京都，2001年6月バンコク，同11月海南島，同12月北京）．本書の執筆にあたり，新たに4章を書き下ろしたのは，交付税制度が筆者の期待に反して裁量型の補助金に変質していることへの懸念と，モラル・ハザードの原因は交付税制度にあるという「通念」に疑問をいだいたからであった．とくに国際財政学会でのアンウォー・シャー氏（世界銀行）のコメントならびに堀場勇夫氏等のモラル・ハザード研究には大いに啓発された（堀場勇夫・持田信樹・深江敬志「地方交付税制度とモラルハザード——固定資産税制度との関連で」『青山経済論集』第54巻第4号として発表）．

ることはつとに指摘されてきた．

そうした指摘は正しいが，そこで明らかにされるように長期にわたる巨額の財源不足額は交付税原資が自動的に減少したために発生したという「供給側」の要因だけではなく，バブル期以降，継続的に上昇してきた基準財政需要額を原資にあわせて削減できなかったこと，すなわち「需要側」の下方硬直性も重要な「原因」であった．4章では「国による義務付け・関与」と「基準財政需要算定の裁量性」のいずれがそのような下方硬直性をもたらしたかについて定量的に検証される．その結論についてはそちらに譲る．

地方自治体の財政規律が緩んだ原因として，地方交付税制度における「モラル・ハザード問題」を挙げる人は少なくない．地方交付税におけるモラル・ハザードとは，地方自治体のインセンティブに任せておくと税収を増加しようとする自主的な努力を怠り，社会的観点から過剰な水準に地方交付税が決定されることをさす．しかしこれまでのところモラル・ハザード現象の原因を，地方交付税制度の中に見いだすことができるか否かについて実証的に検証されているとはいいがたい．

モラル・ハザード問題の実証に関連して本書が強調したことは，仮にモラル・ハザード的現象が生じているとして，その「原因」は地方公共団体が実効税率を下げることによって恣意的に交付税余剰給付額を増加させようとしたためか，それとも固定資産税制度自体に地方全体として固定資産税が減少した場合に地方交付税余剰給付額が増加するようなモラル・ハザードを生じさせる要因があるためかを峻別することである．

4章の分析を通じて明らかにされるように，地方交付税に依存している地方圏において実効税率および負担水準が低いという現象については現行固定資産税に関する限り，制度的に意図されたというよりもバブルによって生じた地価の変動と固定資産税制度およびその変更に伴って結果的に生じたと考えられ，いわゆる地方交付税が内包しているモラル・ハザードの結果とは必ずしもいえない．筆者の主張が喧しい交付税論争に一石を投じることになれば幸いである．

地方交付税制度は単に過去十数年の負の遺産を処理しなければならないだけではなく，地方分権など現在の大きな流れの中でも焦点になっている．20世紀の後半50年に日本の社会に定着した地方交付税が21世紀前半に起こるであ

ろう試練に耐えて生き延びていくのは容易ではあるまい．

しかし地方交付税制度の制度設計はけっして簡単な仕事ではない．現状を出発点とした漸進的改革は実施が容易であるが保守的で現状追認的な微調整に終わってしまう可能性が大きい．かといって現行制度やその形成過程を無視した抜本的改革の場合には，現行制度に依存した地方公共団体の行動様式が覆されることになり大きな社会的混乱が生じる．

Devils in details（問題は詳細にあり）という．欧米諸国の財政調整制度の経験はわれわれが地方交付税の将来像を描くにあたって貴重な手掛かりを与えるものであり，その詳細に知悉しないかぎり，リフォームであれデザインであれ，交付税改革論は見かけ倒しに終わる可能性が高い．4章ではさらにカナダの平衡交付金，オーストラリアの財政援助交付金，ドイツの州間財政調整およびイギリスの歳入援助交付金という4カ国の財政調整制度の仕組みと機能が明らかにされる．

財政調整制度の国際比較に関連して本書がとくに強調したかったことは，算定公式のマニュアルを編むことではなく，そもそも各国の地方財政調整制度がいかなる目的を達成するために設計・運営されているかを制度の「詳細」から読み解くことである．そこにおいて明らかにされるように，単一制国家では，中央が決めた全国一律の行政サービスの財源保障的性格をもつ「結果の平等」(performance equalization) を財政調整制度の理念とする傾向がある．しかし連邦制国家では，地方公共団体が標準的なナショナル・スタンダードの水準でサービスを提供するかぎり，経済的に等しい人々の税負担を居所の如何にかかわらず等しくする「機会の平等」(capacity equalization) が地方財政調整制度を支える理念となっている．日本の地方交付税の将来像も自らのよってたつ理念に依存する．4章結語で提示するように，これが「何をなすべきか」という問いに対するわれわれの答えとなる．

地方財政調整制度と分権化

日本では国が地方団体に多くの事務を義務付けておきながら，十分な財源を与えていないため，地方税で足らざる部分を補う「結果の平等」を目的とした財源保障機能が地方交付税に割り当てられてきた．国際的な感覚でいうと国の

コントロールが極度に強いシステムといえよう．

しかし中長期的には特定補助金の廃止・縮減によって「国の関与」が縮小・弾力化し，基幹税（所得税，消費税）が地方に移譲され自主財源が増大する．筆者は地方分権型社会では地方公共団体は地方交付税に支えられて「機会の平等」を保障され，低いコストで魅力的な対人福祉サービス提供をめぐって競争するのが本来の姿ではないかと考える．「**5章　地方分権下の財政調整制度**」ではロビン・ボードウェイ等によって発展させられた財政調整理論に照らして，地方交付税制度が「機会の平等」を保障する財政調整制度となりうるというわれわれの「展望」が実現の可能性をもつかどうかを多面的に検証する[5]．

しばしば地方財政調整を公平性の観点から正当化すると貧困な地域から労働力が移動することを妨げるので好ましくない，という議論を聞く．効率性の観点からみて財政調整制度は存在意義が薄いという意見もある．しかし，われわれは効率性の観点からみても財政調整制度は存在意義が大きいと考える．

分権化がすすむと，異なった行政管轄圏に居住していることを除けば，あらゆる点において等しい人々が政府から受け取る「財政余剰」（net fiscal benefit）に格差が生じる．その結果，水平的公平性（horizontal equity）——公共部門による，等しい人々の平等な処遇——は侵害される．しかし「公平性」だけに財政調整制度の根拠を限定するのは賢いことではない．なぜならば，そこにおいて明らかにされるように，人々の自由な地域選択は必ずしも最適な資源配分をもたらさないからである．競争的市場では異なる地域間で限界生産性が等しくなるように生産要素が移動する．しかし地方政府が存在すると生産要素は限界生産性と財政余剰の和が各地域で等しくなるように移動してしまう．

地方財政調整制度の役割は地方分権に伴う，上述のような非効率，財政的公

---

[5] 5章はカナダのクィーンズ大学での在外研究中（1999-2000年）に，ロビン・ボードウェイおよびポウル・ホブスンの両氏と筆者が行なった共同研究（"Fiscal Equalization in Japan: Assessment and Recommendations," with Robin W. Boadway, Paul A. R. Hobson, *The Journal of Economics*, Vol. 66, No. 4, 2001）に基づいている．他の章と異なり理論的色彩が濃いのはそのためである．この論文の目的は「財政余剰」（net fiscal benefit）概念を用いて地方交付税の存在根拠を検証することにあった．執筆終了当時，筆者は「結果の平等」のための財政調整（performance equalization）と「機会の平等」のための財政調整（capacity equalization）の区別を十分に理解していなかった．ボードウェイ氏との共同研究は前者としての現行地方交付税の存在根拠ではなく，後者の，すなわち地方分権下での地方交付税の存在根拠を実証していたことに筆者が気付いたのは最近であった．

平性の侵害を緩和して，地方分権の長所をいかすことにある．しかし，財政調整制度の制度設計を具体化するには，財政余剰の格差はいかなる要因に基づいて発生するかを組織的に検討しなくてはならない．なぜならば財政調整制度の具体的設計は，①提供される公共サービスのタイプ（準私的財か公共財か），②その財源調達の方法（居住地課税か源泉地課税か），さらに③政策目標（公平性か効率性か）に依存して異なるからである．

5章の分析で明らかにされるように，準私的財の場合には財政調整が必要となるのは地方税の負担が他の課税管轄圏に輸出される（源泉地課税）か，居住地課税が所得比例的である場合に限られる．その場合，一人当たり税収の平準化が必要である．かかる制度設計は，公平性，効率性いずれの見地からも同じとなる．一方，純粋公共財の場合には，財源の調達方法の如何を問わず，財政的公平性の観点からは総歳入の平準化が必要となる．しかし効率性の観点からは一人当たり居住地課税の平準化のみが必要となる．

われわれは地方交付税の実証分析をするにあたり，このような複数のシナリオのうち，準私的財を居住地課税によって供給するケースを公平性の観点から分析することがもっとも現実的であると判断した．周知のようにブキャナンが1950年に数値例として示した標準的なケースとこれは同一のものである．

実証の詳細については5章に譲るが，これに関連して本書が強調したのは，総合的に判断して日本の地方公共団体の予算は住民に対して所得再分配的なインパクトをもち，財政余剰の地域格差が発生しやすい構造をもっているということである．この結果は，日本の地方交付税制度は地方公共団体に標準的な税負担で標準的な公共サービスを供給しうるような潜在的能力を保障する「機会の平等」(capacity equalization) 型の財政調整制度に転化するであろうというわれわれの「展望」が実現可能性をもつことを裏付けている．

地方債の未来

1980年代の後半，バブル景気を謳歌した日本の地方財政は，90年代に入ると一転，戦後史上，最悪の危機的状況に突入した．地方債務残高の対GDP比が36％という水準は過去の日本の歴史に照らして際立って高い．アメリカ，カナダ，イギリス，デンマーク，スウェーデン等，欧米諸国では，90年代以

降，州・地方財政の財政赤字を削減する努力がたゆまなく続けられた．日本の地方財政危機は歴史的に見ても，国際的に見ても，最悪の状態といってよい．

「**6章　持続可能な地方債制度の将来像**」は，過去の経済対策への協力から生じた負の遺産を処理しなければならないだけではなく，地方分権や財投改革などの現在の大きな流れの中でももっとも難しい位置に置かれている地方債制度の問題点を検証し，持続可能なシステムにするための基本的指針を提示することを目的としている[6]．

「地方借入残高の累増問題」との関連で本書がとくに強調したのは，そもそもどのような主体が債務償還の最終的主体となるのかという問題である．1980年代後半以降に実施された裁量的財政政策が国の公共事業よりも，むしろ地方公共団体の行なう地方単独事業の拡大を通じて実施されたことはつとに指摘されてきた．裁量的財政政策に地方を巻き込むために，90年代には発行された地方債の元利償還のコストを地方交付税の基準財政需要額に算入して，公債累積からくる負担を危惧する地方団体に受け入れやすくするという方策がとられたことも周知に属する．

しかし財政健全化との関係で今後避けることのできない問題は，債務の保有と最終的な償還主体との不一致をいつ，どのような方法で解消し，国・地方を通じた財政錯覚を最小化するかである．そこでの分析で明らかにされるように各地方公共団体が一次的に償還義務を負うと認識しているのは「地方借入残高」の半分以下である可能性が高い．問題はこれが最終的償還負担と一致するか否かである．国による交付税措置といっても基準財政需要額に占める事業費補正および公債費の割合が1割を超えている現状では，交付税特別会計借入（もしくは赤字地方債）に依存せざるを得ず，地方連帯負担と区別できるかについて疑問が残る．交付税特会における地方連帯負担といっても国税の自然増収で返済できたバブル期と異なり，暫くの間続くであろう低成長期には，償還繰延を繰り返さない限り最終的には個別地方自治体が負担（歳出削減もしくは

---

[6] 筆者は1997年から今日まで財団法人地方債協会の主催する研究会にほぼ毎年参加しており，そのときどきの地方債の問題に関連して，機関投資家の方々や地方公共団体で実務に携わっている方々から事実について教えを受け，資料を頂き，議論の相手になっていただいた．6章は地方債の将来像についての筆者の構想を，本書の執筆を機会にまとめておきたいと考えて書き下ろしたものである．

増税)するシナリオの方が現実味を帯びる.

　日本の地方財政システムでは地方財政制度がある限りマクロで財源が確保されており,最悪のときには財政再建団体制度があるので流通市場における地方債の各銘柄間格差に関しては流動性以外に考えられない,デフォルト・リスクは反映していないという考え方が通念であった.しかし,2001年4月に施行された「資金運用部資金法」ならびに2006年度より実施が予定されている地方債許可制廃止と「事前協議制」移行に伴い,「暗黙の政府保証」は格段に弾力化されるため,地方債をとりまく環境は変化しつつある.問題は資本市場が,地方債務の累積や地方交付税制の変更可能性,起債許可制度の変更等を織り込んで,ロットの大小による流動性だけではなく個別自治体ごとの信用リスクを上乗せしてくるかどうかである.

　そこでの分析で明らかにされるように,本書の執筆時点では市場公募債の流通利回り格差の「主因」は信用リスクではなく流動性の違いによって発生している.残高の累積にもかかわらず地方債は低金利で順調に消化されている.しかし,それは「暗黙の政府保証」への信頼と一時的な需給関係の中で消化されているだけであって「実力は半分」という印象は否めない.中期的に見てこのような状態が続くとは考えられず,「暗黙の政府保証」の変化ならびに民間の資金需要との競合を想定した地方債市場のあり方を再検討すべきである.

　持続可能な地方債制度を構築するために,何をなすべきなのだろうか.それは市場メカニズムをどのように位置づけるかに依存するというのが,この問いに対するわれわれの答えとなる.国によるモニタリングを確実にし,健全な財政運営を図るために財政の実態を反映したストック・ベースの債務返済能力に基づいて監視し,地方公営企業・公社・第3セクターを含めた連結財務諸表を整備すれば,あえて市場規律に依存することの積極的な意味は乏しいだろう.しかし地方財政制度全体による元利償還の確実性を保証すべき立場にある国が,個々の地方自治体の信用リスクをモニタリングすることは二律背反であるかもしれない.市場規律を見本としたモニタリングを実現するのが困難な状況での,それを実現する間接的な方法として市場規律の補完的な意義があるといえよう.

　地方債は有形固定資産が継続的に減価していくと想定して,その減価を耐用期間の各年度に配分し,当該資産を使用して生み出される行政サービスを受け

る世代に対価の負担を求める仕組みである．結語で提言されているように，地方公共団体の借入れの元利償還負担が，国や他地域の住民によってではなく，最終的に当該地域の住民が負担する地方税・使用料等で負担される透明な仕組みをつくることが地方債制度を持続可能にするための根本的前提である．

ヨーロッパ地方自治憲章の有用性

　ヨーロッパ諸国では，EUという超国家組織が創設され国民国家の求心力が低下するにつれて，EU中枢への権限集中に対する拮抗力として，地域・地方の再生が一大潮流になろうとしている．各国中央政府の権限の低下に伴って，従来，暴力的に抑圧されてきた国内の文化・宗教・言語における少数者に包括的な自治権を与える動きもある．しかし1990年代以降の地方分権の潮流は，決して一様ではなかった．1985年に批准が開始された「ヨーロッパ地方自治憲章」(European Charter of Local Self Government) は，われわれが地方分権の基本的方向性を考えるにあたって貴重な手掛かりを与えるものである．「**7章 欧州地方自治憲章と分権化の戦略**」ではヨーロッパ地方自治憲章の基本的な考え方を明らかにするとともに，諸勧告の日本への適用の可能性を検討することを目的としている[7]．

　ヨーロッパの地方財政は公共部門の一部として福祉国家に統合されており，地方自治体を住民が共同の問題を解決するために自発的に結成したクラブと見なす標準的な財政連邦主義の枠組みでは説明が困難である．ヨーロッパの地方財政を特徴づけるのは「行政的分権」(administrative federalism) である．中央と地方の機能は重複し，歳入に占める税収分割の割合が高い．このため依存財源比率が高く，かつ特定補助金が優位を占めている．かかる財政システムは全国に画一的サービスを平等に提供するのに適合している．しかし行政的分権では特定利益集団への政治的配慮から多くの社会・福祉政策が打ち出され，そ

---

[7] 筆者は1995年8月にストラスブルグにあるヨーロッパ評議会 (Council of Europe) を訪問して以来，ヨーロッパ地方自治憲章の第9条に関心を寄せてきた．長年の研究パートナーであるユルゲン・ロッツ氏からも憲章に注目するよう助言を受けてきた．7章を新たに書き下ろした動機は97年に公刊された「ヨーロッパの地方財政」と題する報告書がマスグレイブ，オウツ，ティブー等が確立した伝統的な財政連邦主義とどこが違うのかを明確にしておく必要があると思ったからである．この作業は難航を極めたが幸いセーデルストレームやラッツォの一連の業績に啓発を受けて「協調的分権」(cooperative federalism) と結論づけた．

の需要を制御するメカニズムに欠けていたことから政府支出の高騰が続き，それに伴う公的費用負担の上昇に納税者の不満が拡大しやすいという問題がある．

EU統合の中で，地方の役割が高まるにつれて，何らかの形で従来の「行政的分権」システムの本格的再検討が進展している．その代表的な存在が「統合」にむかう欧州諸国が長年にわたる議論のすえに選択した地方自治発展のための到達点であるヨーロッパ地方自治憲章（以下，憲章）である．ヨーロッパ評議会への加盟45カ国中，憲章に署名・批准を行なったのは32カ国であり，ヨーロッパ・スタンダードになっている．

憲章の問題意識は，地方分権は民主主義の基本的支柱であり，ヨーロッパ社会の民主主義的発展を評価する基軸であること，そのために「補完性」(subsidiarity) 原則を再確認しなければならない，というものである．ここから伝統的財政連邦主義が本来密接不可分の関係にある資源配分と所得再分配を截然と区別し，後者から地方を排除していることを問題にする．その上で，憲章は税財源の分権化について二つの指針を提起している．第1は，住民の身近なレベルで公共サービスを供給することを通じて，住民がコストと便益を比較対照して意思決定すること，第2は地方歳入について税率決定権を伴った地方税を重視すべきであるということである．こうした二つの指針に沿って，憲章がとくに強調するのは，税源の選択であり，望ましい地方税の基準を吟味しつつ，「個人所得税と住宅用の財産税」が「最良の地方税」であると結論を下す．また政府間移転財源については特定補助金の一般補助金化と「潜在的財源の地域的偏在と税負担への影響を是正する」地方財政調整制度の必要性を明示している．

このようにヨーロッパ地方自治憲章は「協調的分権」(cooperative federalism) とも言うべき精神を具現しており，日本の地方分権化の基本戦略を描くうえできわめて有益なものである．7章では憲章やそれに付随する諸勧告の内容を真摯に耳を傾け，採用の意義が大きいと思われるものは大胆に取り入れるべきとの立場から，具体的方策を提言している．

アジアにおける分権改革加速

東南アジアの途上国における地方分権化の急激な進展は既定事実となりつつ

ある.19世紀末以来,国王のリーダー・シップの下で中央集権的な国家統治が行なわれてきたタイでは,民主化の一環として制定された1997年憲法制定において,第282条から第290条に至る全9条で地方自治に関する規定が盛り込まれ,地方自治体の改編や地方分権化の推進が憲法の要請事項となった.インドネシアでは権威主義的かつ中央集権的なスハルト体制との決別をはかり,かつ国家統合を維持するため1999年5月に地方行政法および地方財政均衡法が制定され,中央政府の地方出先機関統合等が実施された.フィリピンでも87年憲法において分権化が明記され,1991年の地方政府法をかわきりに地方財政の強化と行政権限の移譲が行なわれた.「8章 東南アジアにおける分権改革」は東南アジアにおける地方分権化の隘路となる諸問題を抽出し,政策決定や地方政府の行政能力向上に対するわが国の援助にあり方を検討することを目的としている[8].分析の対象はタイが中心であり,インドネシアとフィリピンについては必要に応じて言及される.

「分権化の隘路」に関連して,本書で強調したことはタイ,インドネシア,フィリピンでは制度的な改革が先行し,その実践あるいは地方の能力的な「受け皿問題」が十分に解決されていないという問題である.タイでは地方分権化は政治的にはマイルドなプロセスを経て進行しているが,改革内容はかなりラディカルである.従来,自治体として存在してなかったタンボンを1994年「タンボン評議会及びタンボン自治体法」で正式な自治体に昇格することを認め,数年間で7,000弱の多数に及んで設置した.さらに1999年地方分権法に

---

[8] 8章はタイ日両国の行財政研究者が地方自治体の能力向上に関わる四つの課題について調査研究をし,政策提言を内務省地方行政局(DOLA)に対して行なうことを目的に設置された「タイ国・地方行政能力向上共同研究会」で,筆者が「財政」を担当したことに端を発しており,被援助国の行政を巻き込み,かつその研究成果が在来型の技術協力や無償協力援助にむすびつくことを目的に執筆された.同研究会は,タイ内務省地方行政局の要請を受けて,国際協力事業団との共同事業として99年に準備が開始されたのち,2000年8月17日から約2年間継続され,数次にわたる現地調査を経て,2002年8月26日,最終シンポジウムでDOLAを中心とする中央政府機関に対し政策に資する提言提示を行なった.専門外であったため未消化な点が多いが,タイ側カウンター・パートは各分野における一線の学者だけでなく,分権化法等の重要な法律・憲法起草を担当する学者であり,地方分権化委員会をはじめとする政府機関の委員であるため,あえて本書に収めることにした.本章のベースとなった論文は,①国際協力事業団『地方行政と地方分権』2001年,②JICA (2001), *Report on Government Decentralization Reforms in Developing Countries*, ③DOLA and JICA (2002), *Thailand Japan Joint Research Project on Capacity Building of Thai Local Authorities* に所収.

において2001年まで国家予算の20%，2006年度予算で35%を地方自治体によって支出させる義務づけを政府に課した．したがってタイでは近い将来，「受け皿問題」が最も厳しいかたちで突きつけられることになるだろう．8章では内務省がすすめようとしている自治体合併政策やゴミ，廃棄物，汚水処理をめぐる自治体間協力の問題点が考察され，いくつかの打開策が紹介されている．

「受け皿問題」と並んで本書が強調したのは，財政問題とりわけ政府間財政移転の重要性である．途上国では首都突出と地域間格差の中で，地域間所得再分配のコンセンサスはかつての高度成長期の日本のようには強くないという印象を受ける．しかし中期的に見ると，分権化が進展することで小規模な地方自治体にも権限が移譲されるため，財政調整制度や特定補助金の制度設計はますます重要になってくる．8章では1999年5月の地方財政均衡法で創設されたインドネシアの一般配分資金（GAF），1991年の地方政府法で拡充されたフィリピンの内国歳入割当（IRA）を概観したのち，タイの新財政調整制度に関するチュラロンコン大学のチャラット・スワナマーラー氏と私との共同提案を紹介する．

欧米に根拠を置く国際機関（国連開発計画，世界銀行，ドイツのDTZ，カナダのCIDA）は，かなり早い時期から途上国の分権化についての政策支援を開始している．ソフトな政策支援は日本の国際協力援助の新境地を開くものであるが未解決の問題が多い．まず分権化のソフトな政策支援は被援助国に押し付けるものであってはならず，理想的には被援助国自身が中央・地方関係を自らの意思で変えていくのを政策的に支援していくことが望ましい．また知的支援プロジェクトが増える中，研究のための研究に終始しないためにも，被援助国の行政を巻き込み，かつその研究成果が在来型の技術協力や無償協力援助にむすびつくものであることが決定的に重要である．

以上，本書の各章の背後にある問題意識をそのパラフレイズを含めて要約的に紹介した．本書は壮大な大伽藍のような「現代日本財政論」を提示するものではなく，地方分権についての制度的な概説書でもない．本書の目的は地方分権との関連で重要と思われる財政問題について，これまで十分に知られていなかった事実や原因を指摘し，斬新な分析や新しい理論的理解を示し，多くの

人々が受け容れやすい解決あるいは改善の方策を提示することであった．この意図がどこまで達成されたかは読者の判断に委ねるしかないが，本書で提示されている数多くの処方箋が，21世紀の地方分権改革において，現実に生かされることを切に望みたい．

1章　地方財政の国際的位置：日本と北欧

1. **はじめに**

　日本の財政システムでは支出の大部分は地方レベルで執行されるが，企画立案や財源調達についての地方自治体の裁量権は制限されている．また歳入面でも地方自体の裁量権は制限されており，地方税の課税標準や税率決定権は中央政府が握っている．これらの事実は周知に属する．問題は地方税やサービス水準の統一性を優先している日本の財政システムが有権者への財政責任を曖昧にし，地方独自の選好に応じたサービス供給を妨げていないか否かである．

　しかし 90 年代から今世紀初頭にかけて地方分権化が日本の直面する最重要課題の一つとなっていることを想えば，その答えは自明であろう．1993 年には衆参両院で「地方分権の推進に関する決議」が通り，1995 年には自社さ連立政権の下で「地方分権推進法」が成立した．この法律に基づいて設置された地方分権推進委員会は 5 次にわたる勧告をまとめ，それに基づき地方分権一括法が 1999 年に成立した．同法によって機関委任事務が廃止された．しかし税財源面では起債許可制度の廃止や制限税率の緩和などに止まり，2001 年に発足した地方分権改革推進会議では税源移譲並びに補助金・交付税改革の同時的解決が焦点となり，経済財政諮問会議の提言とあいまって諸改革が進行中である．

　このような経緯と状況に鑑みて，北欧諸国の地方財政システムを考察することは日本の地方財政改革論にとって有益であるというのが本章の問題意識である．かつてイギリスのレイフィールド委員会は，北欧諸国を「地方の財政責任」(local accountability) の模範として紹介した．すなわち社会的サービスを含む広範な事務を執行して所得再分配活動に関与し，かつ地方所得税により支出の大部分を賄い，不足分を水平的財政調整と一般補助金で補うという地方政

府のあり方である[1]．7章で明らかにされるように，北欧諸国は地方自治体の財源に関するヨーロッパ地方自治憲章9条の勧告にほぼ沿った財政システムを採っている点でも際立つ．むろん，日本のシステムは独特であるが基礎的条件に類似性が見られる他の先進工業国における歴史的経験は参照に値する[2]．

北欧諸国の地方財政システムを考察することは差し迫った日本の地方財政改革にとって有益であるだけではない．周知のように，最近，伝統的な地方財政理論に再検討の機運が高まっている．その代表的な議論は北欧諸国のラッツォ (J. Rattsø)，セーデルストレム (L. Söderström)，ロッツ (J. Lotz) 等の所説である[3]．ラッツォはマスグレイブ (R. Musgrave)，オウツ (W. Oates)，ティブー (C. Tiebout) が確立した伝統的財政連邦主義の処方箋が規範論の性格があまりにも強く，北欧型の地方財政の現実に関する説明力が乏しいことを問題にする[4]．事実，伝統的な財政連邦主義では所得再分配機能を中央に配分し，地方政府には移動性の少ない税あるいは応益税のみが割り当てられる．こうした処方箋では，所得税を財源として福祉・教育などの再分配サービスを提供する北欧型の地方財政システムはうまく説明できないというラッツォの指摘も肯ける．高度に分権化したシステムで充実した福祉政策を実行する北欧諸国の財政システムは，通説から見ると「驚くべきモデル」(Goodspeed, 2000) としか表現しようがない．

本章の構成は以下の通りである．はじめに日本と北欧の政府間財政関係の類似点と相違点を支出配分と税源配分に即して明らかにし，類似点と相違点の原因を述べる．つぎに分権的な福祉国家の存立条件を明らかにするため，包括補助金と財政調整制度を比較検討する．さらに両国における地方財政と国の経済政策の調整について考察する．最後に上記の考察を総括して，北欧の地方財政

---

1) レイフィールド委員会は4カ国（オランダ，西ドイツ，スウェーデン，デンマーク）の実地調査を行なった．この点については，Layfield Committee (1976), pp. 64-79 のスウェーデンに関する記述，pp. 80-94 のデンマークに関する記述が参考になる．
2) 北欧諸国と日本は地方財政支出の相対的割合が他の単一制国家より，高い．また価値観を共有する均質な民族で構成されていることも，日本と北欧諸国において共通している．なお，本章で「北欧諸国」という場合にはデンマーク，ノルウェイ，スウェーデンとフィンランド，アイスランドの総称の意味で用いる．
3) Rattsø (1998), Söderström (1998), Lotz (1998) を参照．
4) Musgrave (1959), Oates (1972), Tiebout (1956) を参照．

は「協調的分権」モデルであるのに対して日本は「行政的分権」モデルであるというわれわれの結論を述べる．本章のベースになっているのはデンマーク大蔵省（現 OECD）のユルゲン・ロッツ（Jørgen Lotz）氏との共著である Mochida and Lotz（1999）であるが[5]，その後行なった北欧三国の現地調査[6]によって補足したことを記す．

2. 地方政府の役割分担と裁量権

　地方支出の一般政府支出に占める割合では，日本は北欧諸国と並んで高いランクに位置している．たしかに北欧諸国の地方自治体の果たす役割は他の諸国に比較して大きい．移転・最終消費を合計した支出額によると，北欧諸国では地方政府が GDP の 17-24% を支出するのに対し，中・南欧諸国では 4-8% しか支出しない．しかし，日本の地方支出が北欧並みに高いのは，日本の資本支出が例外的に高いためである．資本支出を最終消費と移転支出額に加えてはじめて日本の水準は北欧諸国に近くなる．すなわちデンマークよりは 7% 低いがノルウェイとは同水準で，南欧諸国であるフランス・イタリア・スペインの 1.5 倍に達する．しかし量的な支出水準は分権化の度合いを質的に判定する材料とはならない．なぜならば地方政府に委任した事務に様々な形で中央政府が影響力を行使しているからである．本節では日本と北欧の政府レベルの役割分担に注目して地方の裁量権を比較する．

政府レベルにおける役割分担
　(i) **行政統制型の日本**　　日本では中央政府が果たす公的機能は，防衛・年金関連の福祉の支出など比較的少ない．反対に，公的支出の大部分すなわち国土保全開発，教育，警察・消防，社会保障，下水，一般行政等は地方自治体によって執行されている．
　しかし中央と地方の機能を分離する伝統的な連邦財政主義の考え方と異なっ

---

[5] 北欧の地方財政についての日本人による制度論的研究としては，高橋（1978），藤岡（1994），飯野（1995），稲沢（2000），山内（1998），藤井（2003）第 7 章が代表的なものである．また神野・金子（1998）は北欧諸国を直接には対象にしていないが地方財政改革のモデルとして北欧諸国を評価している．本章はこれらの先行研究に啓発を受けている．

[6] デンマーク，スウェーデン，ノルウェイ 3 カ国での現地実態調査（1999 年 12 月）を示す．

て，日本では中央政府と地方政府との機能分離は明確な形でなされていない．逆に大半の機能で中央と地方は重複して関与している．その結果，教育・医療・公共事業のような主要な行政事務は霞ヶ関の中央官庁によって企画され，特定補助金によって誘導され地方自治体が執行している．

ある政策領域が中央政府―地方政府のいずれの守備範囲かが明確になっている場合は「分離型」で，混在しオーバー・ラップしている場合は「統合型」と呼ぶ[7]．日本では，最終支出をベースとした中央政府の支出と地方政府の支出の比は，39.6 : 60.4 であるが（2002年），補助金・交付税移転前の税収では58.4 : 41.6 と逆転している．この関係は日本の政府レベルの役割分担が，典型的な統合型であることを物語っている．

地方の裁量権の度合いに着目すると，統合型はさらに地方が決定する事柄の細部に中央が干渉する「行政統制」（administrative regulation）と大綱的な誘導にとどまる「立法統制」（statutory regulation）との二つのタイプに分けることができる[8]．日本の地方行財政において中央省庁の官僚は，起債や法定外税の許可，地方交付税における補正係数操作，財政再建準用団体指定等の'ハード'な手段から，人事や地方税法の解釈に関する「行政指導」のような'ソフト'な手段まで，様々なルートを通じて地方公共団体を日常的に監視・統制している．このような中央・地方関係は典型的な行政統制型の統合モデルといえよう．

(ii) 立法統制型の北欧　北欧諸国では，福祉国家のコアをなす年金，児童手当，失業給付等の現金給付は中央集権的に供給されるが，老人福祉，教育，医療といった対人サービスは徹底して地方分権的に供給されている．北欧諸国の地方政府には，対人サービスのほぼ全てを供給する権限が与えられているといってよい．たとえば，小中学校，病院，保健施設，老人介護，社会扶助などは地方自治体の事務である．中央政府の行政事務は，警察，高等教育，老齢年

---

7) 世界の地方制度を統合型と分離型に分けるならば日本もほぼヨーロッパのそれに近い統合型であることについて Muramatsu, Iqbal and Kume eds. (2001) を参照．同書の1章（Muramatsu and Iqbal 執筆）および3章（K. Akizuki 執筆）は統合型の長所と問題点について極めて示唆に富む議論を展開している．

8) 統合型をさらに行政統制タイプと立法統制タイプに分けることについては，Page (1991), pp. 34-41 を参照．

表 1-1 公的支出における地方政府の割合

(移転支出を除く，1993 年，%)

	デンマーク	フィンランド	ノルウェイ	スウェーデン
一 般 行 政	59.3	46.6	32.3	58.1
公 共 秩 序	7.5	21.4	16.2	16.0
教　　　育	59.1	74.7	60.1	74.9
医　　　療	93.4	99.0	77.8	99.2
社会保障・福祉	91.2	81.3	n. a.	92.9
住宅・共同体アメニティ	49.5	72.8	57.3	77.8
文化・レクレーション	60.2	94.4	55.6	76.5
合計	68.4	65.0	58.7	68.1

(資料) 1997 年の各国統計年報．本表は Söderström (1998) より引用．
注：ノルウェイの数値には移転支出を含む．

金および失業手当のみである．表 1-1 はやや古いが政府レベルの役割分担を統計的に検証したものである．同表からわかるように北欧諸国では地方政府は所得再分配的性格をもつ対人サービスを中心に活動している．

　北欧における立法統制をペイジ（E. Page）はリモート・コントロールに喩えている．いったん，法律が制定されると，地方団体は法律の許す範囲内で自己決定権をもち，裁判所や監査機関による準司法的な審査によってのみ活動の合規性が判断される．たしかに北欧諸国でもノルウェイの地方予算が国によって許可されているように，ある種の行政統制が残っている．しかし 1960-70 年代の改革を通じて，統制のやり方は細部の決定に干渉する行政統制型から，大綱的な誘導や合規性審査などの立法統制にシフトしてきた．北欧諸国の中央―地方関係は細部にわたる国の干渉を最小化する立法統制型であるといえよう．
事実，過去数十年を通じて地方自治体はますます「The right to differ」と呼ばれるように，独自の基準を設定してサービスを供給する裁量権を獲得してきた．
　たとえば，スウェーデンでは 1992 年に施行されたいわゆる「エーデル改革」によって高齢者福祉の責任はランスディング（県）から基礎的自治体であるコミューンに移された．この結果，施設サービスはコミューンの状況に応じてもっとも適した形で高齢者福祉施設が講じられるようになった[9]．同様のことは児童保育施設についてもあてはまる．また小学校のクラス編成，失業者の再雇

---

9) スウェーデンの福祉施設と地方自治との関係については藤井 (2003)，第 7 章が参考になる．

用などが，地域特性を反映して色々な形でなされている．しかし近年，国会が地方裁量権に対して異議を申し立て，再集権化の兆候が見られるようになったことも事実である．たとえば医療施設の質や診察待ち時間の格差が問題となっている．これを日本型へ近づこうとする動きと見る人もおり，日本の制度は北欧諸国でも関心を呼んでいるという．それにもかかわらず北欧諸国が立法統制型の地方分権の国であること自体をくつがえすものではない．

垂直的財政不均衡の比較

政府レベルの役割分担は地方財政の財源構成に密接に関連している．垂直的な財政不均衡はいずれの国においても発生している．かかる不均衡を事後的に補塡しているのは補助金・財政調整資金である．しかし，その度合いやなぜ垂直的財政不均衡が発生するかについての説明は国ごとに違う．たとえば，スウェーデンとデンマークでは地方自治体の課税権には制限がないのであって，財政不均衡はむしろ補助金によって引き起こされている．一方，日本ではほとんどの国と同様に，財政不均衡の原因は課税自主権が制約されていることにある．

先述したように日本では，最終支出をベースとした中央政府の支出と地方政府の支出の比は逆転する．北欧諸国の一例としてデンマークを見ると，同じパターンが見られるが，日本に比べると不均衡はより小さい．このような不均衡は，垂直的不均衡と呼ばれ，補助金が必要となる根拠となる．垂直的不均衡は，中央政府による補助金や分与税および他の財政移転で補塡しなくてはならない，地方政府レベルでの財政赤字であると言い換えることもできる．各国の補助金依存度が表1-2の右欄に記載してあるが，この表によれば，補助金の比率は北欧諸国（ノルウェイを除いて）では比較的小さいが，日本の補助金依存度は大きい．すなわち中・南欧諸国より10％高く，デンマークやスウェーデンの2倍である．

注意すべき点はこの表は国際標準統計に基づくものであり，分与税収入が（それは地方税というより補助金の一形態なのだが）地方税として算入されていることである．したがって各国の垂直的不均衡の実態は，分与税収入を除いた本来の地方税収入だけを取り出したデータによってはじめて明らかになる．このデータはOECDの最新の収入統計で公表された．OECD統計は，デンマ

表1-2 地方財政支出の対GDP比（1995年） (%)

	支出[1]		資本支出[3]	補助金と地方税の比率	
		消費[2]		補助金[4]	地方税[5]
オーストラリア	4.1	0.0	n.a.	27.4	72.6
オーストリア	7.1	3.7	1.8	26.5	73.5
ベルギー	7.0	4.4	0.7	62.0	38.0
カナダ	11.2	8.9	n.a.	54.0	46.0
チェコ	n.a.	n.a.	n.a.	40.2	59.8
フィンランド	18.4	14.4	1.2	n.a.	n.a.
デンマーク	24.4	17.5	1.2	27.8	72.2
フランス	7.9	5.1	2.3	43.9	56.1
ドイツ	5.8	3.8	1.5	52.6	47.4
ギリシャ (94)	3.8	3.2	0	n.a.	n.a.
アイスランド	7.7	5.3	1.4	11.9	88.1
アイルランド (94)	10.6	7.7	1.7	91.4	8.6
イタリア	12.0	7.5	1.5	n.a.	n.a.
日本	12.8	7.4	5.5	51.0	48.9
韓国	10.1	4.8	3.6	n.a.	n.a.
メキシコ				4.2	95.8
オランダ	14.0	6.9	1.9	91.0	9.0
ノルウェイ	16.9	12.6	1.7	47.8	52.2
ポーランド	n.a.	n.a.	n.a.	44.7	55.3
ポルトガル (93)	3.9	2.9	n.a.	n.a.	n.a.
スペイン (94)	9.8	6.2	2.1	32.2	67.8
スウェーデン	22.2	17.8	1.7	21.4	78.6
イギリス	10.1	7.3	0.9	86.9	13.1
アメリカ (93)	13.7	9.5		48.5	51.5

（資料）本表はOECD, *National Accounts Statistics* に基づき筆者作成．数値から使用料，手数料は除かれている．「地方政府」には州政府を含むが，オーストラリアについてはOECDのデータは州財政を除いている．
注：1)「支出」には家計，企業に対する移転・サービスを含む．デンマークに関しては中央政府の代理として地方が移転している分はOECD統計から除かれている．2) 消費には給与と財貨・サービス購入が含まれる．3) 資本支出は資本形成と土地購入．4) 補助金と地方税のデータは1994年分．OECD, *Revenue Statistics 1965-95*, 1996 による．5) 地方税には税収分与を含む．

ーク，アイスランド，スウェーデン，フィンランドといった北欧諸国における地方税の圧倒的な存在感を示している．たとえば，スウェーデン，デンマークの地方税収は税収総額の30％台にも上るが，中欧諸国の地方税収の相対的割合は全体の10％台にすぎない[10]．

---

10) OECD (1999), table1 による．

表 1-3　地方税[1]の構造（1994年）　　（構成比は単純平均, ％）

単 純 平 均 値	英語圏[2]	北欧諸国[3]	中欧・南欧諸国[4]	日　本
所得・利潤およびキャピタルゲイン税	1	95	45[5]	53
財　産　税	89	5	26	31
そ の 他 の 税	10	―	29	16
合　　　計	100	100	100	100

（資料）Mochida and Lotz (1999), table 2 より.
注：1) 中央・連邦政府を除く政府の税. 2) カナダ, アメリカ, ニュージーランド. 3) デンマーク, スウェーデン, ノルウェイ, フィンランド. 4) オーストリア, フランス, ドイツ, イタリア, スペイン, スイス, チェコ, ハンガリー, ポーランド. 5) ドイツ語圏については税収分割を含んだ数値.

(i) 自主財源比率の高さ　北欧諸国では，地方自治が重要視されており，補助金は教科書的な役割（外部性の内部化等）に制限されている．補助金は租税システムの構造的な赤字を補塡する手段ではない．地方税が地方自治の財政的基盤であって，補助金はそれを補完するにすぎない．

すなわち第1に，地方税について際立つ点は，デンマーク，フィンランド，スウェーデンの地方政府がかなり多くの収入を，税率決定権をもつ独自の税から得ていることである．第2に，北欧諸国では，所得弾力的な地方所得税が確立されている．その対極に位置する，英語圏では，財産税が地方税収入の多くを占める．このような高い自主財源比率によって地方自治体は所得再分配的な対人サービスに関する一定の裁量権を得ているのである．

(ii) 事実上の税収分割　これに対して，日本では，地方政府の主な収入源は中央政府の所得税・法人税ならびに消費税の付加税的性格をもつもので占められていて，税率決定権は制約を受けている（表1-3）．日本の地方税システムは中・南欧諸国の税収分割システム（tax sharing）と多くの類似点をもっている．

日本の地方政府の主な収入源は，所得税の付加税と同様の重複課税方式であるため，一見すると大陸型の税収分割とは違う印象を受ける．しかし，次節で考察するようにほぼ全ての地方自治体は，画一的な税率を同一の課税標準に適用して税を納税者から徴収している．マクリュアー（McLure）が指摘するように，画一税率の付加税は制度的に不細工な形をした税収分割と変わらない[11]．

---

11) 均一税率の付加税の評価については McLure (1983), p. 103 を参照.

しかしわれわれは優雅な形をした税収分割でさえ，独自の地方税に比べたら，財政責任という点で劣るということを付け加えなければならない．

税収分割は大陸諸国とノルウェイでは周知の地方収入である．けれども税収分割には，①地方のアカウンタビリティの欠如，②裕福な地方政府により多く分配される傾向があること，③課税標準や収入の変化が，人口変化などの個別地域の必要性とは無関係に，経済の全体的な変化に左右されやすい，といった問題点がある[12]．

問題なのは他の収入源を税収分割以外に見つけられるかどうかである．一つの代替案としては，中央・地方間の定期的交渉に基づき決定される包括補助金で補完するというアプローチがある．別の代替案は地方政府が収入の減少分を補えるような強力な地方税システムを確立することであろう．いずれのアプローチでも税収分割の対象となる税目をむやみに増やし，あるいは財政調整制度の原資として付加価値税の割合を増加させる必要性はない．

要約すると，日本のシステムは分権的な北欧型の支出構造と中央集権的な大陸型の収入構造を結合させようとしているように見える．これは，地方自治体の仕事の量にはマッチしているが，支出の裁量権を奪う問題の多い結合であるといえる．

3. 地方税システムと説明責任

北欧諸国では17世紀以来，地方団体による直接税の賦課の長い伝統がある．近代的所得税は1861年にコペンハーゲンで導入され，世紀転換期には北欧各国に普及している[13]．スウェーデンではダビットソン（D. Davidson）とヴィクセル（K. Wicksell）が地方団体の財源としての地方所得税を強く推奨した．事実ヴィクセルの公平な課税に関する論考は，地方所得税に関する活発な議論に大いに貢献した．1897年に地方財政に関する王立委員会が設置され，1901年にはスウェーデンは最初の所得税を導入した．論争はそれ以降も約30年に

---

12) 税収分割が多くの国で採用されているのは，日本の地方交付税の経験からわかるように，十分な収入を確保するために弾力的な国税と課税ベースを共有した方が有利だからである．

13) 北欧諸国における地方所得税の展開過程については，Söderström (1998) の脚注14を参照．なお，地方所得税論争で，ヴィクセルは比較的狭い課税ベースを主張したが，ダヴィットソンは包括的所得税に近い広い課税ベースを提唱した．

もわたって繰り広げられ，地方所得税に関する最終法案が出来上がったのは1928年である．この論争において，とくに興味深いのはリンダール（E. Lindahl）の応益課税としての所得税というアイデアである．かかる応益説は地方財政の領域においては無理なく受容されてきた．1991年にはスウェーデンは二元的所得税に移行した．この結果，資本所得は分離して国の所得税においてのみ課税されることになった．したがってスウェーデンの地方所得税は現在では労働所得に対する居住地ベースの課税になっている．本節ではこのように長い伝統をもつ北欧諸国の地方税と日本の地方税を比較検討する．

日本の地方税システム

はじめに日本の地方税を地方税原則に照らして考察する．第1の基準は，地方政府に割り当てられた機能にふさわしい十分な税収を上げうること，すなわち伸張性である．

(i) **伸張性** 伸張性基準は，垂直的財政不均衡を最小化するように，支出機能に合わせて税を割り当てるべきということを示す[14]．日本の地方税はこの第1の基準を概ね満たしている．これは地方自治体の主たる地方税が，所得税の課税ベースへの重複課税（事実上の税収分割）であるという事実からわかる．

地方税の弾力性が1よりかなり高いことを証明する事実がある．表1-4が示しているように，経済成長に対する地方税の弾力性は，1971-1990年の間で，都道府県と市町村がそれぞれ，1.26と1.35である．また一般的な通念とは異なって固定資産税の弾力性は1より小さくない．これは主として，1980年代後半における地価の急上昇と定期的に実施されている再評価が課税標準を持続的に上昇させてきたことによる．これらのおかげで，総税収における地方税の割合は，北欧諸国を除いた単一国家と比べると比較的高い．北欧諸国の地方所

---

14) 税収の伸張性という地方税原則についてはCouncil of Europe (1997), pp. 45-46を参照．地方政府が所得弾力的なサービスを提供している場合には弾力的な税を採用すべきである．税収に富む税目は納税者の支払能力に応じて賦課され，所得ないし消費水準が負担能力の適切な指標といえる．個人所得税や消費ベース課税がこの基準を満たす候補であることはいうまでもない．これに対して財産税と担税力との関係はどちらかという弱い．仮に固定資産税から十分な収入を得るのであれば，低所得階層の税負担を軽減するためのサーキット・ブレーカーや税還付が必要となる．

表1-4 日本の地方税（1995年）

	歳入に占める割合 (1995) %	地方税原則から見た評価				
		伸張性	安定性	財政的アカウンタビリティ		
		経済成長に対する税収の弾性値 1971-90 [1]	税収増加率の変動係数 1971-90	税率の分布		
				標準税率未満	標準税率	標準税率以上
道府県税						
住民税						
個人住民税	19.1	1.43	0.88	0	47	0
利子割	7.1	—	—	0	47	0
法人税割	5.7	1.13	1.49	0	1	46
事業税	30.4	1.26	1.28	0	40	7
府県たばこ税	2.7	0.90	1.52	0	47	0
軽油取引税	9.5	1.15	0.99	0	47	0
自動車取得税	11.4	1.08	0.86	0	40	0
不動産取引税	5.6	1.27	1.05	0	47	0
自動車税	4.3	1.21	0.77	0	47	0
道府県税合計（A）	100.0	1.26	0.74	—	—	—
市町村税					—	
住民税						
個人住民税	33.0	1.74	0.75	0	3,237 [2]	0
					3,208 [3]	23
法人税割	11.4	1.42	1.04	0	1,785 [4]	1,237
					2,645 [5]	587
市町村たばこ税	3.3	0.90	1.50	0	3,237	0
固定資産税	42.6	1.40	0.52	0	2,944	289
都市計画税	6.5	1.49	1.05	—	—	0
市町村税合計（B）	100.0	1.35	0.61	—	—	—

（資料）自治省『地方税に関する参考計数資料』より筆者作成．
注：1）弾性値の式は $E=(\Delta T/T)/(\Delta Y/Y)$，$Y$＝名目 GNP，$T$＝税収入．税制改正による変化分を調整済みのデータを用いた．2）個人住民税の所得割を示す．3）個人住民税の均等割を示す．4）法人住民税の法人税割を示す．5）法人住民税の均等割を示す．

得税もまた伸張性という点では，高く評価できる．

(ii) 安定性　地方税の第2の原則は税収入の変動が小さいことである．景気の振幅に税収が振られやすいことはむろん経済安定化政策の観点からは望ましい．しかし地方自治体の支出の場合は安定的であることが望ましく，収入が不安定であると予算編成は困難を極める．日本では，とくに都道府県の税収が景気循環に反応して，大きく変動する傾向がある．さらに地域間での租税調達

能力に著しい格差がある日本の場合には，歳出と自主財源の乖離の問題は，単なる税率引上げによっては解決できない．

日本においては，土地・家屋および減価償却の各々に標準税率1.4%を乗じて算定される固定資産税はかなり安定的な収入を生み出している（表1-4の左から三番目の欄）．これとは対照的に，法人二税（道府県民税法人税割[15]・事業税[16]）は，課税ベースが売上高や取引高でなく純所得であるため，景気循環により大きく振られやすい．東京都，大阪府，神奈川県といった大都市部都府県での財政危機は，バブル経済崩壊後の事業税収入の激減に起因している．

シャウプ税制使節団は応益原則の観点，すなわち法人企業は公共サービスの対価を支払わせるために，企業に対する府県税の導入を勧告した．日本の事業税の課税ベースは，近い将来，純所得から付加価値に再編される．純所得を課税ベースとする現行の事業税とは対照的に，課税標準として付加価値を用いることには，税収の変動が小さくなり，かつ課税ベースの地域間偏在が緩和されるという利点がある．しかし，事業の付加価値がどこで生じたのかを決めるのは不可能であり，とくに大企業の付加価値を地方政府間でいかに分配するかが問題として残るであろう．北欧諸国では，これらの問題点を考慮に入れて，地方企業課税は廃止されている．

(iii) 財政的アカウンタビリティ　　第3の基準は財政的自律性である．税率決定権が保持されていれば，地方の選好に応じてサービス水準を変えることができる．納税者の支払う意思に応じて地方団体はサービスを供することが可能となる．

標準税率が設定されているにもかかわらず，日本では税率と課税標準の決定をめぐって，地方自治体には二つの裁量権が認められている．まず，中央政府がいくつかの地方税に関しては一定税率を設定しているが，他の地方税については標準税率を中心とした一定の幅の中での税率決定権を与えている．しかし，地方税法の規定と現実は異なっており，標準税率以下に税率を設定する地方自

---

15) 道府県法人住民税はつぎの二つの部分から構成される．1) 均等割：資本金準備金の金額に応じて，法人当たり2万円〜8万円．2) 法人税割：法人税額の5%．

16) 事業税の課税標準は売上高ではなく純所得である．法人税額から事業税は控除される．700万円を超える所得に対する事業税の税率は12%．事業税についてはIshi (1993), pp. 259-260を参照．

治体は存在しない．一方，一つの都道府県を除いて全てが法人税二税の超過課税を実施しているが，有権者の反対を恐れて個人住民税に関しては超過課税を実施している自治体は皆無である．その結果，ほぼ全ての地方自治体は同一の課税ベースに全国一律の税率を適用している（表1-4）．たとえば，1996年度についていうと3,233団体中，2,944の地方自治体が一律の標準税率で固定資産税を徴収している．

　もう一つの課税自主権は，法定外普通税と法定外目的税を創設する権利である．地方自治体は，新しい税を提案することができるが，自治省と大蔵省の同意・許可を得なければならない．もっとも近年，法定外目的税についての国の同意条件は大幅に緩和されている．しかし，全般的にみて，効率性や地方自治が必要とする有権者に対する説明責任が有効に発揮されていないのが日本の地方税の問題である．

北欧諸国の地方所得税

　北欧諸国の地方自治体には，必要な歳入を課税自主権の発揮を通じて確保できるように，重複課税型の伸張性に富んだ地方所得税が割り当てられている．後述するように，地方所得税を基幹税とする主たる理由は，地方政府の説明責任の確保にある．実施上の相違は無視しえないものの，スウェーデンとデンマークのシステムは基本的には同じであるといえる．すなわち税率は累進税率ではなく比例税率であり，地方自治体自身が決定する．また課税ベースの評価と徴税は，累進的な所得税と一緒に中央政府が行なう．事実，納税者には一枚だけの納税請求書が送付される．以下ではこうした特徴について詳しく考察する．

　(i) **重複型比例税**　　地方所得税の課税ベースとなる所得は国税の所得税と同一であり，いわゆる重複課税方式（piggy-backともいう）である．課税ベースは個人所得，稼得所得および資本所得である．その方法を具体的に示したのが，デンマークにおける税率構造をまとめた図1-1である．

　北欧の地方所得税では，比例税率が採用されている．デンマークでは地方議会は税率について審議しない．地方議会が行なうことは支出項目についての審議と翌年度の課税ベースの推計である．その他には借入を含む全収入と手許流動性の増減に関して審議を行なう．議会審議の後，首長は翌年度の課税ベース

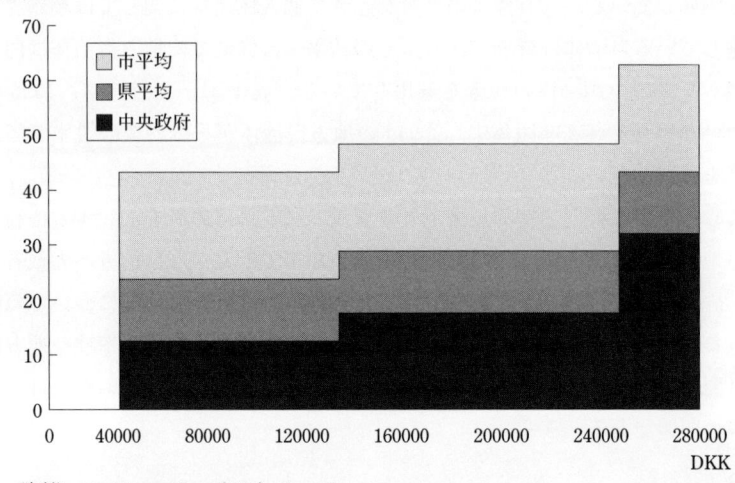

図1-1 デンマークの所得税の税率構造（中央，県および市町村，1996年）

税率(%)

（資料） Mochida and Lotz (1999), Figure 1.

の見積もりに基づいて，予算を均衡させるにたる歳入を調達するために必要となる比例税率を計算する．かかる法律的手続きが，地方自治体の予算均衡を保証するために設計されたであろうことは想像に難くない．むろん比例税が地方所得税の唯一の方法であるというわけではない．たとえばアメリカ合衆国の諸都市では，北欧諸国とは異なって地方所得税が中央政府の所得税に tax on tax で付加されている場合がある．しかし，所得税に対する付加税は最高限界税率をかなり高くするし，かつ税収の地域間格差を広げる弊害もあるので，北欧諸国では意図的に比例税が選択されている．

日本の住民税では，課税ベースは基本的に前年度の所得税と同じであるが，地方自治体独自の軽減措置が認められている．また緩やかな累進税率が適用されており，市町村民税の場合には，税率の刻みは最低3％から最高12％までの3段階である．

(ii) 居住地課税　　北欧諸国の地方所得税は納税者の勤務地ではなく，居住地の地方自治体に帰属する．その理由は地方自治体の公共サービスの大半が家計を対象にした無料の対人サービスにより占められているからである．日本でもまた住民税は居住地の地方自治体が賦課している．

(iii) 課税ベースの評価　　北欧諸国では，一つの例外を除き，課税ベースの評価は地方自治体ではなく，中央政府が行なっている．これは正しい選択といえる．これに反して，デンマークでは地方自治体自身が課税ベースの評価を行なっている．これは問題の多い方式といわねばならない．なぜならば税収入の増加が見込まれると地方自治体は租税回避や脱税を減らす努力をするはずである．しかし，デンマークではこれと逆の事態が発生した．すなわち歳入を強力に平衡化する地方財政調整制度のおかげで，効率的な課税ベースの評価は阻害された．課税努力に対する地方財政調整制度のディス・インセンティブ効果を克服したのは，1995年改正であった．この改正により，現在では財政調整交付金は，地方自治体の徴収機関が仕事を始める前に記録された収入見積もりに基づいて配分されることになった．このように地方自治体による課税ベースの評価は財政調整を逃れるためのモラル・ハザードを誘発しやすいといえる．1998年に，中央政府は法人所得の評価権限を取り戻した．

(iv) 地方法人税　　北欧の地方所得税にはかつて，法人税が含まれていた．しかし法人は事業所を税率の高い地方から低い地方へ移動する傾向があるので，租税競争を誘発しやすいという理由で，地方所得税の法人所得部分はただちに分与税 (tax sharing) に変更された．しかし，法人税の分与税化も複雑な問題——それは，納税者に関してではなく，地方政府に関しての問題をはらんでいる．中央政府はその収入の分割に関わり地方自治体間で起こされるあまたの紛争を解決しなければならなかった．どの地方自治体がその収入を得るべきかを決める論理的な基準は無いに等しいので，中央政府の決定する税収配分は政治的色彩を帯びざるをえない．

結局，ノルウェイとスウェーデンでは法人所得への地方所得課税は断念されたのである．デンマークでのみ，分与税方式で未だ試行錯誤が続いている（法人税収総額の約12%に上る）．もっとも法人地方税を取り除くことは簡単ではない．それによって大都市は重要な収入源を不釣合いに大きく失うからである．大都市は常に十分な歳入が必要であり，かつ政治的影響力も強い．

有権者に対する説明責任

図1-2で示されているように，デンマークでは地方税率は地方自治体ごとに

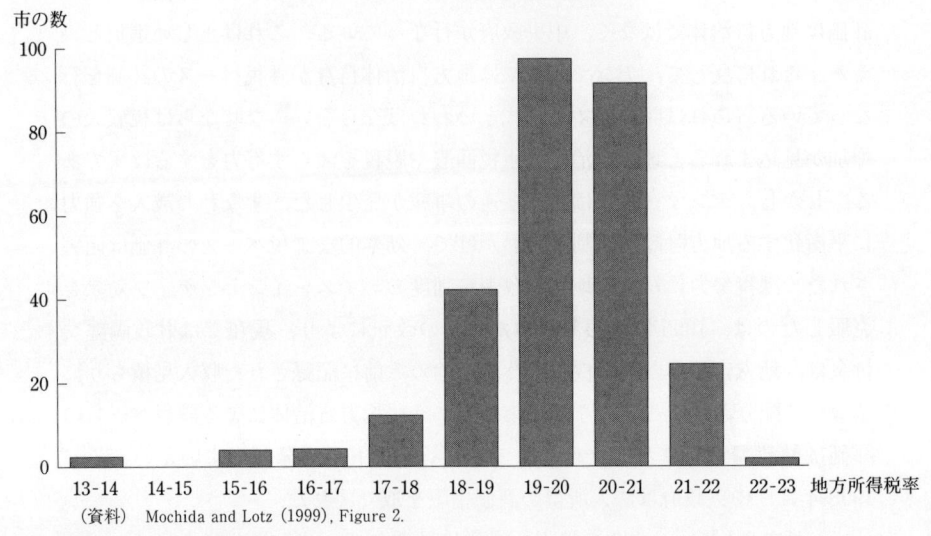

図 1-2 デンマークの地方税率の度数分布

(資料) Mochida and Lotz (1999), Figure 2.

異なっている．かかる税率の多様性はスウェーデンでもフィンランドでも全く同様に観察できる．ノルウェイを除いた全ての北欧諸国では，地方政府には独自の税率を設定する権利があり，その結果税率が地域により異なっていることは大変興味深い．たとえばデンマークでは 14〜23％，スウェーデンでは 26〜33％ という自治体間の税率格差が発生している．われわれは，税率の多様性が地方所得税における北欧型と日本型を峻別する最も決定的な分水嶺であると確信するものである．この多様性の背後にはいくつかの理由が考えられる．問題は課税自主権が地方自治体をして有権者に対する限界的な説明責任を果たさせているのか否かである．税率が違うことは，ある地方自治体では同一の課税ベースを有する他の地方自治体に比べてより多くの歳入を必要としていることを暗示している．歳入の必要度が違う理由は，以下の三つのケースにわけて考察すべきである．

(i) **課税ベースと財政需要の格差**　第 1 のタイプの多様性は，地方自治体ならびに市民間での水平的不公平を反映する格差である．しかし北欧諸国においては水平的不公平を徹底して是正する措置をとっている．日本も同じ対応をとっており，ここに両者の類似性が認められる．たとえばスウェーデンでは徹底

した地方財政調整制度（平均からの乖離分の 95% が調整される）が導入されている．その結果，収入の格差は著しく縮小する．デンマークでは，都市部の豊かな地方自治体出身の有力政治家の影響力が強いため，国会は完全な財政調整は望ましくないと判断している．しかし，依然として大都市域周辺の豊かな地方自治体間ですらも平均からの乖離の 85% が財政調整制度によって平準化されている．

　(ii) サービス水準への選好　　もし税率の差異がサービス水準に対する地方の選好を反映しているのであれば，税率の格差は応益原則を体現するものといえよう．かかる格差はティブー（Tiebout）の「足による投票」（voting with feet）がうまく機能し，住民の厚生水準が改善されていることを示す．

　(iii) 公共サービス供給の効率性　　ではサービス供給の効率性の差異が税率に反映する場合はどうであろうか．それは，地方自治体の経営能力を有権者に知らせるシグナルとして機能するだろう．このような機能は，ティブーのいう「足による投票」のように，あまり良いサービスを提供しないで税率も高い地域の人々は他の地域に流出してしまうのというメカニズムとは異なる．むしろ，どこか一つの物差しが提供されると，それと同じことをしないと不満が起こるという形で間接的競争がおこる，ヤードスティック・コンペティションに近いだろう．有権者は，他の地方自治体と比較することを通じて，無能な首長に選挙によって不信任を与えることができる．かかる「手による投票」は間接的な競争を各自治体に迫るので，住民の厚生が改善する可能性は十分ある．

　ここで最も興味深い論点は，税率の低い地域へ移動するインセンティブがあるにもかかわらず，何故に，デンマーク，スウェーデンおよびフィンランドにおいては地方自治体ごとの税率の差は安定して持続することができるのか，ということである．(ii) のようなタイプの税率格差は，ティブーのいう人口移動を誘発し，厚生水準は改善される．同様に，(iii) のタイプは，一時的な性格を帯びているには違いないが，潜在的に厚生を改善する契機となるだろう．しかし不十分な財政調整により引き起こされる (i) のタイプの税率の差異は，非効率な人口移動を誘発してしまう[17]．必ずしも実証的に確認されたわけでは

---

17) Pestiau (1977), pp. 173-186 を参照．

ないが，政治的問題を示すような人口移動は北欧諸国においては観察されない．人口移動が欠如しているという事実は，ティブー効果が乏しいことを示唆している[18]．

地方財政を起点とした人口移動がないことについては，いくつかの理由が候補として考えられる．北欧諸国では経済モデルが仮定するほどは移動性が高くない．おそらく，キャピタリゼーションと住宅供給の性質における差が説明要因としては重要かもしれない．また既婚女性の労働参加率が高いために，家族が住居を変更することが制約されているともいわれている．

地方所得税の税務行政

北欧諸国における税務行政の経験に照らすかぎり，重複課税型の地方所得税は円滑に機能しており，つよい批判を受けることもなく納税者に許容されている．たしかに地方財政の未来についての懸念は少なくないが，それは地方所得税が本来的にもつ欠陥に由来するというより，むしろ負担率の高さという政策的要因から生じているといってよい．中央と地方の所得税負担率は合計するとかなり高い水準に達していると納税者は考えている．

北欧諸国の経験によれば，マクロ経済的運営にとって最も重要なポイントは地方所得税の徴収および地方自治体への移転の方法である．この方法については，二つの対照的なアプローチを指摘する必要がある．一つのモデルでは，地方自治体が所得税を徴収して，かつ中央政府の持分を逆交付する．この場合，地方自治体は自然増収の恩恵にあずかることができるが，歳入欠陥に陥る可能性もあることを覚悟しなければならない．本章ではこれをノルウェイ方式と呼ぶことにする．いま一つの方法は，中央政府が地方自治体に代わって徴税を行なうが，地方自治体への交付額は，実際の税収額とは無関係に，当初予算計上額とする方式である．ここではこのような方式をデンマーク／スウェーデン方式と呼ぶことにする．デンマーク／スウェーデン方式では後年度に true-up という調整がなされる．これら二つの方式は図1-3に示してある[19]．

---

18) Lotz (1998), pp. 21-22 を参照．
19) 納税者からの徴収に関しては図1-3の左欄を見よ．雇用者は全給与・賃金から源泉徴収する．給与から正確に天引きするために雇用者は個々の従業員について税率の情報が必要となる．この

3. 地方税システムと説明責任

図1-3 北欧の地方所得税，納税手続き

	1995 税率	1995 納税		1997 清算	1998 清算
		スウェーデン およびデンマーク	ノルウェイ		
納税者	⊗	⊗	⊗	⊗	
雇用者	⊗→⊗	⊗	⊗	+ −	⊗
市	⊗ ↗	⊗→⊗	↓		+ ÷
中央政府	⊗		⊗		⊗

(資料) Mochida and Lotz (1999), Figure 3.

(i) ノルウェイ方式　ノルウェイでは企業は給与所得者から徴収した税収を所在する地方自治体にまず納付する．そして当該地方自治体は中央政府ならびに他の市町村へと，税収を再分配する．ノルウェイの地方自治体は予算編成にあたって，翌年度の経済見通しに基づいて収入を予測し，それを予算に計上する義務がある．しかし，その税率で住民から徴収される実際の税収額は，予算編成の時点での予測と異なることが少なくない．またノルウェイの企業は，納税者の居住する地方自治体についての課税情報を，税の納付と一緒に提出することが義務付けられている．しかし，かかる情報提供義務に伴って企業が負担する納税協力費用は，最終的な税の帰属地に収入を分配するうえで不可欠とはいえ，小さくない．

　最近，ノルウェイのある報告は上記の方式を批判している．1980年代の石油ブームのためにノルウェイ経済がインフレを伴って加熱していた時期に，税収増加を起点とした地方支出の拡大はマクロ経済にとって受容可能な水準を越えた．すなわち景気循環が地方自治体の予算にも影響を及ぼし，石油ブームはノルウェイの地方自治体の財政支出を大きく膨張させ，これは後々の調整過程

ため地方自治体はなるべく早い時期に税率の審議をし，会計年度の開始時に個々の納税者の地方税率が決まるようにしなければならない．デンマークでは10月15日，スウェーデンでは11月末までに地方自治体は予算審議を終える．これを受けて中央政府は居住地の違う納税者の税率を雇用者（及び納税者本人）に通知する．具体的な情報交換は個人別「納税票」を通じて行なわれる．納税票には納税者が利用できる各種控除も含まれる．従業員はこの「納税票」を雇用者に預けている．源泉徴収されない自営業や利子所得等は，前年度の実績をもとに年10回分割払いされる．

を困難なものにした．ノルウェイの地方自治体は経済環境の変化による年度間調整を引き受け景気循環を増幅させる正循環的機能（pro-cyclical）を果たしているのである．

日本の住民税の税務行政はノルウェイ方式に類似している．中央政府による画一的統制にもかかわらず，雇用者は税務署にではなく，道府県民税を市町村民税とをあわせて直接，被雇用者の居住している市町村に納付する．このような税務行政システムは，ノルウェイと同じように，日本では地方自治を維持するためのものと考えられている．

(ii) デンマーク／スウェーデン方式　これに対して，スウェーデンとデンマークでは雇用者は源泉徴収した税収を中央政府に納付する．しかし，中央政府は当初予算に計上された税額を，実際の徴税額とは無関係に，地方自治体に交付する．中央政府から地方自治体へ交付される税収が実際に納税者から徴収された収入に無関係であるということは，ノルウェイ方式との重要な違いである．経済に予期せぬ変化がおきても，地方自治体は予算計上額を受領できる．このシステムは予期しない経済変動と地方自治体歳入と連動関係を断ち切るものである．

このシステムの長所は，ノルウェイや日本の場合とは違い，会計年度内の経済変動が地方財政の状況に影響を与えないことである．すなわちデンマーク／スウェーデン方式は，教育，医療および高齢者介護などの地方公共サービスの供給に意図せざる変動を引き起こさない．また地方財政はマクロ経済を安定化させる要素となる．この点に関連して，われわれは地方所得税についての予算編成方針をめぐる問題に再度，注目しなければならない．

デンマークでは，地方自治体は翌年度予算のベースとして，裁量的に課税所得を推計できる．しかも，実際の徴税額がどうであれ，地方自治体は予算計上した収入を常に確実に受領できる．このシステムの欠点は財政難にあえぐ地方自治体が楽観的な税収見積もりを行なう傾向を助長することである．このため，実際の税収が確定し，当初移転と比較可能となる2年後に清算（true-up）を行なう必要がある．この清算は中央政府に対する還付と，地方自治体への移転追加の両方の可能性がある．実際には両方の清算が同時になされている．ただし市町村が税収入を3%以上，過大に見積もったことが判明すると，罰則的な

課金が賦課されるので,モラル・ハザードは抑制されている.

清算システムの存在によって,地方自治体は予算に計上した税収を確保できる.しかし,中央政府にとっても地方歳入の増減に対処する措置を2年間かけて準備することができるというメリットがある.たとえば一般補助金の交付額を適切に調整できる.

一方,スウェーデンでは地方自治体自身は課税所得を推計する権限をもたない.地方自治体に代わって,会計検査庁(Riksrevisionsverket)が毎年度マクロ経済見通しに基づいて,公の課税所得増加率を推計する.各地方自治体は会計検査庁の推計を利用する.ノルウェイやデンマークとは違い,地方自治体は翌年度の経済見通しをみずからは作成しないのである.中央政府が決定した課税所得に基づいて地方自治体は予算編成を行なう.

スウェーデンでも会計年度の2年後に清算が行なわれる.しかし清算は個々の地方自治体ごとに行なうのではなく,一般補助金の増減を通じて全体としての地方自治体を単位に行なわれる.さらに最近では,中央政府は誤った見積もりの結果責任を負うべく,清算自体を廃止することが議論されている.スウェーデンは北欧諸国の中では最良のシステムを設計してきたといえよう.

4. 包括補助金化と財政調整制度[20]

2,3節で明らかになった北欧の地方財政システムの現実はティブー,マスグレイブ,オウツを代表とする伝統的な財政連邦主義の理念型とは大きく乖離している.周知のようにマスグレイブは所得再分配機能を地方に配分すべきではないと示唆している.最新の財政連邦主義論や国際課税論においても,開放経済下の政府は均衡状態においては移動可能性の高い生産要素には課税できないと指摘している.

したがって再分配的性格をもつ社会的サービスを供給し,税率決定権を保持した所得税に依存する北欧型地方財政は,グッズピードが指摘するように通説に対する異議申立てであり,謎めいた矛盾の塊として映らざるをえない.

地方所得税への依存は移動可能性の高い要素に対する非応益課税である.通

---

20) 北欧諸国の財政調整と補助金について,Lotz (1997), pp. 192-209 が参照されるべきである.

説によれば，かかる租税への依存は地域間の資源配分に干渉し，かつ租税競争を誘発することで再分配政策は底辺に向けて切り下げられていく．さらに中央政府も所得税を賦課しているので異なるレベルの政府が単一の課税標準を重複して課税してしまう結果，垂直的外部性が発生する．問題は北欧諸国がどのようにして競争問題を緩和して地方所得税に伴うコストを小さくしているかである．本節は包括補助金と財政調整制度に注目することによって，この問題を考察する．

政府間財政移転の構成

わが国では北欧諸国に比べると地方歳入に占める政府間財政移転の割合が高い．そればかりか移転財源のうち特定補助金の占める割合が高く，かつ一般財源である地方交付税の使途も自由ではない．北欧諸国はこの点で対照的である．北欧諸国では自主財源比率が高いため移転財源への依存度が低い．さらに移転財源のうち包括補助金の占める割合が高いのでほとんどが一般財源となっている．本節の課題は両者の政府間移転財源を比較することである．

日本では特定補助金は全国一定の行政水準に地方政府を誘導するための強力な手段として膨張してきた．これらの補助金は中央政府の細かい指示に受取団体が従うという条件つきで，交付されている．地方分権推進委員会の第二次勧告（1997年）において，奨励的補助金の原則廃止・縮減と，国庫負担金を真に国が義務的に負担すべきものに限定することが明記されたのはこのためである．しかし，補助金は中央省庁が地方団体をコントロール手段であるため国庫支出金の廃止・縮減はあまり進捗していない．

一方，ヨーロッパ評議会が起草した地方自治憲章では[21]，中央政府の補助金は特定補助金として交付するよりも，できる限り客観的な基準に基づいて配分される一般補助金として交付されなければならないと規定されている．

この点で興味深いのはデンマークの経験である．同国は北欧諸国の中で特定補助金の包括補助金への振替を実施に移したパイオニアである．デンマークで補助金改革の出発点となった問題は，①特定補助金は無責任な支出を助長する

---

21) ヨーロッパ地方自治憲章9条7項については，Council of Europe (1986) を参照．この点について詳しくは本書7章で触れるので，参看されたい．

こと，②財政的に豊かな団体は補助に伴う地方負担を捻出できるので補助金の受取額が多いこと，③住民の選好よりも補助事業を優先する傾向が強くなることである．しかしながら一般補助金への振替は，中央政府の省庁にとってはコントロール手段の縮小となるので政治的には容易ではなかった．

しかし，地方の自己決定権を制限する特定補助金は，1987年の改革で客観的基準を備えた算定公式に基づき配分される一般補助金に大部分，切り替えられた．包括補助金の総額は予算協調制度のフレームの中で国と地方自治体連合との協議を経て決定されていく．具体的には，前年度の包括補助金総額をもとに，物価上昇分や「補償原則」(the Principle of Compensation) や「予算保証制度」(The Budget Guarantee)[22]による影響分などを加減していって，今年度の総額が決定される．

注目すべきはスウェーデンとデンマークでは自主財源比率が高いために包括補助金は歳出と歳入のギャップを補塡することを主眼にしていないということである．財政的不均衡と補助金の存在根拠が自主財源比率の低さにある日本等大多数の国々とは根本的に異なっている．地方税が地方自治の財政的基盤であって補助金はそれを補完するにすぎない．

財政調整効果の比較

財政調整制度を正当化する根拠として，経済的に等しい個人間の水平的公平性（horizontal equity）以上にインパクトのある議論を見つけるのは難しい[23]．ところで，水平的公平性をつきつめると完全調整に行き着く．この論理は北欧諸国の徹底した財政調整ならびに日本の地方交付税を支える理念でもある．たしかに公共財と税負担の水平的公平性をどの程度重視するかは国によって異なる．先進諸国では実際の地域間格差は小さいにもかかわらず過剰ともいえる財政調整を行なっている国もあれば，逆に地域の経済的格差が深刻なのに調整を

---

22) 「補償原則」とは国による新規政策によって地方自治体に財政負担増が生じた場合，国は包括補助金の増額によって，負担増を補償しなければならないという原則のこと．「予算保証」について脚注を参照．Danish Ministry of the Interior (1999), p. 51 による．稲沢 (2000) にも「補償原則」についての説明がある．

23) 個人間の水平的公平性が財政調整の根拠となることを最初に示したのは，J. ブキャナンである．この点について，Buchanan (1950), pp. 538-599 および (1952), pp. 208-217 を参照．

表1-5 デンマーク,ノルウェイ,スウェーデンの財政調整制度の比較

	平均値	最小値	最大値	標準偏差
税収	10,901	5,993	54,380	3,590
税収+補助金(デンマーク方式)	11,085	9,733	34,817	1,803
税収+補助金(ノルウェイ方式)	11,163	10,493	34,825	1,984
税収+補助金(スウェーデン方式)	10,907	10,661	13,081	180

(資料) Söderström (1998) より引用.原典は Norwegian Official Reports, NU 1996: 1, Et enklere og mer rettferdig inntektssystem for kommuner og fylkeskommuner, Oslo, table 5.1, p.83.
注:数値はノルウェイの市町村に適用した場合.1994年の一人当たりNOK.

ほとんど行なわない国とがある.前者の代表はオーストラリアであり,後者の代表は一般歳入分与を廃止したアメリカ合衆国であろう.戦後の日本では成長のアクセルを踏みつつ,その成果については精密な配分公式をもつ地方交付税制度を通じて,公平に各地域に配分して日本人の平等志向を満たした[24].反対に中国はあたかも内陸部と都市部との所得格差を拡大させるような成長戦略をとっているように見える.

しかし,日本と北欧諸国を比べると公共財の平等な供給と負担の公平性に対する強い選好が財政調整制度の社会的基盤になっている点に共通性が見出せる.

(i) 北欧の財政調整効果　現在スウェーデンでは,ほぼ完全な財政調整が導入されている[25].一方,デンマークでは強力な財政調整制度によって財源格差は平準化されているが100%ではない.なぜ部分調整がなされているかというと,地方団体間の財源の順位を大幅に変更することへの政治的躊躇があるからである.公式見解では極端なケース(大都市や地方の小さな村)の財政需要の測定が難しいこと,完全調整よりも緩やかであれば極端なケースの影響をうけないこと等があげられる.要するに北欧諸国では,実現不可能な正確性を追求することへの懸念がある.その結果としてある程度の多様性と不公平を受容したのである.この点を裏付けるのが,北欧諸国における財政調整効果を定量的に分析したノルウェイの政府白書である.表1-5でデンマーク,ノルウェイおよびスウェーデンの財政調整効果は,ノルウェイの市町村に適用すると仮定し

24) 地方交付税の役割について筆者の考え方は,Mochida (1998) で述べてあるので参看されたい.
25) 財政調整制度が地域経済の振興努力に有害な影響を及ぼすか否かについて論争がある.この点について,Söderström (1994), (1998) を参照せよ.

て分析されている．標準偏差の縮小が示しているように，スウェーデンのシステムは市町村間の税収格差を約95%も縮小している．デンマークとノルウェイでは約50%である．

(ii) 地方交付税の調整効果　　日本の地方交付税の財政調整効果は，北欧諸国のそれによく似ていて，強力である．日本では高度成長期に公共財の平等な供給と財源調達における負担の公平性は，経済社会の発展にとって不可欠な前提条件であるという考え方が定着した[26]．地方交付税は，毎年，基準財政需要が基準財政収入を上回る地方団体に交付され，財政需要に比例し，財政能力に反比例して交付される．財政需要と収入の差額を補填するアプローチは水平的不均衡を是正し，かつ全国津々浦々において最低限の公共サービス水準を確保することに貢献してきた．韓国，イギリスにおいても，日本ならびに北欧諸国と同じ考え方を採用している．

地方交付税による財政力平準化の度合いは，地域別の一人当たり地方税のジニ係数と一般財源のジニ係数との差を，前者のジニ係数で割った商によって測定することができる[27]．表1-6にはこうして算出された平準化係数の測定結果が時系列的に示されている[28]．この表からわかることをまとめよう．財政調整の効果は，地方交付税が平準化に貢献していた1970年代央以前において決定的に重要であった．それ以降，地域間の財政力格差は次第に緩和され，地方交付税を通して是正すべき格差それ自体がより小さくなった．95年度を境に交

---

26) Shoup Mission (1949) では，水平的公平性，歳入の調節，地方団体の施策の自由という観点から，平衡交付金の存在を位置づけている．
27) 平準化係数はつぎの関係式によって導出．

$$\phi = (G_2 - G_1) / G_2$$

G_1は一般財源のジニ係数，G_2は地方税のジニ係数，ϕは格差の改善の度合いを表す．本章では，これを平準化係数と呼ぶ．より詳しくはMochida (1998), pp. 280-283を参照せよ．
28) 高度成長期の前半（1954-64年）の特徴は，交付前の地域格差が持続的に拡大したことである．地方交付税はほぼ毎年，都道府県間の財政力格差を70%近く縮小させた．高度成長期の後半（1965-74年）には，財政的に豊かな団体と恵まれない団体との間の，交付前の格差が急速に縮小した．それにもかかわらず交付税は後進地域に手厚く配分され，地域間の所得再分配は強められた．その結果，都道府県間の一人当たり一般財源の順位は逆転するに至った．石油危機発生とその直後（1970年代半-1980年代半）には，一人当たり地方税の格差は東京一極集中の結果，再び広がり始めた．しかし，交付税原資の不足のため，税収入と地方交付税の負の相関関係は弱くなった．バブル経済とその崩壊以降（1985年-現在）には，交付前の地域間格差は，大都市府県での財政難のためか，著しく減少している．とりわけ注目に値する事実は交付前の格差と交付後の財源の不均衡にほとんど差異が見られず，95年以降逆転現象が発生していることである．

表 1-6 地方交付税の平準化効果（都道府県）

年	ジニ係数 交付前 G_2	ジニ係数 交付後 G_1	平準化効果 (%)	年	ジニ係数 交付前 G_2	ジニ係数 交付後 G_1	平準化効果 (%)
1950	0.247	0.077	68.62	1976	0.160	0.109	32.11
1951	0.277	0.085	69.25	1977	0.154	0.106	31.22
1952	0.248	0.074	69.96	1978	0.150	0.104	30.32
1953	0.249	0.082	66.89	1979	0.150	0.105	30.36
1954	0.234	0.080	65.64	1980	0.157	0.109	30.55
1955	0.238	0.079	66.67	1981	0.157	0.113	28.14
1956	0.249	0.066	73.62	1982	0.161	0.119	25.70
1957	0.292	0.089	69.63	1983	0.158	0.112	29.21
1958	0.278	0.089	68.22	1984	0.166	0.108	35.08
1959	0.294	0.093	68.30	1985	0.181	0.113	37.66
1960	0.307	0.096	68.80	1986	0.176	0.118	32.84
1961	0.314	0.098	68.68	1987	0.186	0.117	36.96
1962	0.298	0.090	69.84	1988	0.194	0.114	41.20
1963	0.287	0.085	70.48	1989	0.198	0.122	38.62
1964	0.270	0.085	68.49	1990	0.193	0.123	36.32
1965	0.246	0.091	62.98	1991	0.177	0.130	27.50
1966	0.232	0.084	63.67	1992	0.170	0.130	22.00
1967	0.226	0.084	63.00	1993	0.150	0.140	8.50
1968	0.222	0.088	60.56	1994	n. a.	n. a.	n. a.
1969	0.220	0.092	58.20	1995	0.136	0.136	−0.58
1970	0.221	0.093	57.81	1996	0.132	0.135	−3.01
1971	0.203	0.105	48.38	1997	n. a.	n. a.	n. a.
1972	0.206	0.103	49.91	1998	0.123	0.141	−14.84
1973	0.197	0.101	48.53	1999	0.111	0.153	−36.72
1974	0.185	0.104	43.88	2000	0.118	0.132	−12.53
1975	0.167	0.127	23.78	2001	0.125	0.129	−2.78

（資料）1990年までは持田（1993）による．91年以降は地方財政統計年報により再計算．

付後の財源格差は交付前のそれを上回っている．財政調整による平準化の程度は高度成長期に比べるならば，かなり低下したといえる．しかし，そのことはもはや地方交付税が不要であることを意味しているわけではない．日本では国が地方団体に多くの事務を義務付けておきながら，十分な財源を与えていないため，地方税で足らざる部分を補う「結果の平等」を目的とした財源保障機能が地方交付税に割り当てられてきた．

財政調整理念とアプローチの相違

　財政力と財政需要の格差を平準化するための強力な地方財政調整制度が日本と北欧諸国に存在するのはいかなる理念によるのであろうか．またそのために採用されているアプローチの相違は何であろうか．われわれが次に検討しなければならないのはこの点である．一般に，財政調整制度は対照的なアプローチによって実施されている．垂直的財政調整と水平的財政調整がこれである．最も広くゆきわたっている方式は貧困な地方団体の歳入を一定の全国標準にまで引き上げるために，中央政府が垂直的に補助金を交付する垂直的財政調整である．いま一つの方法は，「ロビンフッド・モデル」ともよばれるが，豊かな地方団体が調整資金を拠出し，貧しい地方団体へ水平的に移転する水平的財政調整である．

　ここで注意しておきたいことは，垂直的調整が水平的調整を実施している国を含めて大多数の国で実施されていることである．つまり二つの方式は二者択一の代替関係にあるのではなく，中央政府の負担の有無や財政錯覚の有無がより本質的な違いなのである．

　(i) **財政的公平性に支えられる「機会の平等」**　　北欧の地方財政は二重の意味で平等主義的である．すなわち同一の自治体の住民間での垂直的公平と異なる自治体間での財政的公平である．もちろん北欧諸国の間で，平等主義的傾向に濃淡があることは事実である．垂直的公平は課税における応能原則によって達成される．地方団体の主要な財源は個人所得税である．地方所得税は居住地ベースによる比例的所得税である．地方団体に諸控除の決定権はないが，税率決定権は保持されている．これに並行して，国税としての所得税が賦課される．所得税の課税ベースは地方所得税と本質的に同じであるが，税率は累進税率になっている．

　財政的公平性は，すべての地方団体はその活動に必要となる税負担が等しくなるべきであるという原則である．換言すると公共サービスのコストは，納税者の居所如何にかかわらず，等しくしなければならないというのが財政的公平の政策的含意であるといえる．このような考え方に立脚した財政調整制度に支えられて，はじめて所得再分配に伴う「競争問題」（≒住民移動）が解決されるのである．しかし，それは国が地方団体に画一的なサービス供給を義務づけ

るためではない．そうではなくて，財政調整制度に支えられることによって地方団体は競争に参加するための「機会の平等」を保障されるというのが北欧諸国の理念である．各地方団体は平等な予算制約という機会が保障され，その下で可能な限り低いコストで最も魅力的な公共サービスを提供する競争に参加できる．財政的観点からいうと，地方団体は特定の住民階層を惹きつけたり，あるいは追い出したりする必要がなくなる．

(ii) **水平的財政調整**　北欧諸国ではこのような目標に向かって真剣な努力が積み重ねられてきたが，それを具体化するために採られたアプローチが水平的財政調整である．北欧諸国では自主財源比率が高いので，地方自治体間の財政格差も大きくなる．しかし国による垂直的財政調整はコストが高く困難である．このため地方自治体の連帯による水平的財政調整が発展してきた．高い自主財源比率と，財政力の均等化は両立しがたいが，これを可能にする方法として北欧諸国では水平的財政調整が発達してきた．

水平的財政調整の長所としては，財政調整を強化する場合に地方団体間の合意が難しくなるという特徴を指摘できる．垂直的財政調整に比べると中央政府の国庫にかかる負担が少なくなるのである．これは財政当局から見た政治的利点といえよう．換言すると財政当局の立場から見た水平的財政調整の利点は，中央政府の負担なしに徹底した財政調整を実施できることである．したがってこの方式は，自主財源比率が高く，財政力格差が大きいがゆえに垂直的財政調整による財政調整のコストが非常に高くなる場合に有用である．

水平的調整の第2のメリットは，財政調整制度の非対称性を解決できる点にある．多くの国では中央政府の財源不足のため，財政調整資金は貧しい団体にしか交付されていない．非対称な財政調整の結果，豊かな地方団体の余剰財源は，システムの外側にあって温存されてしまい，拠出を免れている．これはなぜ水平的調整をスウェーデンが選択したかに関わる．スウェーデンは最も豊かな地方団体が財政調整制度の外側におかれ，調整の対象外となることを問題視し，水平的調整を選択した[29]．

しかし，その反面，水平的財政調整には地域間の軋轢を生むこと，つまり豊か

---

29) この点に関して SOU (1994) を参照．スウェーデンの地方財政改革に関しては Söderström (1998) および山内 (1998) が参考になる．

で最も影響力のある地方団体が基金への拠出に不満をつのらせるという問題がある．近年のヨーロッパ諸国での経験によって，これを傍証することができる．

　旧東ドイツ諸州が，統一をかわきりに州間の水平的財政調整に参加した際，旧西ドイツの豊かな諸州の拠出額が増大した．水平的財政調整には巨大な負荷がかかった．連邦政府と州は，2001年6月，2005年以降に施行される新財政調整法について合意したが，その内容は現行制度を大きく変更しなかった（7章）．従来の財政調整の基本構造には手をつけないが，富裕州は留保税率がやや高くなるため新法に賛成し，貧困州の受領額は減少しない．敗者のないシナリオが可能になったのは，連邦政府が州間の水平的調整の一部を，連邦から州に垂直的に交付される連邦補充交付金を増加させることによって代替したからである．

　またスウェーデンでは，1995年春，水平的財政調整についての訴訟が最高裁で起こされ，違憲判決が下された．地方政府間の水平的財源移転はある地方政府による他の地方政府への課税に相当するので，違憲であるというのがその趣旨であった．この判決をうけて法律改正がなされ，中央政府を経由させることで憲法上の問題を回避する道が選択された．

　さらにデンマークにおいては，1987年，コペンハーゲン周辺の豊かな市町村が資金の拠出を拒否したため，影響力のある地方自治体連合がいったんは解散の危機に瀕した．これをうけて政府は垂直的財政調整への変更に同意したが，1995年にさしたる議論もないまま，再び水平的財政調整に戻った．上記のエピソードからわかるように，連帯方法は地域間の軋轢を発生させる．これに対して，垂直的調整はカナダや中国のように地域間の軋轢が深刻な国々では，"統一国家建設"に貢献するだろう．

　(iii) 垂直的財政調整と「結果の平等」　　北欧諸国では地方自治体の所得再分配機能を支えるために水平的財政調整が発達した．これに対して，わが国では国が地方団体に多くの事務を義務付けながら十分な財源を与えないために，地方税では足らない部分を補う「結果の平等」を目的とした財源保障機能が地方交付税に割り当てられてきた．また北欧と異なり自主財源比率が全般的に低いため，ほぼすべての地方団体が交付団体になる垂直的調整が発達してきた．

　わが国で地方交付税による垂直的調整が定着している政治的理由として，突

出して豊かで政治的に有力な地方団体が財政調整制度の枠外に置かれることを指摘したい．たとえば東京都のような，突出して豊かな地方団体は交付金を受領しないだけであって拠出する義務を負わない．

　垂直的調整が広くゆきわたっている，いま一つの理由は「財政錯覚」(fiscal illusion) であろう．垂直的調整ではあたかも全ての地方団体誰が受領しており，誰も負担していないように見える．もちろん，これは錯覚であって，大都市部の豊かな地方団体に居住する納税者が国税の多くを負担している[30]．大都市の納税者は国税を負担しているので，地域間の所得再分配は目には見えない．もし，水平的調整に切り替えられるならば，そのような財政錯覚は生じないであろう．そして過度な財政調整への批判が噴出するかもしれない．

　しかし，垂直的調整にはつぎのような問題点がある．日本の経験からも分かるように受取団体の財政責任が水平的調整に比べて弱くなることである．理念からいうならば，地方交付税の受取団体は国税納税者（とくに大都市部の納税者）に対し，説明責任を果たす義務があると考える．しかし実際には交付団体の説明責任は低いように見える．水平的調整では再分配は目に見えるが，地方交付税では複雑でわかりにくい．国税納税者の信頼を得るためにも，受領団体は効率的な財政運営につとめ，超過課税を行なうなどの課税努力を払うべきである．

財政需要の算定の比較

　つぎに交付金の個々の地方自治体への配分方法を比較する．日本の地方交付税は基準財政需要と基準財政収入を算定し，その差額を交付する仕組みである．これに対して，北欧諸国では，歳入面と歳出面をそれぞれ別枠で均等化する方式をとっており（表1-7），日本のように歳出と歳入の差額を補塡する制度とは異なっている．

　しかし，差額補塡方式にせよ二段階調整方式にせよ，財政調整制度が客観的

---

30)　地方交付税を通じる地域間所得再分配に関しては持田 (1993), 59-60頁を見よ．たとえば，東京，大阪，愛知，神奈川といった大都市都府県では，住民の納税額の約半分しか補助金として還付されない．島根，高知，宮崎，鹿児島といった府県では住民が納税した額の二倍以上の補助金を受領している．

4. 包括補助金化と財政調整制度

表 1-7　デンマークにおける財政調整制度の概要

市——課税ベースの平準化	
全市対象の全国的財政調整制度	地方団体の一人当たり課税ベースと全国平均との差の45%を平準化
課税ベースの脆弱な地方団体対象の補助金	課税ベースが脆弱な地方団体（全国平均の90%以下）へ，全国平均との差の40%に相当する割増補助金
コペンハーゲン大都市圏の財政調整制度	コペンハーゲン大都市圏では，全国平均との差のさらに40%を平準化
市——財政需要の平準化	
全市対象の全国的財政調整制度	地方団体の一人当たり財政需要と全国平均との差の45%を平準化
コペンハーゲン大都市圏の財政調整制度	コペンハーゲン大都市圏では，全国平均との差のさらに40%を平準化
県——財政需要と課税ベースの平準化	
課税ベースの平準化	地方団体の一人当たり課税ベースと全国平均との差の80%を平準化
財政需要の平準化	地方団体の一人当たり財政需要と全国平均との差の80%を平準化

（資料）Danish Ministry of the Interior (1999).

基準に基づき計算された財政需要を考慮している点では共通している．財政需要は地方団体が左右できない人口統計基準や客観的基準によってのみ測定できるからだ．客観的基準を使用する利点は，地方団体が確実に補助金額を計算し，予算に反映させうることである．いま一つの利点は補助金をめぐる政治的裁量の余地を少なくできることである．政治家の役割は配分基準の選択に限定され，しかも国会の承認を得る必要がある．この点を表 1-7 に示されるデンマークの例に沿って考察しよう[31]．

　(i) 年齢区分別人口による対人サービス算定　　財政需要の算定が複雑かどうかは地方団体に委任された機能に左右される．もし地方団体が少数の単純な機能しか果たしていないのであれば，フランスがそうであるように客観的基準も簡単である．北欧諸国では地方団体の守備範囲の大半は福祉国家の対人サービス

---

31) 財政需要格差の平準化について，デンマークでは3種類の制度がある．①全市対象の全国的な財政調整制度，②コペンハーゲン大都市圏の財政調整制度，③県レベルの財政需要の平準化である．

表1-8 年齢要因による財政需要
(1998年の一人当たり単位費用)

年齢区分	全国的財政調整	コペンハーゲン大都市圏の特別調整
0-6歳, 1.1.97	33,660.74	39,117.80
7-16歳, 1.1.97	6,065.88	5,817.00
7-16歳[1]	48,299.33	54,082.67
17-19歳	7,103.70	7,002.87
20-24歳	8,973.86	9,139.79
25-34歳	8,947.15	9,109.27
35-39歳	8,612.06	8,726.38
40-64歳	7,023.45	6,911.16
65-74歳	15,051.64	15,063.51
75-84歳	34,556.71	34,915.82
85歳以上	93,130.03	87,507.57
賃貸住宅数	3,047.81	
早期退職者	110,096.33	97,052.78

(資料) Danish Ministry of the Interior (1999).
注:1) 1997年1月1日の7-16歳人口と1994年1月1日の7-16歳人口のうち,大きい数.このルールは生徒数の減少した地方団体を考慮するためのもの.

なので,財政需要は主に年齢区分別人口を基準にして算定されているのが特徴である.

デンマークでは年齢区分別人口に起因する財政需要は,表1-8に示されているように,年齢区分別の人口数に,その区分に適用される単位費用を乗じて計算される.単位費用は,運営コストと資本コストの合計を基礎に法律で決定されている.その金額から,社会的要因に基づく支出と特別基本補助金が控除される.このようにして計算された年齢構成に起因する財政需要のウェイトは,全国的財政調整では80%に,県レベルの財政調整では77.5%に,コペンハーゲン大都市圏のそれでは25%に固定されている.

ただし必ずしも全ての財政需要が人口統計基準によって簡単に測定できるわけではないので,独居老人数や失業率といった社会的条件を考慮する「社会的基準」が考慮されている.いわば地方交付税における補正係数の機能を果たすのが北欧における「社会的基準」といえよう.社会的基準のウェイトは全国的財政調整では20%,県レベルでは22.5%,コペンハーゲン大都市圏では25%となっている.コペンハーゲンでは他の地域に比べて社会的基準がより重視さ

表 1-9 「社会的指標」の計算の基礎となる基準　　　　　　(%)

	全国的財政調整	コペンハーゲン大都市圏の財政調整	財政調整
		市	県
片親の児童数	32.5	32.5	48
常習犯罪問題	25		
賃貸住宅数		20	
20-59歳で,5%を超える失業者数	25	25	
第三国からの外国人数	10	10	
25-49歳で職業教育の未経験者数		12.5	
コペンハーゲン大都市圏外で,深刻な社会問題を抱える地域の住民数	7.5		
65歳以上の単身者数			48
道路関連支出			4
合計	100	100	100
社会的基準のウェート	20	25	22.5

(資料) Danish Ministry of the Interior (1999).

れていることがわかる.

その具体的な算定方法を示したのが表1-9である. 1998年度に社会的指標は, 最低の37 (Helle市) から最高の194 (Ishoj市) まで様々である. ただし社会的基準は年齢別の需要とは異なって, 個別の支出との対応関係は度外視されている. 社会的基準の目的は地方団体が負う社会的負担を一般的に反映させることにあるからである.

以上の計算にしたがって, 財政調整資金は住民一人当たりの財政需要が全国平均より高い団体に交付される. 逆に全国平均を下回る地方団体は, 全国平均以上の地方団体への財源を拠出する. そして受領額は住民一人当たり需要額と全国平均との差に均衡化率[32]と住民数を乗じた額となる. 拠出額の合計と受領

---

[32] 財政需要面の平準化においては, 全国平均との差の全額ではなく, その一定割合が平衡化される. これは「均衡化率」と呼ばれ, 全市を対象とした全国的な財政調整制度では45%に, またコペンハーゲン大都市圏では85% (= 45 + 40) に, 県レベルでは80%となっている. Danish Ministry of the Interior (1999) および稲沢 (2000) を参照.

額の合計は等しいので，財政需要に関わる財政調整交付金の合計は地方団体全体ではゼロとなる．同様の方法が県レベルの財政調整においても行なわれている．このように主に年齢別人口構成を基準にした簡素な方法を用いて福祉国家の対人サービス需要を算定しているのが北欧諸国の特徴である．

(ii) 行政項目別算定　日本で財政需要を決定するために使われている方法は，地方団体の支出を異なるカテゴリーに分け，カテゴリー別に当該地方団体の財政需要を算出するものであって，年齢別人口を基準に算定する北欧方式とは異なっている．

基準財政需要を計算するにあたり，県・市町村の公共サービスはいくつかの行政項目に分類される[33]．つぎに基準財政需要はその行政項目ごとに単位費用×測定単位×補正係数という算定式で計算される．地方団体の基準財政需要は，行政項目別の需要の合計である[34]．いま少し両者の違いを指摘すると次の通りである．日本では測定単位は公共サービスの恩恵に与る対象を客観的に反映する数量である．北欧では年齢別人口が日本の測定単位に該当するものであるが，わが国では行政項目別に，たとえば社会福祉は人口が，道路投資の需要は道路延長が，そして小学校校舎は児童数といったように測定単位が法定されている点が特徴である．

つぎに単位費用であるが，これは行政サービスの供給に必要となる平均的コストである．わが国では標準的な条件と規模をもつ地方団体が想定され，全国一律の単位費用を総務省が計算し，国会が決定している．北欧では年齢区分別に単位費用が決定されるが，日本では行政項目別にコスト計算が行なわれる点が異なる．

さらに総務省による補正係数と北欧の「社会的基準」を比較しよう．北欧で用いられる「社会的基準」と同じく，補正係数は人口統計以外のデータを用いて，全国一律の単位費用を各地域の条件に合わせて差別化する役割を果たして

---

[33]　県に関しては，警察，道路橋梁，高校といった24の行政項目が，市町村に関しては，都市計画，公園，ゴミ収集というように24の行政項目がある．

[34]　地方団体iの基準財政需要はつぎの式で算出される．
$$N_i = \sum_k (I_{ik} \times U_{ik} \times M_{ik})$$
I_{ik}はi地域の行政kの測定単位，U_{ik}はi地域の行政kの単位費用，M_{ik}はi地域の行政kについての補正係数を表す．詳しい説明についてはMochida (1998), pp. 277-279を参照せよ．

いる.たとえば,密度補正は人口密度の高い地域よりも低い地域が,供給コストが高いという事実を反映させ,段階補正は規模の経済(scale economy)を反映させるために用いられている[35].北欧諸国では独居老人や未就学児童といった人的な要素を「社会的基準」によってきめ細かく反映させようとしているのに対して[36],わが国では面積や気候といった物理的・構造的な条件を考慮している点で異なっている.

　要約するとわが国の地方交付税は行政項目ごとに人口統計基準と社会的条件を組み合わせる方法で地方団体の財政需要を測定している.この手法は地方団体に広く受容されており,それに対する根本的疑念は存在しない.しかし日本では算定公式は透明性や客観性に欠けるという批判がなされている.補正係数の決定に関しては総務省に裁量権があるが,北欧においては「社会的基準」の選択および重み付けは国会の承認が必要である.またデンマークでは人口基準で算定されるので配分される補助金額を地方団体自身が計算できるが[37],日本では地方の納税者や議員が交付税の金額を予想するにはあまりにも算定公式は複雑である.

財政能力の測定

　つぎに財政能力の算定の仕方を比較しよう.差額補塡方式にせよ二段階調整方式にせよ,財政調整制度が客観的基準に基づき計算された財政能力を考慮している点では共通している.ただし,ある種の条件のもとでは地方団体間の財政力格差を平準化する必要性はさほど重要ではない.平準化が必要であるか否かの問題は自主財源である地方税が歳入に占める割合がいかに重要であるかに依存する.平準化の必要性は補助金に対する地方税の比率が大きければ大きいほど高くなる.

---

35) 補正係数の種類は,①種別補正,②段階補正,③態容補正,④寒冷補正,⑤数値急増補正,⑥数値急減補正,⑦財政力補正等である.補正係数について Ishi (1993), pp. 272-273 ; Mochida (1996), pp. 13-16 を参照せよ.

36) デンマークで用いられている「社会的基準」には,片親児童数,老朽住宅数,賃貸住宅と持家の比率,20-59歳の失業者,低所得国からの移民数,25-49歳で職業教育を受けていない者,深刻な社会問題をかかえた地域の居住者数,65歳以上の単身者数がある.

37) Betankning nr. 1250, May 1993, pp. 231-234 を参照.このレポートにはデンマークの地方団体の算定公式に対する見解が要約されている.

(i) 歳入面の平準化対象　もっとも地方団体の「収入」の対象として何を選ぶかは必ずしも明確ではない．目的が違えば方法も異なる．一般的な原則は地方団体の課税努力へのインセンティブを損なわないように制度設計することである．北欧で実施されている一般的ルールは以下の通りであるが，日本の地方交付税と基本的に同じである．

地方税については，住民一人当たり課税ベースを平準化の対象にすべきである．分与税は，財政需要に比例して地方団体に分与されるが，発生地の地方団体がもつ課税権の意識が強い．このため財政調整は一人当たり税収が全国平均を超過する部分の一定割合だけを基金に拠出し，全国の平均を下回る団体を補塡するという形態をとることが多い．使用料・手数料が公共サービスのフル・コストに設定されている場合には，どの地方団体に居住していても個人間の不公平は存在しないので平準化の対象にする必要はない．しかし地方団体がフル・コストではなく，自由に使用料の水準を決定できる場合には平準化されるべきである．他に考慮すべき点は多額の債務を負う地方団体がある一方，債務がなく公債を保有している地方団体があることである．前者は元利償還を負担しなければならないが後者は利子所得を得ている．この相違は大きいものがあるが，財産所得を財政調整の対象としている国は稀である．その理由は，倹約に努め貯蓄した地方団体にペナルティーを課し借入れに依存した団体に補助金を与えるからである．

上記の考え方はわが国の地方交付税の制度設計にも共通している．都道府県の場合は，法定普通税の 80% が基準財政需要に算入される（実際の税率ではなく地方税法に規定された標準税率で計算されたもの）．税収の一定部分を算入する措置によって，課税努力を払った地方団体がペナルティーを受けず，また課税努力を怠った地方団体が補助金を受けないようにしている．分与税の一形態である地方譲与税は，全額が基準財政収入に算入されて，平準化の対象となる[38]．

---

38) 基準財政収入は以下の式で計算される．
$$C_i = G\left(\sum_j B_{ij} \times t_j\right) + LTT_i$$
G は 0.75（市町村の場合）；0.80（都道府県の場合），B_{ij} は i 地域の課税ベース j，t_j は課税ベース j の標準税率，LTT_i は i 地域の地方譲与税を表す．より詳しくは Mochida (1998), p. 278 を参照せよ．

(ii) 課税標準の平準化　デンマークを例にとって，財政力の平準化の制度を説明しよう．

課税標準の平準化では課税標準の全国平均と各地方自治体の課税標準との差が均衡化される．ただし均衡化率は 100% ではなく，部分均衡になっている．また地方団体間の連帯に基づく水平的財政調整になっている．

このメカニズムの出発点は，個別の地方団体の課税ベースを計算することである．課税ベースは地方団体の所得税の課税標準と地価に重み付けをして計算される．所得税の課税標準と土地価格の 6.5% との合計が市の課税標準となる．また所得税の課税標準と土地税額を税率で割り返した商との合計が県の課税標準になる．

全市を対象とする財政調整は，以上で求められた課税標準と全国平均の課税標準との差に基づき計算される．すなわち全国平均に満たない地方団体は，この差額に「均衡化率」45% と「税率」を乗じた額を受領し，全国平均を超える団体は拠出する．拠出額の合計は受領額の合計に等しくなるので，地方団体間で歳入中立的な水平的な財政調整が行なわれる．

これに加えてコペンハーゲン大都市圏においては追加的に 40% の財政調整が行なわれる．これは大都市圏では人口構成が複雑で，所得水準も多様であることを反映するものである．

また財政調整及び一般補助金法により，とくに課税ベースが欠乏している地域（全国平均の 90% 以下）には 40% の補充交付金が交付されている．これは全国平均の 90% と当該地方団体の課税ベースとの差の 85% が均衡化されていることになる．この補充交付金の総額は 1998 年において 6 億 5,660 万クローネであるが包括補助金形式で各地方団体に交付されている．

5. 地方予算をめぐる国・地方の協調関係

総務省と地方財政計画

法律上の規定は，政府間関係の一面に過ぎない．いま一つの側面は，中央地方関係の制度的コンテクストである．日本において，財務省と総務省との間での対立と調整が，政府間関係の焦点となっており，後者は総体としての地方団体の利害を代表している．総務省は中央省庁の内部にありながら，財務省や他

省庁による地方財源侵食に対する拮抗力となっているのである．それゆえ，総務省と財務省とは政府間財政関係のダイナミズムをつくりだす重要なアクターといえる．

3,300を超える個々の自治体が中央の政治的アリーナで，ロビー活動を展開することは不可能である．政策決定過程に地方団体の利害が考慮されるべく，地方自治体の利害を主張する代理人というのが，総務省の役割である．

日本の政府間関係は，中央政府の統制によって，地方団体の財政規律の維持するように制度設計されている．地方団体が破産し，あるいは厳しい財政難に陥る可能性は，北米やヨーロッパ諸国に比べて低い（このため，多くの国では地方団体による破産宣言は認められていない）．リード (1990) が正しく指摘するように[39]，欧米諸国では地方団体の納税者（あるいは資本市場）に対する説明責任が重視されているのに対し，日本では中央政府が地方団体の健全な財政運営に責任を負っているという点でかつてのフランスによく似ている．

日本では総体としての地方財政を監視する機能を果たしているのは地方財政計画である．総体としての地方団体の歳入を推計し，標準的な歳出を賄えるかどうかを判断する材料を提供する手段である．毎年の地財計画は総務省が責任を負い，同省は地方財政の収支均衡を達成するための財源の裏づけに責任をもつ．歳出側では地財計画には地方団体の標準的活動全てが含まれる（地方公営企業会計は除く）．要するに地財計画は中央主導でマクロ的に財政責任を確保するものであって，仮に収支が合わない場合には，総務省は地方税，交付税，あるいは地方債収入の増額といった措置を要求し財務省と交渉する．しかしバブル崩壊後，地方財政計画は健全な財政運営に資するというよりも，逆に予算制約をソフト化し，財政規律を弛緩させている面が否定できない．とくに交付税特別会計借入れや地方債の交付税措置といった後年度負担によって収支ギャップを補う手法は限界に達している（4章）．

北欧諸国における地方自治体連合

政府が支出，雇用および租税水準のコントロールに関心をもたない国はない．

---

39) 中央による地方財政の監視機能の有無については，リード (1990), 58-59頁が国際比較しており，興味深い．

北欧諸国では地方団体の行動はマクロ経済政策の立案にあたり考慮すべき重要な要素であると看做されている．このことは北欧諸国では地方財政支出の対GDP比率が軒並み20％前後に達していることを示した前掲表1-1を一瞥することによって容易に理解できよう．

しかし，北欧では内務省が地方の利害を代弁するために大蔵省に表立って盾突くということはありえない．その役割を果たしているのは有力な地方団体連合組織である．三つのスカンディナビア諸国全てにおいて，マクロ経済政策と地方財政との調和を図る責任は大蔵省にある．内務省の地方財政に対する政策は，いかなるものであろうとも大蔵省と歩調をあわせなくてはならないのである．

形式的にはデンマークとスウェーデンの補助金政策は90年代初頭に大蔵省へ移管されたが，スウェーデンでは1996年に再び，内務省と共有されることになった．北欧諸国では一般的に内務省と大蔵省は兄弟のように（in a cadre of big brother/little brother）密接な協同関係をむすんでいて，両者の間でただ役割が移動するだけなのである．

北欧では地方自治体連合（市町村と郡それぞれの組織がある）は統一されており，かつ構成員の強い支持があることに注意すべきである．これは，何故，自治体連合が現在のような重要な役割を果たしうるか，地方自治体の利害を代表して中央政府と対話したり，交渉したりできるかの理由である．自治体連合は，個々の地方団体と社会保障省，教育省との間で調整をし，あるいは新規立法に対して実務的な助言や経済効果などの推計を行なっている．

これらの自治体連合組織の議長は，しばしば自治体選挙での第一党から選ばれるが，彼らは決して政治的問題に口を挟まない．むしろ地方自治体連合の役割は，地方の自己決定権の擁護，住民に利用しやすい新規立法の要請，自治体職員のための訓練プログラムの策定，構成員である自治体へのコンサルタント業務，そして何よりも"中央政府から可能な限り補助金をもぎ取る"ことである．

これらの役割は日本の総務省が果たしている役割に似ている．自治体連合の職員は時々，中央省庁へ採用されることがあるが，その逆は稀である．

交渉を通じた自発的合意

ノルウェイにおける基本的な統制手段は，1979年以来，税率の上限設定であった（Borge and Rattsø, 1998）．しかし北欧諸国で地方団体の統制手段といえば第一義的に補助金であった．補助金を通じた統制を補うために近年，スウェーデンは地方税増税にペナルティーを科す仕組みを導入した．

デンマークでは，「予算協調制度」と呼ばれる国と地方自治体連合の代表者との定期的交渉システムがあり，それは約20年間にわたってうまく機能してきた．政府の側として交渉に参加するのは経済大臣であるけれども，個別省庁に関わる改革が交渉の議題に上るときは，当該省庁の大臣も参加する．

導入時の80年代初頭には「予算協調制度」は，歳出額上限や包括補助金の削減について勧告する（recommendation）制度であった．1986-88年には勧告に従わない地方団体に対して国は様々な制裁（sanction）を加えた．しかし地方の歳出増加の抑制効果は上がらず，国も権力的なコントロールの無力を悟った．そこで1989年に従来の交渉をより公式にして，国と地方自体連合の自発的交渉システムが制度化された[40]．

毎年の合意は，たとえば「政府が一般補助金を増額するのと引き換えに，地方自治体連合では傘下の地方団体に対して次年度の地方税率の据置きと支出の抑制につき，（政府と）共同で勧告する」などが含まれている．ただし時期によって合意の内容は異なる．90年代前半は概して，地方税の税率引上げを抑制することが焦点であった．これに関連して「予算保証」制度が91年に導入されている[41]．さらに93年には経常費に対する起債が許可された．90年代後半における協議のテーマは経済安定化と財政再建である．そのため地方団体の投資や建設支出が民間の経済活動に対して正循環的にならないような措置がとられた．

もちろん，デンマーク流の自発的交渉システムの評価は，構成員である地方自治体が勧告に従っているか否かに左右される．けれども，構成員の連合組織

---

40) Danish Ministry of the Interior (1999), pp. 55-57.
41) 「予算保証制度」とは経済活動水準に影響を受けやすい支出（職業訓練費，現金扶助費，早期退職金，難民受入費）について，国がその負担増を包括補助金の増減で保証することをさす．Danish Ministry of the Interior (1999), pp. 51-52；稲沢（2000）を参照．

5. 地方予算をめぐる国・地方の協調関係　　61

図 1-4　地方財政支出の実質伸び率（1988 年＝100）

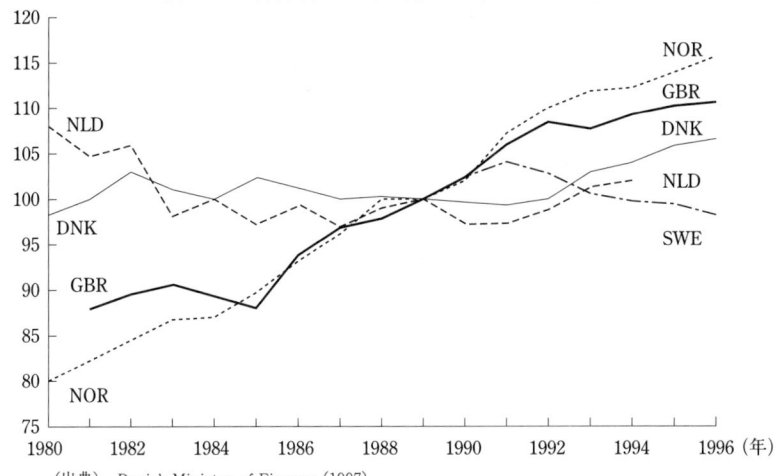

(出典)　Danish Ministry of Finance (1997).
注：国名略号は次の通り．DNK デンマーク，GBR イギリス，NLD オランダ，NOR ノルウェイ，SWE スウェーデン．

に対する忠誠心，したがってまた交渉システムの効率性を量的に測定することは極めて難しい．この難問は近年，非常に重要なものになっている．

しかし地方政府支出の実質成長率を尺度に測定した「成功」度は，少なくとも 1980 年代については，ノルウェイが最悪であり，デンマークの自発的同意システムが財政責任を高める上で際立って効果的であったことを物語っている．

近年，デンマークで公表された研究は，図 1-4 のように示されるように，機能の改廃を考慮に入れて地方政府支出の実質成長率を測定し，4 カ国を比較した．イギリスとノルウェイはいずれも，地方団体は地方税を実質的にもっていないので，あたかも支出統制が簡単であるかのようにみえるが，実際にはデンマークとスウェーデンのように強力な独立税をもつ地方財政責任型の国家のほうが，結果的に支出はうまくコントロールできた[42]．

同図は，たとえ地方団体が地方所得税の税率決定権を自由に行使しても，協働的交渉を介して，マクロ経済的なコントロールが可能であることを物語っている．スウェーデンでは深刻な景気後退をきっかけにして，1994 年から 96 年

---

42)　この論点について全面的に展開したものとして Lotz (1991) がある．

までの3年間，地方税の凍結措置を導入した．凍結が解禁された後も，地方税増加に対する罰則措置（最初の2年間，超過収入の50％を没収）が導入された．スウェーデンはまたデンマークのように，地方団体との政府と交渉を行ない，1996年3月，1997-98年についての合意がかわされた．

この2カ国が，イギリスやノルウェイのように地方税がいかなる意味でも重要でない国々よりも，効果的に地方歳出の膨張を制御した事実に注目しなければならない．このことは，独立の地方税が財政責任を強くすること，交渉システムは補助金や税率制限を通じた統制よりも優れていることを示唆している．

6. 結語

本章では日本と北欧諸国の公共部門における分権化を比較した．これらの考察から導かれる点は以下のように要約できるだろう．

(1) 北欧諸国は高度に分権的な公共部門を通じて，充実した福祉政策を実行しているが，これは「謎めいた矛盾の塊」ではない．それを可能にしているのは，地方団体間での税負担を多かれ少なかれ平準化している補助金・財政調整システムの存在である．税率決定権を保持した比例的所得税と相まって，このシステムは垂直的公平性および財政的公平性の両者を保障する役割を果たしている．これらの目的が達成されることによって，地方団体はさもなければ直面したであろう「競争問題」を恐れることなく，所得再分配サービスを執行できる．北欧の地方財政システムはSöderström (1998) の表現を借りるならば「協調的分権」(cooperative localistic model of fiscal federalism) モデルともいうべき特質をもっている．

(2) 日本と北欧諸国の相違点をまとめると以下の通りである．第1の視点は政府レベルでの役割分担である．日本の地方行財政は，統合型の中でも地方が決定する事柄の細部に日常的に中央が干渉する「行政統制」タイプである．北欧では，法律が制定されると，地方団体は法律の許す範囲内で自己決定権をもち，裁判所や監査機関による準司法的な審査によってのみ活動の合規性が判断される．北欧諸国の中央―地方関係は，細部にわたる国の干渉を最小化する立法統制タイプである．

(3) 第2に地方税は大きく異なっている．北欧諸国では，地方政府が税率

6. 結 語

決定権を保持した地方所得税が用いられ，自主財源比率が高い．日本では地方政府が税率決定権は制限されており，課税ベースは国の所得税や消費税と重複しているので，地方税は実態的に税収分割に近い．日本のシステムは大陸型の税収分割と北欧諸国並の高い支出構造を組み合わせた特徴をもっている．このような財源は，地方の仕事量にはマッチしているが，その支出の裁量権を奪っており問題が多い．現行の日本の地方税システムは，地方の裁量で税率を決定できるようなシステムに変えられるべきであろう．

(4) 第3に財政能力と財政需要の地域間格差を平準化するための，強力な財政調整制度が，日本にも北欧諸国にも存在するが同時に違いがみられる．一つは，北欧では算定公式が国会によりコントロールされるのに対し，日本の地方交付税には政府による裁量的な要素がある．もう一つは理念と調整方法の違いである．日本では国が地方団体に多くの事務を義務付けておきながら，十分な財源を与えず，地方税で足らざる部分を交付税で垂直的に調整している．デンマークやスウェーデンでは，財政的公平性によって分権的な所得再分配を支えるために，ロビンフッド型の水平的地方財政調整制度が運営されている．水平的財政調整は高い自主財源比率と水平的公平を両立させる手段であり，財政当局にとってはより低コストで効果的に再分配が可能になる．

(5) 第4に中央による地方のコントロールを実施する組織も異なる．デンマークやスウェーデンでは，地方自治体連合と中央政府は自発的交渉によって，国の経済政策と地方自治との折り合いをつける協調的な予算システムをもっている．これに対して日本では，国のレベルで地方の利益を代表するのは地方六団体に支持された総務省であり，財務省と総務省の間で権限争いが起きている．

(6) 結論として，日本の財政制度は，税負担の調和やサービス水準の標準化ならびに上位の政府によるコントロールを目標にしているということがいえる．反面，有権者に対するアカウンタビリティを高めることを怠り，異なる個人の選好の適応できる多様なサービスの供給に失敗している．かかる現行システムは「行政的分権」(administrative fiscal federalism) と呼ぶことができるだろう．中期的にみて「行政的分権」は根本的な異議申立てに直面している．1990年代に日本は第二次世界大戦以来の変革期に突入した．これは公共財の平等な供給と負担の公平性を重視する社会から，地域間の平等と個性的サービ

スのバランスを図る社会への移行である.その移行の目標の一つとして,北欧の「協調的分権」モデルは魅力的である.

参考文献

Borge Lars-Erik and Rattsø, J., (1998), "Reforming a Centralized System of Local Public Finance: Norway," in Rattsø, J. (ed.), *Fiscal Federalism and State-Local Finance: the Scandinavian Perspective*, Edward Elgar.
Buchanan, J. (1950), "Federalism and Fiscal Equity," *American Economic Review*, 40.
Buchanan, J. (1952), "Federal Grants and Resource Allocation," *Journal of Political Economy*, 60.
Council of Europe (1986), *Explanatory Report on the European Charter of Local Self Government*, Strasbourg.
Council of Europe (1997), *Local Finance in Europe*, local and regional authorities in Europe No. 61, Strasbourg.
Danish Ministry of Finance (1997), *Kommunal Budgetoversigt*.
Danish Ministry of the Interior (1999), *Municipalities and Counties in Denmark: task and finance*, Copenhagen.
Goodspeed, Timothy J. (2000), "Book Review on *Fiscal Federalism and State-Local Finance-the Scandinavian Perspective*, edited by Jorn Rattso," *National Tax Journal*, vol. 53.
Ishi, H. (1993), *The Japanese Tax System*, second edition, Clarendon Press/Oxford.
Layfield Committee (1976), *Local Government Finance*, appendix5 to the Report of Inquiry under the Chairmanship of Frank Layfield, London HMSO.
Lotz, J. (1991), "Controlling Local Government Expenditure-The experience of Five European Countries," in Remy Prud'homme (ed.), *Public Finance with Several Levels of Government*, Foundation Journal Public Finance.
Lotz, J. (1997), "Denmark and Other Scandinavian Countries: Equalization and Grants," in Ahmad Ehtisham (ed.), *Financing Decentralized Expenditures-An International Comparison of Grants*, Edward Elgar.
Lotz, J. (1998), "Local Government Reform in the Nordic Countries, Theory and Practice", in Rattso, J. (ed.), *Fiscal Federalism and State-Local Finance: the Scandinavian Perspective*, Edward Elgar.
McLure, C. E. (1983), "Assignment of Corporate Income Taxes in a Federal System," in McLure, C. E. (ed.), *Tax Assignment in Federal Countries*, Center for Research on Federal Financial Relations, The Australian National University.
Mochida, N. (1995), "Balancing Equity and Decentralization," *Social Science Japan* No. 5, Newsletter of the Institute of Social Science, University of Tokyo.
Mochida, N. (1996), "Japan's Local Allocation Tax-An Equalization Transfer Scheme," *Discussion paper series, 95-F-32*, University of Tokyo, Faculty of Economics, Paper presented at World Bank EDI workshop on 'International experience on intergovernmental fiscal transfer' held in Hanoi, Vietnam (March 27-29, 1996).
Mochida, N. (1997), "Revenue, Expenditure and Intergovernmental Transfers in Japan," *discussion paper series, 97-F-3*, University of Tokyo, Faculty of Economics., Paper presented at World Bank EDI workshop on 'Local government and economic development in Japan: lessons for economies

undergoing decentralization' held in Kobe, Japan (January, 1997).
Mochida, N. (1998), "An Equalization Transfer System in Japan", in Shibata/Ihori (eds.), *The Welfare State, Public Investment and Growth*, selected papers from 53rd world congress of the International institute of public finance at Kyoto 1997, Springler Verlag.
Mochida, N. and Jørgen Lotz (1999), "Fiscal Federalism in Practice, the Nordic Countries and Japan," *The Journal of Economics* (『経済学論集』東京大学), Vol. 64, No. 4.
Muramatsu, Michio, Farrukh Iqbal and Ikuo Kume (eds.) (2001), *Local Government Development in Post-War Development*, Oxford University Press, 2001.
Musgrave, Richard (1959), *The Theory of Public Finance*, New York: McGraw-Hill.
Oates, Wallace E. (1972), *Fiscal Federalism*, New York: Harcourt, Brace, Jovanovich.
OECD (1999), *Taxing Powers of State and Local Government*, OECD Tax Policy Studies No. 1, Paris.
Page, Edward C. (1991), *Localism and Centralism in Europe: The Political and Legal Bases of Local Self-Government*, Oxford University Press.
Pestiau, P. (1977), "The Optimality Limits of the Tiebout Model" in Wallace Oates (ed.), *The Political Economy of Fiscal Federalism*, Lexington Books.
Rattsø, J. (ed.) (1998), *Fiscal Federalism and State-Local Finance: the Scandinavian Perspective*, Edward Elgar.
Shoup Mission (1949), *Reports on the Japanese Tax System*, by the Shoup Mission, Tokyo.
Söderström, L. (1994), "Utjämning och kommunala incitament. Bilaga 8 till betänkande från beredningen för statsbidrag och utjämning i kommunsektorn. SOU 1994: 144.
Söderström, L. (1998), "Fiscal Federalism: The Nordic Way", in Rattsø, J. (ed.), *Fiscal Federalism and State-Local Finance: the Scandinavian Perspective*, Edward Elgar.
Swedish Official Report, SOU (1994), "Utjämning av kostnader och intakter I kommuner och landsting," 144. Stockholm.
Tiebout, Charles (1956), "A Pure Theory of Local Government Expenditure," *Journal of Political Economy*, 64 pp. 416-424.
飯野靖四 (1995), 「住民税と所得税」『地方分権と地方税制度』日本都市センター.
稲沢克祐 (2000), 「デンマークの地方自治制度」『地方財務』2000 年 8 月号.
神野直彦・金子勝編 (1998), 『地方に税源を』東洋経済新報社.
高橋誠 (1978), 『現代イギリス地方行財政論』有斐閣.
藤井威 (2003), 『スウェーデン・スペシャル I――高福祉高負担政策の背景と現状』新評論.
藤岡純一 (1994), 「スウェーデンの地方財政」日本地方財政学会編『分権化時代の地方財政』勁草書房.
持田信樹 (1993), 『都市財政の研究』東京大学出版会.
リード, S. R. (1990), 『日本の政府間関係』木鐸社.
山内健生 (1998), 「スウェーデンにおける地方財政制度の改革について」『地方財政』1998 年 4 号.

2章　税源配分論の展開と日本の地方税

1. はじめに

　先進国であるか途上国・移行経済国であるかを問わず，一般に地方自治体の自己財源は，責任を負っている歳出権限よりは少なく，両者の差である垂直的財政不均衡は補助金をはじめとする政府間財政移転によって補塡されている．わが国でも地方自治体の依存財源比率が高く，かつ特定補助金が優位を占めている．それどころか地方税といっても実質的には税収分割に近く，住民が公共サービスのコストを認識することは困難である．

　He who pays the piper calls the tune（費用を払うものにその使いみちを決定する権利がある）という．受益と負担の関係を明確化し，有権者や納税者に対する説明責任を強化し，地域の選好に合わせた多様な行政サービスを供給するためには，地方固有財源である地方税の充実を図ることが第一義的に必要である．

　財政学における中央・地方の税源配分論はこのような社会的要請に応えるものでなければならない．しかし本章で明らかにされるように，伝統的な税源配分論は規範的な性格があまりにも強く，社会的要請との間には齟齬が生じている．本章の課題は，地方政府の財政機能が必ずしも資源配分機能のみに限定されず，範囲，規模とも拡大している現状を踏まえて，伝統的な税源配分論を再検討しつつ，地方固有財源の拡充を図るための基本的な方向性を明らかにすることである．結論を先取りするならば，地方税充実強化の基本的戦略は，住民税と地方消費税の二大基幹税のウェイトを高めつつ，法人税については応益説的観点から税の性格を明確にすることにあると考えられる．

　本章の構成は以下の通りである．まず2節では日本の地方税システムの全体的特徴を把握し，その問題点を抽出する．つぎに3節では規範的な税源配分論と政策論的な税源配分論を比較検討する．さらに4節では政策論的な地方税原

則に基づき個別の地方税を再吟味して，州・地方税の選択肢を広げる．最後に5節では政策論的な地方税原則に基づき，わが国の税源配分についての基本的な方向性を提示する．

2. 日本の地方税システム

本節の課題は日本の地方税システムの全体的特徴を把握し，その問題点を抽出することである．以下では垂直的財政不均衡の形態，課税ベースの構成，課税自主権の度合いという三つの観点から国際比較を行なう．

垂直的財政不均衡

わが国では地方自治体の歳出が占める相対的割合は大きく，国全体の最終消費および投資支出の合計額の約4分の3にのぼる．しかし歳出の多くは補助金や地方交付税を通じてナショナル・スタンダードへと誘導されているので，地方団体の支出に関する裁量権は高くはない．割り当てられた機能を実施するために，地方自治体は中央政府からの政府間移転財源に深く依存している．中央から地方への政府間移転財源がGDPに占める割合は7.24%であり，国税として徴収された租税の約40%が地方自治体へ補助金・地方交付税として交付されている．OECDの「経済調査報告」に掲載されている税収と歳出に占める地方自治体のシェアから判断すると（図2-1），連邦制国家であるアメリカ合衆国，ドイツ，カナダでは税収入と歳出のシェアがほぼ一致しているため垂直的財政不均衡は概して小さい．

一方G7諸国における単一制国家では，平均的にみて垂直的不均衡は連邦制国家よりも大きい．その中でもわが国の不均衡（5.2%）はイギリス（8.2%）よりは小さいが，フランス（2.6%）より大きく，典型的な中央集権型国家であるイタリア（6.2%）並である[1]．しかし注意深く図2-1を見ると，わが国の地方歳出は対GDP比（13%）でドイツ（12%），アメリカ合衆国（11%）に匹敵している．しかも地方税の総税収に占める割合（41.3%）は単一制国家（単純平均17%）の中では群を抜いて高く，どちらかというと連邦制国家（単

---

[1] OECD (2000), p. 142.

2. 日本の地方税システム

図 2-1 税収と歳出にしめる州・地方政府・中央政府の割合（対 GDP 比，1998 年）

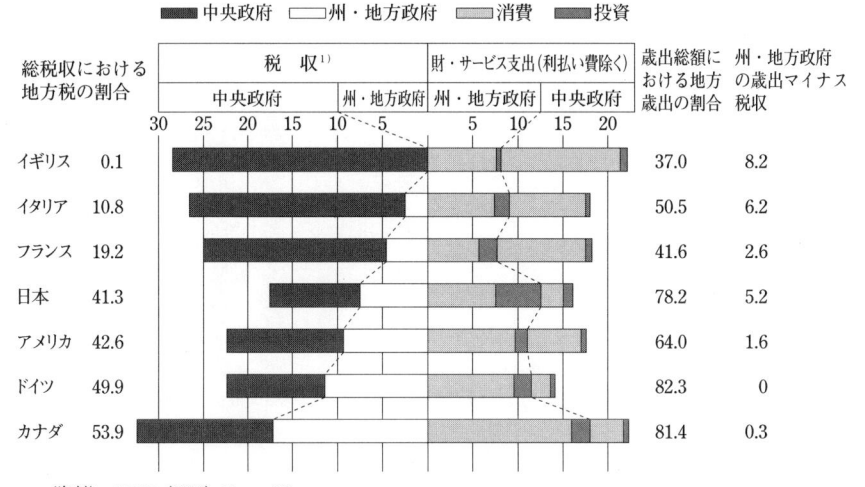

総税収における地方税の割合	税収[1] 中央政府 / 州・地方政府	財・サービス支出(利払い費除く) 州・地方政府 / 中央政府	消費	投資	歳出総額における地方歳出の割合	州・地方政府の歳出マイナス税収
イギリス 0.1					37.0	8.2
イタリア 10.8					50.5	6.2
フランス 19.2					41.6	2.6
日本 41.3					78.2	5.2
アメリカ 42.6					64.0	1.6
ドイツ 49.9					82.3	0
カナダ 53.9					81.4	0.3

（資料）OECD (2000), Figure 32.
注：1）間接税と直接税．ただし社会保障負担は除く．

純平均 48%）に近い．それにもかかわらず地方レベルで垂直的不均衡が大規模に発生しているのは何故だろうか．この「謎」を解く鍵は国・地方を通じる租税負担率の絶対的水準にある．図 2-1 からわかるように，わが国の国税・地方税を通じる租税負担率は G7 諸国では最下位に位置するほど低い．歳出と歳入の乖離を縮小して，地方団体の自己決定を強化するためには税源配分論だけではなく，低い租税負担率そのものの再検討が不可欠であることがわかる．

わが国の垂直的財政不均衡は中央集権国家であるイタリア並である．しかし OECD のマクロ集計値は地方団体間の不均等を隠しているので実感とのズレがある．このことを検証するには全市町村について個別の不均衡を計測した上で，相対度数分布を検討することが必要である．その結果をまとめたのが図 2-2 である．

図 2-2 では垂直的財政不均衡をつぎの式で算定している．

$$VFI = (1 - T/R)$$

ここで T は各地方自治体の国庫支出金と地方交付税の合計，R は歳入合計を示している．VFI の数値が 1 に近いほど移転財源への依存が大きくなる．

図 2-2 垂直的財政不均衡の度数分布

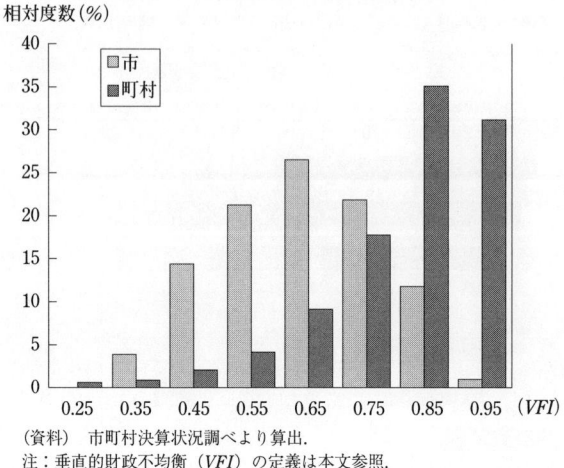

相対度数(%)・市・町村 軸:0.25, 0.35, 0.45, 0.55, 0.65, 0.75, 0.85, 0.95 (*VFI*)

(資料) 市町村決算状況調べより算出.
注:垂直的財政不均衡 (*VFI*) の定義は本文参照.

市を見ると平均0.63,中位数は0.65であるが,町村の方は平均が0.81,中位数は0.85である.マクロ的集計量から想像されるイメージは,わが国の町村部における歳出と税収の乖離を過少に表現している.日本の全町村の65%は自主財源比率が15%未満なのである.不均衡が最も大きかったのは三島村,高島村,十島村,魚島村の0.99である.地方税システムの最大の問題は垂直的財政不均衡なかんずく町村のそれである.

歳出と税収入のギャップ,したがってまた移転財源への依存が高まるほど地方自治体の納税者に対する説明責任は弱くなる.財政錯覚を発生させ予算制約をソフト化する「垂直的財政不均衡」(vertical fiscal imbalance) の是正が必要である.

法人所得課税への依存

世界各国の州・地方税は,個人所得税,法人所得税,固定資産税,一般消費税,個別消費税,賃金税等に分類されている.日本の地方税は課税ベースが消費,所得,資産に分散しているといわれてきた.図2-3はOECDの「歳入統計」に基づいて主要国の州・地方税の構造を比較したものである.これから以

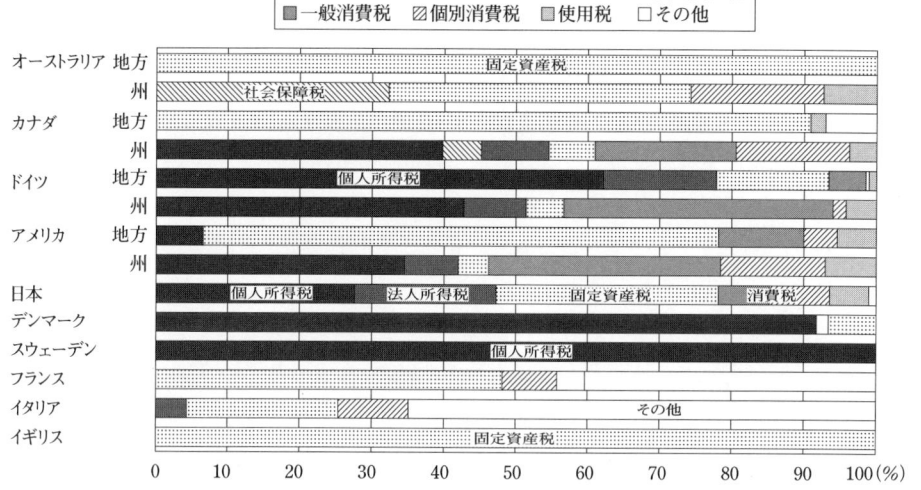

図 2-3 州・地方の租税構造 (2000 年)

凡例: ■個人所得税　☒賃金税　■法人税　▦固定資産税　▒一般消費税　▨個別消費税　▤使用税　□その他

オーストラリア	地方 (固定資産税)
	州 (社会保障税)
カナダ	地方
	州
ドイツ	地方 (個人所得税)
	州
アメリカ	地方
	州
日本	個人所得税／法人所得税／固定資産税／消費税
デンマーク	
スウェーデン	個人所得税
フランス	
イタリア	その他
イギリス	固定資産税

(資料) OECD (2002), table 135, 136, 138 より作成.

注：フランスの「その他」には職業税を含む．ドイツの州・地方税には共同税を含む．イタリアの法人税は 1995 年度の ICIAP（商業・芸術活動税）．同税は 96 年に廃止．Dexia (1997) による．

下のことがわかる．

地方税制には中央と地方が別々の税源に課税する分離型と同一の課税標準と複数のレベルの政府が共有する重複型にわかれる．前者の分離型はさらに，地方に配分される税目によって小分類が可能である．主として固定資産税を地方に配分するのがアングロサクソン系の諸国である．この図では単一制国家ではイギリス，連邦制ではオーストラリア，カナダ，アメリカの地方政府がこのタイプに属する．フランスについては，「その他」に分類されている職業税が2004 年度以降に固定資産税に純化していくことを考慮すると[2]，このタイプのバリエーションといえるかもしれない．一方，分離型でかつ所得税の大半（ただし比例税率部分）を専ら地方に配分し，中央には付加価値税を配分するのが北欧諸国である．図 2-3 ではデンマークとスウェーデンにその特徴が明瞭に表れている．

---

[2] フランスの職業税の課税ベースは償却資産と給与であるが後者は 2004 年度に廃止される見込みである．財務省財務総合政策研究所 (2002) を参照．

日本の地方税制は分離型ではなく，連邦，州，地方の異なるレベルの政府が同一の課税標準を共有する重複型である．一般的に州・地方税は個人所得税と一般消費税を基幹税とし，若干の法人所得税で補完するというのが重複型の特徴である．図 2-3 ではカナダ，アメリカ，ドイツの州にこの特徴が見て取れる．ちなみに各国の基幹税の比重はそれぞれ 75%，82%，83% となっており，州・地方税の主柱となっている．ドイツの市町村も法人税（営業税）が縮小し，代わりに共同税である所得税と売上税への市町村の参与割合が引き上げられたため (7章)，そのバリエーションといえるかもしれない．

日本の地方税は重複型でありながら歪んだ構造をもっている．日本の地方税体系と他の国のそれを区別しているのは地方法人所得税のウェイトの高さである．単一制国家で法人所得税が地方税の 19.6% も占めるという国はなく，デンマークでは 2%，イタリアでも 3% にすぎない．連邦制国家ではドイツの市町村が課税する営業税があるが，1998 年に営業資本税が廃止されるなど地方税としての地位は低下している[3]．このため基幹税である個人所得税と一般消費税のウェイトは他の重複型国家よりも一段と低い．両税の地方税に占める割合は 43% にすぎない．

このように日本では当該地域の住民が負担する個人所得税や一般消費課税等の居住地課税のウェイトが低く，その分，法人課税のウェイトが大きくなっている．視認性が低く，非居住地にも負担が輸出されやすい法人所得課税（法人住民税，事業税）に依存していることは，受益と負担の連動が断ち切られ，地方財政の説明責任が不明確になりやすいことを意味している．事実，超過課税は投票権のない法人課税に偏っており，府県では 46 団体，市町村では 1,430 団体が住民税法人税割の超過課税を実施している．

税収分割システム

わが国では地方税は所得税，法人税および消費税の付加税的性格をもつものから構成され，かつ税率決定権も制約されている．日本の地方税は実質的に

---

[3] ドイツの市町村の基幹税である営業税は営業利益だけではなく，事業者の支払い給与や事業者の営業資本をも課税ベースとし，税率決定権を保持していた．しかし 1980 年 1 月 1 日から給与総額を課税標準とする部分が廃止され，98 年 1 月 1 日からは営業資本税も廃止された．

中・南欧諸国で普及している税収分割システムともいうべき性格を備えている.

歳入面での自己決定権は地方自治体に保持されている課税自主権如何に左右される. しかし課税自主権の国際比較は容易ではない. OECD の *Revenue Statistics*, IV 部には各国の地方税の構成が詳細に掲載されているが, ドイツの共同税を「州・地方税」に含める等, 課税にあたっての州・地方の裁量権を明瞭に区別できない. 課税自主権の度合いを評価するには様々な方法がある. 地方歳入や総租税収入に占める地方税の量的割合はその代表的な基準である. しかし OECD (1999) が指摘するように国は様々な方法で地方税の課税標準や税率をコントロールできるので, 総租税収入に占める地方税の割合が高くても課税自主権は必ずしも高いとはかぎらない.

州・地方が課税標準と税率を自己決定できる場合に課税自主権は最も高い. 反対の極は連邦ないし中央政府が地方税の課税標準と税率を決定する場合であり, 地方の課税自主権は徴収権を除けば皆無となる. また一口に税収分割 (tax sharing) といっても, 配分割合の変更に際して州・地方の合意を条件とするか否かで裁量権も異なる. OECD の「州・地方政府の課税力」は各国の地方税を課税自主権が低下する順序で以下のように八つのカテゴリーに分類した注目すべき調査報告である[4]. [a] ― [c] および [d.1] ― [d.2] に分類されるとき州・地方は課税に関する裁量権を保持するが, それ以外では制限されるか皆無である.

[a] ＝州・地方政府が税率および課税標準を決定.

[b] ＝州・地方政府が税率のみを決定.

[c] ＝州・地方政府が課税標準のみを決定.

[d.1] ＝州・地方政府が税収分与を決定.

[d.2] ＝税収分与の割合は州・地方政府が承認した場合のみ変更可.

[d.3] ＝税収分与の割合は法律によって規定.

[d.4] ＝税収分与は予算過程の一部として中央政府が決定.

[e] ＝中央政府が州・地方税の税率と課税標準を決定.

この OECD の新分類によれば, 日本はカテゴリー [e] のような国の関与が

---

4) OECD (1999) を参照.

強い税を一部もっているが，総合的に見ると世界の平均的な姿からはかなり高い課税自主権を示している．すなわち新分類では，大半の国の地方税はカテゴリー［b］に分類されるが，カテゴリー［a］（フィンランド，ニュージーランド，スイス），カテゴリー［e］（ポルトガル），カテゴリー［d.2］（オーストリア，ベルギー，ドイツ，メキシコ，スペイン）は一部の国が分類されるというものであった．その中で日本の地方税は市町村税の92％，都道府県税の81％が地方が税率決定権を保持するカテゴリー［b］に分類され，自律性の高さは北欧諸国並となっている．

しかしOECDの新分類と日本の地方税制の実態には，林，宮島が指摘しているように乖離がある[5]．両者は一定税率の［e］分類はよいとしても，税率決定権を保持する［b］分類に乖離の原因があると論じている．日本の地方税の大半は標準税率をこえて一定の限度内で超過課税を実施することが認められている．カテゴリー［b］の税率決定権が活用されているならば，超過課税が実施されているかどうかがOECD新分類の適否を判断する目安となる．林および宮島の仮説について若干の検証を行なうために作成したのが表2-1である．

税目ごとにOECD分類とその課税実態とを対照させた表2-1からわかるように，法人住民税と法人事業税の超過課税を除けば，地方税法の想定通り地方自治体ごとに標準税率の上下に税率を変動させるという実態はわが国では定着していない．個人住民税，地方消費税，固定資産税の［b］分類は実質的には［d.3］あるいは［e］分類に近いといってよい．わが国の住民税は国税の所得税の付加税的性格をもつ重複課税である．また地方消費税は税率決定権も課税標準の決定権もない．要するに代表的居住地課税は，事実上の税収分割（tax sharing）ともいうべき性格をもっている．日本の地方税は大陸型の税収分割とは一線を画しているようにみえる．しかし大半の地方自治体が同一の課税ベースに全国一律の税率で賦課しているのが実態である．マクリュアー（McLure）が指摘しているように画一税率の付加税は不細工な税収分割と何ら変わるところがない．地方財政の説明責任がこの面からも弱められているのが問題といえよう．

---

5) 林（2000），宮島（2001）を参照．

2. 日本の地方税システム

表 2-1　地方税の課税自主権（法定普通税，10 億円）

税目（OECD 番号）		OECD 新分類					課税実態	
		[a]	[b]	[c]	[d.1-4]	[e]	超過課税実施団体数	同右金額（億円）
市町村								
住民税	1110		8,313			493		
個人所得割			6,399					
個人均等割						123	18	0
法人均等割						370	574	141
法人税割			1,914				1,430	2,270
固定資産税	4100		8,430 i),ii)				276	415
都市計画税	4100		1,304 i)					
特別土地保有税	4100					121		
たばこ税	5121					669		
鉱産税	5121	1	2 ii)				52	0
入湯税	5126	1	21				2	0
軽自動車税	5210	(0)	106 ii)				29	5
事業所税	6100					307		
その他								
合計			18,176			1,590		2,830
割合（％）			(92)			(8)		
都道府県								
住民税	1110		4,158			302		
個人所得割			3,000					
個人均等割						102		
法人均等割						200		
法人税割			792				1	11
利子割			366					
事業税	1110		4,486				46	927
固定資産税	4100		10				7	943
不動産取得税	4400	22	788					
たばこ税	5121	22				378		
自動車税	5121	(0)				611		
軽油取引税	5121					1,332		
ゴルフ場利用税	5126		98 ii)					
特別地方消費税	5126		133					
自動車税	5210		1,587 ii)					
鉱区税	5210					1		
入猟税	5210					3		
その他								
合計			11,260			2,627		1,881
割合（％）			(81)			(19)		

（資料）OECD 新分類については OECD (1999)，課税実態は総務省資料（2002 年 4 月 1 日現在）のデータ．

注：1) OECD 分類の定義は以下の通り．[a]＝地方政府が税率および課税標準を決定．[b]＝地方政府が税率のみを決定．[c]＝地方政府が課税標準のみを決定．[d.1]＝地方政府が税収分与を決定．[d.2]＝税収分与の割合は地方政府が承認した場合のみ変更可能．[d.3]＝税収分与の割合は法律によって規定．[d.4]＝税収分与は予算過程の一部として中央政府が決定．[e]＝中央政府が地方税の税率と課税標準を決定．

2) 右肩添字 i) にはカテゴリー [e] を含む．右肩添字 ii) には制限税率がある．

3) OECD (1999) では住民税が一括して [b] に分類されているが，本表では所得割は [b] へ，均等割と利子割は [e] へ分類した．その結果カテゴリー [b] [e] の合計欄が OECD とは異なっている．

3. 地方税原則の再検討

わが国では地域の住民が負担する個人所得税や一般消費課税等の居住地課税のウェイトが低く，その分法人課税のウェイトが大きい．かつ地域の住民が負担する居住地課税は限りなく税収分割に近い実態をもっている．このため受益と負担が乖離し，地方財政の説明責任が弱まり，公共サービスの真のコストが住民に認識しにくい構造になっていることが前節で明らかにされた．地方税の充実を通じて垂直的財政不均衡を是正するためにどのような制度設計が望ましいのだろうか．本節ではマスグレイブ（Musgrave）と近年のバード（Bird）の地方税原則を比較検討し，望ましい地方税の条件を提示する．

規範論的な税源配分論

伝統的財政連邦主義では政府の機能を資源配分，所得再分配，経済安定化に三分割した上で，地方政府には所得再分配と経済安定化機能はふさわしくないとし，主として資源配分機能を割り当てる（詳しくは7章3節を参照）．1983年に書かれたマスグレイブの論文「誰がどこで何を課税すべきか？」は伝統的財政連邦主義の税源配分論として古典的な位置を占めるものである[6]．この論文でのマスグレイブの問題意識は，政府機能分担論を基準に税源配分を論理的に構築することにあった．この観点からマスグレイブが定式化した垂直的税源配分にあたっての6原則は以下の通りであった．

> 「(1) 可動性の低い課税標準への地方団体による課税，(2) 包括所得を効率的に算定しうる政府レベルでの累進所得税の課税，(3) 所得再分配を目的とする累進所得税は中央へ配分，(4) 経済安定化に適した租税の中央への配分，(5) 地域的偏在度の高い租税の中央への配分，(6) 応益課税と使用料の各レベルの政府への配分」(Musgrave, 1983, p. 45)

このうち，とりわけ税源配分論として重要なのが「移動性の低さ」(low-mobility) である．Oates (1996) は応益課税に基づく地方政府間の競争が効率的な資源配分をもたらす条件を明らかにしている．Zodrow and Mieszkowski

---

[6] Musgrave (1983) を参照．

(1986) が解明したように，この条件が満たされない場合，移動性の高い課税ベースは税率引下げを手段とした租税競争を誘発するので公共サービスの供給は過少となる．たしかに，Brennan and Buchanan (1980) に代表される政治経済学的アプローチでは，租税競争は税収最大化を意図した「レヴァイアサン政府」を飼いならす道具として積極的に位置づけられてはいる．しかし地方政府は本来地域住民の厚生最大化をめざす「慈善的政府」であるので，自滅的な租税競争は有害である．伝統的な税源配分論では課税ベースが移動しない固定資産税を理想的な地方税として位置づけているのはこのためである．

これらの諸原則から導かれる税源配分は以下の通りである．地方自治体には主に使用料と固定資産税を配分するという処方箋が導かれる．法人税 (McLure, 1983)，地域的に偏在した天然資源税 (Mieszkowski, 1983)，累進的な所得税 (Musgrave, 1983) が配分されるのは中央政府である．州等の中間レベルの政府については最終消費に課税される単段階の小売売上税と若干の個別消費税が配分される (Musgrave, 1983)．要するに税源配分に関する通説の処方箋は有力な税源は中央に，弾力性に乏しい税源は地方に配分する集権的なシステムを志向している．

マスグレイブが確立した考えはオウツ (Oates)，ノーリガード (Norregaard)，マクリュアー (McLure) 等，様々な論者に継承され，通説としての地位を獲得していた[7]．かかる処方箋にしたがって制度設計を行なうと地方自治体の自己財源は明らかに責任を負う歳出よりは少なくなる．両者の差である垂直的財政不均衡は補助金をはじめとする政府間財政移転によって補填されていく．説明責任の強化を軸とする地方分権化の世界的潮流が台頭するに至って，伝統的な税源配分論と政策との間に齟齬が生じることになる．たとえば，国税としての付加価値税が世界的に普及するにつれて，所得税付加税の実施困難な途上国では州レベルの独自財源は貧弱になっていく．通説に対する再検討の機運が近年，高まっているのはこのためである．かかる新潮流を代表するのがバードの諸論稿である．なお，北欧学派のラッツォ (Rattsø) の業績およびヨーロッパ評議会のリスボン報告については，7章において言及する．

---

[7] Oates (1996), Norregaard (1997), McLure (1994) を参照．なお，マスグレイブによる伝統的な税源配分論を再検討した邦語文献として，堀場 (1999) 第8章に注目すべきである．

政策論的な税源配分論

バードは1999年に書かれた「地方税の再検討——税源配分の新見解」(Bird, 1999) と題する論稿で，通説の問題点をつぎのように鋭く指摘している．第1は通説の接近方法があまりにもトップ・ダウン的であり，政府機能配分に関するボトム・アップの視点が欠けていることである．これは所得再分配機能を中央のみに配分し，「下位政府」（この用語は示唆的）にはその資格を与えないことに端的に表れている．主権の淵源が連邦ではなく州にある連邦制国家に関するかぎり，通説のようにトップ・ダウンで機能配分を設計するという発想自体が誤りであるとバードは断言する．第2の問題点は通説の性格があまりにも規範的であり現実に対する説明力が弱いことである．最前線で現実をかえていくために格闘している者に対して通説は変革のための羅針盤を提供できない．むしろ通説の基本原則を適用すればするほど地方自治体レベルの歳入と歳出の乖離，したがってまた垂直的財政不均衡は拡大していく．政治的に持続可能ではなく経済的にも望ましくない選択というほかない．

(i) 予算制約ハード化と説明責任　バードの真骨頂は単なる通説批判にあるのではなく，むしろ地方分権化が成功を収めるにはいかなる条件が必要であるかを徹底的に考え抜いて，新しい地方税原則論を提案していることである．分権化に必要な条件とは以下の2点である[8]．第1は地方団体の意思決定プロセスが民主主義的であることである．ここで民主主義的とは決定に伴うコストと便益に透明性があり，かつ影響を受ける人々が決定に参加する機会をもつことを指す．第2に政策決定に随伴するコストが決定した住民自身によって完全に負担されることである．すなわち「租税輸出」を最小化し，あるいは歳出増加分を依存財源で賄わないことである．同様に地方税だけで賄われた便益は区域外に漏出しないものがよい．要約すると地方分権化が成功を収めるために必要とされるのは「予算制約のハード化」(hard budget constraint) であって，それによって地方団体の説明責任[9]が強化される．

---

8) Bird (1997), pp. 35-36.
9) 「説明責任」は複雑な概念で様々な次元がある．政治的説明責任は，政治家は有権者に説明責任をもち，かつ有権者は政治家が決定した政策結果について情報を与えられることである．行政的説明責任は誰が何に責任をもち，いかなる財務報告がどのような形で誰に対してなされるかが明確であることを指す．経済的説明責任は，住民は支払う意思に応じて地方公共サービスを要望

表 2-2　バードの地方税原則論

Ⅰ　地方固有財源の十分性(少なくとも最も豊かな地方自治体での地方税は経費を賄うに十分であること)
　(1) 地方税収の弾力性（歳出の膨張に合わせて弾力的に増収できること）
　(2) 地方税収の安定性と予測可能性
Ⅱ　地域性の原則（歳入は行政サービスの受益に比例して，地域住民のみから徴収すること）
　(3) 租税輸出の少なさ（非居住者に負担が輸出されないこと）
　(4) 視認性の高さ（税負担の帰着が明確であること）
　(5) 公平性（納税者にとって税負担が公平なこと）
Ⅲ　効率性と税務行政上の原則
　(6) 移動性の低さ（課税ベースは地域間をなるべく移動しないものがよい）
　(7) 税務行政の簡素

(資料) Bird (1997), (1999) を基に筆者が整理.

(ⅱ) バードの地方税原則論　　上記の状況に鑑みてバードは垂直的税源配分に関する3大原則7小原則を提案している．表2-2はその概要をまとめたものである．第1は地方固有財源の十分性である．少なくとも最も豊かな地方自治体が自主財源によって住民に還元される地方公共サービスを賄うに足りるものでなくてはならない．第2は，地方自治体の歳入は理想的には地域住民からのみ徴収されるべきである．できれば住民が地方公共サービスから受ける推定便益に比例して負担されることが望ましい．第3は効率性と税務行政の原則である．

　ここからバードは理想的な地方税はつぎのような特徴を備えていなければならないと主張している．(1) 税収入が地方の需要を満たし，十分に弾力的なもの．少なくとも歳出と同じ速さで増大する地方税が望ましい．(2) 税収が相対的に安定しており，予測可能性が高いこと．(3) 非居住者に税負担ができるかぎり「輸出」されないこと．(4) 課税標準の視認性が高く，説明責任が明確なこと．(5) 税負担が納税者にとって公平であると認識されること．(6) 課税標準は地域間の移動性が低いもの．それによって地方自治体は課税標準の区域外への流出を恐れることなく，税率決定権を保持できる．(7) 税務行政が簡素であることである．

　このうち，税源配分論としてとくに重要なのがマスグレイブの税源配分論に

するので，地方公共団体には税率を決定する権限が保持されるべきであるという考えである．地方公共団体が歳出を増加させれば，そのコストは住民が負担し，逆に地方公共団体が行政を効率化するならば減税という形で住民に還元される．Bird (1997), pp. 34-35.

はない「地方固有財源の十分性」が主柱になっていることであり，それはバードの所説が時代適応的であるゆえんでもある．地方政府の財政機能が必ずしも資源配分機能のみに限定されず，範囲，規模とも拡大している現状を踏まえれば，通説的な税源配分論を見直し，地方固有財源の拡充を図る必要があるのは当然であろう．しかし「地方固有財源の十分性」は地方分権化を成功に導く必要条件であっても十分条件ではない．その十分条件とは便益に比例した地域住民の負担であるとバードは主張している．地方自治体の予算制約がソフト化しないためには，視認性が低く租税輸出が発生しやすい税源ではなく，税率決定権を保持した「比例的な居住地課税」によって地方の財政責任を強化しなければならないというのである．

いま一つ重要な点は，「地方固有財源」の中身として税率決定権を重視していることである．厳密にいうと「地方税」は，①地方団体による課税標準の評価と税率決定，②地方団体による徴収，③地方団体への税収の帰属，の三条件を同時に満たす税と考えられる．しかし，大半の国では中央政府は潜在的に弾力的な税源を地方政府に譲渡することに消極的である．さらに中央政府はほとんどの税目に関して地方自治体よりも効率的に徴収できる．地方自治体の利用できそうな潜在的な税源は地域的に偏在しており，かかる地域格差は地方財政調整制度が必要となる背景となっている．したがって，説明責任を強化するために最も重要な要素は住民が負担する基幹的税目に関して地方公共団体が税率決定権を保持していることであるという．

二つの地方税原則論の比較

財政学における多様な税源配分論は，以上みてきたような二つの流れに大別しうるといってよい．このうちマスグレイブの説は政府機能論から説き起こして，地方政府＝資源配分機能というロジックを組み立てて，そこから中立性という論理を媒介して，地方税＝固定資産税を結論するという推論の段取りを踏んでいる．伝統的な税源配分論は規範的な性格を強くもつといってよい．一方，バードの所説は政策論的な性格をより強くもっている．垂直的財政不均衡が政府間財政移転によって補塡されているという現状を踏まえて，予算制約のソフト化を防ぎつつ，地方分権を成功裏に進展させるためには「地方固有財源の十

分性」と「便益に比例した居住地課税」が条件になると制度設計の指針を提示しているからである．

しかし両者の根本的な相違は単なる規範論か政策論かの違いにあるのではない．マスグレイブの所説が住民の「足による投票」を通じて地方政府間を競争させようという方向での税源配分論であるのに対して，バードの所説は対人サービスにふさわしい地方固有財源を保障して，地方財政の説明責任を強化しようという方向での税源配分論となっている．わが国の地方税の制度設計を行なう場合には，以下で述べるように，政策論的な税源配分論を基準にすべきであると考える．

4. 税源配分の新しい制度設計

本節の課題は政策論的な地方税原則に基づき個別の地方税を再吟味して，州・地方税の選択肢を広げることである．政府機能を基準にした規範的な税源配分論では地方政府には固定資産税と使用料を，州政府には小売売上税を配分する処方箋が下された．しかし政策論の解答はこれとは異なる．以下では表2-3をもとに固定資産税，個人所得税，一般消費税，法人所得税，天然資源税について順次，考察を加える．

固定資産税

国際的に見て最も普遍的な地方税は固定資産税である．前掲の図2-3からも明らかなように，オーストラリア，カナダ，アメリカといった連邦制国家の地方政府レベルでは固定資産税は唯一の税目といっても過言ではない．また単一制国家でもイギリスを筆頭に，フランス，日本，イタリアなどで固定資産税は重要な位置を占めている．地方税原則の多くを満たすことにおいて固定資産税の右に出るものはない．

第1に，固定資産税はアカウンタビリティが高い．地域内の住宅所有者や法人によって負担される．そして区域外の個人や法人に負担が「輸出」されないかぎり，固定資産税と地域の関係は明瞭である．

第2に，固定的生産要素である土地と既建築物は最も移動性が低い課税標準でもある．課税によって土地と建物が移動することはない．

表 2-3 主要税源についての政府間配分の概念

	規範的な税源配分論				政策論的な税源配分論			
	課税標準	税率	税務行政	理由・問題点	課税標準	税率	税務行政	理由・問題点
固定資産税	S	L	L	移動性の低さ,応益課税	S	L	L	移動性の低さ,応益課税
個人所得税	F	F	F	再分配,安定化,移動性	F	S,L	S,L	一般応益原則,重複課税
法人税	F	F	F	移動性の高さ,安定化	S,L	S,L	S,L	一般応益原則,付加価値ベース
小売売上税	S	S	S	納税協力コスト	S	S	S	納税協力コスト
付加価値税	F	F	F	境界統制・境界税調整困難	F	S	S	境界統制なしに境界税調整可能

注:筆者作成. Fは連邦政府, Sは州政府, Lは地方政府を示す.

　第3に,移動性が低いことに加えて,政府の提供する公共サービスは,土地等の資産価値に反映するので,応益原則にも適合している.

　ただしタンジ (V. Tanzi) が指摘しているように[10],移動性の低さについては若干の留保が必要である.土地と既建築物は移動しないが,ある課税管轄圏が隣接地より高い税率を課すと新規建築は抑制される.また固定資産税は土地価格に「資本化」(capitalization) される.固定資産税が一定であっても,資本化後の実効税率は(土地価格が下落するので)資本化以前の法定税率よりは高くなる.固定資産税の客体は物理的には移動しないが,財政的な意味においては「移動」するのである.

　上記の点に留意すれば,固定資産税は理論的には地方税に最も適したものである.しかし,固定資産税には税務行政コストが高いという難点がある.土地・建物の再評価は固定資産税のアキレス腱であり,行政的な裁量権の余地が多分にある.再評価は「科学ではなく芸術である」(Bird, 1999) といわれる所以である.

　このため固定資産税は概して弾力性が低く,膨張する地方経費を十分には賄えない.比例税率の固定資産税は地方自治体の財源として重要な役割を果たし

---

10) Tanzi (1995), pp. 170-171.

ている。地方自治体の役割が，道路，街灯，清掃といったハードな非対人サービスだけであれば固定資産税で十分である．しかし地方自治体の守備範囲が教育，福祉，医療等のソフトな対人サービスに拡大すればするほど弾力的な税源へのアクセスが不可欠になる[11]．

個人所得税

前掲した図2-3からもわかるように個人所得税の比重は，カナダ，ドイツ，アメリカなどの連邦制国家の州で大きく，地方レベルで課税している国としてはドイツ（市町村），日本，デンマーク，スウェーデンがある．一方，フランス，イタリア，イギリス等の単一制国家やオーストラリア，カナダ，アメリカの地方政府レベルでは無視しうるほど少ない．州・地方に個人所得税を配分することの正当化根拠は一体，何であろうか．

第1にバードが指摘しているように[12]，個人所得税は税収に弾力性があり，所得弾力的な対人サービス（教育，福祉，医療）に必要な歳入を調達する能力がある．それに加えて個人所得税の課税ベースは法人所得に比べて移動性が低い．個人所得税は法人には帰着しないので法人誘致のための税率引下げも誘発しない．

第2に個人所得税は公共サービスの費用を住民がなるべく広く分担する税なので説明責任が高い．地方所得税に関する論点の一つは，課税最低限の水準如何によっては地方公共サービスを享受しながら納税義務を負わない住民が発生し，受益と負担が乖離することである[13]．この点に関してノーリガードが指摘しているように[14]，二つのタイプを区別することが肝要である．いくつかの国（たとえば地中海沿岸諸国やオーストリアを含む）では，地方でも所得再分配を重視し，比較的高い課税最低限を設け，住民の大半を課税網から除外して，税務行政を簡素化している．これとは対照的にその他の国々（ニュージーラン

---

11) たとえばアメリカの地方歳入としては財産税が中心的な位置を占めていた．しかし1978年のカリフォルニア州のプロポジション13に代表される財産税の税負担の増加を制限する動きにより，財産税以外の税源としての個人所得税の充実が推進されている．
12) Bird (1997), p. 36, Bird (1999), p. 14.
13) たとえばフィンランドやノルウェイでは地方所得税の課税最低限を所得税より低く設定して乖離を少なくしている．
14) Norregaard (1997), pp. 61-63.

ド，スイス，スカンジナビア諸国）では課税最低限を低く設定し，住民の大半を課税網に取り込んでいる．これによって多くの人々が公共サービスの費用を分担するのである．

　第3に個人所得税は一般報償関係に基づく応益課税としての正当化根拠がある．マクリュアーが指摘するように個人所得税の制度設計は所得再分配や安定化を目的にするのか，応益課税を目的にするのかに依存して異なる[15]．前者の意味で個人所得税を位置づける場合には，所得から各種の費用を控除した上で，累進税率を適用する必要がある．後者の意味で地方所得税を位置づけるのであれば，控除を認めず比例税率で課税し，負担能力に関わりなく便益の対価として徴収すべきである．比例税率部分は地方公共サービスの「一般的便益」への対価支払い，累進税率部分は所得再分配と安定化機能を果たす国税となる．

　第4に地方税として個人所得税を賦課する際の税務行政上の難点は重複課税方式を採用することによって解決できる．分類所得税は大きな困難を伴わずに州・地方政府でも課税できる．利子所得であれ，配当所得であれ，賃金・給与であれ，源泉徴収され，年末調整も源泉で行なわれるならば分類所得税を州・地方に配分することは容易であろう．しかし複数地域から生じる，異なる源泉所得を合算し，負担能力に応じて課税する包括的所得税の算定は州・地方では困難である．

　しかし州・地方政府でも所得税と同じ課税標準を共有して，税率決定権を保持する重複課税方式が可能である（ピギー・バッキングともいう）．これは税務行政費用と納税協力費用の節約と地方の課税裁量権を両立する方法として，実際に多くの国（たとえば，スカンジナビア諸国や，州税が連邦所得税の一定割合として課税されるカナダ[16]）によって実施されている．ただし重複課税を採用する国々の間で調和の度合いは異なっている．概していうとスカンジナビア諸国とカナダでは調和（harmonization）の度合いが強く，州・地方所得税の課税ベースは一様である．スイスやアメリカ合衆国では調和が欠如している．

---

15) McLure (1994), pp. 167-168.
16) カナダでは州所得税は連邦所得税に tax-on-tax で賦課される．したがってブラケット・クリープによる連邦所得税の税収増を州政府は共有する．比例税率システムに比較すると州所得税の弾力性が高い．近年カナダでも課税自主権を強化するために tax-on-base への移行が部分的に開始されている．

アメリカ合衆国では州・地方所得税システムでは個別特殊的な軽減措置が許容されている.

一般売上税

　一般売上税を議論するときには単段階の小売売上税と多段階の付加価値税を区別することが肝要である. 図2-3に見られるように, 小売売上税はアメリカとカナダといった連邦制国家の州で課税されている. 小売売上税の地方税としての適性と問題は以下の通りである.

　(i) **小売売上税**　第1に小売売上税は複雑な境界調整なしに仕向地原則に適合する地方税にふさわしい租税である. 地方公共団体では移出・移入がほぼ完全に自由である. 開放経済のもとでは移出・移入の監視は不可能である. ところが小売売上税は, 形式それ自体のために[17], 地方課税当局が移出・移入を監視することを不要としている.

　第2に資本所得（配当, 利子, キャピタルゲイン）, 法人所得, 資産移転税等の課税客体に比較して, 仕向地原則の課税客体となる最終消費は居住者が頻繁には移動しないため, 移動性が低い. このため租税競争に地方団体が曝される可能性が少ない.

　しかし, 小売売上税では税率水準や課税標準のカヴァリッジが隣接地域ごとに違うと, 消費者は高税率で良いサービスの地域に住み, 自分で低税率の地域に行って財貨・サービスを購入するというインセンティブが強まる. このような越境購買行動（cross-border shopping）は, 旅行サービスや衣料品, 煙草, 酒類など非耐久消費財で発生しやすく, これらを監視するには高い税務行政費用がかかる.

　さらに小売売上税には企業の製造過程の中間投入財ともなるが家計の消費財ともなる財貨が含まれている. しかし企業向けの中間投入財と最終消費財の区分を正確に行なうことは小売売上税では不可能に近い.

　(ii) **付加価値税**　付加価値税の課税ベースは移動性が相対的に低く, 地域

---

[17]　小売売上税は定義上, 輸出とは関連がうすい. 他方で, 小売売上税は輸入品（移入品）については, これが消費者の手にわたる段階で課税するので, 最終消費者が自分で購入する場合を除いて, 輸入を監視したり, 輸入平衡税を課す必要がない.

的な偏在が少ない．その反面，地方付加価値税には税務行政上の難点がある．伝統的な税源配分論で付加価値税が中央政府に配分されているのはこのためである．付加価値税を生産活動や消費に対して中立的にするためには仕向地原則（移出非課税，移入課税）[18]で課税しなくてはならない．しかし開放経済である州・地方が境界調整を行なうことは不可能である．こうした理由により，McLure (1994) に代表されるように付加価値税は中央政府に配分した上でドイツ型の税収分与方式で州・地方に分割すべきであると論じられてきた．

かといって原産地原則（移出課税，移入非課税）で課税するとなると地域間の資源配分に歪みが生じ，それを避けるためには州・地方の税率を整合化しなければならない．かつて EC ノイマルク委員会が指摘したように境界統制の不要性，税率決定権の保持という点で原産地型の付加価値税の長所は大きく，地方付加価値税のモデルであるかのように見えるが実はそう簡単ではない．「ブラジルには州の数である 27 の ICMS がある」と揶揄されるように，商品サービス流通税 (ICMS) は多段階付加価値税でありながら各州が税率と課税標準を独自に決定しているため，極めて複雑な税となっているのである．

しかし「付加価値税は地方税になじまない，したがってその果実を中央政府が独占すべし」という通説に対して，近年，再検討の機運が高まっている．

Cnossen and Shoup (1987), Bird (1999) に代表される租税論のフロンティアでは仕向地原則の優位を前提にして租税境界なしにいかに仕向地原則を実施するかという実務的な問題に焦点をあてている．その問題意識は境界統制と境界税調整とを区別し，前者を省略しても仕向地原則が可能であるという判断である．この問題意識から，クノッセンやバードが注目しているのが税額控除清算方式と繰延べ支払い方式である．後者のアプローチによって暫定的に仕向地原則を実施しているのが 1992 年の租税国境廃止以降の EU とカナダのケベック売上税 (QST) である．一方，連邦と州が付加価値税を共有して，一定の配分公式によって最終消費地に配分しているのがカナダ大西洋沿岸 3 州の協調売上税 (HST) である．

---

[18] 仕向地原則では財貨の原産地とはかかわりなく最終消費が行なわれる課税管轄権で賦課される（移出は非課税，移入課税）．これに対して原産地原則では付加価値の発生した課税管轄権で課税されるので移出は課税され，移入は非課税となる．

Bird and Gendron (1998) が指摘するように，地方付加価値税の税務行政上の難点は理論的には解決済みであり，かつ実践的にも原産地原則ではなく仕向地原則に基づいて漸次導入が開始されている．付加価値税の政府間配分については3章でより詳しく検討される．

法人所得税

　法人企業は複数地域から中間財を購入し生産物も複数地域で販売しているため特定の地方政府が独立税として課税することはできない．もっとも重複型であれば地方法人税は可能である．しかし法人企業の大半は複数の地域で横断的な生産活動を行なっているので課税所得をいかに地域間で配分するかという難問がある．この問題が要素配分公式のようなもので「解決」できたとしても，法人税の負担は商品価格や株主負担を通じて，他地域へ「輸出」されるので税負担は過大になる傾向がある．他方では法人税の課税ベースは移動性が高いため租税競争が起こりやすく，この面では税負担は過少になる．このような水平的外部性によって受益と負担の連動が断ち切られるため，法人税に依存する地方自治体の財政責任は弱体化する．かかる難点のため伝統的な税源配分論ではMcLure (1994) や Musgrave (1983) に代表されるように法人税は中央政府に配分すべきであると論じられてきた．

　しかし問題は上記のような法人税の難点が税の理念・性格そのものに由来するのか，それとも課税方法の側に瑕疵があるのかである．法人税の諸問題はその正当化根拠に適合した方法（外形課税）で課税されるならば解決できることを明らかにしたのが Bird (1999) である．バードによると地方法人税の正当化根拠は一般的応益説である．法人企業に提供している公共サービスが中間投入財ないし生産要素としての役割を果たしている場合はその対価支払いとして法人税を賦課することは応益説的な根拠づけができる[19]．事実，Sullivan

---

19) 生産活動を行なうにあたって必要となる投入要素としては短期間に生産することが困難な本源的生産要素 (primary factor of production) と生産過程でつかってしまう中間投入財 (intermediate goods) とを区別することが重要である．前者の例としては土地・労働・資本が，後者の例としては原材料・燃料をあげることができる．地方政府が提供する公共サービスの役割は，道路・港湾・空港等のインフラストラクチュアーのように中間投入財としての機能がおもなものであろう．たとえば公共サービスの対価支払いとして法人課税を正当化する議論を最初に展開し

(1965), *The Tax on Value Added* が解明しているように租税学説史を紐解くと付加価値税の概念は一般売上税としてよりも当初は応益説に基づく法人税として登場し発展した.

しかし応益説による法人税はかならずしも十分な税収を保障することを目的に課税するものではない. むしろ企業向けの受益と負担を一致させることによって「租税輸出」に伴う過剰負担なり, 租税競争による過少負担なりを最小化することに真骨頂があるとバードは強調している. 外形課税は受益と負担の一致を図り, 地方自治体の財政責任を強化することに意義がある. したがってその課税標準も, 生産要素に中立的な幅広いベース——付加価値——をとり, 税率調整によって受益と負担の一致を図ることが望ましいとされる. ちなみに外形課税の事例としては, ミシガン州 (1953～68年の事業活動税 BAT, 1976年～の単一事業税 SBT), ニューハンプシャー州 (事業税 BET), イタリア (1998年～, 州生産活動税 IRAP), ドイツ (営業税) がある.

もっとも外形課税と付加価値税は課税標準が形式上同一になる. しかし外形課税は加算法による所得を課税客体とし, 原産地原則で課されるのに対して, 付加価値税は前段階税額控除を通じて消費を課税客体とし, 仕向地原則で課税されるので両者の並存は二重課税ではない.

5. 結 語

政策論的な地方税原則に基づき, わが国の税源配分についての基本的な方向性を提示して, 本章の結語にかえたい. わが国では地域の住民が負担する個人所得税や一般消費課税等の居住地課税のウェイトが低く, その分法人課税のウェイトが大きい. かつ地域の住民が負担する居住地課税は限りなく税収分割に近い実態をもっている. このため受益と負担が乖離し, 地方財政の説明責任が弱まり, 公共サービスの真のコストを住民が認識しにくい構造になっている (2節). しかし, 政策論的な税源配分論に立つならば, 「地方固有財源の十分

たコルム (G. Colm) は, 政府を生産要素ととらえ, 法人に提供する公共サービスを原材料や燃料と類似のものと見なしている. しかし職業教育や, シャウプ勧告でも指摘された公衆衛生などはむしろ労働力を陶冶し, その再生産を保証するといった役割をもつ. この面からいうと公共サービスの一部は本源的生産要素に体化されるともいえる. 詳しくは持田 (2000) を参照せよ.

5. 結 語

性」と「便益に応じた居住地課税」を重視して，地方自治体の財政責任を強化するという理念を再確認すべきである（3節，4節）．したがって地方税充実強化の基本的戦略は，住民税と地方消費税の二大基幹税のウェイトを高めつつ，法人税については応益説的観点から税の性格を明確にすることにあると考えられる．以下ではこのような主張を固定資産税，住民税，地方消費税，法人事業税に即して展開する．

簡素で公平な固定資産税

視認性が高く，租税輸出が少なく，かつ可動性のない固定資産税は，地方税の課税客体として理想的な条件を備えた居住地課税である．

わが国では固定資産税はすでに市町村の基幹税として成長している．土地，家屋および償却資産に対し固定資産税が課税されるのは，これらの資産の保有と市町村の行政サービスとの間に一般的な受益関係が存在するためであり，相続税のようにその課税を通じて富の再分配を行なう機能を有しているわけではない．このことは固定資産税の税額が具体的な市町村の行政サービスの量に応じて定まることを意味するものではなく，資産価値を表す価格に対して比例税率で課税することとされている．

固定資産税については，その安定的確保は今後とも重要であるが，さらに大幅な増収を期待できるわけではない．むしろ地方のアカウンタビリティを強化するために，以下に述べるように，固定資産税を納税者から見て簡素で，公平な税に改革することが優先されるべきであると考える．

バブルによる地価高騰と負担調整措置による土地評価率の低下，さらに土地評価率の地域間格差を背景に，平成6年度において地価公示価格の7割水準を目途とした土地評価の均衡化・適正化を図る制度改正が行なわれた．しかし，従来まで低く抑えられていた評価額に対して7割評価を行なうことで，急激な土地評価の上昇を招く結果となった．そこで，課税標準の特例，負担調整措置による課税標準の軽減といった措置を設けて納税者の税負担の軽減が図られた．しかし，7割評価に伴う税負担の軽減措置は，結果として土地の固定資産税評価額（以下評価額）と課税標準額との乖離を生じさせた[20]．

しかし，評価額と課税標準額との乖離によって，①納税者から見て固定資産

税の透明性が損なわれる，②評価額に対する課税標準額の割合である「負担水準」が市町村間や同一市町村内でも異なる，③地価下落局面で課税標準額が上昇する，という問題が恒常的に発生している．評価額と課税標準の乖離は固定資産税に対する納税者の信頼感に瑕疵を生じさせているといわざるをえない[21].

したがって納税者に対する説明責任を強化するために「負担水準」を一定の割合に収斂させていき，将来的には評価イコール課税標準というような簡素な税制にすべきである．たしかに現行の負担調整措置は評価替えに伴う急激な税負担を緩和するために必要な措置であるが，最終的な負担水準が不明確だといつまで負担調整を続けるのかが不明確となり，納税者の信頼を必ずしも十分には得られないだろう．とはいえ価格（公示水準の7割）の水準による均衡化を一挙に図るのは機械的であり現実的でもない．それによって税制自体は大幅に簡素化するが課税標準を評価額と一致させることによる負担増は標準税率の引下げによって調整せざるをえない．究極的な地方分権の姿であるとしても理念倒れに終わる可能性の方が高い．むしろ課税標準の適正化の目標を，課税標準の価格に対する割合を一定の幅に収めることとし，段階的にその幅を狭めていき最終的には価格に一定の調整係数を乗じた水準を目標にしていく方法が現実的である[22].

---

20) この間の経緯は以下の通りである．①土地資産額（最も標準的な地価指標である地価公示価格の代理指標）と固定資産税評価額を比較すると，バブル経済期に，その比率は3割近くから2割にまで低下した．地価高騰が税負担へ及ぶのを，市町村が評価の据え置きによって抑制したことが窺われる．②1994年度の固定資産税評価替えに際し，全国一律に地価公示価格の70%まで引き上げることが決定された．土地資産額に対する評価額の割合は，94年に一挙に2割から8～9割に増加し，「資産価格に応じて課税される物税」としての固定資産税の性格が明確になった．③納税者の負担能力を考慮して，負担調整措置が講じられた結果，評価額と実際の課税標準額との間に開きが生じ，「負担水準」（課税標準／評価額）は0.6から0.2へと急落した．資産の所有者の所得など人的要素は考慮された反面，物税としての性格は不明確となった．④しかし，平成9年，同12年の評価替えによって，一定の収束幅に負担水準を収斂させたため，実効税率（固定資産税額／土地資産額）は，地価下落のつづく90年代全体を通じて上昇傾向にあり，地価が安定していた昭和50年代の水準へのほぼ回復してきた．⑤その回復過程では，小規模住宅と一般住宅の「負担水準」は，バブル以前の通常の状態へ回復しているが，商業等の非住宅の「負担水準」は過去の水準をすでにこえて増大するなど，用途間の格差が開きつつある．詳しくは，持田（2002）を参照されたい．

21)「負担水準」格差が地方交付税制度によるモラル・ハザードの結果であるか否かについては4章で実証分析を行なう．

22) また資産価値に応じて課税する物税という固定資産税の性格に鑑みて，住宅用地の特例のような人的要素を排除して，本来の資産税としての性格に純化すべきである．土地に関わる負担水

5. 結語

　固定資産税の目指すべき目標は市町村の資産の総評価に対して，どのくらいの税率を乗じれば必要な収入を獲得できるかを市町村自身が判断できる，簡素で透明性の高い市町村基幹税としてのそれである．換言すると，政策論的な税源配分論の強調する税率決定権による財政責任の強化の鍵を握っているのが固定資産税であると考えられる．たしかに現在の日本ではどこの市町村でも税率は標準税率と同一，行政内容も同一であり，市町村独自の個性を納税者は意識していない．しかし地方分権化が進展し，固定資産税の税率を変えることで行政サービスの質や量について地方自治体が裁量権をもつようになると，競争ではないにしても効率的な地方自治体がヤード・スティックになって擬似的な競争原理が働く余地がでてくる．

　そのためには地方税法本則の「適正な価格」と税率のみにより，税負担が決定される形へと固定資産税の簡素化を図り，納税者から見て視認性の高い基幹税に成長させていくべきである．その場合，国の役割は均衡のとれた評価基準と評価価格を提示することにとどめ，負担レベルでの最終決定は各地方自治体と納税者との間の緊張関係に委ねることが適当である．市町村は納税者の支払う意志に応じて行政サービスを供給する本来の地方自治体に近づいていくであろう．

個人住民税の拡充

　地方自治体の機能がごみ収集や街路清掃といったハードな非対人サービスだけであれば，料金収入や固定資産税でも十分対応できる．規範的な税源配分論はこうした環境に適合的であった．しかし地方自治体の役割が教育，福祉，医療・介護といった膨張しやすいソフトな対人サービスにシフトし，資源配分機能に限定されなくなると固定資産税以外の十分な地方固有財源の裏付けが必要となる．

　伸張性に欠ける固定資産税を補完して行政サービスの費用を住民が広く負担するのが個人住民税の基本的役割である．諸外国でもドイツの市町村では共同税に参与する形で個人所得税の充実が図られ，アメリカ合衆国においても弾力

　準の均衡化の具体的な方法については，地方税における資産課税のあり方に関する調査研究会 (1999) に，各種案が整理されている．

性に乏しい財産税以外の税源として個人所得税の充実が図られている.

また住民税は法人関係税と異なり,最終的に当該地域の住民によって負担されることが明確である[23].この考え方はつぎの解説にあるように個人住民税の性質そのものである.

> 「住民税は地方団体の構成員としての地方住民の会費であり,割勘である性質をもつものであって,税と呼ぶよりは,市町村民割,府県民割と呼んだほうが,一層この税の性質がはっきりする」(「地方税制財政制度解説」1946年)

居住地課税による地方財政の説明責任強化を重視するのであれば,高い法人課税のウェイトを居住地課税である個人住民税と地方消費税との二大基幹税にシフトすることを制度設計の基本的戦略とすべきであろう.

わが国の個人住民税は,課税標準である前年度所得に,府県では2段階,市町村では3段階の比較的フラットな税率構造を適用した上で,所得税と一緒に源泉徴収され,居住地の市町村に帰属させられる.また個人住民税には所得税にはない均等割があり,道府県民税には利子割もあるが,後者は居住地課税の例外として金融機関所在地に帰属する[24].

勤労者が享受する対人サービス(教育,福祉,医療)の大部分は勤務地ではなく居住地で発生している.したがって「一般的便益」の対価として住民税のウェイトを高め,居住地の地方政府に帰属させることには正当化根拠がある.McLure (1994) が指摘するように個人所得税の制度設計は課税根拠,すなわち所得再分配や安定化を目的にするのか,応益課税を目的にするかに依存して異なる.前者の意味で個人所得税を位置づける場合には,所得から各種の費用を控除した上で累進税率を適用し,中央政府に配分するのが自然である.

しかし後者の意味であれば国税よりも応益原則を加味できる地方所得税の方

---

23) 住民税の本体ともいうべき所得割は雇用主が源泉徴収するが,税収は居住地の地方自治体に帰属する.

24) 個人住民税の概要は以下の通り.税収入に占める割合は,府県で32.1%,市町村では4.6%.住民税は1) 個人に対しては1,000円を,法人に対しては払込資本金額に応じて,1万円から7万5,000円を賦課している均等割,2) 前年度の(所得税の)所得に課税される所得割,3) 金融機関所在地で源泉徴収される利子割の三者から構成される.税率構造は緩やかな累進税率である.府県住民税は2%および3%,市町村民税では3%から始まって12%まで三つのブラケットがある.個人住民税について超過課税を実施している自治体はない.住民税は市町村が(源泉徴収者から)徴収する.日本の納税手続きは――ノルウェイと同様に――,地方自治を尊重するためであるとされているが徴収一元化の意見もある.

5. 結語

がより適合的である．地方所得税は控除を認めず比例税率で課税し負担能力に関わりなく対人サービス等の「便益の対価」という課税根拠に基づく税になる[25]．ただし高い法人課税のウェイトを居住地課税である個人住民税と地方消費税との二大基幹税にシフトすることを基本戦略とする以上，課税最低限を下げるのであれば地方消費税の逆進性を緩和するため法定税率の累進度はある程度保持すべきであろう[26]．

個人所得税の中での個人住民税の量的なウェイトを高めると同時に，現行制度の問題点を改善し，応益課税としての純化を図ることが望まれる．現行制度の問題は，①住民税の均等割の比重が著しく小さく，②課税最低限も所得税と同様かなり高いため，③所得税との共通性が多く，地方税としての性格が必ずしも明確でないことである．

第1に，個人所得税の人的控除の控除額はその負担分任の性格から，所得税よりも低く設定されているが，アメリカの諸州の個人所得税と比較しても，地方税としての控除水準が非常に高い．表2-4は筆者の参加した海外調査をまとめた個人住民税研究会（2001）の資料を転載したものである．地方課税として広い課税ベースが指向されているニュージャージー州個人所得税およびミシガン州個人所得税とわが国の個人住民税を比較した場合，総所得金額に占める所得控除の割合は，ニュージャージー州8.4%，ミシガン州12.5%に対し，個人住民税は34.7%に及んでおり，個人所得税の課税ベースが各種控除によりかなり侵食されているのが実態である[27]．住民が公共サービスのコストを受益

---

25) 神野（2001）は，応益課税という論点をさらに進めて「労務提供」の代替としての地方税納税という論理を組み立て，賃金に対する比例税としての地方所得税を提唱している．

26) 5章4節で明らかにされるように，総務庁の『家計調査報告』データからの推計すると，個人住民税はすべての所得階層を通じて累進的である．課税最低限が高く，かつ緩やかな累進税率が適用されていることを考慮すると，この結果は予測通りである．間接税についていうと，個人の負担能力は考慮されず，消費に課税されるので所得再分配の余地はない．一般売上税としての地方消費税はわずかに逆進的だが，その他の個別消費税の階層別負担は明示的に逆進的であった．また固定資産税は最低所得階層（第I，第II分位）で明示的に逆進的であるものの，それ以外の階層ではわずかに逆進的であるにすぎない．総合的にみると，地方税の居住地課税は，最低所得階層を別にすると概ね所得比例的といえる．この結果は，間接税と居住用固定資産税の緩やかな逆進性が，住民税のもつ累進性によって，全体としては相殺されていることを念頭におくならば，驚くべきことではない．タックス・ミックスの観点から見て，住民税の累進性はある程度は保持しておくのが現実的であろう．

27) 個人住民税研究会（2001），9-10頁．

表 2-4 日米の地方所得課税における所得控除額の比較

(億円, %)

	個人住民税	Aに対する割合	ニュージャージー州所得税	Aに対する割合	ミシガン州所得税	Aに対する割合
総所得金額等 (A)	1,921,982		195,986		168,235	
所得控除額	667,261	34.7	16,423	8.4	21,034	12.5
課税標準額	1,254,720	65.3	179,563	91.6	147,201	87.5
算出税額	65,365	3.4	5,818	3.0	6,518	3.9
税額控除額等	6,139	0.3	1,060	0.5	608	0.4
税額	59,226	3.1	4,757	2.4	5,910	3.5

(資料) 個人住民税研究会 (2001), 資料 8 より引用.
注: $1 = 106 円とする. 個人住民税は 1999 年の所得ベース, ミシガン州・ニュージャージー州所得税は 1997 年の所得ベースである. 個人住民税の税額控除のうち 6,055 億円は定率控除.

に見合って負担する居住地課税として性格を徹底するために,個人住民税の課税最低限は引き下げるべきである.

第 2 に個人住民税に特徴的な均等割は,現在非常に低い水準にとどまっている.均等割は「国に対する所得税納付の事実の有無に関わらずひろく幾らかの経費を負担すべき」であるという考え方によるが個人住民税全体に占める割合は 1950 年の 18.3% から 2000 年度の 1.8% へと低下している.地方税としては課税最低限が非常に高いという現実を踏まえて生計同一の妻に対する非課税措置の是非も含めて均等割の水準を見直すべきである[28].

地方消費税の将来像

利子所得が分離課税されている現状では住民税と消費税の課税ベースはほとんど同じである.この面から見ると比例的な住民税があれば地方消費税を居住地課税としてさらに賦課する意味は乏しいかに見える.しかし基幹税としての個人住民税のもつ機能上の欠点を是正するために地方消費税を配するというタックス・ミックスの考え方をとることができる.個人所得税の機能上の欠点としては,課税最低限を引き下げることが政治的に困難であること,所得税から住民税への税源移譲により税収格差が拡大することが挙げられる.この問題を間接的に解決するのが間接消費税である.1994 年の税制改正において地方消

---

[28] 均等割の納税義務を負う夫と生計を一にする妻に対しては均等割が非課税とされているが,近年では女性の社会進出,個人単位課税の観点から,その是非が問題になっている.

5. 結語

費税が道府県税として創設され，1997年4月から実施に移された．このことは地方税改革としては1975年の事業所税創設以来の新税創設となる．その意義は単に地方税で新税が創設されたというだけでなく基幹的税目である一般間接税が道府県税に導入されたという点で画期的なものであったことはいうまでもない．

地方消費税は税収の地域的な分布が均等であり，所得再分配機能をもっていないので地方税として望ましい[29]．課税最低限を下げて比例的な住民税を実現することが困難な状況で間接的にこれを実現する方法として，地方消費税の存在を位置づけることができる．

その反面，地方消費税には，①都道府県に税率決定権がない，②国の消費税との整合性を図るという観点から複雑な「清算システム」を組み込んでいる，③清算の基準であるマクロ的商業統計が最終消費額を正確に反映しているかの検証がなされていない，という問題点がある（3章）．外形標準課税導入論議が一応終結した今日，都道府県税としての地方消費税をどのように成長させていくかが財政再建論議とも絡んで最も大きな議論になると考えられる．今後の地方消費税のあり方を考察するには，原産地原則か仕向地原則かという選択も含めて，あらためて地方消費税の課税の仕組みを原理的に検討することが必要である．

わが国はECノイマルク委員会勧告や原産地原則を採用するブラジルの商品サービス流通税（ICMS）の勧告よりも，「地方付加価値税も仕向地原則であるべき」であるという，Cnossen and Shoup (1987), Bird and Gendron (1998) の説を参考にすべきである（3章）．仕向地原則の優位を前提にして，租税境界なしにいかに仕向地原則を実施するのか，という方法を比較検討し，日本の風土にあった方式を取捨選択する必要がある．

租税論のフロンティアが注目する税額控除清算方式と繰延べ支払い方式は境界統制なしに仕向地原則を実施する画期的な方式である．しかし行政区域が狭く単一制国家である日本で近い将来導入することは難しいだろう．税額控除清算方式ないし繰延べ支払い方式の実行可能性は道州制や連邦制への移行如何に

---

29) 地方消費税の税収分布を既存地方税目，旧消費譲与税と比べたものとして，持田 (2001) を参看されたい．

かかわっている．

　日本の地方消費税の将来像を構想するうえでは共同型付加価値税（joint VAT）という点において日本の地方消費税に最も近いカナダの協調売上税（HST）の長所を参考にすべきである．第1に，地方消費税は国税である消費税の額を課税標準とし全国一律の税率となっているため，各都道府県が独自に税率をコントロールする余地が全くない制度になっている．カナダにおけるHSTも導入州において税率が同じであり，また徴収を連邦が行なっているという点では，わが国同様，州の自由度はないようにも見える．しかしHSTの場合は州独自で特定商品の取引やサービスについて「割引制度」を設けることが可能である．しかも「割引制度」による減収額が「割引制度」を設けた州へのHST配分額から控除されるため州間の割引競争のようなモラル・ハザードを引き起こすことはない．わが国においても今後，地方消費税を都道府県の基幹税として位置づけていく場合には地方税の独自性を発揮できるような制度とすることが望ましい．各県の面積が狭く税率を変えることが困難な事情にあっても一定のルールのもとでHSTの割引制度のような制度を創設することは検討に値する（3章）．

　カナダのHSTに学ぶべき第2の点は清算の正確性である．HSTの配分にあたっては産業連関表を用いて各州の最終消費額および課税対象となる支出額を算出し，非課税部分を調整するために他の統計により配分を補正しているという手法をとっている．この補正の考え方は非課税事業を行なう企業は仕入税額控除を受けられないため実質的に当該企業が前段階までのHSTを負担していると見なして当該企業が購入した物品に係わるHSTをその物品を購入した地点の州の消費分として取り扱おうとするために行なっている補正である．

　わが国の地方消費税の清算は商業統計等に基づき各県に配分しているが，その前提は商業統計等によって地方消費税の対象となる取引やサービスの最終消費額を捕捉できるという考え方である．しかし①わが国で用いている商業統計等の統計の「売上高」は，最終消費者に対する売上のみではなく，企業に対する売上を一部含む，②土地の譲渡・貸付や社会保険医療，介護保険サービス等の非課税取引および事業者免税点制度に関わる非課税措置は考慮されていない，③昼夜間人口比率による補正が欠如している，といった問題がある．

5. 結語

これらの点からみて地方消費税の清算基準はカナダの HST 配分方法に比べて正確性に欠けている．地方消費税の厚みが増した場合，現在のようなマクロ的な商業統計を単純に用いた配分方法による配分額と本来配分すべき額との差は無視し得ないほどに大きくなる可能性がある．日本においてもカナダ同様に県別の産業連関表を作成し，企業間取引を消去し，各県における最終消費額を推計するとともに，非課税取引についても地方消費税の帰属地を推計すべきである（3章）．

法人事業税の外形標準化

多段階付加価値税としての地方消費税が導入されている現状では外形法人課税と地方消費税の課税ベースは，所得型と消費型との違いを捨象すれば，いずれも付加価値に等しい．しかし地方消費税の清算基準となる最終消費の地域分布と企業向けのサービスとの間には関係性がない．また地方消費税では輸出企業にはゼロ税率が適用されるが付加価値型企業課税では輸出は事業活動量に応じて課税される．地方消費税は消費行為を課税客体とするのに対して付加価値型企業課税は法人の事業活動を課税客体にしているため，両者は並存が可能であり，代替関係はない．

事業税は個人または法人の行なう事業に対して，所得または収入金額を課税標準として課税される収益税である．事業税は府県税収入の 30% 前後を占める基幹税であるが，最終的な帰着の不明確さ，不安定性，地域的偏在といった問題をかかえている[30]．

第1に事業税は所得税や固定資産税と違って最終的な帰着先が不明確なため，住民にとっては負担感が小さい．理論的には法人税の課税ベースは移動性が高く租税競争が起こりやすいので税負担は過少になるはずだが，わが国では事業税は法人税の課税標準から控除されている．このため帰着先が不明確で租税輸出が起こりやすい法人関係税への依存度は国際的に見ても高く，超過課税も行

---

[30] 事業税は法人と非法人の両者に賦課されるが，税収入は法人事業税が個人事業税に比べてはるかに大きい．事業税の課税標準は純所得である．法人税の課税ベースから事業税は控除されている．徴収は都道府県が行なう．納税義務者が複数の都道府県にまたがって事業所をもつ場合には，課税ベースは従業員数を基準にして都道府県に按分される．税率構造は緩やかな累進税率をとっている．地方税法の規定により標準税率の 1.1 倍まで増税することができる．

なわれている (2節). 林宜嗣によれば, 都道府県税のうち企業等が一次的に負担する税は 56.1% を占めるが, 企業の受益割合は 9.4% にすぎない (1997年度)[31]. また約 60% の法人が欠損金の繰越しなどを利用して赤字決算を続けており事業税の負担を免れている. 企業の受益割合については議論の余地があるにしても, 現行の地方税が行政サービスの決定に投票という形で参加することのできない一部の法人に大きく依存する一方で, 受益は個人向けのものが多くなっていることは, わが国の地方財政システムが財政錯覚を発生させやすい構造をもっていることを意味している.

第 2 に日本の事業税の課税ベースは外形ではなく, 純所得であるため, 景気変動に対して敏感に反応し, 収入がきわめて不安定である (1章3節). バブル経済崩壊後, 事業税の急激な減収が東京, 大阪, 神奈川ならびに愛知といった大都市府県の深刻な財政危機を招いていることは周知の通りである. 日本の代表的な地方自治体は浮き沈みの激しい事業税への依存により, 財政破産の瀬戸際にたっている.

第 3 に法人事業税は税収入が不安定であるだけではなく地域的な偏在度も大きい. 3章4節の図3-4で明らかにされるように, 住民税利子割の課税客体となる財産所得 (配当, 利子, キャピタルゲイン), 事業税や法人住民税の課税客体である企業所得・法人所得などは地域間の偏在度がかなり高い. その次が住民税の課税客体である雇用所得で, 地方消費税の課税客体となる民間消費はもっとも偏在度が低い. 清算制度を設定しないで取引行為所在の都道府県に税収を帰属させると, その偏在度は民間最終消費の 2 倍も大きくなり, 企業所得に匹敵するものとなる.

地方自治体の公共サービスが対人サービスだけであれば地方税体系は居住地課税を中心として構成される. しかし企業は道路, 警察, 消防署などの公共サービスの恩恵を被っている. 法人企業に提供している公共サービスが中間投入財ないし生産要素としての役割を果たしている場合はその対価として企業課税を居住地課税とは別に独自に賦課することはバードの政策論的な税源配分論やシャウプ勧告が指摘するように[32], 正当化根拠がある. さらに, 租税学説史を

---

31) 林宜嗣 (2001), 182-184 頁.
32) 付加価値ベースの事業税という着想は, 日本では 1949 年のいわゆるシャウプ勧告にさかのぼ

5. 結語

紐解くと付加価値税（Value added tax, Nettoumsatzsteuer）の概念は最初，売上税としてよりも，応益説に基づく企業課税として成立した．カール・シャウプのコロンビア大学における高弟であったサリバン（Sullivan）が名著 *The Tax on Value Added,* 1965 で克明に調査しているように，企業課税としての付加価値税はコルム（G. Colm）やスチュデンスキィ（P. Studenski）等によって1930-40年代に提案されている．

平成12（2000）年7月の政府税制調査会中期答申で示された「外形基準として事業活動価値（利潤＋給与総額＋支払利子＋賃貸料）が最も優れている」という考え方を指針として，旧自治省，総務省が具体案を提出した．そして平成15年度税制改正では資本金一億円超の法人を対象にして，外形基準の割合を4分の1とする外形標準課税を創設し，平成16年度から適用することが実現した．

しかし，応益原則に基づく法人事業税の改革は大幅な増収をめざすものではない．法人事業税の性格を明確にするために事業活動量を反映した所得型付加価値に課税標準を改め[33]，低い比例税率を適用し，企業向けの受益と企業が第一次的に負担する税をなるべく一致させることが改革の目標でなければならない．その結果として都道府県の税収入の安定化や税源の偏在度の緩和という利点が付随的に生じると考えるべきであろう．旧自治省案では加算法による付加価値である「事業規模額」と従来の所得基準を併用する構想であった．総務省案では外形基準として「付加価値」に加えて「資本割」を併用する案に変った．平成15年度税制改正では外形基準の割合は旧自治省・総務省案の2分の1から4分の1へ引き下げられた．これらの修正は基本的には中小法人への「特別な配慮」の結果でありやむを得ないにしても税の性格を明確にするという目標からは若干，後退している．

る．シャウプは法人とその顧客は所在する地方政府から受ける公共サービスのコストを負担すべきとして，府県税として付加価値税ベースの法人税の導入を応益説的観点から勧告した．

[33] イタリアの州生産活動税は控除法で付加価値を算定する．1998年1月以降，イタリアで事業を営む企業は控除法で算定された付加価値に4.25%の税率を乗じた州生産活動税（IRAP）の納税義務を負う．

参考文献

Bird, Richard M. (1997), "Comment," *Regional Development Dialogue*, Vol. 18, No. 2, Autumn.
Bird, Richard M. (1999), "Rethinking Subnational Taxes: A New Look at Tax Assignment," *IMF working Paper*, WP/99/165.
Bird, Richard M. and Pierre-Pascal Gendron (1998), "Dual VATs and Cross-Border Trade: Two Problem, One Solution?", *International Tax and Public Finance*, Vol. 5, pp. 422-429.
Brennan, Geoffrey and James M. Buchanan (1980), *The Power to Tax: Analytical Foundations of a Fiscal Constitution*, Cambridge, Cambridge University Press.
Cnossen, Sijbren and Carl S. Shoup (1987), "Coordination of Value Added Taxes," in Sijbren Cnossen (ed.), *Tax Coordination in the European Community*, Denventer: Kluwer.
Dexia (1997), *Local Finance in the Fifteen Countries of the European Union*, Paris.
McLure, Charles E. Jr. (1983), "Assignment of Corporate Taxes in a Federal System," in Charles E. McLure, Jr. (ed.), *Tax Assignment in Federal Countries*, Canberra: Centre for Research on Federal Financial Relations, Australian National University.
McLure, Charles E. Jr. (1994), "The Tax Assignment Problem: Ends, Means, and Constraints," *Australian Tax Forum*, Vol. 11, pp. 153-183.
Mieszkowski, Peter (1983), "Enegy Policy, Taxation of Natural Resources, and Fiscal Fedralism," in Charles E. McLure, Jr. (ed.), *Tax Assignment in Federal Countries*, Canberra: Centre for Research on Federal Financial Relations, Australian National University.
Musgrave, Richard A. (1983), "Who Should Tax, Where and What?" in Charles E. McLure, Jr. (ed.), *Tax Assignment in Federal Countries*, Canberra: Centre for Research on Federal Financial Relations, Australian National University.
Norregaard, John (1997), "Tax Assignment," in Teresa Ter-Minassian (ed.), *Fiscal Federalism in Theory and Practice*, IMF.
Oates Wallace (1996), "Taxation in a Federal System: The Tax Assignment Problem," *Public Economics Review*, Jun.
OECD (1999), *Taxing Powers of State and Local Government*, OECD tax policy studies No. 1, Paris.
OECD (2000), *Economic Surveys: Japan*, OECD, Paris.
OECD (2002), *Revenue Statistics, 1965-2000*, OECD, Paris.
Sullivan, Clara K. (1965), *The Tax on Value Added*, Columbia University Press.
Tanzi, Vitto (1995), "Basic Issue of Decentralization and Tax Assignment," in Ahmad, E. Qiango Gao, and Vito Tanzi (eds.), *Reforming China's Public Finance: Papers Presented at a Symposium Held in Shanghai*, Renouf Pub Co., Ltd.
Zodrow, G. R. and P. Mieszkowski (1986), "Pigou, Tiebout, Property Taxation and Under provision of Local Public Goods," *Journal of Urban Economics*, 19.
個人住民税研究会 (2001), 『個人住民税研究会報告書』.
財務省財務総合政策研究所 (2002), 『地方財政システムの国際比較』(渡辺智之, 近藤賢治執筆).
神野直彦 (2001), 「税源移譲と住民税のフラット化」個人住民税研究会『個人住民税研究会報告書』所収.
地方税における資産課税のあり方に関する調査研究委員会 (1999), 『平成10年度地方税における資産課税のあり方に関する調査研究報告書』自治総合センター.
林健久 (2000), 「OECD『州・地方政府の課税力』を読む」『地方財政』39巻4号.

林宜嗣 (2001),「地方分権と地方税改革」村松岐夫・水口憲人編『分権——何が変わるのか』敬文堂.
堀場勇夫 (1999),『地方分権の経済分析』東洋経済新報社.
宮島洋 (2001),「地方分権論の検討」『地方財政をめぐる諸問題』金融調査研究会報告書26号.
持田信樹 (2000),「地方政府による企業課税の意義」『地方税』8月号,地方財務協会.
持田信樹 (2001),「付加価値税の政府間割当て——国際比較の視点から」『経済学論集』(東京大学経済学会),第67巻,第2号.
持田信樹 (2002),「これからの固定資産税」『地方税』11月号,地方財務協会.

3章　付加価値税配分論と地方消費税

1. はじめに

　1994年の税制改正において地方消費税が道府県税として創設され，1997年4月から実施に移された．このことは地方税改革としては1975年の事業所税創設以来の新税創設となる．その意義は単に地方税で新税が創設されたというだけでなく基幹的税目である一般間接税が道府県税に導入されたという点で画期的なものであったことはいうまでもない[1]．

　しかし地方消費税を創設するか否かは最終的には政策判断の問題であったため，理論的に見ると様々な課題が積み残されたことは否定できない．主要な論点としては以下の3点を挙げることができるであろう．

　第1に，地方消費税は都道府県に税務行政権がない不完全な地方税であり，かつ都道府県は税率決定権をもたない．ヨーロッパ地方自治憲章でも指摘されているように，地方分権には税率決定権をもつ地方税が重要である．わが国の地方消費税は，国税である消費税の額を課税標準とし，全国一律の税率となっているため各都道府県が独自に税率等をコントロールする余地が全くない制度になっている．

　第2に，「最終消費地と税の帰属地との一致」を図るという考えから，都道府県間の「清算システム」によって税収を帰属させるという複雑な機構を伴っている．わが国では県境管理は実行不可能なので，地方消費税は原産地原則によるのが自然であるという考え方が強い[2]．このような考え方からすれば，清

---
[1]　地方消費税は安定的かつ普遍的な地方財源として将来を嘱望されている．たとえば「地方消費税については，福祉・教育など幅広い行政需要を賄う税として重要な役割を果たしており，今後その役割がますます重要なものになっていく」と指摘されている（政府税制調査会中期答申『わが国税制の現状と課題——21世紀に向けた国民の参加と選択』2000年7月）．
[2]　地方消費税について最も包括的な論文集は，佐藤・滝（1995）である．

算制度は国の消費税との整合性を図る観点から組み込まれたものであって,地方消費税固有の論理からでたものではない.

　第3に,わが国の地方消費税の清算は,商業統計等に基づき各県に配分しているが,その前提は商業統計等によって地方消費税の対象となる取引やサービスの最終消費額を補足できるという考え方である.しかし現行清算基準がこの前提を満たすものであるか否かについては実証的に確認されているとはいい難い.清算基準のもつ説得力は課税客体を正確に補足しているか否かについての実証的裏づけにかかっている.

　外形標準課税導入論議が一応終結した今日,都道府県税としての地方消費税をどのようにしていくかという点が,国の財政再建論議とも絡んで最も大きな議論になると考えられる.本章の目的は,こうした状況を念頭において,付加価値税の政府間割当てに関する国際的動向および租税論のフロンティアを検討し,そこから日本の地方消費税の今後の方向性を考察することにある[3].

　このように課題を設定した場合,議論の展開が多少複雑で込み入ったものになることを断っておく必要がある.なぜならば,原産地原則か仕向地原則かという選択も含めて,あらためて地方消費税の課税の仕組みを原理的に検討することが必要となるからである.上記の1～3の論点は実は一体不可分の問題である.第1と第2の論点は,さしあたり「税率決定が可能な地方消費税は原産地原則に適合的であるか」という問題に置き換えることができる.検討の結果,この問題に肯定的な回答が下すことができれば自動的に第3の論点は消滅する.しかし,ここで逆に「地方消費税も仕向地原則であるべき」という結論になれば,「国家間と違って地方間では境界統制ができないという条件をどのようにクリアするか」という別個の問題を解かなければならない.この問題が解けなければわれわれは現行制度に立ち戻ることになる.さらに,第3の論点は独立に考察することもできるが,仕向地原則を間接的に実施する選択肢の一つとして議論する方がより整合的である.

　本章の構成は以下の通りである.はじめに地方消費税創設の経緯を概観し,この税の仕組みと評価を行なう.つぎに付加価値税の政府間割当ての選択肢を

---

[3] 本章は,持田(2001)に加筆修正したものである.地方消費税に関する優れた論稿として伊東(1999)も参看されたい.

国際的視点から検討する．税率決定権を保持した地方付加価値税の実験例として，ブラジルの ICMS を取り上げ，現地調査の成果に基づき議論する[4]．さらに，租税論のフロンティアを考察した後，境界統制なしで仕向地原則を実施するアプローチを考察する．ここではカナダの HST に焦点をあて，これも現地調査に基づき議論する．最後に日本の地方消費税の将来的方向性について政策的含意をまとめ，若干の提言を行なう．

2. 地方消費税の創設と仕組み

付加価値を課税標準とする地方税には，直接税的な事業税の外形課税と間接税的な消費税の二つのタイプがあり，長い歴史をもつのはいうまでもなく前者，すなわちシャウプ勧告以来の紆余曲折を経てきた事業税の外形標準化問題である．これに対して後者，すなわち一般消費税の地方税化が議論の俎上に上ったのは，1980 年代における付加価値税導入過程においてであった．本節の課題は，地方消費税の沿革とその仕組みを概観した上で，効率性，公平性，簡素の観点から評価を行なうことである．しかし，あらかじめ地方付加価値税の難点を一般的に整理しておきたい．日本の地方消費税が抱えている困難が決して特殊な問題ではないということを強調するためである．

ゴルディウスの結び目

前世紀末から今世紀初頭にかけて，世界各国で地方分権が時代の潮流の一つとなる中で，地方経費膨張に伴う税源の地方移譲の必要性が多くの論者によって指摘されている．固定資産税をはじめとする資産税や個人・法人所得税の政府間配分については，「財政連邦主義」(fiscal federalism) の最新の諸研究を見る限り，骨格となる議論はほぼ収束しつつある．これに対して消費課税，とくに多段階付加価値税の果実にいかに州・地方政府が参与するかについては，EU の市場統合に伴う付加価値税の協調ならびに移行経済国や州レベルでの小

---

[4] 本章でいう現地調査には以下のものを含む．①「付加価値税の政府間割当てに関する海外実態調査（地方自治情報センター）」のうち，「カナダ調査団：対象　大蔵省・関税歳入庁・統計局・クィーンズ大学」（期間 2002 年 9 月），「ブラジル調査団：対象　連邦財務省・開発商工省・応用経済研究所・サンパウロ州政府」（期間 2003 年 8 月），②カナダ大蔵省における筆者の独自調査 (2000 年 2 月)．

売上税をもつ連邦国家における付加価値税の導入を背景として，多くの学術的論点が未解決のまま制度化や政策の実施が先行している．

しかし，地方消費税をめぐる学術的な議論がなかなか収束しないのは日本だけの孤立した現象ではない．日本の地方消費税が本来の地方税からかけ離れた姿をとっていることの背景には，EC ノイマルク委員会勧告（1963）以来約半世紀の間，世界の財政学者なり実務家が挑戦し，様々な答案を綴ってきた付加価値税の政府間割当てに内在する難点がある．付加価値税の政府間配分は，ある学者が「ゴルディウスの結び目（Gordian knot）」と比喩したように，財政学上の難問の一つである（McLure, 2000, p. 735）．

理論的にいうならば，地方政府の税率決定権をあたえつつ，経済活動を攪乱しないためには，地域間の財貨・サービス取引に仕向地原則（移出非課税，移入課税）を適用するのが望ましい．しかし，このシナリオには税務行政上の難点がある．一国内では各地域ごとに租税境界を設定することはできないので，付加価値税の選択肢は原産地原則（移出課税，移入非課税）しかないからである．けれども真の難関はこの先にある．問題の焦点は税率決定権である．原産地原則の下で，税率決定権を地方政府にあたえると，仕向地原則の場合とは異なって，財貨・サービスの物流や企業の立地活動を攪乱する一方，流通の中間段階の所在する地方政府による安易な税率引き上げ競争が発生して，付加価値税本来の正確な税額計算ができなくなる．

この問題を避けるためには，事実上，全地域で税率を一律にすることが原産地原則の至上命題となる．つまり付加価値税を地方政府や経済統合の加盟国間で実施するためには，各地域・国の課税自主権（税率決定権）を制約するほかない．しかし，独立した課税管轄権を均一税率に服従させるのは困難であるし，仮にそれが可能であったとしても地方分権本来の精神に背くであろう．付加価値税を地方税として仕組むよりも，むしろ税収分与として中央政府が賦課・徴収し，一定の基準で交付した方が，税務行政コストや納税協力費の節約という点からみて合理的である．これがやや極端に単純化してみた，付加価値税を地方税化する場合に遭遇する難点である[5]．

---

5) 地方付加価値税の難点に関しては，McLure (1994), pp. 170-173 が標準的な解説を行なっている．本章での説明もこれに負うところが大きい．

かかる難点がEUでの税制の調和を遅らせ，また各国での付加価値税への地方政府の参与を困難にし，日本の地方消費税の機構を複雑にしている根底的な要因であるといってよい．しばしば「多段階の間接税は地方税になじまない．したがって，付加価値税を地方税化しようとするのは誤った考えであり，税理論の観点から受け入れることはできない」といわれるのは，そのためである．では，地方消費税の創設過程において地方付加価値税の難点はどのように処理されたのであろうか．

消費譲与税から地方消費税へ

一般消費税を新税として導入する場合に，その一部を地方独立税として創設する（政府税制調査会，1978年度答申）という構想は，総選挙における与党の敗北（1979年10月）によって，一般消費税ともども頓挫した．その後，新間接税の一部を地方税化するという結論には至らなかったものの，政府税調はふたたび売上譲与税を創設するという答申をまとめた（政府税調『税制の抜本的見直しについての答申』1986年10月）．この答申もまた，首相のいわゆる「公約違反問題」で国会が空転し売上税法案が廃案となることで，いったんは実現の機会を失った．しかし1989年4月，消費税が実施に移されたことにより，国税としての消費税の一定割合を人口・従業員数などの客観的基準で譲与する消費譲与税が導入された．

政府税調が当初，答申としてまとめたのは一般消費税の地方税化であったが，1989年の抜本的税制改革において消費譲与税の創設という形での財源付与がなされたため，この問題には決着済みという烙印が押されることになった．しかし1990年代後半に入ると，個人所得減税とその補塡財源としての消費税率引き上げを背景として，そして1993年6月の衆参両院における「地方分権の推進に関する決議」をはじめとする地方分権の潮流を契機に，消費譲与税の地方消費税への組換え議論が復活した．すなわち地方六団体で構成される地方自治確立対策協議会の「緊急要望」（1993年10月26日）をかわきりに，消費譲与税の地方消費税への組換えが政府税調などの俎上に上り，これを受けて自治省（当時）が同年秋，素案となる「地方消費税構想」をまとめた．

自治省の構想をめぐる活発な議論を受けて，政府税調は，同年11月の答申

で，地方消費税について消極論が多数派であることを指摘する一方，譲与税方式で決着済みという考えをとらず，地方税の充実強化のための一つの選択肢として地方消費税構想が再浮上したことを否定しなかった．再発足した政府税調内に設置された「地方税源問題ワーキング・グループ」では，多彩な議論が展開されたが地方消費税について結論を出すには至らなかった．しかし，政府税調の「税制改正についての答申」(1994年6月21日)では，消極論が多数であるとされた93年11月の答申とは異なり，積極・消極双方を対等に扱っており，地方消費税構想は「土俵際から土俵中央にまで押し戻した形」[6]となった．その後，舞台は同年6月30日に誕生した自社さきがけ三党による新連立政権の与党税調の場に移され，激しい議論が展開された．

しかし，地方消費税の性格をめぐる自治・大蔵両省間での見解が最後まで平行線を辿り，ふたたび閉塞状況に陥った．この事態を打開するために大蔵・自治両省は妥協案をそれぞれ出したが，結局，清算システムによって「消費地と税の帰属地の一致」を図るという自治省案をベースに，賦課徴収事務の税務署への委託および税収の2分の1の市町村への交付という修正を加えて，同年9月20日，官房長官，大蔵，自治三大臣の地方消費税についての合意が成立した．こうして同年11月25日地方消費税は国会を通過し，1997年4月1日をもって施行された．

地方消費税の性格をめぐる論争

地方消費税の性格をめぐって自治・大蔵両省の見解が最後まで平行線を辿ったことに見られるように，思想史的にいうと地方消費税は複雑な性格を併せ持っている[7]．すなわち地方消費税には，都道府県の行政サービスに対する対価としての応益説的な観点と，消費に担税力を見出す応能的な観点とが込められており，その解釈は時期により，論者により必ずしも一貫したものではない．たとえば，税の負担者は最終消費者であるが，最終消費者の購入する財・サービスの価格形成にあたっては，各流通段階における各地方団体の行政サービス

---

6) 自治省 (1995), 81頁を参照．
7) 地方消費税の性格をめぐる議論については，佐藤・滝編 (1995) が多くの優れた論稿や政府税調「地方税源問題ワーキング・グループ」の討議資料を収録している．

が寄与していると考えられるので，地方消費税を流通段階の地方団体に帰属させるのは合理的であるという見解が主張された．

しかしその反面，地方消費税は消費税額をその課税標準とし，消費税の性格（消費者への税の転嫁，前段階税額控除）を継承している以上，消費税と整合的であるべきであり，最終消費地と税収の帰属地を一致させるべきだという主張もあった．創設された地方消費税において清算システムにより「最終消費と税収の帰属の一致」が図られたのは，理論的決着というより，国税である消費税が先行導入されている中で，その体系に沿って制度を仕組むことが唯一の選択肢であるという高度な政策的判断であったというのも肯ける．

課税標準と税率

では地方消費税の課税標準と税率はどうなっているのであろうか．課税ベースの広い消費税に地方政府が参与する選択肢にはいくつかのタイプがある．理論的にいうとカナダやアメリカの州で賦課されている小売売上税が簡単明瞭な候補となりうる．しかし，小売売上税は単段階課税なので中間投入財を課税ベースに算入してしまう危険性が高いうえに，すでに国の消費税が導入されている中での小売売上税等の重複的な導入は困難であった．このため，わが国では国の消費税の体系に沿って地方税として課税を行なう「地方消費税」の導入に選択肢は限定されることになった．

地方消費税が消費税額をその課税標準とし，消費税の性格（消費者への税の転嫁，前段階税額控除）を継承しているのはそのためである．課税客体も国内取引（譲渡割），輸入取引（貨物割）とも国の消費税と同一である．つまり形式的にいうと地方消費税は国の消費税の付加税であるということができる．

もっとも仮にその税率が都道府県によって不均一であると，消費税の前段階税額控除が不正確となる．したがって，地方消費税の税率は一定税率とされている．この地方消費税の税率は，個人住民税および消費譲与税廃止による減収の補塡を行なうこと，すなわち税収中立を保つことを考慮して，100分の25，すなわち消費税率に換算して1％相当として設定された．地方消費税に関する諸構想をまとめた表3-1に見られるように，地方消費税構想，自治省修正案，および地方消費税では付加税方式をとっているが，旧消費譲与税，大蔵省提案

表 3-1　地方消費税に関する諸構想の概要

	地方消費税（地方税法等の一部改正）94年12月2日公布	自治省修正案 94年8月頃	大蔵省提案 94年7月頃	地方消費税構想（自治省案）93年10月頃	消費譲与税 97年4月廃止
課税当局	本店所在の都道府県，保税地域所在の都道府県	取引行為所在の都道府県	国	取引行為所在の都道府県	国の消費税収入の5分の1を都道府県・市町村に譲与
課税標準	国の消費税額	国の消費税の課税標準又は国の消費税額	国の消費税の課税標準	国の消費税の課税標準又は国の消費税額	課税資産の譲渡等の対価
税率	25/100	一定税率	一定税率	一定税率	3/100
賦課徴収	当分の間，国（税務署）に委託	都道府県に申告納付	国の消費税と併せて税務署が徴収	都道府県に申告納付	国（税務署）
国境税調整	輸入課税分と輸出還付分を全都道府県で清算	輸入課税分と輸出還付分を全都道府県で清算	国の消費税に準じる	輸入課税分と輸出還付分を全都道府県で清算	国の消費税に準じる
地方団体への配分	小売販売額その他の消費に関連した基準により都道府県間で清算	消費に関する指標にもとづきマクロ的に清算	消費の基準に応じて各地方団体に配分	分割法人の一括納付．事業税の分割基準による都道府県への税送付	譲与基準 都道府県6/11 1/4人口 3/4従業員数
市町村の財源補塡	清算後の金額の2分の1を人口及び従業員数で按分して市町村に交付	都道府県税と市町村税の配分見直し	不明	都道府県税と市町村税の配分見直し	譲与基準 市町村5/11 1/2人口 1/2従業員数

（資料）自治省『改正地方税制詳解（平成6年抜本改革版）』，地方消費税研究会編『逐条解説　地方消費税』等より筆者作成．

は譲与税方式をとっており，ここに対照的なスタンスの差が現れている．

「消費地と税の帰属地の一致」論

ところで，消費税のような多段階累積排除型の付加価値税を各都道府県の消費税として仕組む場合に，税の負担者たる消費者の所在する地域（最終消費地）と税の帰属地が一致するとはかぎらない．これについては，地方団体の提供した行政サービスが，商品価格の低下というメカニズムを通じて域外消費者

にまで恩恵が届いているという考え方もある反面，地方消費税は，消費税と密接不可分の制度として仕組まれている以上，消費税と整合的であるべきという考え方が強かったことは先に触れた．表3-1では，前者は取引行為所在の都道府県への税収の帰属を意図した地方消費税構想（自治省案）に，後者は消費基準による譲与税方式を主張した大蔵省提案により強く現れている．

むろん最終消費地と税収の帰属地を一致させるためには，国の国境税調整と同様に移入課税・移出非課税の県境税調整を行なう必要がある．しかし県境には国境における税関に相当する機関がない日本の地方制度では，県境税調整を行なうことは現実的には困難である．このため創設された地方消費税ではマクロ的な清算制度によって，県境税調整に代替する現実的解決策とした．表3-1に見られるように，大蔵省に対する自治省修正案（94年8月頃）を契機に清算システムが急浮上している．これは各都道府県における最終消費額を直接把握し，これに応じた清算を行なえば実質的に「消費地と税の帰属地が一致」するという考えに基づく．

商業統計等による清算

この点を創設された地方消費税の清算基準に沿って確認しておこう．まず地方消費税では納税者の事務負担を配慮して，都道府県は譲渡割の賦課徴収を当分の間，国（税務署）に，また貨物割の賦課徴収を国（税関）に委ねるという異例の措置をとった．自治省案では都道府県への自己申告が明記されていたが（表3-1参照），納税協力費用節約の観点から，国による賦課徴収を前提とする自治・大蔵両省間の合意が形成されたものと思われる．

そして各都道府県は国から払い込まれた地方消費税額から国に支払った徴収取扱い費を減額した額について，商業統計の小売年間販売額その他の「消費に関連した指標」によって都道府県間において清算を行なう．「消費に関連した指標」の4分の3は，小売年間販売額（商業統計）とサービス業対個人事業収入額の合計額により，残り4分の1は人口（国勢調査）および従業員数（事業所統計）で代替することとされている[8]．

---

8)「商業統計」と「サービス業基本調査」を75％としたのは，地方消費税の最終負担者による課税対象となる財・サービスの購入額のうち，これらの統計により，各都道府県別に直接把握でき

最後に，都道府県は，前記により清算を行なった後の金額の2分の1に相当する額を，都道府県内の市町村に対して人口および従業員数に按分して交付する．この規定も国による賦課徴収と同じく，自治省案にはなかったものであり，自治・大蔵両省の最後の交渉過程で登場した．

このように，日本の地方消費税では付加価値の発生地の地方自治体が課税権をもつが，いったん，中央政府の税務機構によって徴収されたのち，事後的に清算制度によって最終消費地の地方自治体に税収を帰属させるシステムをとっている．これはボーダー・コントロールの存在しない一国内で，多段階付加価値税に地方政府が参加する形態を模索した末の一応の到達点といえる．要するに，地方消費税は課税の仕組みとしては原産地原則をとっているが，税の帰属は仕向地原則に基づいており，両者のハイブリッドともいうべき性格を備えたユニークな地方税であるといえる．地方消費税がカナダの大西洋沿岸諸州で97年から実施されている協調売上税（harmonized sales tax）に酷似したシステムをもっていることは極めて興味深い．

3. 地方消費税の意義と問題点

中央・地方政府間の税源配分は財政学の主要テーマの一つであり，分厚い研究蓄積が存在する．いかなる租税が地方税に適合しているかを決定する評価基準は，効率，公平および簡素であり，一見してわかるように，経済政策の評価基準と基本的には同じである．ただし，これらの基準を政府間関係に適用する場合には特有の解釈を加える必要がある[9]．本節の課題は，日本の地方消費税に上記の観点から評価を加えることである．

課税ベースの可動性

税源配分に関する効率性とは，財貨・サービスおよび生産要素の地域間移動

る消費の割合が概ね75%と見込まれるためである．また25%を人口としているのは，サービス業のうち，電気・ガス供給業，運輸・通信業，金融・保険業については，販売額・事業収入額を示す直接の指定統計がないこと，個人の最終消費は家計消費との関連が高いことなどから，国勢調査人口を用いるためである（総務省自治税務局でのヒアリングによる）．

9）税源配分に関する財政連邦主義の到達点については，Boadway and Kitchen (1999), ch. 5, ch. 9 および Bird (1999) を参照．やや古いが，McLure jr., (ed.) (1983) もこの問題についての包括的研究書として有用である．

に対する租税の干渉をできるかぎり少なくすることである．各地方が独立に地方税の税率と課税標準を決定すると，かかる効率性は以下のような経路を通じて攪乱される可能性が高い[10]．

すなわち，①地方政府が各地域間で交易される財貨・サービスや生産要素に独自に租税を賦課すると地域間の資源配分は歪められ，②生産要素が地域間を移動しやすい場合，他地域からの生産要素を惹きつけるために，個別の地方団体は税率を低く設定する租税競争のインセンティブをもつ[11]．したがって，効率性基準の政策的含意は，地域間の可動性が高い「足の速い」課税客体は地方税としてはあまり適合的ではなく，可動性の高い課税ベースに課税する場合には地方団体間の協調が必要であるということになる．

では地方消費税はどうであろうか．まず資本所得（配当，利子，キャピタルゲイン），法人所得，資産移転税等の課税客体に比較して，仕向地原則の課税客体となる最終消費は居住者が頻繁には移動しないため，可動性が低い．仕向地型の地方消費税の課税ベースは地域間の可動性が相対的には低いので，租税競争に地方団体が曝される可能性が少ない．

それだけではない．消費課税と賃金所得税は生涯予算制約上，ライフサイクル仮説を前提とすると課税としては同値といえる．利子所得が分離課税されている現状では，住民税と消費税の課税ベースはほとんど同じである．比例的な住民税を実現することが課税最低限の存在によって困難な状況で，間接的にこれを実現する方法としても地方消費税の存在意義は大きいということになる．

このように効率性基準から判断すると，仕向地原則に基づいて課税される，課税ベースの広い消費税は，州・地方税に適しているといえる．最終消費は，労働所得，居住用固定資産と並んで，可動性が低く，地方税に適した課税客体であるといえよう．

---

10) 効率性から見た分権化の問題については，Boadway and Kitchen (1999), pp. 468-475 を参照．
11) この他に財政能力（課税標準の大小）の地域間格差が生じると人口移動を引き起こし，資源配分の非効率が発生する．財政余剰の地域格差が発生すると，個人ならびに企業はその立地選択にあたり，純粋に生産コストを考慮するよりも，財政上の得失をも考慮する傾向を強めるからである．この点について，詳しくは本書の5章を参照されたい．

課税ベースの地域分布

　地方消費税は効率性だけではなく，税源配分における公平性基準からも検討されねばならない．議論の出発点は，地方分権化は垂直的公平性と水平的公平性の両面において再分配政策を低下させるということである．個別の地方政府の観点から見ると，低所得層の流出および高額所得階層の流入は，扶助経費を減らす反面，課税ベースが増えるので望ましい．したがって再分配を弱める福祉水準の最低への平準化競争（いわゆる "race to the bottom"）が誘発される．それだけではない．豊かな地域では同じ税率で税収が多く，サービスが充実しているか，同じサービスをより低い税率で提供できるだろう．家計や企業はますます豊かな地域に集中するので地域格差の拡大は悪循環となる．公共部門による等しい人々の平等な処遇は財政学では水平的公平性（horizontal equity）と呼ばれている．地方分権化がすすめられると何らかの措置が採られない限り水平的公平性も維持できない[12]．

　かかる公平性基準から導き出される政策的含意は，所得再分配に適した課税ベースや地域的に偏在している課税標準は，地方税としての適格性に欠けるということである．では日本の地方消費税はこの点どうであろうか．日本の地方消費税はその性格上，所得再分配を目的とする租税ではなく，またその課税標準である最終消費は所得に比べると地域的に偏在していない．したがって地方消費税は地方税としての適格性を備えているといえる．前者（再分配性）については 5 章での検討に譲り[13]，ここでは後者すなわち税源の普遍性という観点から，地方消費税を素材に若干の検証を行ないたい．

　地方消費税の税収の偏在度を論ずるのであれば，財政調整の要素が加味されていた消費譲与税との比較よりも既存地方税目との比較が優先されるべきである．周知のように，法人所得課税（事業税，法人住民税）の偏在度が最も高く，個人所得課税がこれについで，たばこ消費税などの地方間接税は偏在度が少ない．図 3-1 には都道府県別の一人当たり地方税収の変動係数を算出した結果が

---

12) 公平性から見た分権化の問題点については，Boadway and Kitchen (1999) および Boadway, Hobson and Mochida (2001) を参照されたい．

13) 地方税における所得階層別負担については，Boadway, Hobson and Mochida (2001), pp. 48-49 を参照されたい．なお，その成果については本書 5 章で触れられている．

3. 地方消費税の意義と問題点

図 3-1　都道府県別一人当たり地方税の変動係数（1998 年）

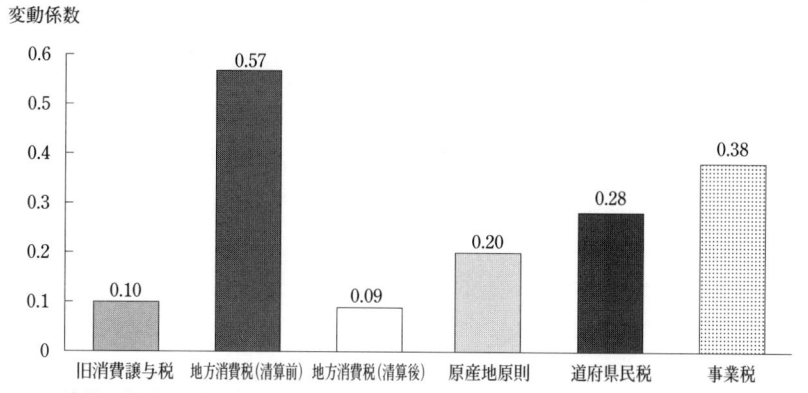

変動係数

- 旧消費譲与税：0.10
- 地方消費税(清算前)：0.57
- 地方消費税(清算後)：0.09
- 原産地原則：0.20
- 道府県民税：0.28
- 事業税：0.38

（資料）『地方財政統計年報』地方財務協会，自治省税務局『地方税に関する参考計数資料』．
注：旧消費譲与税は，消費譲与税時代の配分基準を 1998 年度の消費税に適用．原産地原則は，消費税を純県民生産で都道府県に按分して算出．

まとめられている．これによってわかることは以下の通りである．

(i) **地方消費税の偏在度**　道府県民税と清算後の地方消費税の変動係数を比較すると，それぞれ 0.28 と 0.09 となり，後者の偏在度がはるかに少ないことがわかる．さらに都道府県別の一人当たり事業税収入の変動係数は 0.38 であり，清算後の地方消費税の 4 倍近くになる．このことから，税収の偏在度の少なさという点に限定した場合，地方消費税は既存の地方税目の中では断然優位に立っているといえる．

(ii) **最終消費を反映する清算**　このような長所が生まれるのは，生成（生産・流通）局面での付加価値の地域的偏在，最終消費局面での付加価値の地域的普遍性という著しいコントラストがあるからである．清算の前後で地方消費税の税収の分布は極端に違う．図 3-1 によって清算前の変動係数と清算後の変動係数を比較すると，それぞれ 0.57 と 0.09 となり，前者の偏在度は極めて高い[14]．この事実は付加価値の生成（生産・流通）局面で課税された場合は，そ

---

14) 清算前の地方消費税を分母に，清算後の地方消費税を分子において比率を計算すると，1 を下回るのは千葉，東京，愛知，大阪，兵庫の 5 都府県にすぎず，それ以外の都道府県では 1 を上回る．とりわけ奈良，高知，宮崎，埼玉では自己区域内で徴収された地方消費税を超える収入を清算によって他地域から追加的に受領している．

の最終消費局面で課税された場合に比べて，税収の偏在度がはるかに大きいことを示唆している．ただし，つぎの点は留保しておかなければならない．第1に消費税では本社一括納税方式をとっているため，主として分割法人による付加価値生産が税務統計上では実態以上に大都市圏へ集中しているように誇張されている．第2に清算前の地方消費税の課税標準に含まれている輸入取引（貨物割）は，性格上，地域的に偏在している[15]．国内での付加価値生産に直接には貢献していない要素も課税標準に含めざるを得ないために，清算前の地方消費税の偏在度は増幅される．しかし，これらの点に十分に留意を払う必要があるとしても基本的な構図に変わりはない．

(iii) **消費譲与税と地方消費税の比較** それだけではなく，地方消費税は旧消費譲与税と比べても，税源の普遍性という点で遜色がない．既存地方税目との比較が重要であるとしても，地方消費税創設の経緯に鑑みると，廃止された消費譲与税との比較も全く無視できない．旧消費譲与税と地方消費税を比較すると前者では課税権が国に属しているのに対して，後者では消費税に対する都道府県の付加税であるという違いが見られる．しかし「譲与」であれ「清算」であれ，税収の帰属を決める基準自体には本質的な違いを認められない[16]．消費譲与税では最終消費を外形的基準（人口，従業員）によって代表させ，国から都道府県へ「譲与」しているのに対して，地方消費税では最終消費そのものを基準にして都道府県間で「清算」しているのであり，税収の帰属から見た地域的普遍性は両者とも同じように高い．このことを検証してみよう．図3-1では廃止された消費譲与税の譲与基準を用いて1998年度の消費税の20%を譲与したと想定して変動係数が算出されている．これによると地方消費税（清算後）の変動係数は0.09，旧消費譲与税の変動係数は0.1である．予想通り，両者

---

15) 1998年度の地方消費税に占める輸入取引（貨物割）の割合は約14%（自治省資料による）．上位7都府県（千葉，東京，神奈川，愛知，大阪，兵庫，福岡）の全国の貨物割に占める比率は72%である．

16) 旧消費譲与税では消費税の20%をプールして，これを人口と従業員数という客観的基準によって都道府県，市町村に譲与した．これは国税としての消費税の性格に照らして，その最終消費を住所と行為の発生地という外形的基準により把握しているためであり，その意味では消費譲与税は地方譲与税の中でも地方税に近い性格をもつ．しかし，このような譲与基準を用いれば結果として国税である消費税の徴収地による配分の場合より地域的普遍性の高い税源配分となることは明らかである．

の差は僅かであり，絶対的にも小さいことが判明する．この事実により地方消費税（清算後）の地域的普遍性は旧消費譲与税に匹敵するものであるということができる．

「清算基準」の問題点

ただし，地方消費税の現行の清算基準が「最終消費」を正確に反映しているかどうかについては，今後様々な角度から検証することが必要である．

現行制度では，その4分の3を小売年間販売額（商業統計）とサービス業対個人事業収入（サービス業基本統計）の合計額で，残る4分の1を人口（国勢調査）と従業員数（事業所統計）で代替し，両者の合計を「消費に相当する額」とみなしている．これは消費税を最終的に負担する課税標準を属地的（都道府県という行政区域単位）に把握するものといえる．

地方消費税を「消費に相当する額」で清算する際に，小売販売額等を基準とすることは，仕向地原則を加味する観点から見ると概ね正しいといえる．しかし，現行「清算基準」については以下のように，多くの注釈を加える必要がある．

(i) **統計上の「売上高」**　わが国で用いている商業統計等の統計の「売上高」は，最終消費者に対する売上のみではなく，企業に対する売上を一部含むものであることから，地方消費税の課税対象となるべき最終消費とは異なる．これに関連して，指定統計の対象となる最終消費財の項目自体が変更されると，地方消費税の配分が自動的に変わってしまうという問題もある．

(ii) **非課税業者の取扱い**　わが国においても，土地の譲渡・貸付や社会保険医療，介護保険サービス等の非課税取引が存在することおよび課税所得3,000万円以下を非課税とする事業者免税点制度を約6割の事業者が利用していることを考えると，非課税事業者の物品購入に係わる地方消費税額の帰属を考慮する必要がある．しかし，現在は地方消費税の配分に非課税事業は全く考慮されていない．

(iii) **昼夜間人口比率による補正**　仕向地原則は最終消費地の居住者が消費税を負担すると想定している．しかし小売販売額にせよサービス事業収入にせよ，人口動態や就業構造の影響を受けやすいので，属人的に見た消費と属地的な消

費概念には乖離が生じる．容易に理解できるように，小売販売額等の属地的な基準を用いると，昼夜間人口比率の高い地域ほど，「消費に相当する額」は過大に評価される傾向がある．他地域に輸出された部分（租税輸出）を課税標準に含めることは仕向地原則と整合的ではない．東京，大阪，福岡などの大都市圏では「消費に相当する額」が過大に評価されていることに注意しなければならない．統計の利用可能性などの制約により，属地的な消費関連統計を清算基準として用いるのであれば，たとえば昼夜間人口比率で補正することによって，属人的な課税標準に近づけるといった調整後の基準の方が仕向地原則の観点からいうと合理的である[17]．

以上のような清算基準の問題点が顕在化していないのは，日本の消費税の税率が国際的スタンダードから見て低いからである．しかし消費税率の引上げが政治的イシューになれば，上記の問題についての何らかの対応は避けて通れないであろう．

簡素化と自己決定のトレード・オフ

地方政府に税源を移譲することに伴う難点の一つは，税務行政費用並びに納税協力費用がそうでない場合に比べて増えることである．とくに複数の課税管轄権で経済活動を行なう企業などの納税義務者の納税協力費用は，分権化がすすむと増大する．

課税ベースの広い消費課税を地方税として仕組む場合も，単段階であれ，多段階であれ，例外ではない．小売売上税の場合，税率水準や課税標準のカヴァリッジが隣接地域ごとに違うと，消費者は高税率で良いサービスの地域に住み，低税率の地域に行って財貨・サービス購入するというインセンティブが強まる．このような越境購買行動（cross-border shopping）は，旅行サービスや衣料品，

[17) 属人的な消費概念にも注意すべき論点がある．第1に小売販売額・サービス業収入と県民経済計算上の民間最終消費とを比較すると両者の間に存在する量的乖離は少なくない，第2に最終消費地で消費税を負担している主体に政府や民間住宅投資を含めないことは妥当か否かという論点がある．たしかに消費税の納税義務者は事業者とされているが，価格転嫁を通じて，その負担は最終的には消費者に帰着する．しかし，カナダの大西洋沿岸諸州で実施されている HST で，清算基準に政府部門を明示的に取り入れていることからもわかるように，納税義務者から免除される政府部門は仕入税額の控除が否認されるので，消費者と同様に間接消費税の最終的な負担者となることも事実である．

たばこ，酒類など非耐久消費財で発生しやすく，これらを監視するには高い税務行政コストがかかることが知られている．

また州・地方政府が多段階付加価値税システムを独立税として実施する場合にも，後述するブラジルの ICMS の例に見られるように，税制が相当複雑になる．

このように簡素化という観点はたしかに理解しやすく，一見有益と思われる．しかし，地方の自己決定権という地方分権論の観点からは，簡素化を過度に強調することには疑問が残る．それは簡素化と自己決定との間にはトレード・オフの関係があるからである．わが国の地方消費税の大きな特徴は賦課徴収を国に委託していることである．国に賦課徴収を委託した理由としては納税者の事務負担の軽減が挙げられる．すなわち地方消費税が従来の消費譲与税を組み替えて新たに創設されたものであり，地方消費税を定着させるためには納税者の事務負担を新たに生じさせるような事態を回避する必要があった．また地方消費税が国の消費税と全く同一の課税標準・課税方式をとっており，消費税並びに地方消費税を一括徴収することによって納税者の負担を最小化でき，税務行政の効率化にも資すると考えられた．

しかし伊東（1999）が明確に指摘しているように，国に賦課徴収を委託したことの問題点は少なくない．課税権は一般に立法権，税収の帰属権，管理権（税務行政）からなるとされる．したがって，管理権を欠いた地方消費税は課税権の点で不完全であり，自主財源の程度を制約している．また，一定税率であって，都道府県に税率決定の余地が与えられていないことも指摘されるべきである．たしかに簡素化，納税協力が問題となる現実の世界では自主課税権を行使するのは困難であるとしても，地方消費税は税収分割であるとの批判に正面から答えるのは難しい．ここから派生する問題として伊東は，地方消費税に対する国民の認知度が低く，納税を通じた行政監視機能が必ずしも働いていないこと，地方団体内部でも国からの払込額の清算と県下の市町村への交付事務に限定されていると指摘している．

地方消費税の意義と問題点を考察して，あらためて浮き彫りにされたのは「税率決定が可能な地方消費税は原産地原則に適合的であるか」という問題を深く検討する必要があるということである．検討の結果，この問題に肯定的な

図 3-2　付加価値税の政府間割当てについての概念図

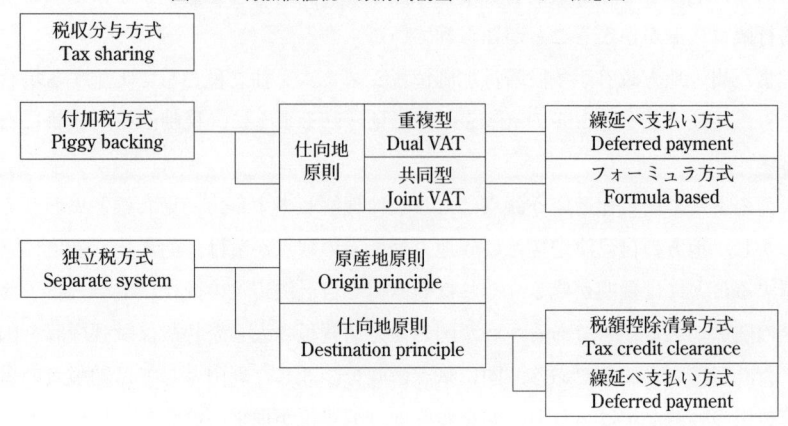

```
税収分与方式
Tax sharing

付加税方式 ─┬─ 仕向地原則 ─┬─ 重複型 Dual VAT ────┬─ 繰延べ支払い方式 Deferred payment
Piggy backing             │                      └─ フォーミュラ方式 Formula based
                          └─ 共同型 Joint VAT

独立税方式 ─┬─ 原産地原則 Origin principle
Separate system
            └─ 仕向地原則 Destination principle ─┬─ 税額控除清算方式 Tax credit clearance
                                                 └─ 繰延べ支払い方式 Deferred payment
```

回答が下すことができれば自動的に清算基準の正確性云々という論点は消滅する．しかし，ここで逆に「地方消費税も仕向地原則であるべき」という結論になれば，「国家間と違って地方間では境界統制ができないという条件をどのようにクリアするか」という別個の問題を解かなければならない．この問題を解けなければわれわれは現行制度に立ち戻ることになり，制度改革は不要となる．さらに，清算基準の正確性の問題は独立に考察することもできるが，仕向地原則を間接的に実施する選択肢の一つとして，議論する方がより整合的であろう．

4. 地方付加価値税の国際的潮流

付加価値税の課税権はこれまで主として中央政府が独占してきたといえる．この傾向はとくに単一制国家において著しかった．しかし近年，この構図は各国における制度化という事実によって打ち破られつつある．

本章の目的の一つは税率決定権を保持した原産地原則の可否を考察することであるが，その問題に入る前に，地方付加価値税の国際的潮流を概観しておく必要がある．このために準備したのが，図3-2である．同図は，筆者が付加価値税の政府間割当ての選択肢を概念化したものである．ここからわかるように，州・地方政府が付加価値税に参与する方法は，決して単純ではない．

すなわち第 1 の方式として税収分与方式がある．第 2 に，付加税方式によって仕向地原則を実施するものがある．このタイプはさらに税率決定権が保障される重複型（dual VAT）と配分公式によって清算する共同型（joint VAT）とに分けられる．第 3 は独立税方式を採る州・地方付加価値税である．これは原産地原則を採るものと，仕向地原則を実施するものとに分かれ，さらに後者は境界統制と境界税調整を分離する方法にしたがって，税額控除清算方式と繰延べ支払い方式とに分類できる．以下では，各方式を順次，比較検討してみよう．

税収分与方式の多様化

付加価値税の果実に，州・地方政府が参与する実際的な方式として税収分与方式が多くの国で採用されている．税収分与では州・地方政府に課税権はなく，中央政府が徴収した付加価値税の一定割合が客観的基準（人口等）にしたがって州・地方政府に交付される．この方式を採用する国々としては，連邦制国家ではドイツ，スイス，オーストリア，オーストラリアおよびロシアが，単一制国家ではタイ，消費譲与税時代の日本がある．

よく知られているように，分与税方式は資源配分に対する中立性という観点からいうと，全国共通の一定税率で賦課された地方付加価値税（原産地原則であるか仕向地原則であるかに無関係に）と無差別である．消費者の支払う小売価格はいかなる地域でも同一となり，地域間の財・サービス取引に対して歪みを与えない．分与税と地方税方式との相違の一つは，各地域への税収の帰属にある．分与税方式の場合に，事柄の性質上，配分公式が中央政府と地方政府との交渉によって決められ，各地域ごとの財政需要なり税収調達能力の懸隔が配慮される．ところが，地方付加価値税の場合にはそのような交渉や財政的な配慮はなく，むしろ財・サービスの生産高（原産地原則の場合）もしくは消費高（仕向地原則の場合）に応じて一義的に各地域に交付される．

しかし，分与税方式にどの程度，財政調整の要素を加味するかは国によって異なる．たとえば，タイにおける付加価値税の地方政府への税収配分は，バンコク都に著しく偏在している．これは配分基準に 1960 年当時の事業税収が用いられており，財貨・サービス取引の活発な大都市に有利になっているからである[18]．またドイツの共同税では，州政府が連邦に代行して売上税を徴収し，

その一定割合（44%）が全体としての州に配分されたのち，4分の3は人口比例で，4分の1は明示的な財政調整交付金として各州に配分される．所得税・法人税の州取り分は徴税地主義で配分されるので還付税的な色彩が濃いが，売上税の大部分はこのように人口比例で配分され，とくに東西ドイツ統合以降は財政調整としての機能を強めている[19]．

これに対して付加価値税の税収分与方式を明示的な財政調整制度として用いようとしているのが，オーストラリアである．すなわち2000年7月1日に導入された付加価値税である財貨・サービス税（Goods and Services Tax）は，全額が一般財源として州に配分されることが決定されており，従来の財政援助交付金と同じく，連邦交付金委員会が計算した相対値に基づいて重み付けされた各州の人口に比例して交付される[20]．

独立税タイプの地方付加価値税

われわれが中央政府による付加価値税の独占的使用が掘り崩されているという場合，独立税型の付加価値税の再編成ともいうべき現象に注目する必要がある．まず原産地原則に基づく付加価値税を一瞥しよう．このタイプの付加価値税の包括的提案としては，ノイマルク委員会報告（1963年）がある[21]．EUではECノイマルク委員会勧告以来，伝統的に，租税国境廃止後の青写真として原産地原則への移行を目標にしてきた．原産地原則では，国内で発生した付加価値に課税し，国外で発生した付加価値には課税しない．このため，輸出課税，輸入非課税となり，租税国境を廃止できるというのが主たる理由付けであった．しかし原産地原則への移行の可能性は加盟国間での税率の調和が達成されなかったため，現時点は不透明である．

---

18) タイにおける付加価値税の税収分与については，タイ大蔵省財政政策研究所における筆者のヒアリング（1999年3月，2001年3月）による．また文献としては，Sakon Varanyuwatana (1995) が役立つ．

19) ドイツの共通税における人口比例は，東西ドイツ統合に伴って，財政調整としての側面が強められた．この点については，Spahn and Fottinger (1997) を参照．

20) オーストラリアの2000年付加価値税導入と政府間財政関係の再編について岩田（2003）が優れている．

21) ECノイマルク委員会勧告については，Commission of the European Economic Community, (1963) を参照．

原産地原則型の地方付加価値税の構想が実施されたのは，連邦国家，単一国家を問わず，ブラジルの州政府が 1967 年以来課税してきた ICMS がその唯一の事例である．ブラジルでは連邦，州，市郡政府がすべて独自の付加価値税を課税するという特殊な税制が構成されている．連邦政府は製造物を課税標準とした工業製品税（IPI; Imposto Sobre Produtos Industrializados）を，市郡政府は商工業その他のサービスに対して課税される役務提供税（ISS; Imposto Sobre Servicos）を，そして州政府は取引高税を廃止する代わりに導入した，包括的課税ベースに賦課する商品サービス流通税（ICMS; Imposto Sobre Operacoes Relativas a Circulacao de Mercadorias e Sevicos）を基幹税として徴収している．これらの中で，最も重要なものは州政府が課税している ICMS であり，州間取引は基本的に原産地原則で課税される．次節で見るように，ブラジルの州付加価値税はその欠陥を改善して今日まで長く存続してきた．しかし近年，連邦政府は世界で最も複雑といわれる原産地原則型の付加価値税を抜本的に改革しようとしている[22]．

租税国境廃止後の EU

　しかし，独立税タイプの地方付加価値税は原産地原則によるものだけではない．1993 年 1 月 1 日の租税境界廃止に伴い，輸出・輸入の概念は EU 以外の国々に限定され，加盟国内部への輸出は「供給」，輸入は「取得」となった．その点を考慮すると，93 年以降の EU 加盟国の付加価値税は広い意味での「独立税」の範疇に入るといえる．EU では，ブラジルのような原産地原則を目標にしてきたものの，その達成は 90 年代に入っていったんは挫折し，現在は「暫定的」にではあるが，仕向地原則に基づく付加価値税を各国は賦課している．仕向地原則では付加価値の発生地の如何を問わず，財貨・サービスの消費地・消費国が課税する．このため輸出税還付，輸入平衡税の課税が不可欠となるが，従来は税関における境界税調整がその役割を果たした．しかし奇妙なことに 1992 年の租税国境廃止後も EU では，仕向地原則が適用されている．それはなぜだろうか．この経験は開放経済としての州・地方政府から構成され

---

22) ブラジル連邦政府の付加価値税改革案（1995 年）に関しては，Ter-Minassian (1997); Silvani and Santos (1996); Varsano (2002); Afonso and Luiz de Mello (2000) を参照．

る国家単位に,有益な示唆をあたえる[23]．

(i) 税額控除清算方式 第1は,税額控除清算方式（tax credit clearance mechanism）である．この方式によると,登録事業者による輸出には原産地の付加価値税が課税されるが,それに等しい税額控除の資格が仕向地の登録輸入業者に与えられる．つまり輸出国が輸出に課税した直後に,その付加価値税を輸入国に移転すれば,登録業者間の交易に関しては境界統制がなくても,仕向地原則がもとのまま維持される．そのためには,一件一件の取引ごとに輸入業者への税額控除を輸出国ごとに請求しなくてはならない．税額控除清算方式の包括的提案としては,EUにおける「確定的体制」として,1985年に公表された「コックフィールド報告」（Cockfield Report, 1985）がある．また実施に移されたケースとしては,旧ソ連の解体後に成立した独立国家連合体が挙げられる．しかし,独立国家連合体での実験でも証明されたように[24],取引ごとの清算は不安定となる．なぜならば輸入国の課税当局による過大請求と輸出国の課税当局による過小送金をチェックするインセンティブがないからである．この問題を克服するには,関係国間の頭上にアーチ状にそびえる超国家的な中立的清算機関を通じて,純輸入国の付加価値税の収支を清算する以外ない．税額控除清算方式の成否は,究極的には加盟国が自国の課税権の一部を超国家的な清算機関に割譲する意思があるかどうかに依存するのである．

(ii) 繰延べ支払い方式 第2は繰延べ支払い方式（deferred payment method）である．この方式は仕向地原則における輸入時課税のポイントを,従前のように租税国境通過時点ではなくて,登録輸入業者の最初の販売時に繰り延べるものである[25]．むろん登録業者間以外の取引については特別ルールによって賦課されている．すなわち,メイルオーダー販売（仕向地の付加価値税）,非課税団体のクロス・ボーダー取引（申告書の提出と納税の義務化）,クロス・ボーダーの自動車購入（仕向地の付加価値税）等々である．ただし最終消費者によるクロス・ボーダー取引は原産地原則で課税される．繰延べ支払い

---

23) EUにおける付加価値税統合の歴史的経緯については,Messere (1994), pp. 665-684 が包括的に参考になる．
24) 独立国家共同体における実験については,Cnossen (1998), pp. 412-413 を参照．
25) 繰延べ支払い方式については,Cnossen and Shoup (1987), pp. 74-76 を参照．

方式は，税額控除清算方式に比べて，より広範な実施の経験をもっていることが特徴である．すなわち，それはベネルクス諸国が1960年代後半から70年代前半にかけて付加価値税を導入して以来，運用されてきたものであり，付加価値税に関するEUの第6次指令23条にも明記された．なによりも注目されなくてはならないのは，租税国境廃止に伴い，1993年1月以降EU加盟国内部では「暫定的体制」としての繰延べ支払い方式が運用されていることである．その期限は1996年であったが，その前途は不透明である．後に触れるカナダのケベック売上税も基本的に繰延べ支払い方式を採っている．

売上税をめぐる「協調」

われわれは税収分与と独立税型という両極端を概観した．しかし，中央政府による付加価値税の独占が崩れつつあるという場合，それらの現象だけに目を奪われてはならない．連邦政府と州・地方政府が同一の付加価値を課税ベースとして共有する，付加税タイプの付加価値税が存在する．このタイプの付加価値税が世界史に登場したのは，比較的最近の事柄に属する．なかでも研究者の熱い視線を集めているのは連邦国家であるカナダでの試みであろう[26]．この国では1991年に多段階付加価値税としての財貨・サービス税（Goods and Services Tax, GST）が，従来，州政府の独壇場であった売上税領域に入り込む形で強引ともいえるやり方で導入された．結果，連邦付加価値税と州の小売売上税が並存したシステムが誕生し，今日に至っている．連邦政府は当初，小売売上税を付加価値税に統合する案を出したが，その思惑ははずれ，州の猛烈な反対に遭遇して見切り発車となった．一つの州（アルバータ州）では連邦政府の付加価値税であるGSTのみが賦課されているのに対して，五つの州（ブリティッシュコロンビア，サスカチェワン，マニトバ，オンタリオ，プリンスエドワードアイランド）ではGSTと州の小売売上税が調和されずに併存することになった．

しかし二税の並存が消費者や小売業者にもたらす問題は放置しえない．消費者は付加価値税と小売売上税という消費税を一枚の領収書の中で同時に支払う

---

[26] カナダのGST導入と州小売売上税の統合過程およびその紆余曲折については，Gendron, Mintz and Wilson (1996), pp. 332-342 を参照．

義務を負う.さらに二つの消費税の課税標準と税率構造はかなり異なっている.GSTは一律税率が財貨・サービスに賦課されるのに対して,州の小売売上税の課税対象は主として財貨であり,非課税の範囲も州ごとに多様である.このような二重のシステムが資源配分の効率性を阻害していると非難されているのも肯ける.小売売上税は課税ベースが狭いので,財の生産を差別する一方,サービスを優遇している.また小売売上税は単段階課税なので中間投入財を課税ベースに算入してしまう危険性が高い.これらは相対価格を歪め,生産コストを高めて,産業競争力を阻害する要因となるからである.しかし州政府の課税自主権が強いカナダでは「調和」をめざす連邦政府の思惑を押し通すことは日本に比べてはるかに困難である.売上税領域での連邦政府と州政府との「協調」(harmonization)は次に見るように部分的に進行することになった.

バードによる新見解

カナダにおける財貨・サービス税と州小売売上税の調和について最も注目される業績を上げているバード (R. Bird) によれば,「協調」には二つの形態がある.

(i) 共同型付加価値税 第1は,共同型付加価値税 (joint VAT) である.これは連邦政府と州政府が同一課税ベースに各々均一税率の付加価値税を賦課し,連邦政府が徴収した後,一定の算定式に基づいて各州へ配分するものである.むろん,共同型付加価値税の代表的提案としてはヨーロッパ閣僚委員会が現状打開策として発表した,Commission of the European Communities. *A Common System of VAT : A Programme for the Single Market.* 1996の例がある[27].この提案の狙いは繰延べ支払い方式に伴う脱税予防にあるようだが,課税自主権の侵食を懸念する加盟諸国の反対が強く,先行きは不透明である.共同型付加価値税を実施しているのは,世界広しといえども,1997年以降,カナダの大西洋沿岸三州(ノバ・スコシア,ニュー・ブランズウィック,ニューファンドランド)で開始された協調売上税 (Harmonized Sales Tax, HST) と日本の地方消費税だけであろう.カナダのHSTは,連邦政府のGSTと州政府の小売売

---

27) EU閣僚委員会の1996年提案については *International Vat Monitor* 誌上のTerra (1996) が参考になる.同提案に対する代替案を提示しているのがKeen and Smith (1996) である.

上税を，単一の多段階売上税によって代替することに成功した例である[28]．

HST では，三つの州内での登録企業による販売は，他州からの移入も含めて，一律 15% の付加価値税が賦課される．これは仕向地原則における移入課税に相当する．15% のうち 7% 分がオタワの連邦政府へ割り当てられ，残りの 8% 分は参加諸州の財源としてプールされる．これは消費税の 4% が国へ，残りの 1% 分が地方消費税となる日本のシステムに類似している．一方，登録企業による他州への移出は連邦政府の GST が賦課されるが，HST は非課税となる．つまり移出には事実上ゼロ税率が適用されている．前段階税額控除の対象は仕入れに実際にかけられた付加価値税なので簡単である．

すなわち HST の区域内で生産された財貨・サービスは仕入れにかかる HST 全額が控除され，他州で生産され，HST 区域内に中間投入財として移入された財貨は GST のみが前段階税額控除の対象となる．また HST の徴収事務は，参加諸州に代わって連邦政府に属するカナダ歳入関税庁が行ない，総体としての州の取り分を各州の最終消費額で按分して交付している．その具体的な仕組みについては後述するが，日本の地方消費税における清算制度と基本的に同じであることに驚きを禁じえない．ただし HST は形式的には付加税方式の地方付加価値税に見えるが，州政府に税率や課税標準の決定権がなく，連邦政府が徴収した付加価値税を一定の算定方式にしたがって交付している点に鑑みると，本質的には分与税に近い性質をもっている．

(ii) 重複型付加価値税　調和に関する第 2 の形態を，バードは重複型付加価値税と呼ぶ．この用語は耳慣れない響きを与えるかもしれない．要は，連邦政府と州政府の双方が事実上，同一の課税ベースを共有し，別々の税率を適用するものである．重複型（dual VAT）というユニークな呼称もバードの創意による．このタイプの地方付加価値税を実施したケースとしては，カナダのケベック州が 1990 年以降徴収しているケベック売上税（Quebec Sales Tax）を挙げることができる[29]．QST は多くの点で HST と異なっている．このシステムではケベック州政府は売上税を自主財源として保持しているので，課税標準と税率の決定権をもつ．しかし，単一の租税徴収機構があるだけであり，ケベッ

---

28) Bird and Gendron (1998), pp. 435-437.
29) Bird and Gendron (1998), pp. 433-434.

ク州の歳入局が連邦政府に代わって行なっている.

　HSTと同じく，QSTは仕向地原則型の売上税であるが，それを実施する手続きはやや異なる．ケベック州内での居住者に対する販売には連邦政府のGSTならびに7.5％の税率でのQSTが賦課される．非居住者はGSTのみを納税する．州外からの購入（移入）については，登録企業はGSTのみを支払うが，家計はGSTとQSTの両方を支払うことが想定されている．企業が移入した財貨に賦課されるQSTは，それが中間投入財として使用され，再販売された時点で徴収される．なぜそうなるかというと，ケベック州内で購入された中間投入財にかかるすべてのGSTとQSTには前段階税額控除が認められるが，州外から購入した中間投入財はQSTを負担していないので，登録企業は税額控除を受けることはできないからである．この仕組みは，財政学では繰延べ支払い方式と呼ばれているが，税務行政費用を節約するために採用されている．

　このような特徴を踏まえて，バードは，課税標準や税率決定権の保障という観点からQSTとHSTを比較すると，連邦と州の売上税体系を協調させる方法論としての前者の優位性は明らかであると主張している．もちろん，QSTの経験はまだ浅く，それを運営するには税務行政費用や納税協力費用がかかることは事実である．それにもかかわらず，バードによれば，QSTは境界統制の設定できない一国内での仕向地原則型の付加価値税の実施が可能であることを証明した貴重なケースである．

5. 原産地原則の検証と租税論のフロンティア

　わが国では，地方団体の提供した行政サービスの恩恵が，商品価格の低下というメカニズムを通じて域外消費者にまで届いているという考え方と，地方付加価値税は，国の付加価値税と密接不可分の制度として仕組まれている以上，付加価値税の性格と整合的であるべきという二つの考え方が並存しているということを第1節で述べた．前者の考え方に立てば，地方付加価値税を取引行為の発生した地域に帰属させることが正当化されるので，財貨・サービスの境界取引は清算なしに原産地原則で課税されることになる．それでは税率決定権を保持した地方消費税は原産地原則に適合的なのであろうか．

　この問題を実証的に検討した研究は，管見の限り，わが国には存在しない．

本節では筆者等が行なったブラジルでの実態調査並びに租税論のフロンティアの両面からこの問題を考察する．これは税率決定権を保持した原産地原則がいかに経済活動に歪みを与えるかを事実によって物語っているからである．考察に先立ち税収分与方式の長短を一瞥しておく．

税収分与方式の難点

およそ地方政府が付加価値税の果実に参与しようとするとき，最も簡素な形態は分与税である．オーストリア，ドイツがその代表例である．かつての日本の消費譲与税（1989-1996年）もこの範疇に入る．分与税方式の長所は税務行政の簡素さと中立性にある．分与税であれば，地域間の財貨・サービス取引を歪めない．また記帳義務や申告の条件・手続が全国共通であるので，税務行政が簡素である．それだけではない．国税として一括徴収されるので，輸入平衡税であれ輸出還付であれ，特定の地域ではなく国庫勘定が一元的に行なえるという税務行政上の長所もある[30]．分与税方式であれば，国税として一括徴収されるので，輸入時課税であれ輸出払い戻しであれ，特定の地域ではなく国庫勘定が一元的に行なえばよい．すなわち分与税方式には国境調整のための追加的な税務行政費用がかからないという長所がある．

しかし税収分与では地方政府には徴収権がなく，税率の決定権も失われる．分与税は資源配分には中立的で，かつ簡素であるが，税率決定権などの課税権が制約されるという難点がある．州政府が小売売上税という形で一般売上税を賦課している連邦制国家（たとえばアメリカ合衆国やカナダ）では，税収分与方式を新たに選択することは政治的に困難である．カナダでは1991年に製造者売上税を廃止して，多段階の付加価値税である財貨・サービス税（Goods and Services Tax）を導入した．当初連邦政府が提案したのは小売売上税を税収分与方式の全国的付加価値税（National VAT）に統合する構想であった．しかし，この提案に対する州政府の猛烈な反対に遭遇して，連邦政府は小売売上

---

30) 国税の場合と違って，輸入地と輸出地が異なる地方政府に分割されることが地方付加価値税の場合に起こりうる．個々の地方政府が独立に付加価値税を賦課する場合には，後にブラジルのICMSのケース・スタディで触れるように，どの地域が輸入時課税の恩恵にあずかり，またどの地域が輸出払い戻しを負担するかという難しい問題がある．

税と並存する形で，財貨・サービス税を導入せざるを得なかった[31]．日本では1989年の税制改革において国の消費税の20%を人口や従業員数を基準にして都道府県・市町村に交付する消費譲与税が創設されたが，短命に終わった．このように分与税方式は，ドイツやオーストリアのように州・地方の利害を代表する第二院をもつ連邦制国家は別にして，一般的には魅力的な選択肢といえない．

ECノイマルク委員会勧告と原産地原則

独立税方式は原産地原則のもつ難点から解放されているように見える．原産地原則による地方付加価値税を仕向地原則と比較すると，以下のような利点が認められる．第1に，国民経済の一部である地域経済では概念上，境界管理ができない．しかし仕向地原則では移入を確実に捉えて移入課税を実行し，移出の真偽を確かめて移出払い戻しを行なうために境界管理が必要となる．それは労働・資本は自由に移動でき財貨・サービスの流通に障害のない国民経済を人為的に区分し，いたずらに課税手続きを複雑にするだけである．原産地原則であれば移出課税・移入非課税となるので複雑な境界管理が不要である．

第2に，地方付加価値税がどの地域でも均一税率で賦課される特殊な場合には，原産地原則であれ仕向地原則であれ，同一商品に対して最終消費者が支払う小売価格は等しくなる．均一税率ならば原産地原則であっても資源配分には中立的となる．資源配分への中立性という観点から見た仕向地原則の優位性は，均一税率の場合には成り立たない．

こうした有利性をもつ原産地原則に立脚した付加価値税提案の代表例としては，1963年のECノイマルク委員会の勧告を挙げることができる．前掲表3-1で見たように，日本での導入論議が高まった当時（1993年10月頃），最初に提案された地方消費税構想もこのタイプに属するといえよう．ただし古今東西，世界広しといえども，税率決定権を保持した原産地原則を実際に採用しているのは1967年以来，ブラジルの州レベルで賦課されている州付加価値税である商品サービス流通税（ICMS）だけである．

---

[31] カナダにおける付加価値税の導入過程と州政府の反応については，Bird (1999), pp. 38-40を参照．

州税収入の90%以上という基幹的な位置を占めているICMSは多段階付加価値税の性格をもっており、1967年1月に導入されて以来、約40年経過している。当初は物品流通税と言われて、商品だけが課税対象であった。1988年憲法によって改正され、サービスも対象となった。1988年までは、サービスは連邦政府あるいは市町村の課税対象であったが、89年3月以降は、ICMにサービスのSをつけてICMSと名前を変え、通信と州間・市間の交通等のサービスが課税対象に含まれるようになり、今日に至っている。

ブラジルの商品サービス流通税

境界統制の不要性、税率決定権の保持という点で原産地型の付加価値税の長所は大きく、一見、地方付加価値税のモデルであるかのように見えるが、実はそう簡単ではない[32]。「ブラジルには州の数である27のICMSがある」と揶揄されるように、ICMSは多段階付加価値税でありながら、各州が税率と課税標準を独自に決定しているため、極めて複雑な税となっていることに注目しなければならない。

第1に、州内取引に関する税率についていうと、1967年に導入されたICMは1988年まで続いたが、軍政時代であった関係で、上院議会で税率が一律に決められ、全国的に統一されていた。しかし軍政に反発して策定された1988年憲法改正で、各州議会に全面的な税率決定権が与えられ、州によって、各種商品・サービスに対して違った税率を適用するようになった。州間取引については上院が標準税率を決定しているが、州内取引では0%から30%の幅に税率が分布しており上限はない。商品の種類、原産地・仕向地原則ごとに税率区分が異なるという極めて複雑な税制となっている点がICMSの問題点の背景となっている。

第2に、州内取引と州際取引では異なる税率が適用されることの背景にはブラジル特有の地域経済構造が反映している。税収入の帰属という観点から見る

---

32) ブラジルの商品サービス流通税の問題点と連邦政府による改革案については、Fernando Antonio Rezende da Silva氏からのヒアリングに基づく。また文献としては、以下を参照。① Silvani and Santos (1996), ② Ter-Minassian (1997), ③ Bird (1999), ③ Varsano (2002), ④ Afonso and Luiz de Mello (2000), ⑤ Rezende and Afonso (2002).

と原産地原則は移出地域に有利となる一方，最終消費地や移入地域には不利になる．もっとも国内取引について原産地原則を実施しても対外取引はGATTのルールで仕向地原則を採用せざるをえない．したがって原産地原則ならば，移出地域が必ず有利になるとはいえない．しかしロンゴ（Longo）やマクリュアー（McLure）が指摘するように，一次産品の輸出に依存しているブラジルの場合，移出の多い工業地域は概して輸入地でもあり，逆に移入の多い後進地域は一次産品の輸出地でもあるため，付加価値税収入は二重の意味で工業地域に偏在しやすい[33]．

州間取引を原産地原則（移出課税，移入非課税），国際取引を仕向地原則（輸出ゼロ税率，輸入課税）で課税するICMSの税収入が，南部の工業諸州に帰属してしまうのはこのためである．そして，税収の偏在にブレーキをかけるためにさらに複雑な調整措置が必要となる．ブラジルでは法律によって原産地州から移出される財貨・サービスの税率は，州内で完結して取引される財貨・サービスの税率よりも低く設定されているのも肯ける[34]．

「仕送り状の観光旅行」と「財政戦争」

境界統制の不要性という長所をもつ原産地原則にも，唯一のケースであるブラジルのICMSの経験を検討するかぎり，原産地原則と仕向地原則とのハイブリッド，「仕送り状の観光旅行」といった脱税行為，そして非合法の税制恩典による「財政戦争」といった問題点がある．以下，現地実態調査に基づき，順次見ていくことにしよう．

(i) **原産地原則と仕向地原則とのハイブリッド**　第1に，ICMSはわが国では原産地原則で課税されていると理解されているが，複雑な税率構造のために，実態的には原産地原則と仕向地原則のハイブリッドになっている．これは州間

---

33) リオ・デ・ジャネイロやサン・パウロといった南部の工業化のすすんだ諸州は国内の他州との交易は出超であるが，対外貿易は入超になっている．他方，アマゾン等の北部の貧困州では南部諸州との取引は移入超過であるが，対外貿易は一次産品輸出にささえられて輸出超過となっている．

34) ICMSの税収偏在問題については，Longo (1990) を参照．なお，ECのノイマルク委員会で原産地原則への移行が検討された際，加盟国間の域際収支が均衡するという想定があった．しかし「固定相場制」をとる一国内では，地域間の域際収支が自動的に均衡するという想定は非現実的といわなければならない．

の財貨・サービス取引は州内取引にかかる標準税率（18%）ではなく，上院によって 12% の軽減税率が一律に適用され，さらに北部の貧困州向けの移出は 7% になっているためである．たとえば，リオ・デ・ジャネイロのある卸売業者がトマトをゴイアスから購入して，州内でトマトソースに加工して販売するとしよう．ゴイアスからリオに流れる商品に対する州間税率は 12% である．ゴイアス（原産地）に支払われる税は，リオに同額の税額控除を発生させるので，リオでの再販売の税率は 11%（=18%−7%）となる．このように州間取引の税率が仕向地の州内税率よりも一般的に低いために，税収の配分は原産地原則と仕向地原則とのハイブリッドになっているのである．

(ii)「仕送り状の観光旅行」 第 2 に，州内と州間の税率格差のために，脱税以外に何ら経済的価値がないのに，「仕送り状の観光旅行」（invoice sightseeing）が利用されている．これは州間売上があったことを装い，実際の仕向地が同じ州内の企業であるのに，その企業は会計帳簿に記入しないものである．たとえば，マナウス・フリーゾーン以外の州からマナウスに移出された商品の税率はゼロである．また北部貧困州向けの移出にも 7% という軽減税率が一律適用される．こうした法律で決められている税率をうまく利用することによって，インボイスが発行されるが，商品自体は移出されずに，「最初の十字路の店に降ろされているとか，あるいは工場で降ろされる」という手口が一般的であるという．ブラジルは非常に広大なため，取締りの強化によってはこのような脱税を防ぐことは困難である．

(iii)「財政戦争」の発生 第 3 に，各州が自己の州に企業を誘致するために税制上の優遇措置を与える「財政戦争」（tax war）が発生し，州財政に自滅的な影響を与えている．多段階の付加価値税では前段階税額控除の連鎖によって税負担は最終消費者に帰着するので，一見すると租税競争は起こりえないように思われる．財政戦争が起こる秘密は，ブラジルの各州が行なっているのが，税制上の恩典といっても本質的に融資である点にある．すなわち非課税やゼロ税率ではなく，いったん州間取引に 7% で課税するけれども，それと同額の無利子に近い融資を行なって企業を誘致するために，財政戦争が勃発しているのである．

財政戦争はかなり複雑な現象なので，リカルド・ファルサーノ博士（ブラジ

図3-3 財政戦争のメカニズム

A州(18%)　　　　　　　　　　　　　　**B州(18%)**

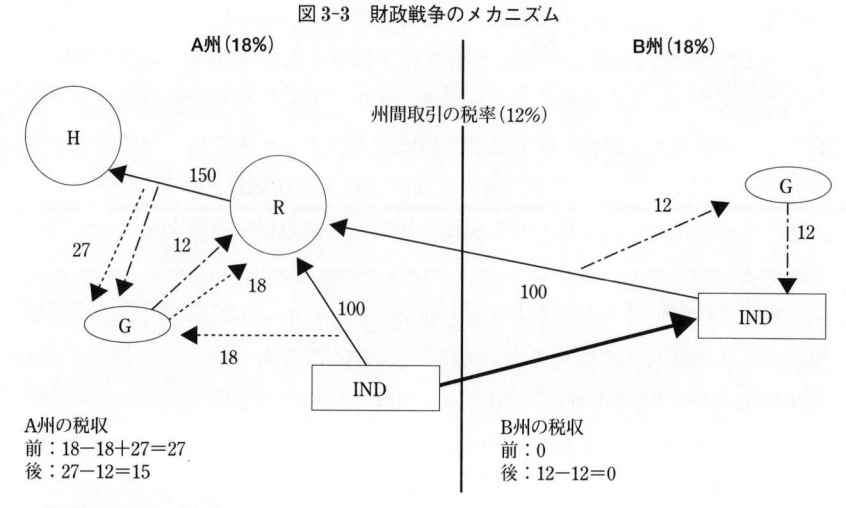

州間取引の税率(12%)

(図：H ← 150 ← R、27、12、18、G、100 ← IND(A州側)／R ← 100 ← IND(B州側)、12 → G、12)

A州の税収
前：18−18+27＝27
後：27−12＝15

B州の税収
前：0
後：12−12＝0

(資料) Varsano (2002).

ル応用経済研究所)の作成した財政戦争のチャートで説明しよう．① A州にある産業 (IND) が小売業者 (R) に商品を 100 で販売し，小売業者は家計 (H) に 150 で販売する．②この場合，A州の政府は産業から 18 の税収を得て，同額の税控除を小売業に与え，小売業から 27 (150 の 18%)を徴収するので，ネットの税収は 27 (＝18−18+27) となる．③ここで B 州が税制恩典を与えて産業を誘致したとする．産業は B 州に移転して同じように A 州で商品を販売するが，州間取引となるので税率は 18% ではなく 12% となる．しかし，B 州は，いったん州間取引に 12% で課税するけれども，同額の無利子に近い融資を行なうので税収は以前と同様にゼロとなる．④ところが A 州の政府では以前は税収が 27 であったが，今後は州間取引のため，前段階税額控除 12 を B 州へ送金せねばならず，税収は 15 に減少する．このように財政戦争では州政府は失うものはあっても得るものがないのに対して，産業のみが恩典を受けることになる．

　たとえば，中西部にあるゴイアス州は南部のサンパウロ州に比べると工業面で遅れている．したがってゴイアス州は工業を誘致して生産を始め，その生産者が大消費地であるサンパウロ州に販売する．その場合，ゴイアス州の生産者は出荷の際に 7% の ICMS を納税するけれども，その 7% に対して，ただちに

州政府から相当額の補助付き融資がなされる．ここでポイントは非課税やゼロ税率ではなく，一応 7% の ICMS を納税するけれども，その分に対して，クレジットの形で州政府が長期で極めて有利な条件で融資するのである．

つぎに消費地であるサンパウロ州ではゴイアス州から出荷された商品に対して，サンパウロ州の ICMS を 18% で課税するが，ゴイアス州で支払われた 7% は前段階税額控除の対象となるので，18% から 7% を差し引いた 11% が課税される．このように消費地においても 7% 分が税額控除されるので，地元の競合企業に比べて有利になる．このようなシステムを通じて，産業の発展が遅れている州が工業を誘致して，生産し，それを大消費地に販売することで有利な競争ができるのである．財政戦争とは州政府（生産州，消費州を問わず）の財政負担で，遅れた地域の工業の負担を軽減する自滅的な競争であるといえる．2003 年 8 月，連邦政府が財政戦争の禁止を憲法に書き込む法案を提出した背景には，このような事情があったのである．

(iv) 中間投入財と輸出課税問題　　もっとも ICMS の問題は複雑な税率構造だけに起因するわけではない．第 4 に，資本財税額控除問題と輸出品課税問題については 1996 年の改革によって一定解決したが，問題は依然として未解決である．資本財購入は，1996 年 12 月までは ICMS の課税対象ではあったが，法律改正によって 1997 年 1 月，資本財購入に関わる本来の税額控除が認められた．購入した企業が州政府から現金で税額控除を受けるこの状態は 3 年間続いた．しかし州知事の圧力によって，2000 年以降は 48 分の 1 ずつしかクレジットとして使えないことになった．いわゆるブラジル・コスト問題をより深刻にしている所以である．

輸出については ICMS では 1996 年まで，一次品あるいは農産物は課税されており，加工品のみ免税であった．1996 年からは大豆，オレンジジュース，肉などの農産物も免税になった．これはブラジルから州政府の輸出に対する課税を排除し，1 世紀にわたる争いに終止符を打つ，画期的な改正であった．しかし，免税になったとはいっても実際には，納税者，生産者，輸出業者にとっては負担がかかっている．輸出業者あるいは生産者が，輸出のときは免税であるけれども，原材料購入のときに ICMS を払っている．しかし，そのとき蓄積されたクレジットを州政府が使わせないため，使いきれないという問題が発生

しており，国際競争力を失わせている[35]．

(v) **連邦政府による改正案提出**　このように，境界統制の不要性という長所をもつ原産地原則にも，唯一のケースであるブラジルのICMSの経験を検討するかぎり，原産地原則と仕向地原則とのハイブリッド，「仕送り状の観光旅行」といった脱税行為，そして非合法の税制恩典による「財政戦争」といった問題点があり，仕向地原則に対する原産地原則の優位性という「常識」にも重大な疑問が生じる．国際的な財政学者達のICMSに対する評価が一様に極めて厳しいのも肯ける[36]．

こうした問題点に対する是正策として，ブラジルの連邦政府は，2000年8月に小幅な改正案を上下両院に提出し，審議が進められている[37]．改正の要点は第1に税率の全国統一である．統一といっても5段階に分けて，つまり，同じ対象の品目，同じものであれば全国どの州でも同じ税率を採用する緩やかなものである[38]．

35) サンパウロ州の場合は残ったクレジットを譲渡できる．本社がもっているクレジットを，支社，あるいは関連企業，あるいは系列会社，場合によっては原材料購入のときにクレジットとして，つまり，通貨と同じようにして使える．すべての場合，税務局の監査のもとでクレジットが正当なものであるかどうかを調べた上で譲渡性と通貨と同じ決済性が付与される．

36) ブラジルの付付加価値税に対する国際的な評価を知るには，以下の諸文献が便利である．参考までに要点を抜粋しておく．①「ブラジルの州政府によって試された原産地原則の実際の経験は，奨励しうるものではない．原産地原則のもたらす資源配分の歪みや税務行政コストは，州間取引への低税率の適用やある種の境界統制を導入することによって，取り除かねばならなかった．しかし，中立性や税収の帰属問題は依然として解決していない．問題解決のために，近年連邦政府は，州の小売売上税に補完された統一的な連邦付加価値税を提案した」Cnossen (1998), p. 411, ②「現在，ブラジルでは州間取引に原産地原則を適用している．さらに連邦と州の付加価値税との間には意義のある概念的・行政的な統合は存在しない．したがってブラジルは二つの世界において最悪の部類に属する．すなわちEUを苦しめている境界取引をめぐるあらゆる問題を抱えているだけではなく，過度の税務行政・納税協力費用，立地の攪乱，租税輸出と租税競争，要するに二重の付加価値税に必然的に随伴すると思われている諸悪の例証にもなっている」Bird (1999), p. 19, ③「ブラジルのシステムは世界中で最も複雑なものの一つである．複雑性の大半は原産地原則に関連している」Poddar (1990), p. 108, ④「ブラジルは制限つき原産地原則に伴う，(上述の問題に加えて) いま一つの問題を発見した．ECでの審議の時，加盟国間の交易は多かれ少なかれ対称的であり，EC外からの輸入と輸出は均衡するであろうということが，暗黙の前提となっていた．ブラジルでは州間の交易は非常に不均衡である．不釣合いに大きい輸入は発達した南部を経由しているが，逆に輸出は後進的な北東部を経由している．その結果，豊かな南部は付加価値税の輸入平衡税の大半を徴収し，貧しい北部は輸出税還付を負担している．このような不満足な状態は，長年の間，論争の種となってきた」McLure (1994), p. 172.

37) ICMS改正案の内容は，Clovis Panzarini 氏からのヒアリングによる．

38) 税率は5〜25%の間に収まるといわれている．課税対象品目を五つのカテゴリーに分けて，

改正の第2のポイントは「財政戦争」の憲法による禁止である．財政戦争では融資をして50年間無利子で返済というような考えられないような条件で特典を与えているわけであるが，これを憲法によって禁止する．こういう税制恩典は，直接行なうものもあれば，隠れた形で行なう場合もあるので，憲法で禁止したからといってただちに改善されるとは思えない．しかし今までは憲法にそういう条項がないので憲法の一条項として財政戦争を禁止することを追加するという．

原産地原則と税収の帰属

もし，日本の地方消費税も清算なしの原産地原則に基づいて設計されたら，その結果はどうであろうか．仕向地原則の付加価値税は，原産地原則の付加価値税よりも資源配分に対してはより中立的である．しかし日本の地方消費税（清算前）のように原産地原則であっても均一税率であれば資源配分を歪めることはない．両者の違いは最終的な税収入の帰属の差として現れるにすぎない．一般に，税収入の帰属は課税管轄圏の区域内消費だけではなく他の課税管轄圏との交易の度合い，すなわち地域経済の開放性にも依存する．地域経済の開放性が低ければ，仕向地原則であれ原産地原則であれ，課税標準は区域内消費だけとなるので税収の帰属には差が生じない．この場合には，原産地か仕向地かという議論は知的遊戯の域を出るものではない．

しかし，地域経済の開放性が高い場合には，この選択のもつ意味は実質的である．まして日本の場合，行政区域の面積が小さいのでなおさらそうである．ブラジルの例で見たように，原産地原則の付加価値税は税収の帰属という面から見ると移入型の地域に不利で移出型の地域に有利である．逆に仕向地原則は前者に有利で後者に不利となる[39]．日本の地方消費税は清算制度を採用することによって最終消費地に税収入を帰属させている．もし原産地原則を実施すると税収の帰属はどうなるだろうか．

それを全国で同じ税率を採用するのが原則となる．

39) 国民経済の一構成要素としての地域経済は，地域内総生産を超えて区域内消費を行ない，差額を移入によって埋めている純移入型の地域と，総生産より少なく消費し余剰を移出している純移出型の地域とに分類できる．移出・移入が一国全体では一致することはいうまでもない．

図 3-4 都道府県別一人当たり経済指標の変動係数（1998 年度）

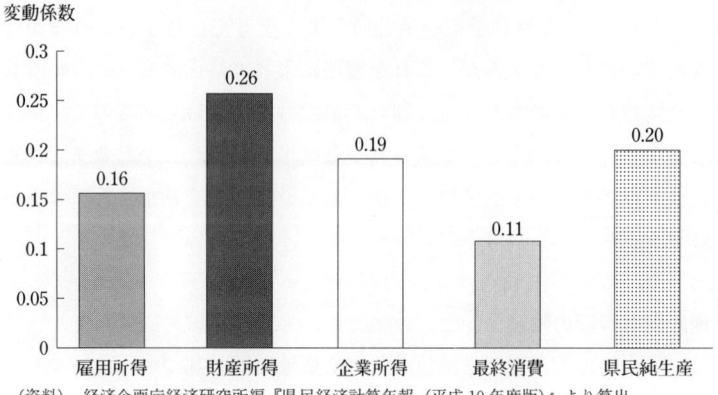

変動係数: 雇用所得 0.16, 財産所得 0.26, 企業所得 0.19, 最終消費 0.11, 県民純生産 0.20

（資料） 経済企画庁経済研究所編『県民経済計算年報（平成 10 年度版）』より算出．

図 3-4 は，この点を検証したものである．原産地原則の課税ベースは県内総生産から消費税の非課税部門の生産額を控除した額で，また仕向地原則の課税ベースは民間最終消費によって推計している[40]．同図によると，住民税利子割の課税客体となる財産所得（配当，利子，キャピタルゲイン），事業税や法人住民税の課税客体である企業所得などは地域間の偏在度がかなり高い．その次が住民税の課税客体である雇用所得で，地方消費税の課税客体となる民間消費はもっとも偏在度がひくい．清算制度を設定しないで取引行為所在の都道府県に税収を帰属させると，その偏在度は民間最終消費の 2 倍も大きくなり，企業所得に匹敵するものとなる[41]．同図には表れていないが，仕向地原則で有利となるのは北海道，東北地域，南紀，四国の一部，九州全域，沖縄である．それ以外のとくに大都市圏を抱えた都道府県ではいずれも原産地原則の方が消費税

---

[40] 筆者は，本文で述べた推計以外に次の方法も試みた．原産地原則の課税ベース＝区域内消費（民間最終消費＋政府支出＋民間住宅投資）＋移出，また仕向地原則の課税ベース＝区域内消費（民間最終消費＋政府支出＋民間住宅投資）＋移入とそれぞれ定義する．データは『県民経済計算年報』を利用する．それによると仕向地原則の場合では都道府県別一人当たり地方消費税の変動係数は 0.2190 であるが原産地原則の場合には 0.2475 となる．すなわち原産地原則の方が税収の偏在度がやや高い．

[41] 分割法人について事業税と同様の従業員による分割基準を適用すれば，原産地原則の課税ベースの偏在度は図より緩和される．このことを検証するためには，事業所統計から個人事業者および県内法人と分割法人のそれぞれの販売額を把握し，分割法人について従業員数により他県本店分を推計する必要がある．この点については他日を期したい．

の配分が有利になる．

租税論のフロンティアと仕向地原則の再生

　税収分与であれ原産地原則であれ，付加価値税の果実に地方政府が参与する方法としては常識的に理解しやすい形態であった．しかし税収分与は中立，簡素である反面，地方の税率決定権を奪ってしまうという欠陥がある．原産地原則にその意味での物理的制約はない．しかし経済活動を歪め，地方政府による財政戦争の誘因をはらんでいる．それを是正するには事実上，課税自主権を制約するしかない．要するに，今日における各国の経験に照らすと，税収分与および原産地原則という枠組みで地方付加価値税を制度設計することには様々な注釈が必要となる．

　それだけではない．シャウプ，クノッセンに代表される租税論のフロンティアを紐解くと，以下に述べるように[42]，現時点ではむしろ仕向地原則の原産地原則に対する優位は確固たるものであるといって過言ではない．控えめにいっても，境界統制廃止後の原産地原則の実施には説得力に欠ける面がある．

　(i) 境界統制の必要性　原産地原則は，第1に，境界税調整が不必要であること，第2に，境界税調整のための複雑な境界統制も不必要などの理由でその正当性を確保してきた．よく知られているように，60年代のECノイマルク委員会における議論は第1の点を焦点としていた[43]．しかし，税率調和を伴う原産地原則の実施が可能になったとしても，租税境界の必要性がなくならないとするクノッセン説の登場以降，第2の論点に議論の租税論の焦点は移りつつある[44]．仕向地原則では輸出時に国内での税額を還付するだけであり，また輸

---

42) 本章では，原産地原則の難点を理論的に検討したCnossen and Shoup (1987), pp. 67-73に依拠している．

43) ECでは実際上は，EC内取引には仕向地原則を適用してきたが理念的には境界税調整に伴う境界統制を廃止する方法として原産地原則を尊重してきた．たとえば「ノイマルク委員会」(1963年)は，将来加盟国間のVAT税率の差異が解消し，原産地原則と仕向地原則の相違が重要でなくなれば，EC内部での原産地原則の採用が可能になって，境界統制を廃止できるであろうという願望を表明しつつ，さしあたりは仕向地原則を継続するという選択肢をとった．同委員会の勧告は，輸出税還付および輸入平衡税の廃止を明記したEC委員会の第一次指令 (1967) 前文および4条にも具体化され，原産地原則は広範な支持を獲得した．Musgrave, Shoup, McLure等によって原産地原則は経済学・財政学における標準的な見解にもなった．

44) クノッセンによる議論については，Cnossen (1998), pp. 411-413を参照．

入平衡税はそれが仮に過小であっても取戻し効果が働くので,課税当局は輸出入の価格自体に関心を払う必要性はない.しかし,原産地原則では悪夢となる.なぜならば輸出に課税する場合,国内で発生した付加価値に基づいて輸出価格を把握しなくてはならず(均一税率でも,この必要性にかわりない),理論的にいうと独立企業間価格を適用する必要が生じるからである.さらに輸入時にも,国内の生産過程や流通過程で課税されないように,名目的な税額控除(国内付加価値税率と独立企業間価格による輸入価値の積)を設定しなくてはならない.常識的には,仕向地原則から原産地原則への移行は境界税調整と境界統制を不要にすると考えられる.しかしクノッセン説の登場を契機に,原産地原則の下で輸出・輸入を正しく処理するためには境界統制の維持ないし再構築が必要になるというのが財政学界の共有財産になっている点を強調しておきたい.

(ii) **等価理論の成立条件** 原産地原則を正当化するいま一つの議論は,周知のように,為替レートによる仕向地原則と原産地原則の無差別を主張する「等価理論」である[45].等価理論が成立するか否かは,為替レートと価格の伸縮性に決定的に依存する.しかし為替レートの伸縮性という前提は,通貨統合後のEUには妥当しないし,「固定相場制」をとる国内の地域には想定自体が非現実的であるといわざるを得ない.たとえ為替レートによって貿易収支の不均衡が調整されても,価格はそれほど伸縮的ではない.とくに貨幣賃金は下方硬直的であるため税込み価格は上昇しやすい.結局,原産地原則への移行は経済統合圏内の赤字国の税収を犠牲にして,貿易収支の黒字国の税収を増やす作用を伴う.そのような状況では原産地原則への移行は魅力的ではない.

(iii) **水平的公平性** 水平的公平性の観点は,付加価値税の課税原則を検討する重要な要素である.直感的な解釈のため,A 国が 10% の付加価値税を,

---

45) 仕向地原則では国境税調整があるために,原産地国がどのような税率であろうとも,その影響は国境でいったん遮断されるので,輸入財貨と国内財貨との競争上の中立性が確保される.原産地原則では,輸出国の税付きで製品が輸出されるので,輸入国の税率がそれより高い(低い)場合には,同一の製品であるにもかかわらず,輸入国の製造業者の競争条件が不利(有利)になる.しかし原産地原則が仕向地原則に取って代わった場合,輸出に課税され輸入が非課税となるので,輸出国の為替レートが切り上がって,結果的には財貨・サービスの国際交易状態は以前の仕向地原則の時と同じになるというのが「等価理論」(equivalence theory)のエッセンスである.

B国が20%の付加価値税を課税している中で，A国からB国にコンピューターが輸出され，それがBで生産された高税率の同じコンピューターと競争すると想定しよう．原産地原則のもとで，(B国の)国内コンピューター生産者が前述の等価理論が想定しているように不公平，非効率はないと納得することはありえない．仕向地原則ではこのような感覚的な不公平はなくなる．厳密に言うと，仕向地原則でも非貿易財の生産者，輸出国内の輸入業者は，仕向地原則が輸出業者を輸出免税というかたちで優遇していると不満であるかもしれない．また二カ国の仕向地課税の税率が違っている場合，低税率国の国内生産者は高税率国の生産者に比べて，より高額の「入国料」を支払わされていると感じるかもしれない．しかし，こうした不公平感はあまり重要ではなく，原産地原則のもたらす生産者間の不公平の方がより重要である．税率調和によって，生産者がいだく感覚的な不公平感は解消する．しかし，対等な課税権を有する主権国家による税率の調和は自国の課税主権の放棄，ひいては財政的裁量権の放棄につながる．

(iv) 応益原則の適否　おそらく原産地原則を正当化するうえで，最も人々の直感に訴える力をもつのは，応益原則的な課税根拠論であろう．いわく，輸出企業は自国の政府が供給した中間投入財（インフラストラクチャー等の公共財）への代価を支払うべきであるという応益原則は，原産地原則を正当化する論理として，繰り返し援用されてきたし，日本でもそうである[46]．応益原則の議論は一見もっともらしく見えるが，よく考えると曖昧な面がある．それは応益原則が企業課税的な発想に近いからではない．輸出国は何らかの公共サービスを輸出企業に供給しているのだから，輸入国の国庫に全ての付加価値税収入が帰属するのは極端すぎる配分といえる．しかし，シャウプ（C. Shoup）とクノッセン（S. Cnossen）が指摘するように[47]，原産地原則を採用した場合，輸

---

[46]　原産地原則のもとでは輸入国の消費者が税を負担するので，消費者は輸出国政府が輸出企業に供給した財貨・サービスの代価を間接的に支払う．一方，仕向地原則では原産地原則の場合と同額の税を最終消費者は負担するが，輸入国内で発生した付加価値だけではなく，輸出国で発生した付加価値部分に対する税収入もまた輸入国の国庫に納税される．これは公正ではないし効率的でもないというのが応益原則の考え方である．応益原則の観点からいうと仕向地原則が厳密に正当化できるのは，輸出国の政府が輸出企業にまったく公共サービスを提供しておらず，逆に輸入国の政府が消費者に著しく偏重した公共サービスを供給しているという強い仮定が前提になる．

[47]　応益説の難点については，Cnossen and Shoup (1987), pp. 69-70 を参照．

入された財貨は小売,場合によっては卸売段階を経由しなければならないので,応益原則からいっても,全付加価値税収入の一定部分に対する輸入国政府の請求権は正当性をもたざるをえない.結局,望ましいシステムは二つの原則の中間に位置する.応益説に基づいた原産地原則の正当化は直感に訴えるものがある反面,曖昧さがあり,制度設計の指針としての切れ味に欠けるのである.

要するに,仕向地原則と原産地原則の無差別を主張する「等価理論」は,理論的に興味をそそられるが,成立条件が現実的ではない.税率調和は生産者間の不公平を解決するように見えるけれども,加盟国の財政的裁量権が制約される.応益説によって原産地原則か仕向地原則かの二者択一を判断することはクリアーカットではない.そして,決定的に重要な問題は,税率調和を伴う原産地原則の合意ができたとしても,常識に反して,租税境界の必要性がなくならない.これらが原産地原則についての難点である.

6. 境界統制と境界税調整の分離

われわれは税率決定権を保持した地方付加価値税は原産地原則と適合的でないという結論に到達した.では地方付加価値税も仕向地原則によるべきなのであろうか.結論を先取りすれば,答えはイエスである.仕向地原則には二つの基本的な目標,すなわち主権国家の課税自主権を最大限に尊重しつつ経済的中立性を満たすことができる.租税論のフロンティアは,仕向地原則の優位を前提にして,租税境界なしにいかに仕向地原則を実施するかという,実務的な問題に焦点をあてつつある.では付加価値税は仕向地原則に基づくことが望ましいとして,問題は「国家間と異なり境界統制できない地方政府間でいかに境界税調整を行なうか」ということである.

税額控除清算方式と「コックフィールド白書」

日本でよく知られている標準的な教科書的解答は,おそらく税額控除清算方式であろう.税額控除清算方式(tax credit clearance mechanism)では,輸出国は登録業者の輸出に付加価値税を賦課するが,その税収は全課税管轄圏を包括するような第三者機関(クリアリング・ハウス等)を通じて,輸入国の政府に移し替えられる.そして輸入国の政府はその移し替えられた税収によって,

表 3-2 税額控除清算方式のメカニズム (円)

	輸出国の売り手		輸入国の買い手	
	価格	税支払額	価格	税支払額
最終消費財の販売	—	—	10,000	1,500
中間投入財の販売	4,000	1,000	—	—
中間投入財の購入	—	—	4,000	1,000
付加価値税（清算前）		1,000		500
清算プロセス	（輸入国へ）	−1,000	（輸出国から）	+1,000
付加価値税（清算後）		0		1,500

注：輸出国の付加価値税率は 25%，輸入国の付加価値税率は 15%．

自国の登録輸入業者が請求する仕入税額控除を行なう．

税額控除清算方式のメカニズムを説明すると表 3-2 のようになる．輸出国と輸入国の税率をそれぞれ 25%，15% とする．製造された 4,000 円の財を輸出するときは，買手が 25% の税を負担して 5,000 円を支払い，売手が 1,000 円を輸出国に納税する．ここまで財は税込みで輸出されるので原産地原則にしたがう．輸入国の最初の納税義務者である買い手は，税抜きの付加価値合計 10,000 円に対して 15% の税（1,500 円）を加えた，11,500 円で消費者に製品を売り渡す．その際，買い手は，1,500 円のうち，前段階において輸出国の財政当局に支払われた税（1,000 円）を控除して，500 円を付加価値税として輸入国の国庫に納税する．しかし仕入税額は輸出国の国庫に納税されているので，輸入国の財政当局は税額控除を行ないえない．この矛盾を解決するのが，清算システムである．すなわち輸入国の財政当局は，登録企業に請求された仕入税額控除（1,000 円）を輸出国ごとにまとめ，第三者機関（クリアリング・ハウス等）を通じて，輸出国の財政当局から取り戻すのである[48]．最終的に付加価値税額は，小売価格に消費国の税率を乗じた額に一致し（1,500 円），全額が消費行為の行なわれる輸入国に帰属している．税額控除清算システムは輸出入国の財政当局が共同して間接的に仕向地原則を実施する方法だといえる．

この方式の代表的提案としては，先に述べたように EU レベルでの「確定的制度」として勧告された「コックフィールド白書」(Cockfield White Paper,

---

48) 厳密にいうと，1993 年 1 月 1 日の租税境界廃止に伴い，輸出・輸入の用語は EU 以外の国々との交易に限定される．EU 加盟国への輸出は「共同体内供給」，輸入は「取得」となる．

1985)が挙げられる．境界統制を廃止しても，いわば原産地と仕向地の政府が共同して間接的に仕向地原則を実施できることから，税額控除清算方式にはつぎのようなメリットがあるといえる．

すなわち税額控除は輸入国の政府によって負担されるが，それに必要な財源は事前に，輸出業者が輸出国の政府に納税しているので，繰延べ支払い方式をとった場合に発生するといわれる脱税や租税回避の危険性が極めて低い．いうまでもなく付加価値税の課税メカニズムの基本的特徴は，投資財購入を含めた仕入額に関わる税額を売上に関わる税額から控除し，その差額を納付または還付するという仕組みにある．この仕組みによって，多段階取引課税における課税累積の排除，減価償却計算を必要としない消費型付加価値への課税が可能になった．税額控除清算方式では，境界統制が廃止されても前段階税額控除の連鎖がとぎれることなく続いているので，付加価値税の基本的課税メカニズムをいささかも傷つけないのである．

キャッシュ・フロー問題

しかし，税額控除清算方式には付加価値税の課税連鎖が保持されるという長所がある反面，「コックフィールド報告」の提案がEUレベルで未だに実現していないことから窺われるように，看過しえない問題点があることも事実である．

第1に，清算制度を維持するためには，輸入国の政府に移し替えられる輸出に関わる付加価値税額と輸入国政府に請求される輸入に関わる税額控除額とが，一件一件の取引ごとに一致することが不可欠である．両者が一致しないと，クリアリング・ハウス等の第三者機関の会計勘定に損失が発生し，清算制度は維持不能となる．この点について輸出国と輸入国の利害は一致しない．輸入業者は輸入に関わる税額を過大に見積もった虚偽の申告を行なうインセンティブに直面するが，輸入国の政府は第三者機関を通じて，控除の財源を取り戻せるので，租税回避を防ぐ理由に乏しい．同様に，輸出企業は輸出を過少に申告するインセンティブに直面しているが，輸出国は第三者機関を通じて税収を輸入国に移し替えなければならないので，過少申告を防止する理由に乏しい[49]．

第2に，このシステムでは輸入業者は輸入に関わる税額を売上に関わる税額

から控除し,その差額を納付するので,輸入国の税率が輸出国よりも高い（低い）とキャッシュ・フロー上,有利（不利）となる.同様に,輸出国は税率を引き上げると,控除額が増える（輸入国の税収減少）ことを知っているので,自国の税率を引き上げて税収を「輸入」することが合理的となる.キャッシュ・フロー問題に伴う租税戦争（Tax war）を防ぐためには,各国の課税権限を制約して,税率を狭い一定の幅の中に閉じ込めなくてはならない.しかしEUのような独立した課税高権をもつ国々から構成されている場合には政治的に困難であろう.

課税連鎖がとぎれない税額控除清算方式は,一見すると合理的なように見えるが,よく見るとインセンティブ問題やキャッシュ・フロー問題などの弱点を抱えていることがわかる.ただ,このような問題点はEUレベルでの議論とくに80年代後半の「コックフィールド白書」に関するものと考えられる.これらの問題点のうち,後者すなわちキャッシュ・フロー問題については,仕向地の税率で原産地での売上にかかる税額を計算すれば解決できることが,ポダー（Poddar S. N.）によって指摘されている.つぎにこのポダーの議論をやや立ち入って検討しておく.

ポダー・モデル

輸出国の税率が輸入国の税率よりも高い（低い）と,輸出国はキャッシュ・フロー上,有利（不利）になってしまう.では課税自主権と税額控除清算方式は両立しないのであろうか.カナダのポダーが指摘しているように,移出先の州の税率で付加価値税額を計算すれば,税額控除清算方式の難点とされるキャッシュ・フロー上の利害対立を解決できる[50].ポダーのモデルでは重複型付加価値税が,すなわち独立税型でも分与税形態でもなく,連邦政府と州地方政府が課税ベースを共有し,かつ各々に税率決定権を認める付加税タイプが想定されている.その仕組みは極めて簡単である.

第1に,納税義務者は個々の売上につき,連邦付加価値税については均一税

---

49) 租税回避を防ぐためには,国際取引に関する詳細な情報を企業に求めることになるので,納税協力費用が高くなる.
50) ポダーの提案については,Poddar (1990), pp. 104-112 を参照.

表3-3 重複型付加価値税の計算例：ポダー・モデル　　(ドル)

	地方Aの製造業者 (イ) 売上　　100 (ロ) 仕入れ　　－ (ハ) 付加価値　100		地方Bの卸売業者 (イ) 売上　　150 (ロ) 仕入れ　100 (ハ) 付加価値　50		地方Cの小売業者 (イ) 売上　　300 (ロ) 仕入れ　150 (ハ) 付加価値　150		税収入の帰属
	仕入税額	売上税額	仕入税額	売上税額	仕入税額	売上税額	
中央政府 (税率4%)	0	4	−4	6	−6	12	12
地方政府							0
A (税率3%)	0	0	n.a.	0	n.a.	0	0
B (税率8%)	n.a.	8	−8	0	n.a.	0	0
C (税率6%)	n.a.	0	n.a.	9	−9	18	18

(出典) Poddar (1990).

率で，州付加価値税については移出先の州の税率で税額を計算し，その結果を連邦および各州に報告する．仕入税額も同じく連邦および各州ごとに分離して報告する．第2に，納税義務者は，売上税額の合計と仕入税額の合計との差額をいったん国の税務署に納税する．税務署は報告された売上税額と仕入税額を連邦政府および個々の州政府ごとに清算して，その差引勘定相当分を配分する．その結果，各政府への付加価値税の配分は，あたかも各々の州政府・連邦政府によって独立に賦課・徴収したのと同一の結果をもたらす．

　表3-3は，ポダーによる重複型付加価値税の計算例を示したものである．州政府Aの製造業者は，州政府Bの卸売業者に販売し，卸売業者は州政府Cの小売業者に販売する．各段階の売り手は売上に課税される連邦と州の付加価値税を計算し，そこから仕入税額を控除して納税する．つぎに連邦，各州政府ごとに売上税額と仕入税額の差引勘定を求めると，付加価値税の最終的な配分は，連邦政府に12ドル，州政府C(財貨の仕向地である)に18ドルとなる．連邦と州政府の税率がそれぞれ4%および6%であるとすると，それは最終消費者向け売上(300ドル)に賦課された小売売上税に等しくなる．

　ポダー・モデルの意義は税額控除清算方式と税率決定権が両立すること，換言すると仕向地原則は二つの基本的な目標，すなわち地方政府の課税自主権を最大限に尊重しつつ経済的中立性を満たすことを明らかにした点にあるといえよう．このモデルの核心は，移出先の州の税率で売上にかかる税額を計算していることである．それによって税額控除清算方式の難点とされるキャッシュ・

フロー上の利害対立を回避することができるのである．この方式は連邦国家や単一制国家では，付加価値税の税務行政は中央政府に集中しているので，可能かもしれない．しかし単一の共通市場にたくさんの独立した課税管轄圏がひしめきあっているEUのような状況ではシステム構築が困難であろう．

繰延べ支払い方式のメカニズム

　境界統制なしに仕向地原則を適用する新機軸として，国際的な注目の的となっているのは，むしろ繰延べ支払い方式（deferred payment method）であろう．日本では清算システムに関する周知の議論にかくれて，耳慣れない響きをもつ．地方消費税創設にあたって，この方式が検討された形跡は管見のかぎりない．

　もともとこの方式がベネルクス三国で実務的に実施されていたことは周知に属する．それが本格的に財政学上の概念として定着したのは，Cnossen and Shoup (1987) をもって嚆矢とする．それは単なる観念論的議論ではない．1993年1月の市場統合以降のEUで採用され続けているのは，「確定的制度」として提案された税額控除清算方式ではなく，その評価の善し悪しは別にしても，「暫定措置」としての繰延べ支払い方式であった．

　繰延べ支払い方式は，超国家組織レベルだけの話題にとどまらない．連邦制国家では，カナダのケベック州で見られるように，1991年から繰延べ支払い方式によって，連邦・州の共同付加価値税が賦課されている．

　繰延べ支払い方式のメカニズムを説明すると表3-5のようになる．5,000円で輸出されるところ，税率ゼロとすれば4,000円で輸出が可能になる（ゼロ税率の適用）．売り手は付加価値税を負担していないので税の還付は受けない．このように他国への輸出は租税国境がないにもかかわらず租税国境廃止前の輸出と同様にゼロ税率適用・還付されている．租税国境廃止前の仕向地原則をまとめた表3-4と租税国境廃止後の表3-5に見られるように輸出国で製造された財は税抜き（4,000円）で輸出される．なぜそれが可能であるかといえば，繰延べ支払い方式では輸出業者にあたえられるゼロ税率・税還付の資格が租税国境（税関，輸出証明書）によってではなく，証拠書類（輸出先の登録業者の支払証明，船積証明など）で確認されているからである．

　一方，租税国境廃止前の輸入とは違い，繰延べ支払い方式では登録業者が輸

表 3-4 仕向地原則（租税国境廃止前）のメカニズム　　（円）

	輸出国の売り手		租税国境	輸入国の買い手	
	価格	税支払額		価格	税支払額
最終消費財の販売	—	—		10,000	1,500
中間投入財の販売	4,000	—	600	—	—
中間投入財の購入	—	—		4,000	600
付加価値税（清算前）			600		900

注：輸出国の付加価値税率は25%，輸入国の付加価値税率は15%．なお本表では売り手に対する仕入れ税額の還付およびゼロ税率の適用が，輸出国の租税境界で行なわれた後の状態を示している．中間投入財の販売にかかる税額が空欄となっているのはこのためである．

表 3-5 繰延べ支払い方式（租税国境廃止後）のメカニズム　　（円）

	輸出国の売り手		輸入国の買い手	
	価格	税支払額	価格	税支払額
最終消費財の販売	—	—	10,000	1,500
中間投入財の販売	4,000	—	—	—
中間投入財の購入	—	—	4,000	—
付加価値税	—	—	—	1,500

注：輸出国の付加価値税率は25%，輸入国の付加価値税率は15%．

入する場合，国境では課税することができない．仕向地原則をまとめた表3-4では輸入時点（税関）の価格4,000円に輸入国の税率15%が乗じられ付加価値税が課税される（600円）．しかし繰延べ支払い方式では租税国境がないため，輸入時点では輸入平衡税をかけることができない（表3-5）．それにもかかわらず繰延べ支払い方式では，結果的には，輸入平衡税を輸入国の税率で支払うことになる．なぜならば買い手は，税抜きの付加価値合計10,000円に対して15%の税を加えた11,500円で消費者に製品を売り渡す．しかし買い手は1,500円に対して控除できる仕入税額がゼロであるために，輸入平衡税分を含めた1,500円を輸入国に納税するからである．買い手の支払う付加価値税は最終消費者への小売価格10,000円に，消費行為が行なわれる輸入国の税率（15%）を乗じた額に一致する．要するに「繰延べ支払い」方式は仕向地原則における輸入時課税のポイントを，租税国境通過時点ではなくて登録輸入業者の最初の販売時に繰り延べるものであるといえる．

この方式の最大の魅力はなんといっても付加価値税についての地方政府（な

いし加盟国）の税率決定権が完全に保障されるという点につきる．つまり①輸出業者に与えるゼロ税率・税還付の資格を租税国境（税関）によってではなく，証拠書類（輸出先の登録業者の支払証明，船積証明）で確認し，②輸入平衡税の課税ポイントを，租税国境通過時点ではなくて登録輸入業者の最初の販売時に繰り延べる，という措置を講じると，境界統制なしに税収は仕向地に帰属し，かつ税率決定権も保障されることが実証されている．

その反面，税額控除の連鎖はとぎれてしまうので課税漏れが生じ易いという脆さがある．たとえば，輸出と偽ってゼロ税率を適用し，実際には輸出せずに国内の地下経済で商品が売買されるといった租税回避が発生しやすい．ただし，こうした難点は独立税タイプについてのものと考えられる．付加税型でかつ中央と地方政府に相互信頼関係が形成されている場合は，つぎに検討するカナダのケベック売上税に見られるように中央政府による監視によって租税回避をかなり防ぐことができる．

ケベック売上税（QST）

つぎに州レベルで繰延べ支払い方式を実施しているカナダのケベック州の事例について検討しよう．カナダのケベック州は1990年の連邦政府との覚書への署名を経て，1991年1月1日をもって州小売売上税の課税ベースを連邦付加価値税である財貨・サービス税（Goods and Services Tax, GST）に統合した．これにはケベック売上税（Quebec Sales Tax, QST）という名称がつけられているが，本質的には州・付加価値税であり，GST込み価格を課税標準として賦課されている．このQSTの特徴は以下の通りである[51]．第1にQSTとGSTの税率が，全く独立に各レベルの政府で決定されている．連邦政府のGSTの税率は7%の単一税率で，カナダ国内での財貨・サービス消費に適用される．一方，ケベック州のQSTは導入当初，複数税率——財貨は8%，サービスは4%——であったが，その後，独自の判断で6.5%の単一税率に移行し，さらに7.5%に引き上げられた．QSTは，GST込みの価格を課税ベースにしてい

---

51) QSTに関する叙述は，カナダ大蔵省・租税政策局での筆者のヒアリング（2000年2月8日，Francine Noftle 氏）および以下の文献による．① Bird and Gendron (1998) pp. 433-434, ② Gendron, Mintz and Wilson (1996), pp. 332-342.

るので，合計した税率は15.0%になる．

第2に課税標準については，独立に決定する余地を残しているものの，本質的に一致している．GSTでは企業の中間投入に係る仕入税額の全額控除を認めているが，ケベックのQSTでは大企業の購入する燃料，電化製品，自動車についての仕入税額は部分控除しか認めていない．この制約は1996年11月30日に解除される予定であったが，その後1997年3月31日へと延期され，さらに現在では無期延期となった．また最終消費の段階での違いとして，ケベック州のQSTは払戻し（rebate）によって図書購入を非課税にしている点が挙げられる．しかし，それ以外ではQSTとGSTの課税ベースは一致している．要するに，ケベック州では連邦と州とで付加価値税の課税ベースの統一性を保ちつつ，最終消費段階で州の課税ベース決定権を留保している．

第3に導入当初から，QST/GST共にケベック州内においてケベック州・歳入省により徴収されている．連邦政府のGSTは税務行政費用を控除したのち，あたかも分賦税であるかのように，州から連邦政府に支払われている．このように税務行政をいずれか一方の政府が行なうことは，所得税の領域では方向が逆であるが，カナダでは極めて一般化している．連邦政府と州政府の双方が同一の課税標準に別々の税率を適用しているQSTを，トロント大学のリチャード・バード（R. Bird）らは重複型付加価値税（dual VAT）と定義している．

第4に州際を超える登録事業者間の取引は，EUで暫定措置として適用されている繰延べ支払い方式と同一のルールで賦課される．換言すると他州であれ他国であれケベックからの輸出はゼロ税率によって免税される一方，輸入は登録輸入業者が消費者に販売した時点で事実上，賦課される．ケベック州内での居住者に対する全ての販売に対して，連邦政府のGSTとQST（税率は7.5%）が賦課される．非居住者（他州であれ他国であれ）の場合（移出・輸出），QSTにはゼロ税率が適用され，GSTのみの支払い義務を負う（＝移出非課税）．州外（他州であれ，他国であれ）からの購入については登録企業の場合はGSTだけを支払う[52]．このように登録企業の場合に，QSTはカナダ歳入関税庁によって境界通過時点では徴収さないが[53]，その製品がいったん仕入れとし

---

52) 家計が購入主体の場合にはGSTとQSTを支払う．
53) 輸入については，QSTは自己申告に依存する．

て購入され，その後消費者に再販売された時点で事実上QSTが課税される（＝繰延べ支払い方式）[54]．ただし最終消費者による他州・他国からの輸入（移入）は，EUと同様の問題がある．これは私的消費のための輸入については，非登録の個人がQSTを自己申告することが求められているためである．要するに，多段階の付加価値税であるにもかかわらず，ケベック州が連邦政府から独立してQSTの税率を決定できるのは，繰延べ支払い方式の仕向地原則に基づいて賦課されているからである．

EUの「暫定制度」と比較すると，カナダでは上位政府の付加価値税，すなわちGSTが繰延べ支払いの正しい執行をモニタリングする役割を担っている点が違っているとバードは指摘している[55]．前述したように，繰延べ支払いの問題点はインボイスによって前段階税額控除を行なっていくという課税連鎖が途切れ，脱税が起こりやすいことにある．この欠点がカナダでは皮肉にも全ての州間取引をカバーする連邦GSTの存在によって顕われない．連邦政府による監査の重点はGSTにあるが，最終的に監査計画はケベック州政府と合意される．一方，ケベックは州内の監査を執行して，その結果をカナダ歳入関税庁へと報告している．そもそもQSTはGST込の価格に課税されるので，ケベック州が連邦のGSTをモニターする動機は十分にある．たとえばケベック州はオンタリオ州の事業者への輸出を免税するとき，その業者が本当に存在するか否かをたしかめることはできないが，連邦GSTの監査がケベック州に代わってQSTに税回避がないかどうかをクロス・チェックする．要するに，カナダのQST/GSTの経験はBird and Gendron (1998) が指摘するように，地理的に大きな州政府では仕向地原則型の付加価値税を，クリアリング・ハウスのような清算システムなしに賦課できることを示している．

7. カナダ協調売上税（HST）の長所

租税論のフロンティアが注目する税額控除清算方式と繰延べ支払い方式は境

---

54) ケベック州内で購入された仕入れに関わるGSTおよびQSTは全額が仕入税額控除の対象となる．他州・他国から購入された仕入れ品はQSTが賦課されていないので税額控除の対象とはならない．
55) QSTとEU「暫定」制度の比較について，Bird and Gendron (1998) を参照．

界統制なしに仕向地原則を実施する画期的な方式であるが，行政区域が狭く，単一制国家である日本で近い将来導入することは難しいだろう．むしろ日本の地方消費税の将来像を構想するうえでは，共同型付加価値税（joint VAT）という点において，日本の地方消費税に最も近い，カナダの協調売上税（HST）の長所を参考にすべきであると思われる．

供給地ルール

連邦政府と州政府が同一の課税ベース（付加価値）に課税し，連邦政府が一定の算定公式にしたがって各州に配分する共同型付加価値税の事例として，カナダの東部諸州が合意した協調売上税（Harmonized Sales Tax ; HST）が注目に値する[56]．1997年4月，連邦政府と小規模で財政力の弱い東部諸州（ニューファンドランド，ノバ・スコシア，ニュー・ブルンスウィック）は連邦政府の財貨・サービス税（GST）とこれら3州の小売売上税を統合して，協調売上税に統合した．現在連邦財貨・サービス税（GST）の税収は約260億ドルであり，そのうちHSTの税収は約18億ドルである．HSTの徴収は連邦政府のカナダ歳入関税庁が行なっており，その徴収したHSTを導入3州に配分している．その特徴は以下の通りである．

第1にHSTの課税客体の確定にあたっては，商品サービスの「供給地」（最終消費行為が行なわれる地点）がHST導入州であるか否かの判断に基づいている．供給地が導入州内であれば15％で，非導入州であれば7％（連邦GSTのみ）が課税される．換言すると他州への移出は，QSTと同じく，ゼロ税率が適用され，他州が賦課する（小売売上）税のみを負担する．一方，QSTとは対照的に，移入すなわち他州のGST登録企業Aが，HSTゾーン内の登録企業Bに製品を販売する場合に，HSTを賦課して販売せねばならない．またHSTゾーン内の最終消費者は購入先の州内外の如何を問わず，HSTを負担する．外国からの輸入に関しては，国境通過時に，HSTが課税される．

このように，HSTでは州間経済取引は基本的に仕向地原則に基づいて課税されている．では，境界統制なしに何故それが可能なのであろうか．その答え

---

[56] 大西洋沿岸三州の調整売上税（HST）については，カナダ大蔵省・租税政策局での筆者のヒアリング（2000年2月8日，Francine Noftle 氏）および Finance Canada（1996）による．

表3-6 消費税法（Excise Tax Act）におけるHSTの供給地ルール

取引の種類	具体例	「供給地」の判定ルール
有形個人資産	ラジオ・冷蔵庫の購入等	引渡しの州
無形資産	著作権，ソフトウェア，ビルの賃貸，リゾート利用権等	権利のほぼ全て（90％以上）が利用できる州
サービス	ソフトウェアの供給，草刈サービス，ビルのクリーニング等	ほぼ全て（90％以上）が利用できる場所．90％以下の場合は，サービスの交渉をある州で行ない，かつそのサービスをその州で10％以上，利用した場合．
運輸・交通	①バス・飛行機 ②企業間の商品輸送	①出発点 ②到着地
通信	①郵便・切手 ②通信	①購入した州 ②サービスが生産されている州もしくは請求書の宛先の州
その他	写真現像等	現像の依頼人の住む州

（資料）カナダ歳入関税庁におけるJeff A. Frobel氏からのヒアリングおよびGovernment of Canada, Nova Scotia, New Brunswick, Newfoundland Labrador（1997）による．

は，登録事業者による「供給地ルール」（rule of supply）の遵守義務である．このルールは消費税法（Excise Tax Act）に詳細に規定されており，カナダ歳入関税庁の監査によって違反を取り締まっている．そのルールをまとめたのが表3-6である．

　たとえばオンタリオ州で冷蔵庫を購入して，自家用車でノバ・スコシアまで運べば導入州外で「供給」されたと見なされるが，運送してもらえば引渡しは導入州となる．逆にノバ・スコシアのハリファックスで冷蔵庫を購入して自家用車でオンタリオ州まで移動すれば「供給」地は導入州であるが，業者に運送してもらえば「供給」地はオンタリオ州となるので税率は7％となる[57]．

　またノバ・スコシア州のあるソフトウェア会社がインターネットを通じてニューファンドランドからソフトウェアを購入した場合に，ニューファンドランドの供給元が，そのソフトに対してライセンスを与えるが，そのライセンスのルールがノバ・スコシア州内でしか使えないという場合には，「供給」地はノバ・スコシア州になる．

---

57) カナダ歳入関税庁におけるJeff A. Frobel氏からのヒアリングによる．

第2に，カナダにおける HST も導入州において税率が同じであり，また徴収を連邦が行なっているという点では，わが国同様，州の自由度はないようにも見える．HST の合計税率15% の内訳は，GST は 7% と州税は 8% となる．新しい合計税率は，ニューファンドランドでは従前の GST と小売売上税の合計より 19.84% 低く，他の二州では 18.77% 低くなった．しかし HST の場合は，州独自で特定商品の取引やサービスについて「割引制度」を設けることが可能である．しかも「割引制度」による減収額が「割引制度」を設けた州への HST 配分額から控除されるため，州間の割引競争のようなモラル・ハザードを引き起こすことはない[58]．

HSTの配分公式

第3に，ヨーロッパ閣僚委員会の最新の提案 *A Common System of VAT : A Programe for the Single Market* (1996) や日本の地方消費税と同じく，連邦政府と加盟三州は総税収入を各州の消費高を基準にして配分していることである．加盟各州への配分は HST 収入総額に各州の配分比率を乗じ，これに調整項目を加減して決定される．具体的には，カナダ統計局の地域経済計算と産業連関表を用いて，州ごとの潜在的課税標準がつぎのように推計される[59]．

(i) **基本的枠組み** 配分公式の基本的な枠組みは下記の二つの式によって与えられる．加盟各州への配分は，HST 収入総額に各州の按分比率を乗じ，これに調整項目を加減して決定される（①式）．三要素の中では，按分比率の決定が重要な鍵を握る．各州ごとの按分比率は，各州の推定付加価値税収額の，加盟三州全体の付加価値税収に対する比率となる（②式）．ただし税率は加盟諸州の場合は 8%，連邦政府は 7% である．また算定に際して用いられる基本的なデータは，カナダ統計局の作成する地域経済計算体系と州ごとの産業連関表である．

$$財源プール \times 按分比率 + 調整 = 州受取額 \qquad ①$$

---

58) 加盟州が均一税率を適用しているように，連邦政府の目標は税務行政コストと納税協力費用の節約にある．しかし仕向地原則では不均一税率の適用は可能であるため，このように州の課税自主権を侵害することは必ずしも必要ではない．

59) 以下の内容は 2000 年 2 月 8 日にカナダ大蔵省で筆者が行なったヒアリングに基づく．

$$\text{按分比率} = \text{i 州の課税標準} \times \text{税率} / \sum (\text{i 州の課税標準} \times \text{税率}) \quad ②$$

(ii) 課税標準の構成要素 各州の課税標準は，最終消費支出（consumer expenditure: CEBASE）だけではなく，非課税企業（exempt businesses: BUSBASE），公共部門（Public sector bodies: PSBBASE），住宅投資（Investment in residential construction: HOUSINGBASE），金融機関（Financial institutions: FIBASE）という五つの部門の合計額から構成されている．5部門の量的割合は，最終消費が70％，公共部門が10％，住宅投資が11％，非課税企業が2％，金融機関ベースが7％となっている[60]．それぞれの課税ベースは以下の諸式により算出される．

(iii) 消費支出ベース 個人消費者の課税標準を把握するための消費支出ベースは，③式にしたがって算出される．

$$\text{消費支出ベース} = \text{純支出} \times \text{課税比率} \times \text{調整係数} \quad ③$$

ここで「純支出」は粗生産者価格から間接税と中間マージンとの合計を控除した額を表す．「課税比率」は支出項目ごとの課税対象となる部分の全体に対する比率を指す．「調整係数」は個人消費支出に含まれない支出，たとえば公共部門等を除外するための措置である．これらは産業連関表を用いて，個別商品ごとに推計される．たとえば，「薬品及び雑貨」というカテゴリーの場合，1990年度の生産者価格は58億2,797万ドル，純支出は55億1,847万ドル，課税比率は19.9％なので，潜在的な消費支出ベースは10億9,754万ドルとなる（カナダ大蔵省推計）．ここからさらに，より細かいカテゴリーごとに調整係数を乗じて，消費支出ベースを推計する．

(iv) 公共部門ベース 公共部門ベースは，市町村，大学，学校，病院，専門学校，慈善団体および非営利組織の課税対象となる支出を把握するためのものである．GSTでは公共部門が生産する財貨・サービスは非課税である．このため公共部門では売上税額の納税義務免除および仕入税額の控除否認が一般的となる．公共部門ベースは，控除が否認された仕入れ額を州の課税ベースに割り当てるために設けられている．ただしGSTが導入された際に，税負担増を抑制するために，控除を否認された仕入税額の部分的割戻しが実施された．

---

[60] カナダ大蔵省におけるWilliam Chandler, Sean Malone両氏からのヒアリングによる．

したがって公共部門ベースは，実際に割戻された額を割戻し率と連邦税率との積で割った値となる（④式）．

$$\text{公共部門ベース} = \text{割戻し額} / (\text{割戻し率} \times \text{連邦税率}) \qquad ④$$

たとえば，1995年の連邦政府から市町村への割戻し額は5億6,500万ドル，割戻し率は54.17%，連邦政府のHSTの税率は7%なので，市町村の課税ベースは149億ドルと推計される（カナダ大蔵省推計）．

(v) 住宅投資 居住用住宅建設は個人最終消費としてGSTを負担する．しかし土地価格が除外されること，（GSTが賦課される）販売時点ではなく建設時点で評価されることなどの点から見て，州の地域経済計算体系では課税標準を正しく把握できない．

$$\text{住宅ベース} = \text{推定 GST 支払い額} / \text{GST 税率} \qquad ⑤$$

このため住宅抵当公社の調査データを用いて，推定GST支払い額を税率で割り返すことによって，間接的に住宅ベースを推計することになっている（⑤式）．

(vi) 金融機関 金融機関ベースは，法定の金融機関（銀行，保険会社，信用組合）の非課税のサービス提供に関わる課税標準を反映するために設けられている．金融機関は，申告にあたって，控除否認された仕入税額を法人税の分割基準を用いて各州ごとに割り当てる義務を負っている．

$$\text{金融機関ベース} = \text{州に帰属する控除否認 GST} / \text{GST 税} \qquad ⑥$$

このことを利用して，州に帰属させられた控除否認GSTを税率で割って，金融機関ベースが推計される（⑥式）．

(vii) 企業ベース GSTの納税義務が免除される企業については，それに伴い仕入税額の控除が否認される．企業ベースは，この控除が否認された仕入額を，仕入れが実際に行なわれた州の課税ベースに割り当てるために設けられている．GSTの非課税対象は家賃，保健衛生，教育，児童保護，通行料金，市営交通，国内金融サービス，水道・ゴミ処理である．しかし非課税商品の生産に使われた中間投入財を，産業連関表から直接に抽出することはできない．このため当該産業の仕入額に，非課税産出額の総産出額に対する比率を乗じて，間接的に推計する方法がとられている（⑦式）．

$$\text{企業ベース} = \text{課税対象仕入額} \times (\text{非課税産出額} / \text{総産出額}) \qquad ⑦$$

その際，仕入額については産業連関表の投入表の，非課税産出額については産出表のデータを用いる．たとえば教育産業の場合，1990年度の課税対象仕入額は6億9,186万ドル，総産出額は19億5,000万ドルである．後者のうち，90％は非課税であり，かつ輸出比率は6.92％なので，非課税産出額は合計で16億3,000万ドルとなる．この結果，教育産業の企業ベースは5億8,000万ドル（6億9,200万×16億3,000万/19億5,000万）となる（カナダ大蔵省推計）．

HSTの日本に対する意義

協調売上税は，税務行政費用および納税協力費用を節約している点に長所を見出せるが，州の課税自主権とりわけ税率決定権を制約している点ではケベック売上税（QST）に劣る．Gendron, Mintz and Wilson（1996）が指摘しているように[61]，東部諸州が課税自主権の侵害を許容したのは，加盟三州が小規模で財政的にも連邦政府に依存する「持たざる州」だからであった．協調売上税に参加することによって，州の課税自主権は大幅に後退するが，改革による歳入の減少は連邦政府から交付される「調整援助金」によって償われる．小売売上税から協調売上税へのシフトによって5％以上歳入の減少した州は，4年間にかぎり，「調整援助金」の受領資格があたえられ，その総額は約11億ドルと推計される東部諸州から見ると課税自主権の喪失は財政的補償と釣り合っている．

(i) **最終消費額の推計方法** しかしHSTは共同型付加価値税という点において日本の地方消費税にもっとも近い存在であり，その長所を徹底的に学ぶことが重要である．第1に，按分基準としての最終消費の尺度を比較しよう．厳密にいうと州ごとの最終消費支出の算定は日本とはやや異なっている．わが国で用いている商業統計等のマクロ統計の「売上高」は，最終消費者に対する売上のみではなく，企業に対する売上を一部含むものであることから，地方消費税の課税対象となるべき最終消費とは異なる．これに対してカナダのHSTでは商品ごとに，生産者価格に中間マージンを加えて算出した税込みの消費者価格から，HSTを控除した純最終消費を割り出す．しかし，純最終消費額には医

---

61) 上記3州以外では，プリンス・エドワードアイランド，マニトバ，サスカチュワンも，調整売上税の協定に署名すれば「調整援助金」の受領資格があたえられる．Gendron, Mintz and Wilson (1996), pp. 336-338を参照．

療・教育などにおける免税やゼロ税率が考慮されていない．そこで商品ごとの純最終消費額から非課税となる部分を控除して，最終消費に関する課税標準が決定されている．このように産業連関表を用いて，個別商品ごとにきめこまかく課税標準を積算しているのがHST配分ルールの第1の特徴といえよう[62]．

(ii) 非課税取引の帰属地　第2に，われわれはHSTでは，課税標準の構成要素が単に最終消費支出だけではなく，非課税企業，公共部門，住宅部門，金融部門という五つの部門の合計額から成り立っていることに注目する必要がある．すなわち企業ベース，公共部門ベース，住宅部門ベース，金融部門ベースといったGSTにおける非課税部門を明示的に潜在的課税標準に加算していることである．カナダでは金融，保険，住宅，病院，教育という特定取引は社会的配慮から非課税となっている．また市，大学，病院，NGOや慈善事業といった公共部門の提供する財貨・サービスも非課税とされているが，前段階税額については累積を排除するために，部分控除が認められている．非課税が適用されると中間取引段階であれ，最終取引段階であれ，前段階税額の控除が否認されるため課税の累積が生じる．この控除されない前段階税額を，仕入れが行なわれた地域の課税標準に加えるというのが，企業ベースや公共部門ケースが設けられている理由となっている．わが国においても，土地の譲渡・貸付や社会保険医療，介護保険サービス等の非課税取引が存在することおよび課税所得3,000万円以下を非課税とする事業者免税点制度を約6割の事業者が利用していることを考えると，非課税事業者の物品購入に関わる地方消費税額の帰属を考慮する必要がある．しかし，現在は地方消費税の配分に非課税事業は全く考慮されていない．

---

[62]　HSTの配分にあたっては，州別の産業連関表が重要な役割を果たしている．この州別産業連関表は，HSTが導入された1997年から作成しているものであるが，HSTの配分のためだけに作成しているわけではなく，州間の財政均衡化調整のためにも作成している．またカナダでは，毎年，産業連関表を作成しており，州別産業連関表については，通常の統計調査の他に，企業・個人の課税情報や個別企業アンケートに基づき作成している．この州別産業連関表の作成のために毎年4,000万ドルをかけている．州の産業連関表も，連邦統計庁が作成しているが，この産業連関表の作成のために，州がもっている課税情報も使うことができる仕組みになっており，1人1人の税の支払いに関するデータももっている．カナダにおいて，統計庁が課税情報を入手できるのは，秘密情報について情報管理を厳しくしているためである．たとえ，大統領に対しても，秘密にすべき課税情報は見せない．以上の情報は，カナダ連邦統計庁におけるMichel Girard, Dave Leblanc, Yusef M. Siddiqi各氏からのヒアリングによる．

8. 結 語

　以上の考察が，日本の地方消費税の今後のあり方を考える場合にもつ，政策的含意はつぎのように要約されるであろう．

　(1)　日本の地方消費税は，地域的偏在が少なく，かつ地域間の可動性も比較的低いという長所があり，分権的税財源の有力な候補である．しかし，その反面，地方消費税には，①都道府県に税率決定権がない，②国の消費税との整合性を図るという観点から複雑な「清算システム」を組み込んでいる，③清算の基準であるマクロ的商業統計が最終消費額を正確に反映しているかの検証がなされていない，という問題点がある．今後の地方消費税のあり方を考察するには，原産地原則か仕向地原則かという選択も含めて，あらためて地方消費税の課税の仕組みを原理的に検討することが必要である．

　(2)　そのための出発点として，「税率決定が可能な地方消費税は原産地原則に適合的であるか否か」を再検討するべきである．境界統制の不要性という長所をもつ原産地原則にも，唯一のケースであるブラジルの ICMS の経験を検討するかぎり，原産地原則と仕向地原則とのハイブリッド，「仕送り状の観光旅行」といった脱税行為，そして非合法の税制恩典による「財政戦争」といった問題点があり，仕向地原則に対する原産地原則の優位性という「常識」にも重大な疑問が生じる．税率決定権を保持した原産地型の地方消費税は資源配分に歪みを与える．また原産地原則の地方消費税は税収の偏在度が高いという難点も指摘されねばならない．

　(3)　わが国は EC ノイマルク委員会の勧告よりも，「地方付加価値税も仕向地原則であるべき」であるというシャウプ，クノッセン，バード各教授の説を参考にすべきである．その場合に「国家間と違って地方間では境界統制ができないという条件をどのようにクリアするか」という問題を解かなければならない．すなわち仕向地原則の優位を前提にして，租税境界なしに仕向地原則を実施する方法を比較検討し，日本の風土にあった方式を取捨選択する必要がある．

　(4)　租税論のフロンティアが注目する税額控除清算方式と繰延べ支払い方式は境界統制なしに仕向地原則を実施する画期的な方式であるが，行政区域が狭く，単一制国家である日本で近い将来導入することは難しいだろう．地方消

費税へ税率決定権を付与する選択肢の一つは，税額控除清算方式である．税額控除清算方式で税率決定権を地方政府に与えるには，移出先の地域の税率で売上にかかる税額を計算するしかない．そうすれば，税額控除清算方式の難点とされるキャッシュ・フロー問題は解決でき，税額控除清算方式と税率決定権は両立する．この方式は連邦制国家では理論的に可能であるとしても，狭い国土に課税管轄圏がひしめきあっている日本のような状況ではシステム構築が困難であろう．

(5) 清算機関なしに，税率決定権を地方政府に与えるための究極の選択肢としては，付加税型の繰延べ支払い方式しかない．バード等が指摘するように，地理的に大きな州政府の場合，仕向地原則型の付加価値税をクリアリング・ハウスのような清算機関なしに賦課できる．地方政府の課税自主権を尊重するのであれば，繰延べ支払い方式を採用しているケベック売上税がモデルとなる．カナダの経験に照らすかぎり，付加価値税の地方税化が理論的に可能であることは既定の事実といえる．しかし，このような地方付加価値税が地理的に狭い日本で，実施できるかといえば疑問である．税額控除清算方式ないし繰延べ支払い方式の実行可能性は，道州制や連邦制への移行如何にかかっている．

(6) 日本の地方消費税の将来像を構想するうえでは，共同型付加価値税 (joint VAT) という点において，日本の地方消費税に最も近い，カナダの協調売上税 (HST) の長所を参考にすべきである．第1に地方消費税は国税である消費税の額を課税標準とし，全国一律の税率となっているため，各都道府県が独自に税率をコントロールする余地が全くない制度になっている．

カナダにおけるHSTも導入州において税率が同じであり，また徴収を連邦が行なっているという点では，わが国同様，州の自由度はないようにも見える．しかしHSTの場合は，州独自で特定商品の取引やサービスについて「割引制度」を設けることが可能である．しかも「割引制度」による減収額が「割引制度」を設けた州へのHST配分額から控除されるため，州間の割引競争のようなモラル・ハザードを引き起こすことはない．

わが国においても今後，地方消費税を都道府県の基幹税として位置づけていく場合には，地方税の独自性を発揮できるような制度とすることが望ましい．各県の面積が狭く税率を変えることが困難な事情にあっても，一定のルールの

もとで，HST の割引制度のような制度を創設することは検討に値する．

　(7)　カナダの HST に学ぶべき第 2 の点は，清算の正確性である．HST の配分にあたっては，産業連関表を用いて各州の最終消費額および課税対象となる支出額を算出し，非課税部分を調整するために他の統計により配分を補正しているという手法をとっている．この補正の考え方は，非課税事業を行なう企業は仕入税額控除を受けられないため，実質的に当該企業が前段階までの HST を負担しているとみなして，当該企業が購入した物品に関わる HST をその物品を購入した地点の州の消費分として取り扱おうとするために行なっている補正である．

　わが国の地方消費税の清算は商業統計等に基づき各県に配分しているが，その前提は商業統計等によって地方消費税の対象となる取引やサービスの最終消費額を捕捉できるという考え方である．

　しかし，①わが国で用いている商業統計等の統計の「売上高」は，最終消費者に対する売上のみではなく，企業に対する売上を一部含む，②土地の譲渡・貸付や社会保険医療，介護保険サービス等の非課税取引及び事業者免税点制度に関わる非課税措置は考慮されていない，③昼夜間人口比率による補正が欠如しているといった問題がある．

　これらの点からみて地方消費税の清算基準はカナダの HST 配分方法に比べて正確性に欠けている．地方消費税の厚みが増した場合，現在のようなマクロ的な商業統計を単純に用いた配分方法による配分額と本来配分すべき額との差は，無視し得ないほどに大きくなる可能性がある．

　日本においてもカナダ同様に，県別の産業連関表を作成し，企業間取引を消去し，各県における最終消費額を推計するとともに，非課税取引についても，地方消費税の帰属地を推計すべきである．

参考文献

Afonso, Jose Roberto R. and Luiz de Mello (2000), "Brazil: An Evolving Federation," paper prepared for the IMF/FAD Seminar on decentralization held in Washington.

Terra, Ben J. M. (1996), "A Common System of VAT-a Program for the Single Market," *International VAT Monitor,* Vol. 7, No. 5. International Bureau of Fiscal Documentation, Netherlands.

Bird, Richard M. (1999), "Rethinking Subnational Taxes: A New Look at Tax Assignment," *IMF*

Working Paper/99/165, Washington : International Monetary Fund.

Bird, Richard M. and Pierre Pascal Gendron (1998), "Dual VATs and Cross-Border Trade : Two Problem One Solution ?," *International Tax and Public Finance* 5, pp. 429-442.

Boadway, Robin W. and Harry M. Kitchen (1999), *Canadian Tax Policy* (third edition), Canadian tax foundation, Toronto.

Boadway, Robin W., Paul A. Hobson and Nobuki Mochida (2001), "Fiscal Equalization in Japan : Assessment and Recommendations," *The Journal of Economics* (Tokyo University, Faculty of Economics), Vol. 66, No. 4, pp. 24-57.

Cnossen, Sijbren (1998), "Global Trends and Issues in Value Added Taxation," *International Tax and Public Finance,* 5.

Cnossen, Sijbren and Carl S. Shoup (1987), "Coordination of Value Added Taxes," in S. Cnossen (eds.), *Tax Coordination in the European Community* (Massachusetts : Kluwer Law and Taxation).

Commission of the European Economic Community (1963), *The EEC Report on Tax Harmonization : The Report of the Fiscal and Financial Committee and The Reports of the Sub-Group A, B, and C* (translated into English), International Bureau of Fiscal Documentation, Amsterdam.

Finance Canada (1996), "Sales Tax Harmonization : Detailed Agreements Reached," *News Release,* 96-075, Ottawa.

Gendron, Pierre-Pascal, Jack M. Mintz and Thomas A. Wilson (1996), "VAT Harmonization in Canada : Recent Developments and the Need for Flexibility," *International VAT monitor,* Vol. 7, No. 6, pp. 332-342, International Bureau of Fiscal Documentation, Netherlands.

Government of Canada, Nova Scotia, New Brunswick, Newfoundland and Labrador (1997), *Harmonized Sales Tax : technical paper,* Department of Canada, Ottawa.

Keen Michael and Stephen Smith (1996), "VIVAT-An Alternative VAT for the EU," *Economic Policy,* October 1996.

Longo, C. (1990), "The VAT in Brazil," in M. Gills, C. S. Shoup and G. Sicat, (eds.), *Value Added Taxation in Developing Countries* (Washington : World Bank).

McLure, jr. Charles E. (ed.) (1983), *Tax Assignment in Federal Countries,* Canberra : Australian National University Press.

McLure, Jr. Charles E. (1994), "The Tax Assignment Problem : Ends, Means, and Constraints," *Australian tax forum,* 1994 II.

McLure, Jr. Charles E. (2000), "Implementing Subnational Value Added Taxes on Internal Trade : The Compensating VAT (CVAT)," *International Tax and Public Finance,* 7, pp. 723-740.

Messere, Ken (1994), "Consumption Tax Rule," *Bulletin for International Fiscal Documentation* (International Bureau of fiscal documentation).

Poddar, S. N. (1990), "Option for a VAT at the State Level," in M. Gills, C. S. Shoup and G. Sicat, (eds.), *Value Added Taxation in Developing Countries* (Washington : World Bank).

Rezende, Fernando and Jose Robert Afonso (2002), "The Brazilian Federation : Facts, Challenges and Prospects," working paper No. 149, Stanford University.

Sakon Varanyuwatana (1995), "Non-Land Based Sources of Municipal Revenues : case of Thailand," mimeo.

Silvani, Carlos and Paul dos Santos (1996), "Administrative Aspects of Brazil's Consumption Tax Reform," *International VAT Monitor,* Vol. 7, No. 3, International Bureau of Fiscal Documentation, Netherlands.

参考文献

Spahn, Paul Bernd and Wolfgang Fottinger (1997), "Germany," in Ter-Minassian, T. (ed.), *Fiscal Federalism in Theory and Practice,* Washington: International Monetary Fund.
Ter-Minassian, Teresa (1997), "Brazil," in Ter-Minassian, T. (ed.), *Fiscal Federalism in Theory and Practice,* Washington: International Monetary Fund.
Varsano, Ricardo (2002), "Subnational Taxation and Treatment of Interstate Trade in Brazil: Problems and a Proposed Solution," paper prepared for the conference on Decentralization in Latin American countries.
伊東弘文 (1999),「地方消費税のこれから」『税研』14 (84).
岩田由加子 (2003),「付加価値税導入と政府間財政関係――オーストラリアにおける 2000 年税制改革」上下『自治研究』第 79 巻第 4 号, 第 6 号.
経済企画庁経済研究所編 (1998),『県民経済計算年報 (平成 10 年版)』大蔵省印刷局.
佐藤進・滝実編 (1995),『地方消費税――その理論と仕組み』地方財務協会.
地方財政調査研究会 (1997),『地方財政統計年報 (平成 9 年版)』地方財務協会.
地方消費税研究会編 (1998),『逐条解説 地方消費税』ぎょうせい.
自治省 (1995),『改正地方税詳解 (平成 6 年抜本改革版)』地方財務協会.
自治省税務局 (2001),『地方税に関する参考計数資料 (平成 13 年度)』.
総務庁統計局 (1997),『平成 8 年度事業所・企業統計調査 主要集計結果』.
総務庁統計局 (1997),『平成 7 年度 国勢調査報告 (第 1 巻 人口総数)』.
持田信樹 (2001),「付加価値税の政府間割当て――国際比較の視点から」『経済学論集』東京大学, 第 67 巻第 2 号.

4章　地方交付税の制度設計

1. はじめに

　日本における1990年前後から21世紀初頭にかけての，地方交付税特別会計の恒常的で巨額の借入れ依存は，それ以前に見られた〈緊急避難的な借入れ依存と好況による償還サイクル〉とは本質的に異なる現象であった．

　日本では，第1次石油危機直後の1975年ごろから，国税3税および地方税収入が急減し，交付税法定繰入分と地方財政計画上の財源不足額とが大きく乖離したため，資金運用部による交付税特別会計への短期貸し付けが本格的に始まった．

　この方式は1984年度の「地方財政対策」を最後に停止されたのち，バブル経済による自然増収をバックにして，1991年度予算を最後に既往の借入金全額が繰上げ償還された．地方公共団体が受け取る「出口ベース」の交付税に対する特会借入れの比率を見ると，高度成長期の2.4％から10.5％へと急増していたことがわかる（表4-1）．

　ところがバブルが弾けた1990年代初頭以降，地方財政は史上例を見ない収支不均衡時代に突入した．地方財政計画上の財源不足額は1991年度の6,300億円から，7兆4,800億（1994年度），さらに13兆3,000億（2000年度）へと不連続に拡大し元の水準に戻らなくなった．

　1994年度から停止していた資金運用部からの大規模な借入れが再開され，本来の原資である法定税率部分の交付税総額に対する割合は大幅に低下した[1]．この結果，借入れ依存度は21.6％へと2倍近く高まった（表4-1）．地方財政

---

1) 2000年度の「出口ベース」の交付税総額は21.7兆円であるが，国税5税から算定される「入口ベース」の法定税率分は13.6兆円にすぎない．不足額の約8兆円は交付税特別会計の借入金によって補塡されている．

表4-1 地方交付税の借入れ依存度

期　　間	借入れ依存率（期間平均）
1954-1964	0.2%
1965-1974	2.4%
1975-1991	10.5%
1992-2001	21.6%

(資料)『地方財政要覧』より算出.
注:「出口ベース」の交付税に対する特別
　会計借入れの割合.

　計画上の財源不足額が，国税の定率分で計算した普通交付税額の概ね1割程度以上となり，その状況が2年連続して生じ，3年度以降もつづくと見込まれる場合を，地方交付税法（昭和25年法律第211号）第6条の3第2項に該当する事態という．表4-2を見ると1996年度から今日まで8年連続して，この条項に該当する事態が発生している．財源不足率が100%に近いということは1年分の地方交付税法定繰入分に相当する金額が毎年不足していることを示している．地方交付税は独立共有財源と国庫からの補助金との混合（hybrid）になっているのである．

　地方交付税の原資は国税5税（所得税，法人税，酒税，消費税，たばこ税）の32%にリンクしている[2]．しかし，上に見たように地方団体が受け取る「出口ベース」の地方交付税総額の大半は毎年の「地方財政対策」で確保されており，「32%ルール」は完全に形骸化している．地方交付税の前身は地方財政平衡交付金であるが，この制度では財源保障機能に対する意識が強調される余り，かえって地方団体の「独立共有財源」としての性格が後退し，地方団体の財政運営の結末をすべて地方財政平衡交付金制度の責任に着せしめるという他力本願的な風潮を生んだ．地方交付税制度はこの反省に立って，1954年に誕生した．けれども過去十数年の間，国税収入の一定割合を交付税とする「独立共有財源」としての性格はなし崩しに曖昧化され，地方交付税は平衡交付金的な発想で運営されている．

　地方交付税の平衡交付金的な運用の問題はそれが単なる交付税特会収支の悪

---

2) 正確には所得税の32%，法人税の35.8%，酒税の32%，消費税の29.5%，たばこ税の25%，以上5税の合計が地方交付税の法定繰入分である．地方交付税制度研究会編『地方交付税のあらまし』平成15年度版，地方財務協会による．

1. はじめに

表 4-2 財源不足に対する地方交付税法の対応

年度	地財計画上の財源不足額(兆円)	地方交付税法第6条の3 ②の財源不足率	該当
1994	△3.0	△22.5%	−
1995	△4.3	△31.4%	−
1996	△5.8	△43.4%	○
1997	△4.7	△31.9%	○
1998	△4.6	△30.9%	○
1999	△13.0	△95.6%	○
2000	△13.4	△90.9%	○
2001	△14.2	△89.3%	○
2002	△14.1	△99.3%	○
2003	△17.4	△152.1%	○

（資料）総務省「地方分権改革推進会議ヒアリング資料」
（2003年4月3日付）より．
注：「該当」とは地方財政計画上の財源不足額が，国税の定率分で計算した普通交付税額の概ね1割程度以上となり，その状況が2年連続して生じ，3年度以降もつづくと見込まれる場合．地方交付税法（昭和25年法律第211号）第6条の3による．

化ではすまされないということである．表4-3に示すように，地方財政の借入残高は最終償還主体に注目すると，①個別自治体負担（83兆5,504億円），②交付税特会借入に関わる地方の連帯負担（30兆2,983億円），③交付税措置および特会借入国負担分（63兆2,286億円）の3種類から構成されていると推計される（6章2節）．このうち各地方公共団体が一次的に償還義務を負うと認識している①は「地方借入残高」の47%にすぎない．

しかしこれは錯覚であり地方公共団体が負う実質的コストの一部にすぎない．③の交付税措置といっても基準財政需要額に占める事業費補正および公債費の割合が13%を超えている現状では法定繰入分では賄えず，その実態はかぎりなく②の地方連帯負担に近い．ところが地方連帯負担といっても国税の自然増収で償還できれば個別地方自治体の「負担」はないが，低成長期には償還繰延べを続けていかないかぎり，歳出削減と増税の組合せという形で①の個別地方自治体が「負担」する形になる可能性が高い．このように地方交付税の平衡交付金的な運用は「負担」を後年度の各地方自治体とその納税者に転嫁するものでありながら，そのことが十分に認識されない仕組みになっていることに問題の根深さがあるのである．

表 4-3 地方借入残高と償還主体の推計（2001年度）

(1,000 円)

	総　　額	償還主体別最終負担額		
		個別地方公共団体①	地方連帯負担②	交付税措置額及び特会借入国負担③
地　方　債	130,953,850,266	83,550,426,351	0	47,403,423,915
交付税特会借入	46,123,590,987	0	30,298,355,908	15,825,235,079
合　　　計	177,077,441,253	83,550,426,351	30,298,355,908	63,228,658,994
同 上 割 合 %	100%	47%	17%	36%

（資料）6章表6-3より抜粋．

　基準財政需要の投資的経費を財源対策債に振り替えて後年度の交付税による元利償還措置を行なうか，交付税特別会計が資金運用部から短期貸付を受けるという手法は景気の上昇局面と下降局面が短期間のうちに反復している場合には合理性がある．そうでなければ後年度へ負担が先送りされるだけである．請求書の実質的な宛先は国の一般会計ないし交付税特会ではなく，地方公共団体およびその納税者である．

　地方公共団体には徴税権があるので民間企業と異なり破産，清算はない．地方財政が再建の見込みのない実質的破綻に陥っているという議論も上滑りしており正確な表現ではない．筆者は債務履行状況に問題が発生しているため放置すれば今後破綻する恐れが強いという破綻懸念が実情に近いと考えている（6章）．このような破綻懸念が実質破綻や破綻に転化する前に抜本的な改善策を講じる必要がある．しかし残された時間はとても短い．

　本章の課題は，地方交付税制度が戦後の史上，かつてない不安定性と信頼の喪失に直面しているのはどのような「原因」によるかを実証的に考察し，安定的で透明性の高いシステムへと地方交付税を再生するための制度設計を検討することにある．

　構成は以下の通りである．2節では「原因」について供給側，すなわち原資面から検討する．3節では「原因」について需要側，すなわち基準財政需要の算定面から検討を行なう．4節では再び議論を供給側に戻して，地方交付税制度におけるモラル・ハザード問題を実証的に検証する．5節では4カ国（カナダ，オーストラリア，ドイツ，イギリス）の財政調整制度を比較検討し，地方交付税改革への教訓を明らかにする．結語では以上の考察を踏まえて，交付税

改革のガイドラインを提示する．

2. 財源不足と地財対策

1954年の創設以来，地方交付税制度では，総額は有力な国税の一定割合に固定する一方，財源不足額は地方財政計画をベースにして算定されてきた．このような仕組みをルール通り解釈すると，交付税制度は不安定要因を抱えた装置といえる．地方財政計画上の財源不足額が，国税の定率分で計算した普通交付税額の概ね1割程度以上となり，その状況が2年連続して生じ，3年度以降もつづくと見込まれる場合を地方交付税法（昭和25年法律第211号）第6条の3が注意深くモニタリングしているのは，その証左である．

交付税制度が支持され，安定して運営されてきたのは，高度成長期から1990年までの約35年の間，交付税原資が量的に拡大したため，マクロ的不安定性という争点が消されていたからであろう．本節では交付税制度に恒常的な財源不足が発生し，資金運用部借入れに依存するに至った原因を供給サイドから検討する．

地方財政計画上の財源不足額

地方公共団体が実際に受け取る「出口ベース」の交付税は，交付税法にいう狭義の交付税，すなわち国税5税の法定繰入分からなる「入口ベース」だけではなく，それに一般会計からの特例加算や交付税特別会計による資金運用部借入れを加え，そこから借入金の元利償還費などを減じたいわゆる広義の交付税である．

広義の交付税額は地方財政計画の策定過程とそれに伴う「地方財政対策」により，以下のように決定される．地方財政計画歳出が国の法令や景気対策を勘案して決まり，つぎに地方財政計画歳入が積み上げられる．歳入見積もりは，翌年度の経済見通しと税制改正の影響を勘案して，地方税収の見込み，国庫補助金，地方債の額ならびに交付税の法定5税繰入分（狭義の交付税）の和として算定される．その合算額が歳出総額に不足する場合は地方交付税の増額（広義の交付税）もしくは地方債の増発によって補塡される．これが「地方財政対策」と呼ばれ，一般会計での加算と交付税特別会計での借入金で交付税が増額

される.「地方財政計画」として閣議決定されるものは「地財対策」後の数値である. 上記の関係はつぎの式で表わすことができる.

$$E-(T^e+LAT^e+S) = D$$

$$D = \Delta LAT + \Delta B$$

ここで T^e は地方税収見込み額, LAT^e は国税5税法定分, S は国庫補助金, 地方債, その他収入の和, E は地方財政計画歳出額, D は地方財政計画上の財源不足額, ΔLAT は交付税増額, ΔB は地方債増発額を示す.

このような制度を前提にすると地方財政計画上の財源不足は, ①地方税収見込み額 T^e と交付税法定5税繰入分 LAT^e という「供給側」が不足するか, ②地方財政計画歳出額 E (それに連動して決定される基準財政需要) の「需要側」が増大するかのいずれかの要因で発生することになる[3]. 以下では「供給側」の問題点を考察する.

「供給側」の要因

交付税の法定繰入分 LAT^e が景気の変動による地方税収見込み額 T^e の増減を相殺するような機能をもっていれば,「供給側」は地財計画上の財源不足の原因とはならない. しかし実際はその逆である. 地方交付税の対象税目となっている法人税・所得税と地方自治体の主要な税目である住民税・事業税は共に所得を課税標準としているため, 景気の変動に関して正の相関関係にあり, また所得税と個人住民税は特別減税などの対象になりやすい. この結果, 景気の低迷や特別減税の実施に伴って, 住民税・事業税の税収が減少するときには, 地方交付税も減少する傾向があるため, 財源不足が生じやすい. 一方, 逆に景

---

[3] この他の要因として恒久的減税, 国庫支出金の削減の影響がある. 過去の税制改正においては減収超過額の一部を地方税の自然増収で対処する場合もあったが地方交付税, 地方税等の増減税額はニュートラルであり, 地方税財源総額に変化はなかった. しかし1998年の恒久的な減税では地方税の減収による減収については4分の1を赤字地方債である減税補塡債で, 国税の減税による地方交付税の減少については全額を資金運用部からの借入金で補塡された. 減税が一年限りの特別減税と異なり, 期限に定めのない恒久的なものとされているにもかかわらず地方税財源が実質的には減になっており恒久的減税は地方の負担においてなされている. 1985年度から各行政分野ごとに国庫補助金などの補助負担率を引き下げる措置がとられた. しかし国庫補助負担率の引き下げによる地方負担の増加は経常経費については地方交付税措置が講じられる一方, 投資的経費については地方債が充てられるとともに, その元利償還が全額基準財政需要額に算入された. 国庫支出金の削減額が最終的に地方交付税に振り替えられた.

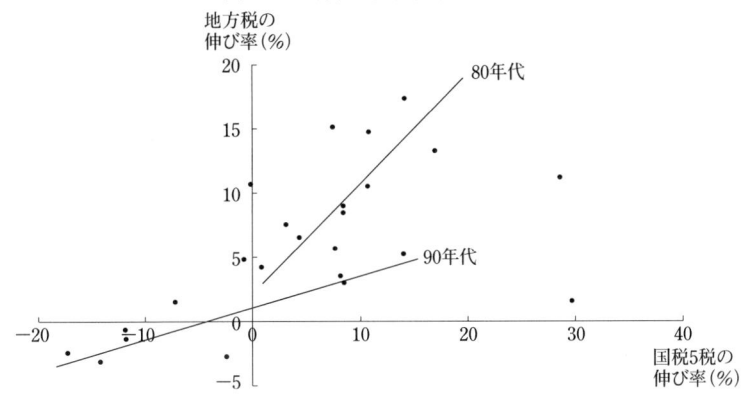

図 4-1 地方税と交付税原資の相関

（資料）税制改正調整済み地方税は『地方税に関する参考計数資料』，国税 5 税については財務省『財政金融統計月報』による．

気の拡大に伴って住民税・事業税の税収が増大するときには，地方交付税も増大する傾向にあるため，財源余剰が生じやすい．このように現行の地方交付税では，地方交付税の対象税目と主要な地方税の税源が重複しているために，地方交付税は景気の変動による地方税収の増減を相殺するような機能を有していない．

図 4-1 はこの点を実証的に検討するために作成したものである．図の横軸には税制改正の影響を補正した国税 5 税の増加率が，縦軸には同じ補正を行なった地方税総額の増加率が測られている．1980-2000 年度の増加率の組み合わせをプロットしてみると，明らかに両者には正の相関関係があることがわかる．そして国税 5 税の増加率の変動幅は地方税のそれよりも相当に大きい．とくに 90 年代以降には，地方税の増加（減少）に対する国税 5 税の弾力性は高まるだけでなく，国税 5 税の伸び率自体がマイナスを記録しており，交付税原資がより一層不安定化していることがわかる．この結果は，地方交付税制度は原資である国税 5 税と基幹的地方税の課税ベースが重複しているために，好況期には余剰が，不況期には財源不足が発生しやすいという主張を裏付けている．

「需要側」の要因

以上のような原資の不安定性がバブル経済以降今日に至るまで，地方財政計

画上の財源不足額が史上,例のない水準に拡大した要因であったことは間違いない.しかし,財源不足額の「原因」として原資の不安定性はどの程度の重要性をもつものと評すべきであろうか.地方税収見込み額 T^e と交付税法定5税繰入分 LAT^e という「供給側」の要因は,現行制度を前提にするかぎり基本的には景気変動によって外生的に決定される[4].巨額の財源不足額が外生的要因だけによって発生しているのであれば,景気の回復によって交付税制度はもとの健全な姿にもどるはずである.

しかし,筆者は長期にわたる巨額の財源不足額は交付税原資が自動的に減少したために発生しただけではなく,バブル期以降,継続的に上昇してきた基準財政需要額を原資に合わせて削減できなかったこと,すなわち「需要側」の下方硬直性も重要な「原因」であったと考える.以下,そのように考える理由について,事実を整理したい.

地方財政計画上の財源不足額は地財計画の歳出と歳入見積りとの差額であるから,不足額の伸び率は,歳出・歳入各項目の成長率をそれぞれの項目が不足額に占めるシェアでウェイトづけして平均したものに等しくなる.これによってどのような項目の変化によって財源不足額が拡大したり,縮小したりするかがわかる.もっとも地財計画策定上の歳入見積りは公表されていないため,地方税見積りについては『地方税に関する参考計数資料』に載っている税制改正調整済みの翌年度見積りを,交付税見積りについては『地方財政要覧』に載っている国税5税法定繰入分で代用する必要があるし,補助金や地方債の見積りに至っては部外者には全くわからない.このようなデータの制約をうけつつ1985-2001年度についてまとめたのが表4-4である.金額についての関心をもつことも重要なので,この表では歳出・歳入各項目はウェイト付けした伸び率ではなく対前年度増減百で,財源不足額と地財対策は当該年度額で示されている.この表からわかる事実をまとめると以下の通りである.

(1) 80年代末からバブルが弾けた93年度まで年度当初の通常収支はほぼ均衡していた.地方税収見込みと交付税法定繰入分は法人税の急伸によって,

---

[4] より正確には景気変動そのものではなく政府による翌年度の「経済見通し」に基づく数値に税制改正による影響を加味して決定される.この場合「経済見通し」を独立変数と見なすことも可能である.

表 4-4　財源不足額の要因（1985-2001 年度）　　　　　　　　（億円）

年度	「需要側」地方財政計画歳出（対前年増減）	「供給側」税収見積り（対前年増減）	法定繰入分（対前年増減）	財源不足額 通常収支不足額（当初）	地方財政対策 特会借入（通常収支分）	地方債増発
1985	22,379	21,591	8,797	5,800	0	4,800
1986	22,187	15,535	4,896	11,700	4,502	9,300
1987	16,338	1,509	△4,023	23,758	0	18,730
1988	34,402	22,776	10,237	17,259	0	14,014
1989	49,529	21,456	26,677	7,600	0	7,600
1990	43,675	21,446	19,063	7,600	0	7,600
1991	37,446	18,873	11,998	6,300	0	6,300
1992	34,803	13,460	1,467	6,100	0	6,100
1993	20,501	5,312	△6,413	1,500	0	1,500
1994	45,129	△19,743	△23,620	58,779	29,179	25,461
1995	15,812	11,830	△42	42,572	20,970	15,600
1996	27,755	176	△7,275	57,533	24,577	20,300
1997	17,748	32,328	22,344	46,544	18,330	19,900
1998	368	14,609	4,492	46,462	18,100	18,900
1999	14,352	△31,795	△32,431	103,694	68,969	22,500
2000	3,984	△2,389	9,392	98,673	64,892	24,300
2001	3,771	5,242	7,068	105,923	28,738	25,300

（資料）地方財政計画支出は『地方財政計画』による．税収見積り額は『地方税に関する参考計数資料』による．交付税の法定繰入分，通常収支不足額，地方財政対策は『地方財政覧』による．

注：「需要側」「供給側」の数値は対前年増減額，「財源不足額」「地方財政対策」の数値は当該年度の数値．92 年，93 年には決算でそれぞれ 15,682 億円，16,675 億円を特別会計で借り入れている．

毎年合計で 3~4 兆円ずつ増え続けた．この間，交付税の特例減額という方法で 1 兆 7,000 億円を地方が国へ貸し付けた．91 年度当初予算では昭和 50 年代に累積した交付税特別会計借入金を実質的に全額繰上げ償還した上で，財源対策債についても償還基金を積み立てた．しかし毎年 3~4 兆円以上も「供給側」が増大したにもかかわらず，均衡していた通常収支が一向に黒字に転換しない奇妙な現象が生じたのは，地方財政計画支出（「需要側」）がそれとほぼ同額だけ毎年，膨張していたためであった．その背後には政府の公共投資基本計画（1991-2000 年）と呼応して「ふるさと創生」をきっかけとした地方単独事業による地域づくりが推進されたことがある[5]．

---

5) 過去十数年の「地方財政対策」については，嶋津（2001）を参照．

(2) 94年度から96年度にかけては減税と景気対策により財源不足に突入し，96年度には交付税法第6条の3第2項に該当する事態となり，1984年度に停止した交付税特別会計借入れに本格的に再突入した．年度当初の通常収支は93年度の1,500億円から94年度の5兆8,779億円と断絶した水準に一挙に飛躍し元の水準に戻らなくなった．たしかに94年度には地方税見込みと交付税法定繰入分は合計で4兆3,363億円も減少した．しかし財源不足拡大への影響は「供給側」の要因よりも「需要側」の要因の方が大きかった．95,96両年度に至っては「供給側」の要因は地方財政計画歳出の膨張という大波の波間にかくれてしまった．事実，景気対策のための公共事業，ガット・ウルグアイラウンドの関連施設をはじめとして，地方単独事業は96年度にピークに達した．この間，95年度には分権推進法が成立し，96年12月には機関委任事務の廃止を基本とする地方分権委員会第一次勧告が出された．

(3) 97年度から実施された地方消費税は未平年度化による財源不足1.2兆円をもたらしたが，この頃より財政構造改革論議が本格化したため98年度の地方財政対策では地方単独事業は15年ぶりに縮小した．また2003（平成15）年度までに国，地方合わせた財政赤字をGDP比4.7%から3%以下に縮小することが閣議決定された．このように「需要側」が抑えられたため，財源不足額は4兆6,000億円台と前期より数千億円も縮小した．しかし97年度には前年度にくらべ5兆4,672億円も「供給側」が増大したにもかかわらず，通常収支の財源不足額は1兆989億円しか減っていない．ここでも供給側の要因は需要側の大波の波間にかくれてしまったのである．

(4) 98年度の参議院通常選挙の結果成立した内閣は，財政構造改革を停止するとともに，恒久的減税5.8兆円を含む総額27兆円規模の史上最大の景気対策を講じ，財政再建路線は180度転回した．恒久的減税による収支不足は平年度3.5兆円となり，たばこ税移譲，交付税率（法人税）引上げ，臨時特例交付金，交付税特会借入れで補塡された．通常収支も98年度の4兆6,462億円から2000年度には10兆3,694億円と再度水準が飛躍的に転位した．これに減税による収支不足が加わるため，地方財政史上例を見ない収支アンバランスの状況に陥ることになった．この時期の財源不足急増の大半は，景気後退に伴う地方税見込みならびに交付税法定繰入分の6兆4,226億円に及ぶ減収，すなわ

ち「供給側」によるところが大きい．2001年度には98年度から2000年度まで繰り延べていた交付税特会の既存借入金償還金が発生したため財源不足額が拡大しているが，2004年度以降に繰り延べられた．

財源不足発生の原因

以上のように，「供給側」が増大している時には「需要側」がそれ以上に膨張して，収支の黒字化が不胎化される一方，景気が後退して「供給側」が減少する時は「需要側」の膨張によって収支の赤字化が増幅されてきた．このような事実は，地方財政計画上の財源不足は景気変動によって自動的に発生しているだけではなく，地方財政計画歳出の一貫した膨張傾向（景気拡大期）と下方硬直性（景気後退期）によってもつくりだされているという仮説を裏付けている．唯一の例外は98年度と99年度であり，前者は「需要側」（＝地財計画歳出）が意図的に抑制され，後者では財源不足の大半は「供給側」（＝地方税見込み，交付税法定繰入分）の減少によって引き起こされた．本来，国が地方に義務付け，期待する「需要側」が景気変動に振られやすい「供給側」に引きずられる形で裁量的に算定されたのは何故であろうか．

3. 基準財政需要の裁量性

前節までの考察によって，地方財政計画上の財源不足額，したがってまた交付税の特別会計借入金は，地方財政計画歳出と連動して決定される基準財政需要の動向に規定されるかたちで拡大しつづけたことが推測された．それでは高度経済成長期までの原資総額の伸びに対応して積算していた基準財政需要額を交付税原資の縮小に合わせて削れなかったのは何故なのであろうか．本節では基準財政需要算定について，より深く検討を加える．

交付税の「合理的かつ妥当な水準」

地方交付税の目的は，「合理的かつ妥当な水準」における地方行政サービスの提供に必要な一般財源を保障することにある．

もっとも「合理的かつ妥当な水準」が何を示すかについて地方交付税法には規定がない．しかし，制度本来の趣旨は「標準的な行政サービス水準」の保障

というよりも教育，保健，厚生活動について「最小限」のナショナル・ミニマムを保障することにあると思われる．

地方財政平衡交付金の導入を勧告した『シャウプ使節団税制報告書』が，交付金の目的について，

> 「各地方に交付される金額は，合理的だが最小限度の標準的行政を行なうと仮定した場合の歳入の予想必要総額から利用し得る税の適当な標準税率による歳入額として表せる予想財源を控除したものであろう」（傍点，筆者）[6]

と述べているのは，その証左であろう．しかし高度成長が続き，成長の果実を地方財政が享受しているうちに，いつしか交付税で保障しているサービスは「最小限」の行政を越えて「標準的な行政サービス」に変化してきた．

さらに80年代後半のバブル期には所得税・法人税の膨張を背景に，交付税で保障されるサービス水準は豊かになった．そこでバブルが崩壊し，交付税原資が大きく落ち込んだ．しかし，交付税原資の伸びに対応して積算していた基準財政需要額を下げることができず，地方交付税制度の信頼性は脆くも低下するに至った．

ここで財源保障水準がどのように推移してきているか，検討しよう．行政の量的あるいは質的な拡大がなかったとしても，行政コストは時間の経過と共に生じる物価上昇により膨張する．図4-2は，基準財政需要が1980年度以降，物価の上昇に対応する分だけ拡大したと仮定して，その場合，必要な基準財政需要額（以下，「調整済み理論値」）をラフに算定した上で，この調整済み理論値と実績値と比較したものである．物価上昇率として政府最終消費のデフレーターを用いた．ただし，ここでは物価上昇率のみを考慮しており，測定単位（人口，面積）の増加や基準財政需要の構造変化（ふるさと創生，ごみ処理，介護など）については度外視している．したがって図4-2は，財源保障水準の推移についてのごく大雑把な指標であることに留意されたい．

この図から，80年代前半までは実績値と調整済み理論値はほぼ一致していたが，バブル期を境にして，実績値は調整済み理論値と大幅に乖離しはじめ，バブル崩壊後にはその乖離が一層拡大していることがわかる．この結果は，地

---

[6] 「シャウプ勧告」大蔵省財政史室編『昭和財政史』(16) 地方財政，付属資料IIによる．

3. 基準財政需要の裁量性

図 4-2　財源保障水準の推移 (1980-1999 年度)

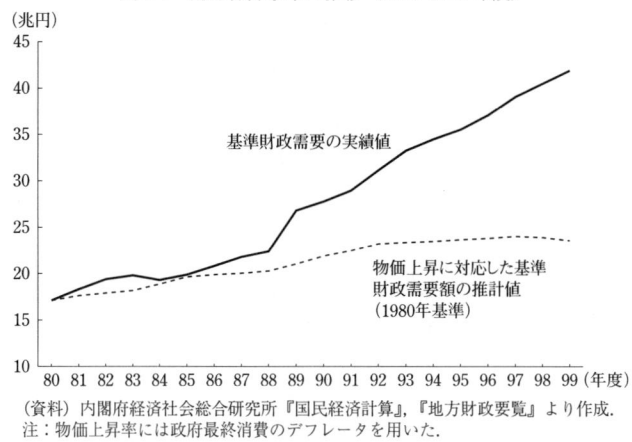

(資料) 内閣府経済社会総合研究所『国民経済計算』,『地方財政要覧』より作成.
注: 物価上昇率には政府最終消費のデフレータを用いた.

方交付税制度が財源面から保障しようとしている,地方の「標準的な行政水準」そのものがバブル期以降,継続的な上昇と下方硬直性を強めてきていることを間接的にではあれ裏づけている.

地方財政計画との連動

　交付税の基準財政需要が膨張し,「標準的な行政水準」が豊かになってきたとすれば,それは総体としての地方の意図的な選択の結果なのであろうか,それとも国の義務づけや関与の結果なのであろうか.これがつぎに検討しなければならない問題である.

　基準財政需要は毎年度,閣議決定される地方財政計画における歳出に連動している.地方財政計画歳出のうち,特定財源で行なう事業を除いた,一般財源に見合う歳出が交付税の基準財政需要となり,マクロで財源保障が行なわれる.ところで,地方財政計画の各項目は大まかにいって,①国の法令や予算で決まってくるもの,②地方団体の数字から積み上げられるもの,③国の予算の状況や地方の状況を勘案して決められるもの,の三つから成り立っている.

　このうち,②に該当するのは地方が必要とする地方債償還費を積み上げる公債費が代表的であるが,金額は 13 兆 4,314 億円,全体に対する割合は約 15.3% である (2002 年度).③に該当するのは景気対策,公共事業,各種の整

備計画を勘案して決められる地方単独事業（ごみ処理，社会福祉系統，投資的経費等）であり，金額は37兆7,249億円，割合は約43％である[7]．②に該当するのは，国庫補助関連事業（義務教育，生活保護，老人福祉，公共事業）および単独事業に分類されている警察官，消防職員，高校教職員の給与であり，その合計金額は31兆3,802億円，割合は約35.8％である[8]．

このように地方財政計画とそれに連動して決まる基準財政需要額は，それが独自に決定できるものではなく，国の制度・政策に左右されるところが少なくない．地方交付税に関する代表的な解説書が，

「地方財政計画や地方交付税（基準財政需要額）の内容は「独立変数」ではなく，国の決めたあるいは国の期待する行政内容と水準の「従属変数」の部分が大きい」[9]

と述べているのも，同じ趣旨である．

算定の裁量性

しかし，国の制度・政策に左右されるところが少なくないとしても，交付税が保障しようとする「標準的な行政水準」の定義は実はかなり複雑で曖昧な部分を含む．以上のような，国の義務づけ・関与を強調する見方に対して，最近，交付税の基準財政需要算定をめぐる裁量性と下方硬直性を再検討する機運が高まっている．以下のその代表的な議論である東（2000）と宮島（2001）の所説を紹介しておきたい．

東（2000）は，「標準的な行政サービス」を見積るといっても，地方行政制度や国の基準によって明確化されているもの以外は明確な基準がないため，一般行政費の中の国庫負担金を伴わないもの，投資的経費の中の普通建設事業費等において，標準的な行政サービスの算定に裁量の余地があるのが現状であると指摘している[10]．このため，景気の拡大によって国税法定割合分や事業税・住民税に自然増収が見込まれる場合には，地方財政計画の裁量的経費部分を増

---

7) 単独事業であっても戸籍，保健所，ごみ処理は国が法令で実施を義務づけている．
8) 上記，三分類に属さないものとして「公営事業繰出し金」，「その他」がある．
9) 岡本（2002），71, 82頁．
10) 東（2000），137-138頁．

大させ，財源余剰の発生を避けようとする誘因が働くという仮説を提示している．

この仮説について検証を試みた宮島（2001）は，1975年度から2000年度まで26年度について基準財政需要実質伸び率が基準財政収入伸び率によって概ね説明されることを明らかにした[11]．

しかし，東や宮島の所説では財源対策債の果たす役割が必ずしも十分に組み込まれていないので，この点を補強した検証をここで試みる．過去20年の間，景気対策で公共事業が増える一方で，財源不足が続いていたため，しばしば投資的経費に関わる基準財政需要を交付税から地方債に振り替えて，その元利償還費を後年度の基準財政需要に算入した．そのために発行されたの財源対策債であり，地方財政法5条の特例として処理された．したがって実質的な基準財政需要が伸びていたにもかかわらず，見かけ上の基準財政需要を抑える仕組みが働いており，結果として基準財政需要と基準財政収入の伸び率が一致するようになっていた可能性が残されている．

これを検証するため，①基準財政需要額に財源対策債発行額を加えて「修正基準財政需要額」を算定する，②基準財政需要額，修正基準財政需要額，基準財政収入額の三者について多項式で推計した長期トレンドからの乖離をとり，「循環的変動分」を分離する，という2段階の手順をとった．1970年度から2001年度までの32年度について，図4-3に循環変動が示されている．

この図から，82年度から88年度までの下降局面，88年度から98年度までの上昇局面において，基準財政需要と基準財政収入の循環はほぼ一致していることがわかる．この結果は，「標準的な行政サービス」を保障するという一般的理解と異なって，基準財政需要が短期的に見ると基準財政収入に合わせて伸ばされていたことを間接的に裏づけている．その背景には6章で触れる「ふるさと創生」事業を裁量的に推進したこと等が挙げられる．

しかし，75年度から81年度，96年度から2001年度の合計13年間，財源対策債を含めた修正基準財政需要は，財政統計上の基準財政需要を大幅に超過していることは明らかである．国の景気対策に協力するため，投資的経費を財源

---

11) 宮島（2001），14-17頁．

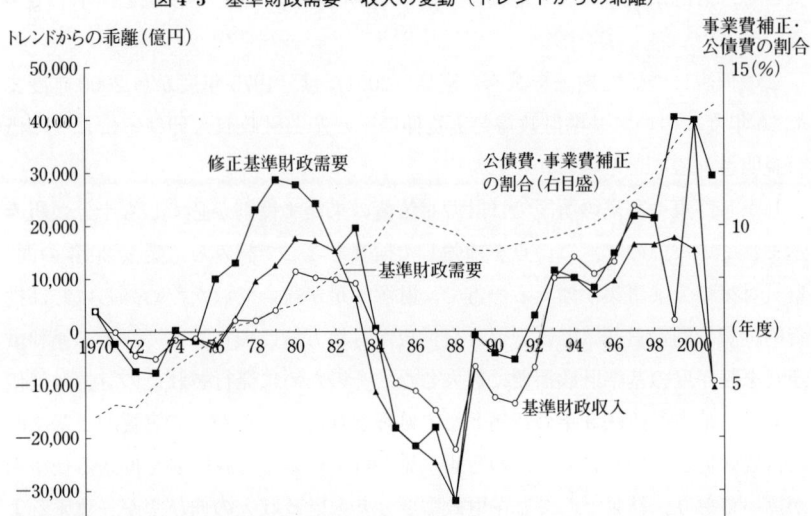

図 4-3 基準財政需要・収入の変動（トレンドからの乖離）

（資料）『地方財政要覧』『改正地方財政詳解』より算定．
注：基準財政需要のトレンドの推計式は，$y=19.379X^2+12175X+18295$ ($R^2=0.9857$)．
基準財政収入のトレンドの推計式は，$y=0.747X^2+7105.6X+6643$ ($R^2=0.973$)．ただし，X は期間．
「修正基準財政需要」は基準財政需要と財政対策債の和．「公債費・事業費補正の割合」は，単位費用における公債費算入，事業費補正による公債費算入および公債費の和の，基準財政需要額に対する割合．

対策債として一時的に交付税の外に追い出したために循環が一致しているように見えるが，本来の基準財政需要は見かけよりも高かった．この結果は，景気の低迷期に投資的経費を中心として基準財政需要が国によって伸ばされるために，需要が収入を大幅に超過したことを裏づけている．しかし財源対策債の発行が多額に上ったため，事業費補正等による算定のウェイトが 14％ に達していることが同図からもわかる．基準財政需要を見かけ上，低く見せる財源対策債の発行は一時の便法にすぎず，後年度への負担の先送りであるといえる．

過大な「単独事業」の帰結

以上で説明したように，基準財政需要はバブル経済以降，基準財政収入に合わせて伸ばされていたのであるが，それは一体どうしてだったのであろうか．

いうまでもなく 90 年代以降一貫して追求されてきた拡張的財政政策が，国の公共事業よりも，むしろ地方公共団体の行なう地方単独事業の継続的な拡大

を通じて実施されてきたからであろう．この点についての検証は6章2節で詳しく行なうので，ここでは基準財政需要との関係に焦点を絞って，若干の検討を加えるだけに止めたい．

基準財政需要は毎年度閣議決定される地方財政計画に連動してマクロ・ベースが決まる．ところで地方財政計画の歳出の中身を検討すると，①公債費のように地方公共団体の数値から積み上げられて算定される費目は，性質上，裁量の余地はない．②国庫補助関連事業（義務教育，生活保護，老人福祉，公共事業）および単独事業に分類されている警察官，消防職員，高校教職員の給与も，各年度の国の法令や予算措置で決められるので，地財計画の段階で裁量的に増減することは困難である．③国の景気対策，公共事業，各種の整備計画を勘案して決定される地方単独事業には「ナショナル・スタンダード」がなく，地財計画の段階で裁量の余地がある．

この点を検証するために，基準財政需要の増減額と地方財政計画上における主要費目の増減額との相関を調べ，1971-2001年度を前半と後半に分割してまとめたのが，表4-5である．この表から，基準財政需要額の増減と一般行政費の増減との間には基本的に相関関係がないことがわかる．単独事業であっても一般行政費の場合は国が法令でその実施を義務付けているもの（ごみ処理，保健所）があり，裁量的な算定ができないのであろう．一方，基準財政需要額と投資的経費との間には弱い正の相関関係があることがわかる．しかも正の相関関係は，補助事業よりも単独事業の方がより大きい．

この結果は，単独事業の裁量的拡大を通じて，基準財政需要が基準財政収入に合わせて伸ばされてきたことを間接的に裏付けている．

このように90年代以降の地方交付税制度が，戦後の日本で，前例のない不安定と信頼の喪失に直面しているのは，バブル以降の基準財政需要の継続的上昇と下方硬直性によるところが大きいが，もう一つには，〈地方単独事業の平常化〉への本格的な転換が著しく遅れたことに「原因」がある，と筆者は考える．

地方財政計画上の地方単独事業の見積り額は拡大を続け，1990年の12兆638億円から，98年の20兆1,000億円へと1.67倍も伸びている．これに対して単独事業として実際に執行された額は表4-6に示されているように，すでに

表 4-5 基準財政需要と地方財政計画の相関係数行列（1971-2001年度）

A. 1971-1985年

	基準財政需要額	給与関係費	一般行政費(補助)	一般行政費(単独)	投資的経費(補助)	投資的経費(単独)	公債費
基準財政需要額	1.00	—	—	—	—	—	—
給与関係費	0.25	1.00	—	—	—	—	—
一般行政費（補助）	−0.05	0.52	1.00	—	—	—	—
一般行政費（単独）	0.05	0.17	0.79	1.00	—	—	—
投資的経費（補助）	0.54	0.06	−0.28	−0.19	1.00	—	—
投資的経費（単独）	0.74	0.17	−0.25	−0.19	0.78	1.00	—
公　債　費	0.02	−0.10	−0.35	−0.19	−0.17	0.20	1.00

B. 1986-2001年

	基準財政需要額	給与関係費	一般行政費(補助)	一般行政費(単独)	投資的経費(補助)	投資的経費(単独)	公債費
基準財政需要額	1.00	—	—	—	—	—	—
給与関係費	0.36	1.00	—	—	—	—	—
一般行政費（補助）	−0.04	0.39	1.00	—	—	—	—
一般行政費（単独）	−0.26	−0.20	0.57	1.00	—	—	—
投資的経費（補助）	0.22	0.34	−0.07	0.22	1.00	—	—
投資的経費（単独）	0.47	0.66	−0.11	−0.06	0.73	1.00	—
公　債　費	−0.09	−0.34	−0.50	−0.33	−0.19	−0.05	1.00

（資料）総務省（旧自治省）自治財政局財政課編『地方財政計画』財務省印刷局より算出．
注：いずれの系列も対前年度増減額．

バブル崩壊後の 1993 年度から計画額を下回るようになった．これは法人事業税の急落で財政難に陥った大都市府県が単独事業を身の丈に合わせて縮小したためであった．それにもかかわらず単独事業の計画額は拡大を続けたため，地財計画の見積り額と決算額との差は 1999 年度に 5 兆 7,727 億円に達した．地財計画上の単独事業が本格的に減少するのは 2000 年度以降である（6 章 2 節）．

もちろん，単独事業が意図的に水増しされたというのはいいすぎであろう．政府も単独事業の消化率が低下していたことは十分認識していたと思われる．実際には政府も優柔不断で，景気の回復と財政再建の間で経済政策の重点が揺れ動き，成算もなくずるずると地方依存の景気対策を続けたとみるべきであろう．

このように地方単独事業の平常化への本格的な転換が著しく遅れたことが，地方交付税に対する信頼感を著しく損ねた重要な「原因」の一つであった．

表 4-6　地方財政計画と決算の乖離　　　(単位：億円)

年度	給与関係経費	一般行政経費	投資的経費			合計
			小計	うち		
				補助事業費	単独事業費	
1984	15,748	30,841	△1,4531	4,231	△19,175	29,863
1985	13,057	35,232	△12,515	2,708	△16,494	29,555
1986	n.a.	n.a.	n.a.	n.a.	n.a.	n.a.
1987	13,400	39,552	△9,769	△394	△9,943	37,643
1988	13,656	42,331	△2,165	778	△3,689	42,310
1989	13,816	35,833	3,251	1,701	598	31,247
1990	12,281	61,067	15,584	1,995	12,222	59,803
1991	11,086	75,140	17,585	1,457	15,344	79,230
1992	10,445	78,262	13,820	2,952	10,527	80,450
1993	9,090	73,308	△1,315	1,677	△4,567	70,644
1994	11,883	81,637	△15,437	△2,441	△12,431	78,519
1995	12,170	89,658	△18,341	△647	△19,542	82,025
1996	13,890	86,896	△30,390	△1,182	△29,221	65,556
1997	15,778	85,898	△41,272	△130	△41,736	55,079
1998	14,307	91,276	△38,965	△2,399	△37,531	54,032
1999	13,985	90,007	△57,727	△1,235	△56,781	43,153

(資料)『地方財政要覧』各年度版より算出．
注：1) 本表における乖離は再修正後決算と再修正後計画額との差額．再修正後決算額は決算額に次年度繰越を加え，前年後繰越，計画対象外分を控除した額．修正後計画額とは計画額に修正試算と決算との計画方法の差異を加えた額．2) 投資的経費の小計には本表に掲げられている補助・単独事業の他に，直轄事業負担金，災害復旧費，失業対策費が含まれる．3) 合計には本表に掲げられている項目の他に公債費，維持補修費，公営企業繰り出し金，不交付団体水準超経費を含む．乖離の単純合計と合計欄は一致しない．

4. 地方交付税制度とモラル・ハザード

ここまで筆者は地方交付税制度が史上稀に見る不安定性と信頼喪失に直面している「原因」が，地方財政計画における「供給側」だけではなく「需要側」にもある，という議論を展開してきた．しかし，これは「供給側」を全く度外視してよいということを意味するわけではない．なぜならば「供給側」はそもそも景気変動によって外生的に与えられるとは限らないからである．たしかに税制改正の影響を度外視すれば交付税の法定繰入分 LAT^e について裁量の余地はない．けれども，地方税収見込み額 T^e は地方公共団体の徴税インセンティブにも左右される．

地方自治体の財政規律が緩んだ原因として，地方交付税制度におけるモラル・ハザード問題を挙げる人は少なくない．地方交付税におけるモラル・ハザードとは地方自治体のインセンティブに任せておくと税収を増加しようとする自主的な努力を怠り，社会的観点から見て過剰な水準に地方交付税が決定されることをさす[12]．

　しかしこれまでのところモラル・ハザード現象の原因を，地方交付税制度の中に見いだすことができるか否かについて実証的に検証されているとはいいがたいと筆者は考える．

留保財源率の引上げ

　個別の地方公共団体が受領する地方交付税は基準財政需要と基準財政収入[13]との差額で算定されるので，歳入確保努力を行なった地方団体が交付税の減額という形で不利になり，逆に努力しない地方団体が交付税の増額という形で有利とならないように，注意深く制度設計をする必要がある．

　こうした副作用を抑制するために現行制度では，基準財政収入額には，標準的な税収入見込額の全額を算入せず，都道府県分については標準的な税収入の80％，市町村分については75％を算入し，地方公共団体に税源培養と徴税の努力を促している．この税率を「基準税率」といい，地方公共団体の手元に残る部分を「留保財源」という．

　しかし，交付団体にとって x 億円の税収を増加させると都道府県であれば

---

[12] 一般補助金とモラルハザードの問題について，田近・油井・佐藤（2001）によって検討がなされ，新たなインセンティブメカニズムとしての線形地方交付税制度が提唱されている．モラルハザード現象を，わが国の地方交付税制度の中に見いだすことができるかについて，堀場・持田・深江（2003）は制度論的アプローチから検証を試みている．

[13] 基準財政収入は，基準財政需要とは異なり，直接に各地方公共団体ごとの標準的な一般財源収入額として算定される．その算定にあたっては，法定普通税を主として，これに地方譲与税および若干の目的税（自動車取得税，軽油取引税，事業所税）が対象とされ，法定外普通税や目的税は，国庫補助負担金，使用料，手数料などとともに，対象から除外されている．これは後者の多くは，普遍性を欠くうえ，一般財源として扱うよりも「基準財政需要」の単位費用算定のさいに，特定財源として除外するほうが適当であるという理由による．ただし，目的税のうち，何を基準財政収入の算定対象とするのかは，かならずしも明白ではない．たとえば，都市計画税は，任意課税であり，制限税率の範囲内で自由に税率を定めることができるという理由で対象外とされているが，普遍性や収入額の点では算定対象とされている事業所税よりも適合性があるといった点を指摘できる．

0.8x 億円，市町村であれば 0.75x 億円におよぶ交付税の受取額の減額が依然生じることに変わりはない．これは生活保護なり在職老齢年金なりの受給世帯が，いったん働きだすと給付や年金額をカットされ，働くことにきわめて高い限界課税がなされることに似ているという指摘がある．

ひとたび交付団体になると自力で脱却するのが困難になる「貧困の罠」(poverty trap) を克服するための解決策として，留保財源率を引き上げることが考えられる．事実，近年の地方分権化において，税収確保インセンティブの強化はキー・ワードの一つである．

2001年6月14日に発表された「地方分権推進委員会最終報告」では，つぎのように指摘されている．「地方交付税の算定については，……地方の課税努力，税源涵養努力，独自財源充実の自助努力を更に促進する仕組みを検討すべきである」と．

これをうけて，総務省は2001年11月2日，「税収確保努力へのインセンティブを強化するため，留保財源率を引き上げる方向で検討する」旨の資料を経済財政諮問会議へ提出している．その結果，2003年度から都道府県分について留保財源率が20%から25%へと引き上げられた．もっとも留保財源率引上げの場合，交付税所要額が変わらないように見合う額だけ基準財政需要を圧縮するので，各地方団体にとっては，その減額部分について財源保障範囲が縮小されることとなる．

総務省交付税課の『地方交付税関係資料』(平成15年4月発行) が留保財源率引上げの「趣旨」について，

> 「交付税の算定上，算入することとされている地方税収の割合を低くすることにより (＝留保財源率を引き上げることにより)，企業誘致等により税収が増えた場合に，地方団体が自由に使える財源 (一般財源) が増加するようにすることで，税収確保へのインセンティブを高める」[14]

と述べているのは，交付税制度によるモラル・ハザードの存在を暗黙的にではあれ認めていることを示す．

---

14) 総務省交付税課 (2003), 27-28頁.

表 4-7 超過課税の実施状況（団体数）

	超過課税	標準税率	標準税率未満
都道府県			
都道府県民税法人均等割	1	46	0
法人税割	46	1	0
法人事業税	7	40	0
都道府県民税個人住民税	0	47	0
市町村			
市町村民税個人所得割	0	3,237	0
個人均等割	18	3,208	0
法人均等割	574	2,658	0
法人税割	1,430	1,802	0
固定資産税	276	2,953	0
軽自動車税	29	3,203	0
鉱産税	52	3,180	0
入湯税	2	3,230	0

（資料）総務省自治税務局『地方税に関する参考計数資料』より算出．

課税努力についての見方

しかし，留保財源率が変更されたにもかかわらず，地方交付税制度におけるモラル・ハザード現象については，定性的ないしは直感的な議論がほとんどであり，説得力のある実証分析は十分に行なわれているとはいいがたい．

ここで実証分析の前提として，「課税努力」を構成する諸要素を特定し，つぎにその要素が他の変数によって決まる内生（従属）変数であるのか，地方自治体にとって所与の外生（独立）変数であるのかを制度論的に考察する．地方自治体が裁量的に「課税努力」(tax effort) を怠り，地方税負担を低く抑え，意図的に交付税の増額を図るためには，税率，徴税率，あるいは課税標準のどれかを引き下げるという三つのルートが考えられる．

(i) 税率　日本の地方税の大半には標準税率が設定されている．標準税率は地方自治体が課税する場合，通常よるべき税率として設定されている．地方自治体は財政上，特別の必要がある場合は，制限税率の範囲内で任意に税率を設定できる．けれども基準財政収入額を算定するときは，実際の税率ではなく，標準税率によって行なわれる．つまり税率は内生変数だが，交付税の算定との関係性がない．したがって地方自治体が税率を引き下げても交付税の受領額は増えず，逆に超過課税分が交付税の減少によって相殺されることはない．表

4-7 が示しているように，2002 年度末現在，標準税率未満の税率で地方税を徴収している団体は存在しない．

(ii) 補足徴税率　客観的に課税客体の数量を把握し，当該数量に標準的な単位当たり税額を乗じてあるべき収入を基礎とすることが規定されている．具体的には，納税者が税を納めないことによる徴収漏れや滞納は考慮せず，一定の補足徴税率で徴収されたものとして計算する．そのかわりに滞納していた過去の税額は算入しない．したがって地方自治体は徴収率を裁量的に変更できるが地方交付税の額に影響をあたえることは不可能である．

(iii) 課税標準　地方自治体が裁量的に税収を低く抑えようとする場合に，注意深く検討する必要があるのは課税標準である．日本では基幹的な地方税は，個人住民税，法人住民税，事業税等であるが，実質的に所得税，法人税および消費税の付加税ないしは税収分割であって，課税標準の決定権を実質的には地方団体はもっていない．したがって課税標準は交付税額との因果関係があるが，地方自治体にとっては外生変数であるため，意図的に低く評価すること自体が可能ではない．

このように，わが国ではデンマークの地方所得税で見られたような（1章3節），地方自治体が裁量的に「課税努力」(tax effort) を怠り，地方税負担を低く抑え，意図的に交付税の増額を図ることは制度上できないと推測できる．

都道府県の課税努力

ここでは上記の「推測」を，三つの基幹税が税収に占める割合が 7 割を超えている都道府県税について検証する．われわれの検証の方法は，一人当たり税収と租税関数から推定した一人当たり潜在的税収との比を「課税努力」と定義し，この「課税努力」と地方交付税依存度（具体的には財政力指数の逆数）との間に負の相関関係があれば，モラル・ハザードが発生していると考えるというものである．

この検証の鍵を握るのは租税関数の推計である．これにはいくつかのアプローチがあるが，ここでは途上国財政の世界的権威である Bahl (1998) の手法を基本的に採用した[15]．データを説明すると，被説明変数には旧自治省財政局財務調査課『都道府県財政決算状況調』の道府県別一人当たり税収を用いた．こ

図 4-4　課税努力と交付税依存度（道府県）

財政力指数

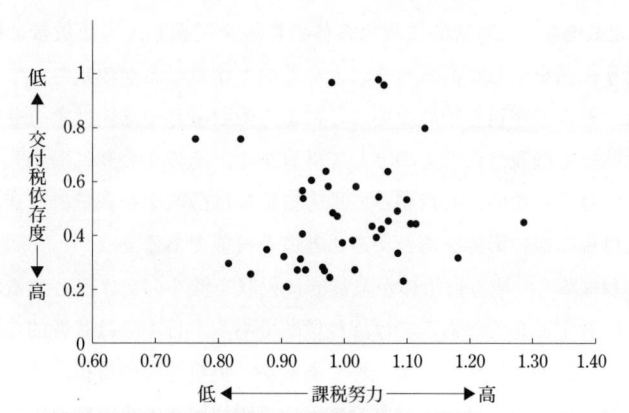

（資料）『都道府県決算状況調』,『県民経済計算』より計算.
注：課税努力は以下の式で算定.

$$T^e = -0.001P + 0.044Y - 24.97$$
$$\quad(-1.57)\quad(8.98)\quad(-1.88)$$
$$E_t = T/T^e$$

ただし記号は次の通りであり，係数の下の括弧内は t 値.
T^e：一人当たり潜在的税収，P：人口，Y：一人当たり県民所得，T：一人当たり地方税収，E_t：課税努力，R^2：0.8163.

　の税収を説明する変数として Bahl (1998) と同じく，『県民経済計算』の人口と一人当たり県民所得を用いた．租税関数の当てはまりは良く，係数も統計的に有意であった．得られた結果を散布図に描いたのが図 4-4 であり，横軸には課税努力が，縦軸には財政指数の逆数で測った交付税依存度をとってある．

　この図から「課税努力」には最低 0.75 から，最大 1.28 まで約 1.7 倍の開きがあり，道府県の間で潜在的な税収調達能力を活用している地域とそうでない地域の差が大きいことがわかる．しかし課税努力と交付税依存度との間には明確な負の相関関係は見られない．この結果は，「課税標準の決定権を実質的には地方団体はもっていないので，モラル・ハザードを起こせない」というわれわれの推測を支持している．

---

15)　この論文で用いられている租税関数の考え方のベースとして，以下の論文も参照に値する．
Bahl and Christine (1993), World Bank (1993).

固定資産税の負担水準

このようにいうと「固定資産税の課税標準と評価額の比率(「負担水準」)は,地域によって大幅に違うではないか,負担水準の市町村格差は,地方交付税制度がモラル・ハザードを発生させている,何よりの証拠ではないか」と疑問をいだく人がいると思われる.しかし,筆者の考えはモラル・ハザード現象が生じていることと,モラル・ハザードの原因が交付税制度の中にあるかどうかといったことはとりあえず別の問題であるというものである.この点について,まず統計的事実について確認しよう.固定資産税の基準財政収入への算入は以下の式に基づいて行なわれる[16].

〔(総地積×平均価格) − (負担調整措置による軽減額)〕×0.014×0.75×0.98

このように固定資産税は基準財政収入に実績ベースで算定されるが,理論的には課税標準額に税率を乗じた金額の一定割合が基準財政収入額に算入される.ところで固定資産税のあるべき課税標準は土地公示価格の7割に設定された土地の評価額とされている.しかしながら,土地の課税標準額はいわゆる「負担調整措置」によって必ずしも公示価格の7割とはかぎらず,市町村ごとに異なった割合となっている.

この結果,もし地方公共団体が裁量的に税負担を低くして意図的に交付税の増額を図ろうとするならば,評価額に対する課税標準の割合(以下,「負担水準」)を低くすればよいことになる.

ここでは「負担水準」と交付税依存度の相関を調べ,上記の仮説を検証する.検証の方法は,市町村別ならびに用途(小規模住宅地,一般住宅地,商業地)別の平均的な「負担水準」を求め,それを交付税依存度と比較するというものである.データを説明すると,市町村別の「負担水準」は,未公開データ・ファイル(総務省税務局固定資産税課提供)から算定した.交付税依存度に関しては,『市町村決算状況調』により不交付団体と交付団体に分けた上で,交付団体についてはさらに地方税収入が交付税より少ない団体(依存大)とその逆の団体(依存小)に二次分類を行なった.1997年度と1999年度について,そ

---

[16] 式の中で,0.014は固定資産税における標準税率,0.75は基準財政収入への算入率,0.98は補足徴収率を表す.

表 4-8 市町村の「負担水準」と地方交付税(1997, 1999 年度)

	市の負担水準 (カッコ内は団体数)		町村の負担水準 (カッコ内は団体数)	
	1997 年	1999 年	1997 年	1999 年
小規模住宅地				
不交付団体	0.49 (88)	0.59 (61)	0.53 (52)	0.60 (46)
交付団体(依存小)	0.56 (486)	0.62 (510)	**0.50** (599)	**0.57** (586)
交付団体(依存大)	0.79 (95)	0.73 (100)	0.66 (1,911)	0.69 (1,925)
一般住宅地				
不交付団体	0.47 (88)	0.58 (61)	0.52 (52)	0.59 (46)
交付団体(依存小)	0.53 (486)	0.59 (510)	**0.49** (599)	**0.56** (586)
交付団体(依存大)	0.65 (95)	0.68 (100)	0.65 (1,911)	0.68 (1,925)
商業地				
不交付団体	0.42 (88)	0.52 (88)	0.43 (52)	0.49 (46)
交付団体(依存小)	0.43 (486)	**0.49** (486)	**0.38** (599)	**0.45** (586)
交付団体(依存大)	0.50 (95)	0.52 (95)	0.47 (1,911)	0.50 (1,925)

(備考) 1. 未公開データ(総務省自治財政局固定資産税課提供)および『市町村決算状況調』より算出.
2. 「不交付団体」とは,地方交付税の交付を受けていない団体.
「交付団体(依存小)」=地方交付税の交付額が地方税より少ない団体.
「交付団体(依存大)」=地方交付税の交付額が地方税より多い団体.

の結果を一覧にしたのが表 4-8 である[17].

この表から交付団体(依存大)では,地方団体の種類,宅地の用途を問わず,「負担水準」が最も高いことがわかる.一般的に貧困な市町村では,「負担水準」を裁量的に低くして恣意的に交付税を増やすよりも,最低限の財政需要を満たすために「負担水準」を高めて税収を確保せざるをえないのではないかと推察される.

しかし,注意深くこの分析結果を吟味すると,ゴチックで示した箇所に,明らかにモラル・ハザードともいうべき現象が生じていることが判明する.全町村の23%,全市の76%を占める地方交付税の交付額が地方税よりも少ない団体では,何らかの理由によって,固定資産税の「負担水準」が相対的に低く,結果的にモラル・ハザードに近い現象が発生していることが確認できる.とりわけ商業地の場合には,年度,市町村,用途の別を問わず,「負担水準」が不

---

17) 持田(2002)を参照.

交付団体より低い．この現象は，地方公共団体が裁量的に税負担を低くして意図的に交付税の増額を図ろうとした結果なのであろうか．

交付税余剰給付率の分析

　市町村の中には課税努力をせずとも，地方交付税を多く受け取っている団体があるとすると，つぎの問題はこの現象の「原因」が地方交付税制度に内在するのか否かである．まず「負担水準」が低いことと交付税の受領額との関係について統計的事実を整理しよう．堀場・持田・深江（2003）によれば，「あるべき課税標準額」である土地の評価額と実際の課税標準額との乖離部分に相当する金額を基礎とした地方交付税の増額（ここでは「交付税余剰給付額」とよぶ）が実際に生じていることが見込まれる．具体的には前掲した交付税基準財政収入算定式の中の負担調整措置による軽減額が，土地の評価額と課税標準額との乖離部分に相当するので，当該部分だけ地方交付税の受領額が増大すると考えられる．したがって固定資産税額を評価額で除した実効税率，あるいは前年度課税標準額を当該年度評価額で除した負担水準が高い地方公共団体ほど地方交付税余剰給付額が少なくなり，実効税率，負担水準が低い地方公共団体ほど地方交付税余剰給付額が大きくなる．

　ここで交付税余剰給付額はつぎの算定式で定義される．

　　交付税余剰給付額 ＝（評価額－課税標準額）×0.014×0.75×0.98

　堀場・持田・深江（2003）では，上記の交付税余剰給付額の，あるべき評価額を基礎として再計算した本来の基準財政収入額に対する割合を「交付税余剰給付率」とし，実効税率（負担水準）との関係を検討している．図4-5はこれを転載したものである．この図から，実効税率および負担水準を概観すると，一般的に都市圏において高い水準，地方圏においては低い水準になっている．また交付税余剰給付額を評価額で除した交付税余剰給付率でみると，逆に地方圏で大きな値を示している．このように，実効税率と負担水準は地方交付税に依存している地方圏において低くなっている．

地方公共団体の行動によるモラル・ハザード

　しかし，この固定資産税の実効税率と地方交付税との負の相関関係から，直

192　　　　　　　　　　4章　地方交付税の制度設計

図 4-5　交付税余剰給付率と実効税率

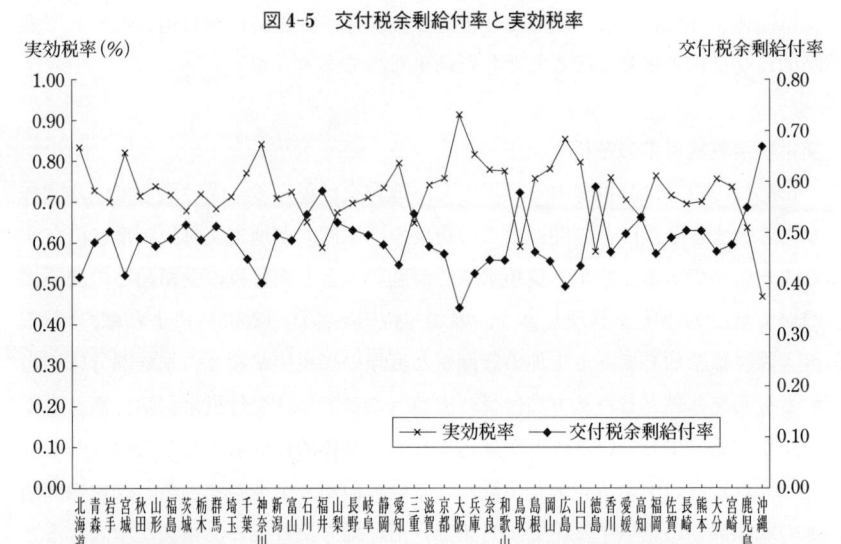

[図：実効税率(%)と交付税余剰給付率を都道府県別（北海道〜沖縄）に示した折れ線グラフ]

(資料) 堀場・持田・深江 (2003), 図3 より転載. オリジナルは総務省自治税務局固定資産税課・資産評価室『平成13年度固定資産の価格等の概要調書（土地）（都道府県別表）』のデータによる.

ちに，地方団体の行動の中に，恣意的に実効税率を下げ，モラル・ハザードを生み出す可能性があると結論することはできない．その理由を堀場・持田・深江 (2003) から要約すると以下の通りである．

　固定資産税における実効税率は，評価額に対する固定資産税の割合である．各地方公共団体が実効税率を下げる場合には，評価額を過大評価するか，または固定資産税額を低い水準に抑制するかのいずれかが考えられる．

　まず評価額は 1994 年度から地価公示価格，都道府県地価調査価格等から求めた価格を基準として，その価格の 7 割を目途に評価が行なわれる．したがって地方公共団体にとって評価額は外性的に与えられるものであり，裁量的に評価することはできない．

　つぎに固定資産税額を低く抑えるには，税率，徴税率，課税標準額のどれかを引き下げることが考えられる．固定資産税にかかる基準財政収入額の算定には，標準税率 1.4% を用いることが規定され，たとえ地方公共団体が税率変更（制限税率 2.1%）により実効税率を低く抑えたとしても，交付税余剰給付額には影響を与えない．

表 4-9 実効税率の裁量性と因果関係

		1 地方公共団体の裁量性	2 地方交付税算定との因果関係
固定資産税評価額		×	○
固定資産税額	税率	○	×
	徴税率	○	×
	課税標準額	×	○

(資料) 堀場・持田・深江 (2003), 表 3 より転載.

　徴税率に関しては,固定資産税の補足徴収率は 97% と規定されているので,市町村の裁量的行動によって変更できない.

　課税標準は評価額から負担調整措置等の軽減額を控除して算定される. 1994年度改正における 7 割評価により,従来低く抑えられていた固定資産評価額の急上昇を招いたので,負担の激変を緩和すべく,負担調整措置等の軽減措置が講じられた. 過去の経緯から各宅地の負担水準にばらつきが生じたため, 1997年度評価替えの際,負担水準の高い土地は税額を引下げまたは据え置き,低い土地はなだらかに引き上げる仕組みが導入された. それらの軽減措置および負担水準の均衡化は地方税法附則で法定されており,各地方公共団体が裁量的に課税標準額を低く抑えることは可能となっていない.

　以上のように,地方公共団体が実効税率を下げることによって,恣意的に交付税余剰給付額を増加させることは不可能であり,地方公共団体のモラル・ハザードは存在しないといえる. 表 4-9 に示すように,それぞれの算定要素が交付税の余剰額に影響をあたえるためには裁量性と因果性の両方をともに満たす必要がある. しかし,固定資産税にはこの条件を両方満たす要素はないので,地方公共団体の行動によるモラル・ハザードは制度上発生する要素がない[18].

---

18) フィリピン経済研究所のロザリオ・マナサンは内国歳入分与 (IRA) は地方団体の不動産課税の徴税努力に対してディス・インセンティブ効果をもっていることを実証している (Manasan and Chatterjee, 2002). またカナダでは不動産課税に関わる財政調整は全交付金の約 3 割を占めているが州間の評価は統一されていない. カナダ大蔵省で筆者が 2000 年 1 月に行なったヒアリングによると,住宅については地域 GDP 統計の資本ストックから,土地については可処分所得から間接的に推計していて日本のように実績ベースで算入していない.

固定資産税制度によるモラル・ハザード

　地方交付税に依存している地方圏において実効税率および負担水準が低いという現象が制度的に意図されたものではないとすると，その「原因」は何であろうか．つぎに，固定資産税制度自体に，地方全体として固定資産税収が減少した場合に，地方交付税余剰給付額が増額するようなモラル・ハザードを生じさせる要因が存在する可能性を検討しよう．

　堀場・持田・深江（2003）は固定資産税制度の変更と負担水準との関係を検討し，つぎのような結論を導き出している．①平成4年から公示価格の上昇率はマイナス，すなわち地価下落となっているにもかかわらず，固定資産税の評価が3年ごとになっている影響を受け，平成3,4,5年度については「都市圏」の評価額および課税標準額は上昇を示し，平成5年1月1日時点の公示価格の7割として決定された平成6年を基準年とする都市圏の評価額および課税標準額も継続的に上昇した．②ところが平成4年からの公示価格の下落は，平成9年度の基準年より反映され，結果として平成9年度の評価額は「都市圏」において大きな減額となった．地価公示価格の大幅な下落に伴って評価額も大幅な下落を示した結果，評価額と継続的に上昇している課税標準額の差異は縮減し，実効税率・負担水準は高い値となった．③一方，バブル期の大幅な高騰とその後の下落を経験しなかった「地方圏」においては，都市圏と異なって地価公示価格はバブル以前の価格よりも依然として高い水準を維持し，それに伴って評価額も課税標準額にくらべて高い水準を維持している．結果として，地方圏では都市圏にくらべて実効税率と負担水準は低い値が導出された[19]．

　そこで，堀場・持田・深江（2003）の提起した「課税標準の継続的上昇と評価額における都市圏と地方圏の非対称性」仮説を市町村別のミクロ・データにより検証したい．実効税率と負担水準との間には，一定の関係があるので，ここでは負担水準に焦点を絞ることにする．問題は外性的な何らかの原因によって都市圏と地方圏では異なった負担水準が決定されているかどうかであるから，その候補としては，①地価動向，②公示地価，評価額および課税標準額についての固定資産税制度変更の二者が有力である．検証の方法は，都道府県別に負

---

[19]　堀場・持田・深江（2003），46-52頁．

4. 地方交付税制度とモラル・ハザード　　　195

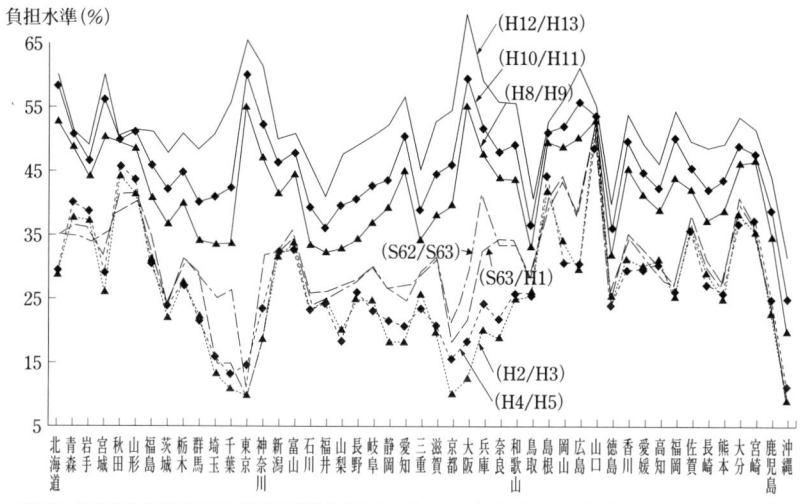

図 4-6　修正負担水準の時系列変化（都道府県別）

負担水準(%)

(H12/H13)
(H10/H11)
(H8/H9)
(S62/S63)
(S63/H1)
(H2/H3)
(H4/H5)

北海道　青森　岩手　宮城　秋田　山形　福島　茨城　栃木　群馬　埼玉　千葉　東京　神奈川　新潟　富山　石川　福井　山梨　長野　岐阜　静岡　愛知　三重　滋賀　京都　大阪　兵庫　奈良　和歌山　鳥取　島根　岡山　広島　山口　徳島　香川　愛媛　高知　福岡　佐賀　長崎　熊本　大分　宮崎　鹿児島　沖縄

（資料）総務省自治税務局固定資産税課提供資料より算出．凡例中（H12/H13）とあるのは平成12年度課税標準／平成13年度評価額を表す．平成6年以前の評価額は7割評価が行なわれていたとして推定．

担水準の時系列的変化を調べることであり，1987年度から2000年度までのうち，7カ年度について図 4-6 に示されている．ただし1994年度以前についても7割評価がなされていたと仮定して負担水準を算定したので，ここでは「修正負担水準」と呼ぶ．

この図から80年代後半のバブル期には，修正負担水準の分布における深い谷に「都市圏」が，山に「地方圏」が位置していることがわかる．急激な地価上昇が生じた「都市圏」において課税標準の上昇が追いつかず修正負担水準が低下したが，「地方圏」では地価上昇率が穏やかであったため，逆に修正負担水準は高く維持されていた．しかしバブル崩壊後の90年代には，修正負担水準の分布の深い谷に「地方圏」が，山に「都市圏」が位置するというように，80年代の「地方圏」の水準を軸にして，完全に反転している．地価下落が緩やかだった「地方圏」の修正負担水準は維持されたが，「都市圏」では急激な地価下落という外生的要因によって修正負担水準が一挙に高まったのである．

しかし修正負担水準の動向を決定しているのは地価動向だけではなく，固定資産税制度変更によっても左右される．地価下落は1992年に始まっていたが，

94年の評価替えでは7割評価が実施されたため，公示価格下落は5年後の97年度の基準年に反映されることになった．「都市圏」の修正負担水準の時系列の変化を見ると，1996年度と97年度に断絶があるのはこのためである．

このように地方交付税に依存している地方圏において実効税率および負担水準が低いという現象については堀場・持田・深江（2003）が指摘するように，現行固定資産税に関する限り，制度的に意図されたというよりもバブルによって生じた地価の変動と固定資産税制度およびその変更に伴って結果的に生じたと考えられ，いわゆる地方交付税が内包しているモラル・ハザードの結果とは必ずしもいえない．

5. 財政調整制度の国際比較

日本の地方交付税制度が戦後史上かつて見られなかった不安定性と信頼性の喪失に直面した「原因」について様々な角度から検討を加えてきた．しかし地方交付税制度は単に過去十数年の負の遺産を処理しなければならないだけではなく，地方分権など現在の大きな流れの中でも焦点になっている．20世紀の後半に日本の社会に定着した地方交付税が21世紀前半に起こるであろう試練に耐えていくのは容易ではあるまい．

交付税制度の制度設計は簡単な仕事ではない．現状を出発点とした漸進的改革は実施が容易であるが保守的で現状追認的な微調整に終わってしまう可能性が大きい．さりとて現行制度やその形成過程を無視した抜本的改革の場合には，現行制度に依存した地方公共団体の行動様式が覆されることになり大きな社会的混乱が生じる．

欧米諸国の財政調整制度の経験はわれわれが地方交付税の将来像を描くにあたって貴重な手掛かりを与えるものである．本節の課題はカナダの平衡交付金，オーストラリアの財政援助交付金，ドイツの州間財政調整およびイギリスの歳入援助交付金という4カ国の財政調整制度の仕組みと機能を考察することによって，地方交付税の制度設計へ教訓を探ることである．北欧諸国における財政調整制度については1章で検討したので省く．

カナダの平衡交付金制度

カナダの政府間関係は高度に分権化された二層制のシステムという特徴がある．言語や宗教による社会的亀裂を抱えたカナダでは，財政調整制度は公共サービスの平等な供給を通じる社会的統合の手段として重要な役割をはたしている．このため，財政調整制度は1982年憲法第36条2項に規定された連邦政府の義務となっている．交付後の歳入額を見ると，不交付州を除く州でほぼ完全に平準化されており，憲法のいう州政府が同様の税負担で同様の公的サービスが提供できる状態が達成されている．

(i) **代表的税システム**　カナダの財政調整制度は，課税能力の調整のみを考慮する収入ベース型という特徴がある[20]．その方法は「代表的税システム」(representative tax system) のモデルとして世界中の研究者や実務家から高い評価を得ている．算定方法は以下の通りである．

まず人口一人当たり課税能力が，30種類以上の税目ごとに，各々の州の課税標準に全国平均税率を乗じて算定される．つぎに各州の課税能力は，代表的5州の課税能力と比較される[21]．標準的5州を下回る州は，州の課税力と標準的5州の課税力との差に，その州の人口を乗じた額を交付金として受領する．その算定公式は以下の通りである．

$$TR_{ij} = P_i(B_{sj}/P_s - B_{ij}/P_i)t_j$$

TR_{ij} は i 地域の課税ベース j についての交付金受領額，P_i は i 地域の人口，B_{ij} は i 地域の州税 j の課税標準，P_s は代表的5州の人口，B_{sj} は代表的5州の州税 j の課税標準合計額，t_j は州税 j の全国平均税率($t_j = \Sigma_i TR / \Sigma_i B_{ij}$)を表す．

平衡交付金の機能は持たざる州 (have-not province) の課税能力を全国平均にまで引き上げることにあり，その財源は連邦政府の一般財源である[22]．日本の不交付団体と同じように，全国平均を上回る課税能力をもつオンタリオ，ブ

---

20) カナダの平衡交付金については，Boadway and Hobson (1993) と Courchene (1994) を参照．平衡交付金の改革案としては Boothe and Hermanutz (1999) が注目に値する．
21) 標準的能力には歴史的な変遷があり当初の最富裕2州平均から全国平均へと変わった．1980年代初頭から今日にかけては代表的5州標準となり，ケベック，オンタリオ，マニトバ，サスカチュワン，そしてブリティッシュ・コロンビア各州の一人当たり税収平均となっている．
22) 最大の受領州はケベックと大西洋諸州である．

リティッシュ・コロンビア，アルバータ州は平衡交付金の受領資格をもたないが余剰を留保することができる．交付金の総額は基本的には各州の税収不足額を積み上げて算定されるが，その伸び率は国民総生産の成長率という上限がかけられている．

連邦税収が原資になっているので暗黙の平準化が行なわれているのは事実であるが，明示的にはカナダのシステムは全ての州の課税能力を完全に調整するものになっていない点に注目すべきである．完全調整を行なうには，余剰財源を拠出する水平的調整（net system）しかなく，有力な提案がなされているが[23]，実現の見通しは不透明である．

(ii) 財政需要算定の困難　いま一つ注目に値することはカナダでは財政需要の差が考慮されていないことである．平衡交付金の算定において財政需要やコストの差も考慮すべきであることは憲法にも明記され，かつ世界銀行のアンウォー・シャー（Shah）をはじめとする多くの論者によってなされているが[24]，実現の可能性は薄いというのが一般的な論調である．カナダでは政府間関係は基本的には連邦と各州との交渉や駆け引きによって決定されており，他の連邦国家のように州の利害を連邦レベルで代表する機構がない．リチャード・バードは名著『政府間財政の国際比較』の中で，先進諸国の連邦国家において，中央政府レベルで州の利害を代表する機構が欠如しているのは，カナダとオーストラリアだけであると指摘している[25]．大多数のカナダ人が，連邦政府が特定州に偏せず公正に基準財政需要を算定するという確信をえないかぎり，現行の算定公式を変更するのはむずかしいと思われる．

オーストラリアの財政援助交付金

オーストラリアでは，1942年統一所得税法以来，州は所得税の課税を禁止され，また売上税・個別消費税の課税も判決によって停止されている．このため連邦政府は税収の3分の2を徴収するが，自己支出は総税収の3分の1しか

---

23) Boadway and Hobson (1993) は，富裕州へ交付される既定プログラム助成金（EFP）の削減によって間接的に「持てる州」の税収を平均に引き下げることを提案している．
24) Shah (1994b) を参照．
25) Bird (1986), p. 4 による．

支出せず，残りは様々な特定補助金・一般補助金を通じて州・地方政府に移転されている．このように連邦制国家でありながら財政システムはカナダと異なり高度に集権化されているのがオーストラリアの特徴である．

(i) **連邦補助金委員会** 1970 年個人所得税分与法 13 (3) によると，他の州と著しく異なる税負担をかけることなしに，州が標準的なサービスを提供することを保障するのがオーストラリアの地方財政調整制度の理念とされている．すなわちオーストラリアの財政調整制度は連邦補助金委員会のサーリ (Searle) 氏が指摘しているように，一定水準の公共サービスの供給が可能になるような財源保障を行なう Performance equalization ではなく，各州の財政力を均等化する Capacity equalization の仕組みである[26]．

カナダとオーストラリアの方式の違いは前者が課税能力のみを考慮しているのに対して，後者では後述するように，財政需要をも考慮していることであるといえる[27]．

交付金の総額は連邦政府が主導権を握って外生的に決定するが，日本の地方交付税と異なり，配分方法は独立機関として 1933 年に創出された連邦補助金委員会 (Commonwealth Grant Commission) が勧告する仕組みになっている．同委員会は連邦政府が任命する 3 名の委員から構成されているが，「財政需要を客観的に算定する，国際的なモデル」(Bird, 1986) として世界中の研究者の関心を集めている．補助金委員会の任務は配分基準となる「相対係数」(relativities) を算定し，これを政府に勧告することであり，最終的な決定権は連邦の閣議ならびに毎年開催される首相会議にある．

(ii) **相対係数の算定** 連邦補助金委員が各州の「相対係数」を決定する方法は以下の通りである[28]．

$$G_i = G(P_i/\Sigma P_i)K$$

ここで G_i は i 州の財政援助交付金受領額，G は財政援助交付金の総額，P_i は i 州の人口，ΣP_i はオーストラリア全国の人口，K は相対係数を示す．相対

---

26) Searle (1997), pp. 12-13.
27) 財政援助交付金については連邦補助金委員会の Searle (1997) が包括的な解説を行なっている．本章の叙述もこれによるところが大きい．
28) 相対係数の算定については Shar (1994a) および Ma (1996) を参照．

係数は，各州の財政不足額が不足額の全国平均からどのくらい乖離しているかを示している．このようにオーストラリアではカナダと異なり，財政援助交付金の算定では相対係数だけが算出される．交付金の総額は連邦政府が主導権を握って決定したうえで，その総額が算出された相対係数に応じて各州に交付される仕組みとなっている．カナダでは算定公式によって積み上げられた総額を連邦政府が支払う義務を負うが，オーストラリアでは外生的に決定された総額が相対係数に比例して各州に配分されるだけであり，各州は必ずしも「標準的な行政サービス」を保障されるわけではない[29]．

相対係数は各州の財源不足額の全国平均に対する割合であるが，財政需要と課税能力の両者を算定する必要があるため，その過程はかなり複雑であり客観性をめぐっては議論がある．各州の財源不足額はつぎのような式で算定される（すべて人口一人当たり）．

州の財源不足額 ＝ 標準化歳出＋標準予算収支
　　　　　　　　－標準化収入－特定目的補助金
　　　　　　＝（標準化歳出－標準支出）＋（標準収入－標準化収入）
　　　　　　　　－特定目的補助金

標準化歳出（standardized expenditure）は効率的にサービスを提供した，あるべき歳出額を，標準化収入（standardized revenue）は平均的な課税努力で徴収した，あるべき収入額を，標準予算収支は全国平均の実際の収支（標準歳入マイナス標準歳出）を示す．

(iii) 歳入要素と需要要素　ここで右辺第1項は各州の財政需要が全国平均をどのくらい超過するか示す需要要素，第2項は歳入が全国平均をどのくらい下回っているかを示す歳入要素であると解釈することができる．歳入要素の算定はカナダの代表的税制とほぼ同じであり以下の式で算定される．

$$歳入要素 = P_i(R_s/Y_s)(Y_s/P_s - Y_i/P_i)$$

ここで P_i は i 州の人口，R_s はオーストラリア全国の総税収入，Y_s は同じく課税標準合計なので，R_s/Y_s は全国平均税率（標準的な課税努力），P_s は全国の人口，Y_s/P_s は一人当たり課税標準の全国平均（標準的な課税能力），Y_i は i

---

29) 財政調整におけるカナダとオーストラリアの相違については Wilson (1998) が示唆に富む．

州の課税標準額，P_i は i 州の人口，Y_i/P_i は i 州の一人当たり課税標準を表す．

つぎに上記の式の右辺第 1 項は，つぎの式で算出された歳出項目別に算定された需要要素の和である．

$$需要要素 = P_i(E_s/P_s)(\gamma_i - 1)$$

ここで P_i は i 州の人口，E_s は州の実際の歳出合計，E_s/P_s は交付税の単位費用に相当する，一人当たりの標準支出，γ_i は各州の歳出の割高要因（disability factor）を示す．割高要因は地方交付税の算定で用いる補正係数に相当するものであり，人口構成や都市化，規模の経済，投入コストなどの差を需要に反映させることを目的とする．

このようにオーストラリアの財政援助交付金は，カナダや後述するドイツのそれに比べて，より包括的で精緻であるものの，財政需要の算定には恣意的な要素が避けられず改善の余地があるといわれている．なお，2000 年 7 月 1 日，オーストラリアでは積年の課題であった財貨・サービス税（Goods and Services Tax）が導入され，その全額が連邦補助金委員会の算定する相対係数に比例して，各州に交付されることになった[30]．これによって財政援助交付金は，GST 税収分与制度に変更された．財政援助交付金を比較して，GST 税収分与制度の総額や各州への配分がどのように変化するかについては今後の研究の進展が期待される．

ドイツ統一と州間財政調整の動揺

第二次世界大戦後，占領軍が「弱く，分割された」ドイツを求めようとしたため，連邦制の枠組みは残されたものの，その後は一貫して，連邦と州の財政的相互依存と役割分担の重複化が進んだ．カナダやオーストラリアと違う点は，ドイツでは中央レベルで州の利害を代表する連邦参議院（Bundesrat）が存在することである．連邦参議院の議員はカナダの上院と同じく任命制であるが，連邦政府にではなく州政府によって直接任命されている．憲法改正には連邦参議院 3 分の 2 以上の同意が必要とされ，州の利害に関わる立法の承認も行なう

---

30) 岩田（2003）は GST 税収分与制度では総額が財貨・サービス税に固定されるので，連邦政府が総額を決定する従来の制度に比べて，より安定的な州の歳入源になるのではないかと評価している．

など，その権限は強力である．

(i) 売上税による調整 ドイツでは基本法に規定されている「生活関係の統一性」を財政的に担保する装置として，共同税，州間財政調整および連邦補充交付金からなる三層構造をもつ財政調整制度が高度に発達している．その第1層部分は共同税の売上税による調整である．日本では所得税，法人税，消費税は国税であるが，ドイツでは，弾力性の高い基幹税は共同税（Gemeinschaftssteurn）として連邦と州と地方が一定の比率で分け合っている．個人所得税と法人税は発生地に還元されるので財政調整機能を持たない．売上税は全体の45-46％が州へ配分されたうえで，その75％が各州の人口に比例して，残り25％を税収が全国平均の92％に満たない弱体州へ税収として補填される．

売上税の州への配分割合は32％前後であったが，ドイツ統一に伴って州間格差が拡大したため，45％へ引き上げられた．しかし旧東ドイツの財政力弱体化は一段と進んでいるため，売上税配分による財政力平準化機能は低下し，つぎに述べる狭義の州間財政調整の負担が増加している[31]．

(ii) 州間財政調整 第2層に位置するのは狭義の州間財政調整であるが日本の研究者の興味を惹きつけるのは，それが水平的財政調整の仕組みをとっていることである．ドイツでは1951年に，難民流入や港湾維持のための「特別な負担」を補償するために，水平的財政調整が端緒的に導入された．この補償支払いには1955年，交付金の受取り額は課税力格差を相殺するように調整されるべきとする，基本法107条によって憲法上の根拠が与えられた．しかし州間財政調整の規制する法律が立法化されたのは導入から約20年後の1969年であった．

州間財政調整の算定公式はつぎの通りである[32]．

$$E_i = ATC_i - NEED_i$$

ここでATC_iはi州の租税力測定値，$NEED_i$はi州の財政需要を示す．もし$E_i>0$ならばi州は支払州に，$E_i<0$ならば受取州になる．しかし受取州は差額の全額を補充されるのではなく，インセンティブを残すため，財政需要額

---

31) 加藤（2003）によると1995年に旧東ドイツ諸州の一人当たり税収の全州平均に対する割合は40-50％であったが2000年には20-30％へと大きく低下した．

32) 州間財政調整の算定公式については伊東（1995），Shah（1994a），Ma（1996）を参照．

の 95% に達するまで不足額を補充される.

租税力測定値はつぎのように算出される.

$$ATC_i = TC_i - SB_i$$

TC_i は税収, SB_i は特別負担を示す. 税収は州税, 共同税の州分および市町村税の半分（不動産税, 営業税等）の和である. カナダやオーストラリアの方式と異なり潜在的な課税ベースから推計された税収を用いず実績を用いているが共同税の占める割合が大きいので徴税努力への影響は深刻な問題とはなっていない. 州・地方税収からハンブルク, ブレーメンなどの港湾負担額を控除して租税力測定値が算定される. つぎに財政需要の算定は以下のように行なわれる.

$$NEED_i = (\Sigma_i TC_i / \Sigma_i POP)(PDC_i)(POP_i)$$

ここで $\Sigma_i TC_i / \Sigma_i POP$ は全国平均の一人当たり税収であるが, 一人当たりの標準的な財政需要の指標となっている. PDC_i は i 州の人口割増率, POP_i は人口である. 都市州では 1.35, 市町村については人口数に応じて 1.0 から 1.3 までの割増率が人口に乗じられる. このようにドイツにおける「財政需要」は税収の一人当たり全国平均額に補正人口を乗じて算定されており, オーストラリアや日本に比べるとより簡素であるのが特徴である.

さらに全国平均一人当たり税収は租税力測定値を補正人口連邦計で除したものであるから, 「財政需要」合計はつねに租税力測定値合計に等しくなる. この点を考慮するとドイツの州間財政調整は需要面を考慮してはいるものの, 事実上は州間の収入力格差の平準化に他ならない[33].

(iii) 連邦補充交付金 売上税による財政調整と州間財政調整に加えて第3層として連邦補充交付金が交付される. 連邦補充交付金の一般的な目的は, 狭義の財政調整によって需要額の 95% まで引き上げられた弱体州の財政力をさらに 99% に引き上げることである. この他に東西分裂に起因する特別負担解消やブレーメン, ザールラント救済など特別な財政需要をもつ弱体州への補償的交付金がある.

(iv) 連帯から自立へ このようにドイツでは三層の財政調整制度によって

---

[33] 州間財政調整の機能が事実上, 収入力格差の是正であることは伊東 (1995), 117-119 頁で指摘されている.

各州の財政力はほぼ完全に平準化されている.しかし,新諸州(旧東ドイツ地域)をも含む全ドイツ的財政調整への移行が1995年に実現されたことを契機にして拠出義務を負う富裕諸州の不満が高まっている.その火種となっているのが,ブレーメンおよびザールラント両州に対する,連邦政府による事後的救済である(8章).富裕州を代表するバイエルンとバーデン・ヴュルテンブルグ州がドイツの財政調整制度について連邦憲法裁判所に法令審査請求を行なったことで富裕州の利害表出は頂点に達した[34].憲法裁判所は1999年11月11日,2002年末までに連邦と州は「基準法」をつくることを立法府に求めた.これは事実上,違憲判決に近い.2001年7月,2005年以降に施行される新財政調整法に関する基準法が成立した.

新しい「基準法」のポイントは,①連邦補充交付金の削減,②拠出率,補塡率の変更による貧困州の受領額,富裕州の拠出額の削減である.この面では従来の連帯を重視した財政調整から各州の自立性やインセンティブを重視する財政調整への移行が始まったといえる.しかし,③市町村税の財政力測定値への算入率引上げ(50% → 64%)による州間財政調整の資金移転の拡大,④売上税による事前調整の平準化効果強化など再分配を強化し,連帯の精神を強めている面もあり,改革は意図に反して中途半端に終わっているという見方も存在する[35].連邦補充交付金が狭義の州間財政調整における州間の対立をやわらげるクッションとしての役割を果たしているように,ドイツの水平的財政調整は制度の不断の見直しが繰り返される緊張関係を含んだ制度である.

イギリスの歳入援助交付金

カナダ,オーストラリア,ドイツの連邦制国家と異なり,イギリスは単一制国家である.中央政府は地方財政を歳出・歳入の両面にわたって強く統制している.1988年以降,保守党政権下で地方の説明責任強化を標榜した地方税財政改革が行なわれた.しかし15年におよぶ改革は歳出・歳入の両面にわたる地方の裁量権の喪失と中央集権化に帰結しており,地方財政が総支出に占める

---

34) 連邦憲法裁判所に対する法令審査請求とその後の連邦政府の対応についてはRodden (2003)が詳しい.邦語文献では中村(2001)がこの問題を扱っており,優れている.
35) 新「基準法」の内容と評価については中村(2004)が優れている.

割合は 1975 年の 29% から 2000 年の 22% へ, また総税収に占める地方税の割合は 11.1% から 4% へと急減した.

イギリスでは政府間財政移転は特定補助金と一般補助金から構成されるが, 後者の一般補助金は 1929 年以来, 存続している. 1967 年にレイト援助交付金に再編成され, 1988 年地方財政法でレイト援助交付金にかえて歳入援助交付金 (Revenue Support Grant) が導入され今日に至っている.

(i) **標準歳出評価額**　歳入援助交付金は国が決定した各地方公共団体別の標準歳出評価額 (Standard Spending Assessments) に基づいて配分される. 歳入援助交付金の役割は, 各地方公共団体の歳出水準が標準歳出評価額の水準と同一の場合に, 同一の価格帯に属するカウンシル・タックスの負担を居住地にかかわらず等しくすることである.

歳入援助交付金は地域間の財源格差を平準化することを通じて, 同一価格帯に属するカウンシル・タックスの納税者が同一水準の税負担で, 標準的な行政サービスを受けることを保障する制度であるといえる. 歳入援助交付金の受取額はつぎの式で算出される[36].

$$RSG_i = SSA_i - t_s B_i - NDR_i$$

ただし RSG_i は地方公共団体 i の受取額, SSA_i は地方公共団体 i の標準歳出需要額, $t_s B_i$ は標準的なカウンシル・タックス, NDR_i は非住宅レイト譲与額を示す. ここで標準的なカウンシル・タックスは国が決定する税率 t_s (価格帯 D で均一 635 ポンド) に地方公共団体 B_i の課税標準を乗じて算定される. 非住宅レイトは全国一律の税率で企業が負担するレイトを国庫にプールした後, 人口数に比例して地方公共団体に譲与される税であり, 地方税というよりは譲与税に近い. このように歳入援助交付金の算定式は日本の交付税と同様に, 標準歳出評価額からカウンシル・タックスと非住宅レイトの和を控除するので, 結果的に両者の差額を補填する仕組みである.

(ii) **限界的財政責任**　しかしイギリスでは, 日本の地方財政計画のように歳出と歳入見込みの差額を「地方財政対策」によって補填する仕組みは存在しない. 上記のように決定された歳入援助交付金を所与として, 各地方公共団体

---

[36] 歳入援助交付金の算定公式については 9 カ国の財政調整制度を国際比較した Ma (1996) を参照.

には標準歳出評価額をこえる超過歳出分についてはカウンシル・タックスの税率引上げで対応される．これはつぎのような式で表すことができる．

$$(E_i - NDR_i - RSG_i)/B_i = t_i$$

ただし E_i は地方公共団体 i の実際の歳出水準，B_i は地方公共団体 i の課税標準，t_i は地方公共団体 i のカウンシル・タックスの税率をそれぞれ示す．したがって $SSA_i > E_i$ の場合は $t_i < t_s$ となり，$SSA_i < E_i$ の場合は $t_i > t_s$ となる．

このようにイギリスでは，日本と異なって各地方公共団体の実際の税率（価格帯 D）は，歳出から非住宅レイト譲与額と歳入援助交付金を控除した地方税所用額を課税標準で割り返して算定される．

こうした算定構造の特徴から，納税者は税率増を通じて限界的歳出増のコストを負担することになるのでイギリスのシステムでは地方公共団体の説明責任がより明確になるメリットがあると主張される．

(iii) 歳入援助交付金の問題点 このように一見するとイギリスの歳入援助交付金には日本の交付税には見られない長所があるように思われるが，実はそう単純ではないのである．以下では IMF の編纂した『財政連邦主義——その理論と実際』（以下『理論と実際』）における歳入援助交付金の評価を紹介して，歳入援助交付金の難点を述べる．

第1に，限界的財政責任メカニズムが正常に機能するためには，出発点となる標準的歳出評価額が適切に査定されることが条件となる．SSA の算定において各地方公共団体の歳出は七つの行政項目に小分類され[37]，小分類ごとに測定単位に単位費用を乗じた値に補正係数をかけて標準歳出額が算定される．しかし査定はオーストラリアの連邦補助金委員会のような独立機関によって行なわれるのではなく，政府（環境省等）によって行なわれている．このため行政項目間の割合や測定単位の重み付けの決定は必ずしも客観的な過程とはなっておらず，むしろ政治的なプロセスになっていると『理論と実際』は警告を発している[38]．

第2に，歳入援助交付金は標準歳出評価額と同額の歳出を行なう場合にかぎ

---

37) 具体的な行政項目は以下の通り．教育，社会福祉，高速道路維持，警察，消防，元利償還費，その他である．Ma (1996) による．
38) Ter-Minassian (ed.) (1997), Chapter14, pp. 347-348.

って財源格差の完全平準化を行なうが, 超過支出分については無関心である. このため地方税の歳入比率の低下に伴って非常に強いギア効果 (gearing effect) が税率決定過程に作用する. 財政研究所のレポートでも指摘されているように地方公共団体が標準歳出評価額に対し 10% 超の歳出を行なうと, カウンシル・タックスの税負担は標準に比べて 70% 増加する. しかもギア比率が 4:1 であったコミュニティ・チャージの場合と異なりカウンシル・タックスのギア効果は各地方公共団体に一律ではなく, 標準歳出評価額が大きいほど, 財源の貧しい地域ほど大きい. 『理論と実際』は, 標準歳出評価のわずかな誤差が資源に乏しく需要の高い地域に甚大な財政的インパクトを及ぼす歳入援助交付金は, SSA の査定がどれだけ信頼に足るものであるかに左右されるとその限界を指摘している[39].

第3に, 保守党政権下でのコミュニティ・チャージ導入の失敗はイギリスの地方財政に対して永続的な影響を与えている. 付加価値税の増税によるコミュニティ・チャージの軽減 (1991 年), 企業の負担する非住宅レイト国税化に伴う地方税の歳入比率低下 (1989-90 年), カウンシル・タックス導入時の負担軽減 (1993 年) 等が積み重なり, イギリスでは過去 15 年間にわたって地方税の低下とその国税化, したがってまた補助金依存が一貫して続いた. この傾向は労働党政権になっても基本的には変わらない. コミュニティ・チャージ導入をめぐる過去のトラブルが原因となり, イギリスでは地方税の歳入比率を高めることは政治的に極めて困難であると『理論と実際』は指摘している. 地方税の歳入比率低下の結果, 納税者は行政サービスよりも, むしろ国から受け取る補助金に負担水準がリンクしていると考える傾向が強まったと痛烈な批判を加えているのも頷ける[40].

第4に, 資産課税の再導入にもかかわらず, 現行のカウンシル・タックスはその前身であるコミュニティ・チャージ同様に所得に対する負担構造は逆進的である. 同一の資産価格帯に分類される家計間の所得格差は大きく, とくに所得者が複数の家族の場合そうである. 家計所得と資産価格との間に弱い相関があったとしても, 最高価格帯の税率は最低価格帯の 3 倍に制限されている. も

---

39) *Ibid.*, p. 354. ギア効果については北村 (1998), 157 頁が詳しい.
40) *Ibid.*, p. 354.

っとも低所得階層の逆進性を緩和するための補助があるので，コミュニティ・チャージに比べると逆進性はより穏やかであると『理論と実際』は指摘している[41]．

このように，やや詳しく吟味してみると限界的財政責任を強化する歳入援助交付金システムにも多くの難点があることがわかり，日本の地方交付税に対する優位論にも重大な疑問が生じる．

6. 結 語

地方交付税の現状分析ならびに諸外国の財政調整制度の検討を踏まえて，中長期的な観点から交付税の基本的な方向性を提示して，本章の結語にかえたい．

財政調整制度の位置付け

地方交付税の制度設計で留意しなければならないことは，現在の日本が地方分権化を進めようとしていることである．現行制度を前提にした漸進的改革か，地方分権が実現した状況を想定した抜本的改革かによって制度設計は異なってくる．

オウツ（Oates），マスグレイブ（Musgrave）の伝統的財政連邦主義では「慈悲深い」中央政府が，人々の厚生水準を高めることを目的にして，地方財政システムの設計者になる．この場合，地方政府は独立した主体ではなく中央政府の代理人にすぎない．先進国ではフランス，イギリス，途上国ではインドネシア，移行経済国ではベトナムがこのパターンに属する[42]．地方税の量的比重は低く，政府間移転は特定補助金が主柱で，財政調整制度も「結果の平等」すなわち中央が決めた全国一律の行政サービスの財源保障的性格をもつ Performance equalization になる．

これに対して，近年，バード（Bird）の主張する連邦財政論（federal finance）では言語，文化に起因する多様性をもつ社会を地域ベースで国家に統合する手段として，地方財政システムが決定される．カナダとスイスがこのパターンに属し，オーストラリアもある程度はこれに近い．伝統的財政連邦主義

---

41) *Ibid.*, p. 355. カウンシル・タックスの逆進性については北村（1998），159頁が詳しい．
42) Bird and Smart (2001).

6. 結語

では中央の決定するサービス水準が支配的決定要因であるが，連邦財政論ではサービス水準や税負担は連邦と州の両者による交渉と協議で決定され，再分配の基準についてもそれぞれが独自に設定される．地方税の歳入比率は高く，政府間移転では一般補助金が主柱となり，財政調整制度は「結果の平等」ではなく「機会の平等」を保障する capacity equalization になる[43]．

日本では国が地方団体に多くの事務を義務づけておきながら，十分な財源を与えていないため，地方税で足らざる部分を補う画一的な財源保障機能が地方交付税の重要な役割である．機関委任事務が廃止されても「国の関与」は法定受託事務を通じて残るので，財源保障機能は当面の間，必要になるだろう．現行制度やその形成過程を無視した抜本的改革は，現行制度に依存した地方公共団体の行動様式が覆されることになり大きな社会的混乱が生じることも銘記されねばならない．

地方交付税改革の基本的な考え方

地方交付税の改革は，地方公共団体における受益と負担の関係の明確化と財政責任の明確化に資するものでなければならない．地方交付税の役割は地方公共団体が標準的なナショナル・スタンダードの水準でサービスを提供するかぎり，経済的に等しい人々の税負担を居所の如何にかかわらず等しくすることである．しかしナショナル・スタンダードを超える個性的で多様な限界的歳出増（減）は，なるべく当該地域の住民が負担する地方税の増（減）税で負担する仕組みにすべきである．

また地方交付税の改革は将来にわたり持続可能な財政調整制度の構築をめざすものでなければならない．そのために地方交付税の原資は国税の一定割合とする「独立共有財源」の原点に帰り，後年度に負担を先送りする特会借入れや財源対策債からの早期の脱却をめざすものでなければならない．地方交付税は地方財政再建促進特別措置法とならんで地方財政がデフォルトしないことを暗黙に保障しており，地方債発行を民間資金へシフトしていくためにも持続可能な制度に再構築することが不可欠である．

---

43) *Ibid.*, pp. 14-15.

さらに地方交付税の改革は恣意的で不透明な裁量的運営を最小化し，できるかぎり客観的で透明性の高いルールをめざすものでなければならない．恣意的で不透明な運営は，地方公共団体の他力本願的な風潮を助長する．自己決定権をもった地方公共団体の予算制約がソフト化せずに，財政規律が働くためには，国からの交付金決定プロセスが客観的で透明な算定公式やルールに基づく必要がある．

客観的ルールと独立機関による算定

　以上の目的に照らして当面の改革としては以下の諸点を実行すべきであると考える．地方財政計画の策定に際しては，対人サービスのようなナショナル・スタンダードが明確なものと，投資的経費のような「国土の均衡ある発展」のための計画歳出を峻別すべきである．前者については国が真に必要な分野に限定する．投資的経費については地方議会が個別事務事業の事前評価情報の提示を受けて決定し，事後にこれを「評価」した上で，総体としての地方と中央が話し合う交渉手続きを経て，地財計画歳出の総額とその構成を決定する．これによって地財計画と決算との乖離が是正され，結果的に地方財政計画歳出はスリム化されるであろう．

　地方交付税の総額は国税5税の一定割合で自動的に決定し，平衡交付金的な運営から脱却をめざす．毎年，地方財政計画歳出と歳入見込みの差額を「地方財政対策」という名の大臣折衝によって補塡する現行の不安定・不透明な仕組みにかえて，地財計画を中期的（3-4年）に固定し，その間の景気変動には対応しない[44]．政府がこのようなコミットメントを行なうことによって地財計画歳出および地方公共団体の財政運営はより慎重なものになるだろう．国税にリンクした地方交付税総額を前提に，各地方公共団体はナショナル・スタンダードをこえる超過歳出分については増税か歳出カットによって対応する仕組みの訓練を積むことになるだろう．

　このような限界的財政責任メカニズムが正常に機能するには，出発点となる基準財政需要が公正かつ客観的に算定されねばならない．さしあたり事業費補

44）　具体的には出口ベースの交付税総額は閣僚を含む協議の場で原則3-4年ごとに再検討し，その間は経済成長率や物価上昇率にスライドする方法が考えられる．

正は原則廃止,段階補正は割増率を縮小するが,モラル・ハザード現象の原因が地方交付税制度にあるか否かについては実証的に検証されていないので留保財源率はこれ以上引き上げるべきではない (4節).地方交付税の総額確保は,現行通り,閣僚レベルが参加する協議で決定する.しかし各地方公共団体へ配分するための技術的な算定作業は,オーストラリアの連邦補助金委員会をモデルにして (5節),予算執行官庁から独立し地方公共団体の意向を制度的に反映しうる権威ある専門委員会を創設し,算定作業を委ねる.この独立機関が「公平な仲裁者」として交付金算定を行なうことで地方公共団体は国の政策誘導から解放され,国は限界的財政責任を負う地方公共団体への説明責任を果たすことになるであろう.

わが国では地域の住民が負担する個人所得税や一般消費課税等の居住地課税のウェイトが低く,その分法人課税のウェイトが大きい.かつ地域の住民が負担する居住地課税は限りなく税収分割に近い実態をもっている.このため受益と負担が乖離し,地方財政の説明責任が弱まり,公共サービスの真のコストが住民に認識しにくい.地方税充実強化の基本的戦略は,住民税と地方消費税の2大基幹税のウェイトを高めつつ,法人税については応益説的観点から税の性格を明確にすることにある (2章結語).このような方向性で地方税の歳入比率を十分に高めることができれば,ナショナル・スタンダードを超える部分の歳出について,イギリスの歳入援助交付金に見られるように極端なギア効果を生じることなく (5節),限界的財政責任メカニズムが働き,財政規律は維持される.

対人サービスを支える「機会の平等」

地方分権が実現して,再分配の基準も地方が独自に設定し,地方税の歳入比率が高く,政府間移転では一般補助金が主柱になれば,財政調整制度は国が決定した画一的な行政サービスの財源を保障する performance equalization というよりも,標準的なサービスを提供するかぎり経済的に等しい人々の税負担を居所の如何にかかわらず等しくする capacity equalization になるであろう.交付税プラス地方税で「結果の平等」を保障するものから,地方税プラス交付税で「機会の平等」を与えるものに,主役から脇役に財政調整制度の役割は再定

義される．地方団体間の公共サービスの差異は，経済的・地理的・気候的な競争条件の違いではなく，各地域の住民構成やその選好の違いを反映するものになるであろう．

「機会の平等」を保障する capacity equalization の算定公式にはカナダのように需要を考慮しない場合もあるが，オーストラリアのように財政需要を考慮するのが一般的である．けれども国が決めた画一的な行政サービスの保障が目的ではないので，基準財政需要の算定は大幅に簡素化できる．行政項目別に測定単位・単位費用・補正係数を乗じる現行制度にかえて，北欧諸国をモデルとして（1章4節），年齢別人口構成による対人サービス算定方式に段階的に移行する．この方式では各地方公共団体の基準財政需要は年齢区分別人口に，その区分に適用される単位費用を乗じて算定されるであろう．これはコスト計算を行なうと同時に算定の簡素化に資する方式として，単純な人口・面積按分論に優っている．

最後に水平的財政調整の可否について筆者の考えを述べる．ドイツの州間財政調整は水平的財政調整システムである．このシステムの優れた点は日本の地方交付税と異なり，富裕州の超過財源が財政調整の対象になること，補正人口をベースにした「財政需要」の算定が簡素であり，事実上課税能力格差の平準化になっていることであると主張される．しかしドイツのシステムを日本に移植できるかというと実はそう単純ではない．具体的には，①売上税による事前調整と連邦補充交付金による最終的な財源保障によって州間の財源格差の大半が調整されていることが前提になっている，②拠出義務を負う富裕州の不満が強く不断の制度見直しが繰り返される不安定性があるといった難点があり，水平的財政調整の現行地方交付税に対する優位論には疑問がある．

参考文献

Ahmad, Ehtisham (ed.) (1997), *Financing Decentralized Expenditure : An International Comparison of Grants,* studies in fiscal federalism and state-local finance, Edward Elgar.

Bahl, Roy W. (1998), "China : evaluating the impact of intergovernmental fiscal reform," in Richard Bird and Francois Vaillancourt (eds.), *Fiscal Decentralization in Developing Countries,* Cambridge University Press.

Bahl, R. and Wallich Christine (1993), "Intergovernmental Fiscal Relations in China," *working paper no. 863,* World Bank, Washington DC.

参考文献

Bird Richard (1986), *Federal Finance in Comparative Perspective,* Canadian Tax Foundation.

Bird, Richard and Michael Smart (2001), "Intergovernmental Fiscal Transfers: Some Lessons from International Experience," paper prepared for Symposium on Intergovernmental Transfers in Asian Countries: Issues and Practices, Asian Tax and Policy Program, Hitotsubashi University, Tokyo, Feb. 2001.

Boadway, Robin and Paul Hobson (1993), *Intergovernmental Fiscal Relations in Canada,* Canadian tax paper No. 96, Canadian Tax Foundation.

Boothe, P. and Derek Hermanutz (1999), "Simply Sharing: An Interprovincial Equalization Scheme for Canada," C. H. Howe Institute, *Commentary,* No. 128.

Courchene, Thomas J. (1994), *Social Canada in the Millennium,* C. D. Howe Institute.

Ma, Jun (1996), "Intergovernmental Fiscal Transfer: A Comparison of Nine Countries (Cases of the United States, Canada, the United Kingdom, Australia, Germany, Japan, Korea, India, and Indonesia)," paper prepared for the workshop on "Intergovernmental Fiscal Transfer: The Experiences from Japan and other Countries," to be held in Hanoi, Vietnam, March 27-29, 1996.

Manasan, Rosario G. and Shiladitya Chatterjee (2002), "Regional Development and Centre-Regional Relations in the Philippines: 1975-1999," discussion paper.

Rodden, Jonathan A. (2003), "Soft Budget Constraints and German Federalism," in Rodden Jonathan A., Gunnar S. Eskeland and Jennie Litvack (eds.), *Fiscal Decentralization and the Challenge of Hard Budget Constraints,* The MIT press, Cambridge.

Searle, R. J. (1997), "Fiscal Federalism in Australia," paper presented at International Institute of Public Finance 53rd Congress, held in Kyoto, Japan.

Shah, Anwar (1994a), *The Reform of Intergovernmental Fiscal Relations in Developing and Emerging Market Economies,* Policy and Research Series 23, World Bank, Washington DC.

Shah, Anwar (1994b), "Fiscal Need Approach to Equalization Transfers in a Decentralized Federation," Policy Research Working Paper 1289, World Bank.

Ter-Minassian, T. (ed.) (1997), *Fiscal Federalism in Theory and Practice,* International Monetary Fund, Washington.

Wilson, L. S. (1998), "Lessons for Canada from Other Federal Systems," in Boadway Robin W. and Paul A. R. Hobson (eds.), *Equalization: Its Contribution to Canada's Economic and Fiscal Progress,* Policy Forum Series 36, John Deutsch Institute for the Study of Economic Policy Queen's University.

World Bank (1993), *Budgetary Policy and Intergovernmental Fiscal Relations,* Washington DC.

東信男 (2000),「国と地方の財政関係をめぐる課題」『会計検査研究』第21号.

伊東弘文 (1995),『現代ドイツ地方財政論〔増補版〕』文眞堂.

岩田由加子 (2003),「付加価値税導入と政府間財政関係――オーストラリアにおける2000年税制改革(上下)」『自治研究』第79巻第4号, 第6号.

大蔵省財政史室編 (1978),『昭和財政史』(16) 地方財政 (林健久執筆), 東洋経済新報社.

岡本全勝 (2002),『地方財政改革論議 地方交付税の将来像』ぎょうせい.

加藤榮一 (2003),「財政システム」戸原四郎・加藤榮一・工藤章編『ドイツ経済 統一後の10年』有斐閣.

北村裕明 (1998),『現代イギリス地方税改革論』日本経済評論社.

嶋津昭 (2001),「世紀の狭間の地方財政」『地方財政』1月号, 地方財務協会.

総務省交付税課 (2003),『地方交付税関係資料』(平成15年度).

総務省自治税務局 (2002),『地方税に関する参考計数資料』.
田近栄治・油井雄二・佐藤主光 (2001),「地方交付税の何が問題か」『税経通信』No. 9.
地方財務協会編 (2002),『改正 地方財政詳解』(平成 14 年度版) 地方財務協会.
地方財務協会編 (2002),『市町村別決算状況調』地方財務協会.
地方財務協会編 (2002),『地方財政要覧』地方財務協会.
内閣府経済社会総合研究所『国民経済計算年報』.
中村良広 (2004),『ドイツ州間財政調整の改革——「水平的財政調整」の射程』(自治総研ブックレット 79) 地方自治総合研究所.
堀場勇夫・持田信樹・深江敬志 (2003),「地方交付税制度とモラルハザード——固定資産税制度との関連で」『青山経済論集』第 54 巻第 4 号.
宮島洋 (2001),「地方分権論の検討」金融調査研究会『地方財政をめぐる諸問題』(26).
持田信樹 (2002),「これからの固定資産税」『地方税』11 月号, 地方財務協会.

5章　地方分権下の財政調整制度

1. はじめに

前章では，地方分権が実現して再分配の基準を地方が独自に設定し，地方税の歳入比率も高くなり，政府間移転では一般補助金が主柱になれば，財政調整制度は国が決定した画一的な行政サービスの財源を保障する performance equalization というよりも，標準的なサービスを提供するかぎり経済的に等しい人々の税負担を居所の如何にかかわらず等しくする capacity equalization になりうる，との仮説的展望を述べた．

しかし，実際にわが国で地方分権が実現したときに地方交付税が果たすべき機能についての理論的枠組みの検討や実証分析は必ずしも十分には行なわれていない．

たしかに，前章でも触れたように，地方交付税の制度設計をめぐる議論が多岐にわたって展開されている．具体的な論題として，①財政調整あるいは財源保障の程度が高すぎるのではないかという基準財政需要の水準を中心とした問題，②いわゆるモラル・ハザードと呼ばれる地方公共団体に非効率的な行動を誘引する制度的な問題[1]，③基準財政需要額算定の方式が複雑すぎるのではないか，あるいはそれに伴って本来の趣旨に反し恣意的に基準財政需要額が算定されているのではないかという実施上の問題に分類される．これらは，より広範な一般補助金論を展望するとき，①の問題は公平性からの，②の問題は効率性からの議論といえる[2]．

---

1) モラル・ハザードと補助金論については，特定補助金に関して検討を加えた Boadway, Horiba and Jha (1999) が先駆的業績として挙げられる．モラル・ハザードと呼ばれる地方政府の非効率な行動を誘引しているか否かについては，堀場・持田・深江 (2003) が制度論的アプローチによって実証している．

2) 効率性の議論は，主として公共経済学的アプローチによって先行研究がなされてきた．Boad-

しかし，わが国では「地方分権下での地方財政の均衡とは何か，その根拠は何か，それに到達するにはいかなる制度設計を採るべきか」を掘り下げた原理的研究が少ないように思われる．

世界に目を転じると，公平性の議論については，ボードウェイ（R. Boadway）とホブスン（A. R. Hobson）がブキャナン（J. M. Buchanan）の財政余剰の概念を一般化した財政余剰（net fiscal benefit; NFB）を用いて多くの研究の発展がなされ，地方政府が供給している財の性質と租税制度に即して，詳細に論じている[3]．

本章はロビン・ボードウェイ，ポウル・ホブスン両氏と筆者との共同研究である Boadway, Hobson and Mochida（2001）で得た知見をベースにして，地方分権下での地方交付税を財政連邦主義の基本原則に照らして評価し，研究史上の空白を埋める試みである．日本特有の制度的な脈絡を仔細に検討した結果，分権下での日本の財政調整制度は，「機会の平等」を保障する capacity equalization に適合的であるという結論に到達した．

本章の構成は以下の通りである．2 節では地方分権のコストとそれを緩和する政府間財政の役割について論じる．3 節では，財政調整制度の設計について，提供される公共サービスのタイプ（準私的財か公共財か），財源調達の方法（居住地課税か源泉地課税か），および政策目標（公平性か効率性か）に即して考察を加える．4 節では以上の方法に基づき，日本の地方交付税制度についての検証をこころみたい．

2. 地方分権のコストと財政調整制度の役割

財政調整制度の役割を理解するには，①地方分権化の性格と正当化根拠，②分権化がもたらすコストとしての非効率と不公平，③分権化の長所をいかしながら，非効率と不公平を回避する制度設計などに注目する必要がある[4]．以下，

---

way and Hobson（1993）による NFB と一般補助金の効率性からの分析，Flatters, Henderson and Mieszkowski（1974），Boadway and Flatters（1982）を先駆的業績とする財政的外部性（Fiscal Externality）とその是正手段としての一般補助金論，Boadway and Keen（1996）による垂直的外部性とその是正手段としての一般補助金論等が挙げられる．

3) Boadway and Hobson（1993）を参照．
4) 財政連邦主義の到達点と展望を詳細に論じたものとして，Boadway（2000）が優れている．

順次これを考察しよう.

地方分権のメリット

　政府は様々な公共サービスを提供している．典型的なサービスは国防，外交，司法などの純粋公共財であり，これらの供給にはフリー・ライダー問題の克服が必要である．地方公共財には公園，街路，消防・警察などがあり，これらを地方に移譲することに経済学者の間で異論はない．地方団体は地方固有の選好を最もよく知っているからである．

　しかし，国，地方を問わず，純粋公共財の占める割合は低下している．むしろ支出の多くは準私的財と対個人移転支出で占められている．前者には医療，教育，社会福祉サービスが含まれ，後者には老齢年金，失業保険，そして公的扶助が含まれる．地方分権に伴い，主要な論争テーマになっているのは，この種のサービスを地方に移譲すべきか否かである．大雑把にいうと，二つの考え方がある．効率性の観点からいうと，これらのサービスを地方に移譲することには強い正当化根拠がある．事実，単一制国家である日本やスカンディナビア諸国ですら，地方団体は準私的財を供給している．

　いま一つの観点は，これらのサービスは純粋公共財と違って，所得再分配の要素を含んでいることである．政府の主要な役割は所得再分配であって，フリー・ライダー問題の克服は二の次であるということもできる．所得再分配の責任が中央政府にあるとしたら，地方団体が供給する準私的財や対人所得移転に関心をもつのは当然のことである．

　以下では，効率性の観点から準私的財や対人所得移転を地方に移譲する根拠を簡潔に列挙しておこう．

　　(i) **地方の多様性：ニーズ，コスト，選好の反映**　所与の水準の公共サービスを提供するのに必要な歳出額は地方によって異なる．地方団体はその地域の人口構成や経済的条件を考慮して，需要や費用をより実情に合わせて評価できる．さらに地方公共サービスに対する選好は地域ごとに異なり，多様である．したがって地方分権化によって地方団体は中央政府による画一的な「既製服」に無理に身の丈を合わせるのではなく，自分の身の丈に合わせたプロジェクトを実施できるようになる．

(ii) 情報の優位性　公共サービス供給や対人移転支出の成否は，その対象となる受給者の認定が正しく行なわれているか否かに左右される．受給資格の認定はその人々により近い政府が行なわなければならない．対人サービスの対象となる人々を認定し，かつ受給後の行動をモニタリングする任務は，身近な地方団体によりふさわしい機能である．

(iii) 本人－代理人問題　情報の優位性と関連するのが，上記のサービスを現場で実際に供給する機関を地方団体はより良く監視できることが挙げられる．公共サービスとりわけ準私的財は学校，病院，各種福祉施設等の「代理人」(agent) を通じて供給されている．このような機関を監視する場合には，周知のようにモラル・ハザードや逆選択問題が発生しやすい．しかし，地方団体は中央政府に比べれば，サービス供給機関の監視をより効果的に行なえる「本人」(principal) である．

(iv) 革新的実験　地方団体に公共サービスを提供する権限が移譲されていれば，供給が単一の中央政府に独占されている場合よりも，サービス供給についての革新的実験を行なう機会が増える．さらに同じような公共サービスを複数の地方団体が供給する分権化は，ヤードスティック・コンペティションをも刺激する．個々の地方団体は費用対効果の観点から，同様のサービスを供給している他の地方団体と比較されるので，競争が起こる．

(v) 政治経済学的賛成論　最後に，地方への権限移譲は地方政府間の競争を誘発して税収最大化を意図する「レヴァイアサン」(Leviathan) としての地方政府に財政規律をかける可能性がある．たとえば企業や家計が地域間を自由に移動できるのならば，生産要素が流出してしまわないように，できるだけ効率的な財政運用をしなければならなくなる．

このような地方分権化のメリットはいまや多くの経済学者や政策担当者によって共有されていると思われる．事実，多くの OECD 諸国では歳出の分権化が進められている．もっとも歳出分権化の実際の度合いは各国の歴史，政治，制度的構造あるいは地理的特徴を反映して異なっている．

地方分権のコスト

地方分権に伴うのはメリットだけではない．地方分権にコストが生じるのは，

基本的に地域経済が開放体系になっていて各地域が経済的に相互依存しているからである．個別の地方団体は，国内での財貨サービス，労働，資本の流出入によって相互に密接に結びついている．しかし，地方団体はその地域の住民に責任を負っているので，他地域や上級レベルの政府へ便益や税負担がスピル・オーバーすることを考慮しないで意思決定を行なう．以下，一般的な地方分権のコストを列挙してみよう[5]．

(i) **スピル・オーバー**　地方団体の財政支出の便益は他地域の住民に帰着する場合がある．支出のスピル・オーバー効果は，中央から地方への条件付補助金を正当化する伝統的な根拠となっている[6]．しかし補助金の実際の補助率がスピル・オーバーを考慮して決められているわけではない．

(ii) **国内共通市場の攪乱**　各地方団体の税制とプロジェクトが調和されていないかぎり，地方団体の財政活動は国内市場を攪乱する可能性が高い．地方分権化されたシステムでは，地方税は微妙に異なった課税ベースに賦課され，税率構造も地域ごとに異なるであろう．また歳出プログラムも地域によって異なり，非居住者だった人々には排除的な性格をもつかもしれない．これらの結果，意図的ではないにしろ，地域間での生産要素の移動は干渉を受ける．

(iii) **租税競争**　生産要素が地域間を移動しやすい場合，他地域からの生産要素を惹きつけるために，個別の地方団体は税率を低く設定するインセンティブをもつ．しかし，全ての地方団体がこのような行動に出ると，その結果は自滅的である．起こりうる事態は，地方団体が移動しやすい課税ベースにかける税率を非効率な水準にまで競い合って引き下げあうことである．部分最適は必ずしも全体的最適にならない．専門的にいうと，移動しやすい課税ベースの場合には，水平的な財政的外部性が生じる．税率の引上げは他地域への生産要素の移動を誘発し，便益がスピル・オーバーする．この場合，個別地方団体の観点からは，その地域の付加的税収拡大に伴う限界費用（marginal cost of public funding）は真の社会的費用よりも高い．

(iv) **垂直的財政外部性**　地方団体は上位の政府に対して「垂直的財政外部

---

[5] 地方分権のコストを包括的に論じたものは，Boadway (2000) である．本章の叙述もこれに負う．
[6] スピル・オーバー効果とその補助金への含意については Dahlby (1996) を参看されたい．

性」(vertical fiscal externality) を押し付けることもある．このタイプの外部性は負である．異なるレベルの政府が，同一の課税ベースに重複して課税している場合に，垂直的財政外部性が発生する．地方政府が税率を引き上げると課税ベースは縮小する．その課税ベースは中央と共有しているので中央の税収が減少するにもかかわらず，地方団体は税収の減少を考慮に入れない．その結果，地方団体は付加的税収拡大に伴う限界費用を低く見積もる傾向がある．

財政的非効率性とは何か

地方分権のコストという場合，上記の一般的なものに加えて，財政調整制度の関わりで問題となる，財政的非効率と財政的不公平についてより詳しく論じる必要がある．

分権化に関して広く知れ渡っているコストは，財政的非効率性である．財源，行政の必要度およびそのための費用が地方によって異なっていることは普遍的事実である．分権化がすすむと，異なった行政管轄圏に居住していることを除けば，あらゆる点において等しい人々が受領する「財政余剰」(net fiscal benefit) に必然的に格差が生じる．ここで財政余剰とは，さしあたり地方政府から受領するサービスの価値と税負担額との差をさすと定義しておこう．

財政余剰の格差は，家計ないし企業にそれが低い地域からより高い地域に移動する誘引となるので，効率的な資源配分を妨げる．いうまでもなく，競争的市場では異なる地域間で限界生産性が等しくなるように生産要素が移動する．その移動がとまった状態で資源が最も有効に――国全体の産出高が最大となる状態で――利用される．しかし，地方政府が存在すると生産要素は限界生産性ならびに財政余剰の和が各地域で等しくなるように移動する．財政余剰が大きい地域は過剰に資源を引き寄せてしまうのである．効率性の議論はブキャナンの1950年代の所説をもって嚆矢とする．その後，フラッタース＝ヘンダースン＝ミツコウフスキィ (Flatters, Henderson and Mieszkowski)，ボードウェイ＝フラッタース (Boadway and Flatters) 等の先駆的業績により財政的外部性 (fiscal externality) とその是正手段としての一般補助金論として精緻な発展を遂げている[7]．

ところで財政余剰の格差は，財政需要および課税ベースが地域によって異な

る事実を反映している．これをいま少し具体的に述べる．前者，すなわち財政需要に由来する格差は標準的なサービスを提供するのに必要な一人当たりの歳出額の差が反映される．それに対して後者に由来する格差は，つぎの節で詳しく述べるように，源泉地課税によるものと居住地課税によるものとの二つに分かれる．いま地方政府が源泉地課税[8]（天然資源税，法人利潤税，法人が負担する固定税）を利用しているとしよう．この場合には，一人当たり課税標準に平均税率を乗じた額の差が財政余剰の格差の指標となる．これに対して居住地課税[9]（所得税，売上税，賃金税，居住用財産税）の場合にはその課税方法がどのくらい応益原則から離れているかに依存する．標準的なケースは，居住地課税が所得比例的でかつ公共サービスの便益が一人当たり均等に帰着するような状態である．直感的にその理由を述べれば，経済的に等しい人々の支払う地方税は居所の如何にかかわらず同一であるが，彼が地方政府から受領する便益は当該地域の平均所得の関数になるからである．地方行政管轄圏が同じような公共サービスを提供した場合，財政余剰の格差は居住地課税から調達される一人当たり税収の差に等しくなる．

地方分権化と地域格差

地方分権化がもたらすコストは，財政的非効率だけではない．地方分権化は財政的公平性（fiscal equity）と抵触する．地方分権は財政システム全体の垂直的所得再分配に影響を与えることはよく知られている．たとえば地方政府間の競争は再分配政策を後退させる可能性が高い．政府は税収最大化を意図する「レヴァイアサン」（Leviathan）であると想定するならば，競争は怪獣を飼いならす道具となる．

しかし，われわれは地域住民の厚生最大化をめざす「慈善的政府」（benevolent government）であると想定している．この場合，分権化は垂直的公平性と水平的公平性の両面において，再分配政策を低下させる作用がある．個別の地

---

[7] Buchanan (1952), Flatters, Henderson and Miezkowski (1974), Boadway and Flatters (1982) を参照．

[8] 「源泉地課税」（source based tax）とは，生産要素の所有者の居所如何にかかわらず，要素所得の発生した課税管轄圏に納税される租税．

[9] 「居住地課税」（residence based tax）は，居住地の課税管轄圏に納税される租税．

方政府の観点から見ると，低所得層の流出および高額所得階層の流入は，扶助経費を減らす反面，課税ベースが増えるので望ましい．地方政府間の競争は，結局，再分配を弱める競争になってしまう．部分最適が必ずしも全体的最適にはならないケースであるといえる．また地方政府が個別に再分配政策を決定するとその程度の差は無視できなくなる．住民は地域に固有な垂直的公平感をもっていると見るのであれば問題は少ない．しかし国民である以上，一律に平等に扱われるべきであると考えれば，地方分権は垂直的公平性を侵害するものとして人々には映る．

この問題と密接に関連するのが水平的公平性（horizontal equity）——公共部門による，等しい人々の平等な処遇——である．どこに居住していようと経済的に等しい人々は平等に遇するべきである．この考え方を複数段階の政府システムに適用したのが水平的公平に他ならない．地方分権化がすすめられると水平的公平性をも侵害される．

注意しなければならないのは，地方分権化が地域間格差を拡大することは必ずしも広く共有されていないことである．これに異議を唱える人々は，地域間格差は定常的に存在しないという．こうした立場からは現実の地域格差は財貨，労働および資本の移動によって自動的に縮小される，一時的な現象ということになる．また地域間格差が存在していても，個人間の所得格差は負の所得税・（公的扶助等の）移転システムによって是正できるという議論もある．個人間の所得格差を縮小すれば，自動的に地域間格差も小さくなるというわけである．

これらの議論はたしかに理解しやすく，一見有益と思われる．しかし，地域格差の是正を否定する議論には多くの注釈を加える必要がある[10]．まず大規模な地域格差はほとんどの国に存在している．とくに途上国において首都地域への集中は顕著である．その格差は標準的な経済理論が予言するように消えうせるわけではない．地域間格差は存在し，増大しさえする．第2に個人間の所得格差縮小によって，必ずしも地域間の格差は縮小するわけではない．低所得地域は単に低所得者が多いからそうであるわけではない．そのような地域は経済的機会，インフラ・ストラクチャー，集積の経済が乏しいために所得水準が低

---

10) 地方分権化の問題点として，非効率，格差拡大，経済の不安定化を理論的に指摘したものとして Prud'homme (1994) が注目される．

い．したがって，個人所得の増大は当該地域の潜在的発展能力の拡大と同義ではない．また課税管轄圏としての地方は社会的・政治的存在である．地方団体は個人の単なる集合体ではなく，政治的組織として地域間格差の是正に取り組む意思がある．

「機会の平等」としての財政的公平性

したがって，分権的システムにおいては中央集権に比べて地域間格差を縮小する機能は弱いとみるべきである．豊かな地域では同じ税率で税収が多く，サービスが充実しているか，同じサービスをより低い税率で提供できるだろう．そうなれば家計や企業はますます豊かな地域に集中するので，地域格差の拡大は悪循環となる．

ただし，財政余剰の格差を完全に除去することはできないし，望ましくもない．完全な水平的公平性を達成するために，異なる地方政府は所得階層別に同一の租税を課して同一の公共サービスを供給する必要がある．しかしそのようなことは実行可能でないだけではなく，地方に裁量権を与える地方分権の理念にも強く抵触する．

セカンド・ベストの基準として，水平的公平性に比べてやや緩やかな概念である財政的公平性（fiscal equity）を採用することが望ましい．財政的公平性という概念を最初に提起したのはブキャナンであった．その後の論争についてはミツコウフスキィ＝マスグレイブ（Mieszkowski and Musgrave）が整理している[11]．財政的公平性とは，財政余剰の格差を個人単位で平準化するのではなく，州・地方を単位として平均的に取り除くことである．表現をかえていうならば，すべての地方政府に標準的な税率でもって標準的な公共サービスを供給しうるような潜在的能力を付与すること，これが財政的公平性の内容である．財政的公平性を遵守するということは，垂直的再分配政策に地方政府の政策を調和させる上で，最低必要な条件でもある．

---

11) Miezkowski and Musgrave (1999) を参照．

制度設計の指針

　政府間財政関係の存在理由は，地方分権に伴う非効率なり，不公平性を緩和して，効果的な分権化を推進することにある[12]．政府間財政関係は，地方分権を促進しつつ，同時に地方政府の活動が全国規模の効率性や公平性を損なわないようにする役割がある．政府間財政関係の制度設計は，かかる目標から導かれねばならない．政府間財政関係には，特定補助金，税制の調和などの要素がある．しかし，その中核ともいうべき要素は地方財政調整制度である．なぜならば，財政調整制度は地域間での財政余剰の著しい格差を平準化することによって効率性と公平性を達成するからである．

　われわれは財政調整制度の存在根拠だけではなく，その制度設計の具体的指針にも細心の注意を払うべきである．一般的にいうならば財政調整制度は税収の格差ならびに需要の格差の両面をそれに反映すべきであろう．前者はいかなる税源から地方政府が租税を調達しているかに左右される．地方政府が源泉地課税によって財源を得ているのであれば，総税収を平準化すべきである．一方，居住地課税の場合にはそれが応益主義によって賦課されないかぎり，一人当たり税収を平準化すべきである．われわれはその理由を次節で詳しく述べる．

　税収面を考慮する財政調整制度を実施するには「代表的税システム」(representative tax system) を用いるのが望ましい．まず個々の租税について共通の課税標準をきめ，個別の地域ごとに算定する．平均税率は全国総税収を全国総課税標準で割った商を用いる．この平均税率を各地域の一人当たり課税標準に乗じた額と平均税率を全国の一人当たり課税標準に乗じて算出した額と比較し，その差額に人口数を乗じた額を財政調整の交付額とする．プラスの交付額とマイナスの交付額が相殺されるから，全国の地域を合計した正味の交付額はゼロとなる．

　財政需要を考慮した制度を設計するためには同様の計算がなされなければならない．まず全国的な公平性を達成するために標準的なサービス水準を決める．個々のサービスごとにナショナル・スタンダードで供給するために必要な標準的コストを幼児，学齢児童，老人，成人といった様々な人口グループごとに，

---

12) 政府間財政関係の一般原理とそのカナダへの適用については，Boadway and Hobson (1993) が模範的である．

算定する．個々の地域ごとに費目ごとの財政需要を合計する．全国平均と各地方政府の需要額の差が交付金額となる．

制度設計にあたっては，さらに三つの重要な指針を付け加えるべきであろう．税収を反映するにせよ，財政需要を反映するにせよ，地方政府が操作する余地のない客観的なデータに基づかねばならない．さもなければ地方政府は税収を過少に見積もり，需要を過大に申告する悪しきインセンティブをもってしまう．また財政調整制度は中央政府の裁量の余地をなくし，算定公式に基づいて分配されねばならない．最後に受領した地方政府がそれを様々な分野に自由に使えるように使途を制限しないことが重要である．

3. 財政余剰の発生メカニズムと財政調整制度

財政調整制度の根拠は，財政余剰の格差がもたらす非効率，財政的不公平であることを前節で見た．つぎの課題は，そもそも財政余剰の格差はいかなる要因に基づいて発生するかを組織的に検討することである．なぜならば財政調整制度の具体的設計は，①提供される公共サービスのタイプ（準私的財か公共財か），②その財源調達の方法（居住地課税か源泉地課税か），さらに③政策目標（公平性か効率性か）に依存して異なるからである．本節では，はじめに財政的公平性，つぎに効率性の観点から財政余剰の発生メカニズムと地方財政調整制度の設計の基本方針を考察したい．

財政的公平性のシナリオ

ある個人の財政余剰は一般的に便益マイナス税負担で定義される．これを記号で表現するとつぎのようになる．

$$NFB_i = G_i/(N_i)^\alpha - T_i$$

ここで NFB_i は i 地域の財政余剰，G_i は歳出総額，N_i は人口，T_i は居住者の税負担を示す．α は提供されるサービスの性質を区別するパラメーターである．$0 \leq \alpha \leq 1$ で，$\alpha=1$ の場合，公共サービスは分割可能な準私的財，$\alpha=0$ の場合は公共財となる．ある地域 i に居住する個人の包括所得は，貨幣賃金（w_i）に上記の財政余剰を加えたものとなる．この包括所得 I_i が各地域で等しくなるように，地域間の人口移動が生じる．

表 5-1 財政余剰発生と財政調整制度

	居住地課税	源泉地課税
準私的財[1]	財政的公平性 ――人頭税, 使用料：正当化できず（財政余剰なし） ――所得税, 売上税, 固定資産税[2]：一人当たり税収の平準化（財政余剰発生）	財政的公平 ――売上税, 法人税, 固定資産税[3]：一人当たり税収の平準化（財政余剰発生）
	財政的効率性 ――人頭税, 使用料：正当化できず（財政余剰なし） ――所得税, 売上税, 固定資産税[2]：一人当たり税収の平準化（財政余剰発生）	財政的効率性 ――売上税, 法人税, 固定資産税[3]：一人当たり税収の平準化（財政余剰発生）
純粋公共財	財政的公平性 ――人頭税, 使用料：総税収の平準化（財政余剰発生） ――所得税, 売上税, 固定資産税[2]：総税収の平準化（財政余剰発生）	財政的公平性 ――売上税, 法人税, 固定資産税[3]：一人当たり税収の平準化（財政余剰発生）
	財政的効率性 ――人頭税, 使用料：一人当たり税収の平準化（財政的外部性の平準化；人口規模が違うと財政余剰は平準化しない） ――所得税, 売上税, 固定資産税[2]：一人当たり税収の平準化（財政余剰発生）	財政的効率性 ――売上税, 法人税, 固定資産税[3]：平準化は不要（財政的外部性は発生せず；財政余剰も異なる）

(資料出典) Boadway, Hobson and Mochida (2001).
注：1) 一人当たり均等を前提, 2) 地域内の所得および地域間の平均所得は異なる．財貨サービスに対する所得弾力性は正, 3) 税負担が他地域へ輸出されることを想定．

$$I_i = w_i - T_i + G_i/(N_i)^\alpha$$

(i) 準私的財を源泉地課税で調達した場合 財政余剰の格差は，提供される公共サービスのタイプ（準私的財か公共財か），その財源調達の方法（居住地課税か源泉地課税か）によって発生する．表 5-1 は，様々なシナリオをまとめたものである．はじめに地方政府が準私的財を供給していて（$\alpha=1$），その財源が非居住者に全部帰着するような歳入（$T=0$）によって調達される場合を見てみよう．たとえば商品価格の上昇や要素所得の低下を通じて，税負担が簡単に他地域に「輸出」される源泉地課税 R_i で調達する場合が該当する．地方団体の予算制約式 $G_i/N_i=R_i/N_i$ を考慮すると，財政余剰は

$$NFB_i = G_i/N_i = R_i/N_i$$

と書くことができる．このケースでは準私的財を供給しているので個人の便益は総支出を人数で割った商に，税負担は源泉地課税なのでゼロに，したがって居住者の財政余剰は一人当たり財政支出額に等しくなる（もしくは非居住者から居住者への一人当たり移転額）．この場合に財政的公平性を遵守するには，一人当たり税収入（R_i/N_i）を平準化することが必要である．

(ii) 準私的財を居住地課税で調達した場合　これに対して，準私的財を居住地課税で調達した場合には，財政余剰は居住地課税が応益原則からどのくらい乖離しているかに左右される．たとえば，準私的財（$\alpha=1$）の財源が応益課税としての人頭税や比例的な使用料によって調達される場合を想定してみよう．

地方団体の予算制約式は $G_i/N_i=T_i$ と書ける．したがって，財政余剰は $NFB_i=G_i/N_i-T_i=0$ と表現できる．各人の便益と税負担はいずれも歳出総額を人数で割った商となる．つまり財政余剰はゼロ，したがって格差も発生しない．住民は自分が受け取るサービスに見合った負担を行なう．準私的財を応益税で調達している場合には，財政調整制度の必要性は正当化できない．

これに対して，教育や福祉のような準私的財の財源を調達するために所得比例的な居住地課税（たとえば所得税）が賦課される場合は，解釈は異なる．なぜならば，所得が等しい個人はどこに住んでいるかにかかわらず同額の地方税を支払うが，彼が地方政府から給付を受けるサービス水準は同じではない．換言すれば便益は地域の平均所得の関数となるが，負担は住んでいる地域に関わりなく特定個人の所得の関数となる．

ごく簡単な数値例を示そう．いま二つの地方自治体で一律に税率 12% の所得税が賦課され，準私的財（教育，福祉）が供給されるとする．地方自治体 A は R_A, R_A, P_A の三人から構成され，R_A, R_A の所得が 1,000 万円，P_A の所得が 500 万円であるとする．地方自治体 B も三人から構成されるが，R_B の所得は 1,000 万円，P_B, P_B の所得は 500 万円とする．12% の所得税を徴収すると，A では一人当たり 100 万円の教育サービスを受けることができるが[13]，B では一人当たり 80 万円相当のサービスとなる．同一地域内では低所得者の財政余剰と高所得者の財政余剰の和はゼロになる．

---

13) この数値の根拠は，以下の通り．〔$(1000\times0.12\times2+500\times0.12)\div3$〕

しかし所得が同一であっても，居住する地域によって，財政余剰に系統的に格差が生じる．Aに居住する高所得者のR_Aの財政余剰は−20万円となるが，Bに居住する高所得者R_Bの財政余剰は−40万円である．この問題の解決策は一人当たり居住地課税を平準化することである．地方自治体Aから地方自治体Bへ30万円の税収入を移転すると，各地域は全住民に対して，同じ税率で同じレベルのサービスを提供することができる．移転システムとしては水平的な財政調整（AからBへ30万円）か，もしくは税率0.66％の国税としての所得税を財源とする方式とがありうる．

(iii) 公共財を源泉地課税で調達した場合 ここまでは地方団体は教育や福祉といった準私的財を供給すると仮定してきた．しかし，純粋公共財の場合に結論は少し違ってくる．最初のシナリオとして，地方政府が公共財を供給し，非居住者に負担が帰着する源泉地課税（$T=0$）で調達するケースを検討しよう．公共財なので各個人の便益は歳出額に等しいけれども居住者の税負担は理論的にはゼロである．居住者の財政余剰は歳出水準に等しくなる．いま源泉地課税をR_iと定義すると，地方団体の予算制約式は$G_i=R_i$と書ける．したがって，財政余剰は$NFB_i=G_i=R_i$となる．財政的公平性を満たすためには各地域の総収入（R_i）を平準化する必要がある．

他方，純粋公共財の財源がある種の人頭税ないしは比例的使用料で調達される場合はどうであろうか．地方団体の予算制約式は$G_i=N_iT_i$となるので，財政余剰は

$$NFB_i = G_i - T_i = (N_i-1)T_i$$

と表すことができる．各人は総供給コストのうち，彼の負担分（T_i）だけを支払う．しかし公共財なので利用者の多寡にかかわらず，各人は歳出総額と等しいサービスを享受する．各居住者の財政余剰は，彼以外の他の居住者が税・使用料によって負担したサービス費用に等しくなる．税負担水準を所与とすると，財政余剰は人口密度の高い地域ほど高くなる．人口が十分に大きい場合に水平的公平性を満たすには税収入（N_iT_i）の完全平準化が必要となる．

人口移動に伴う非効率性

地方財政調整を公平性の観点から正当化すると貧困な地域から労働力が移動

することを妨げるので好ましくない，という批判がしばしば行なわれている．効率性の観点からみて財政調整制度は存在意義が薄いという意見もある．しかし，われわれは効率性の観点からみても財政調整制度は存在意義が大きいと考える．まず第1に，効率性の議論は人々の自由な地域間移動を前提にしているが，現実には人々の地域間移動は難しく，それによって財政力格差が自動的に解消するとは考えられない．効率的な公共サービスの生産が行なわれる地域へ自由に転居できる人は，一部のごく限られた人である．

第2に，人々の自由な地域選択は必ずしも最適な資源配分をもたらさない．これは人々の移動は他の人々に外部効果を及ぼすが，移動する人は，それを考慮に入れないからである．つぎに個人の地域選択は社会的見地から見ると効率的ではないという問題をいくつかのケースにわけて考察することにしよう[14]．

(i) 財政的外部性と規模の経済 ここでは，ある個人の移動に関する意思決定の結果，他の個人に生じる財政余剰の変化を財政的外部性（fiscal externality）と呼ぶ．はじめに人頭税（$T=G/N$）で公共財の供給（$\alpha=0$）が行なわれる場合を考えよう．地方団体の予算制約式は $G_i=N_iT_i$ なので，財政余剰は

$$NFB_i = G_i - T_i = (N_i-1)T_i$$

この式の意味は，ある地域に移住してきた人は，既存住民の負担によって供給されている公共財に等しい財政余剰を得るということである．したがって他の条件が同じであれば，人々は人口規模が大きいかまたは人頭税が低い地域へ居住するインセンティブがある．

注目しなければならないのは，居住地課税のもとでの地域選択には財政的外部性が生じることである．移住者は T_i という額の地方税を納める．この移住者の貢献分によって，既存住民は公共財の消費を減らすことなく，税負担だけが少なくなる．そうなるのは公共財の消費には規模の経済が働くからである．別の角度からみると，既存住民の財政余剰合計は移住者の税負担分，すなわち T_i だけ増える．しかし，移住者はかかる財政的外部性を考慮に入れない．彼は地域選択に伴う私的な便益のみに関心があるからである．

財政的外部性は公共財には規模の経済が働くことを反映している．このこと

---

14) 効率性から見た財政調整の正当化根拠について詳しくは以下の論文を参照されたい．Boadway and Hobson (1993)；Boadway, Hobson and Mochida (2001)．

は準私的財（$\alpha=1$）が人頭税や比例的使用料を財源に供給される場合と比べると一目瞭然である．地方団体の予算制約式は $G_i/N_i=T_i$ となるから，財政余剰は $NFB_i=G_i/N_i-T_i=0$ である．人頭税は応益税としての役目をはたすので，移住者の財政余剰はゼロである．では外部性はあるだろうか．移住者が来ると既存住民の総便益は G/N だけ減る．一方，税負担は移住者が負担する額（T_i）だけ少なくなるが，それはまさに少なくなった準私的財に等しい．したがって地域選択に伴う外部性は発生しない．換言すると準私的財の消費に規模の経済はないので，移住には外部性は生じない．

人々の地域選択はそれに伴う外部性が相殺される場合に効率的である．いいかえると移住者の私的便益だけではなく，社会的便益が各地域で等しくなっていなければならない．純粋公共財の場合は，社会的便益には移住者自身に帰属する包括所得と既存住民に及ぼす財政的外部性とが含まれる．このとき効率性の条件はつぎの式で表せる．

$$I^A+T^A = I^B+T^B$$

すなわち各地域を通じて人頭税の水準が等しいとき，地域選択は効率的となる．そのためには財政調整制度は，人頭税が全国平均，すなわち $T^{AV}=(N^A T^A+N^B T^B)/(N^A+N^B)$ に等しくなるように，設計されなくてはならない．人頭税の水準が平均以下の地方政府から平均以上のそれへ財源が移転される必要がある．

(ii) 公共財が源泉地課税で供給される場合　ここまでは居住地課税で財源を調達する場合を検討してきた．しかし，源泉地課税の場合には結論は異なる．公共財が他地域の住民・企業が負担する源泉地課税によって供給される場合には，地域選択は効率的となる．なぜならば，財政的外部性が発生しないからである．地方政府の予算制約式は $G_i=R_i$ と書けるので，財政余剰は $NFB_i=G_i=R_i$ となる．移住者の財政余剰は既存住民の財政余剰と等しいので，現住民の満足度は人口の流入に影響をうけない．したがって財政調整制度は少なくとも効率性の観点からは正当化できない．別の角度からみると，純粋公共財に関しては，効率性の観点から財政調整が正当化されるのは，さきにみた居住地課税によって供給される場合だけである．しかし公平性の観点からは財源調達手段の如何を問わず，正当化することができる．

ところが準私的財の場合には，結果は全く異なり，財政的外部性が発生する．すなわち準私的財が源泉地課税によって調達される場合には負の外部性が生じる．地方団体の予算制約式 $G_i/N_i = R_i/N_i$ を考慮すると，財政余剰は $NFB_i = G_i/N_i = R_i/N_i$ となる．移住者の財政余剰は総支出額のうち彼自身の分け前である．しかし，もとから住んでいる住民の便益総額は，移住者の分け前分だけ減るので，負の財政的外部性が発生していることがわかる．財政的効率性を満たすためには，各地域でおこる外部性が相殺されなければならない．そのためには一人当たり税収（R_i/N_i）が均等化されるように財政調整制度を設計する必要がある．これは財政的公平性の場合と同じ程度の財政調整制度となるであろう．

(iii) 人々の所得が異なる場合 ここまでわれわれは，課税管轄圏内の人々が同一の所得を稼得しているという想定で議論をしてきた．しかし，いま少し現実的な想定に近づける必要がある．つぎに人々が異なる所得を得ている，より現実的な状態にわれわれの議論を拡張しよう．まず準私的財が，比例的な居住地課税を財源にして供給される場合には，非効率な人口移動を誘発するといえる．なぜなら公平性の議論でわれわれは貧富二つの地方政府を想定して分析をした．そこでは，所得が等しい個人はどこに住んでいるかにかかわらず同額の地方税を支払うが，彼が地方政府から給付を受けるサービス水準は特定地域の平均所得の関数となるために，財政余剰の格差が発生することが確認された．たとえば，豊かな地域Aに居住する高所得者の R_A の財政余剰は -20 万円となるが，貧しい地域Bの高所得 R_B の財政余剰は -40 万円であるという数値例でこれを検証した．かかる財政余剰の格差があるかぎり，地域Aから地域Bへの非効率な地域選択がおこり，労働力の配分が歪められる．これを是正する正しい政策は，地方財政調整制度を通して，一人当たりの居住地課税を平準化することである[15]．

ここまでの議論を総括しよう．われわれは人口移動による均衡が本質的に非効率であるということを主張するものではない．事実，応益原則に忠実な居住

---

15) この例では，合計30万円の歳入をAからBへ移転すると財政余剰は平準化される．高所得者Rは居住地の如何を問わず-30万円の財政余剰を受け取るが，低所得者Pは30万円の財政余剰を受け取る．一人当たりの歳入は両地域で全国平均に等しくなる．

地課税で準私的財を供給する場合であるとか，公共財を源泉地課税で供給する場合には人々の自由な地域選択には外部効果が発生しない．

しかし源泉地課税に格差がある場合には人口移動は非効率となる．源泉地課税が公共財の財源として利用されるのであれば人口移動が効率的である．しかし源泉地課税が一人当たり同額の準私的財——たとえば教育や福祉など——に費やされるのであれば，一人当たり税収が均等化されないかぎり人々の地域選択には財政的外部性が伴う．

それだけではない．応益原則に基づいた居住地課税（人頭税など）が準私的財の供給に費やされるのであれば自由な地域選択の結果，外部性が発生することはありえない．しかし，その反面，その政策は地方政府の再分配政策とは整合的ではないだろう．むしろ地方政府は応能原則に基づいて徴税する可能性がある．前述したように，人々の所得が異なるときに準私的財を供給するために比例所得税が課税されると，予算は所得再分配的となる．その場合には人口移動による均衡には外部性が伴うので，非効率となる．

4. 地方交付税制度の存在根拠

前節において，われわれは財政余剰の発生メカニズムを①提供される公共サービスのタイプ（準私的財か公共財か），②その財源調達の方法（居住地課税か源泉地課税か）に注目して組織的に検討した．つぎの課題は，この枠組みを適用して，わが国の地方交付税制度の存在根拠を実証的に検証することである[16]．

居住地課税による準私的財供給

日本の地方税は，源泉地課税と居住地課税の双方によって構成されている．これらによって準私的財と公共財から構成された歳出を賄っている．これは財政調整の理論が適用される基礎的土台である．しかし，それだけでは交付税の存在根拠を実証したことにならない．なぜならば財政調整の制度設計は，①提供される公共サービスのタイプ，②その財源調達手段の種類，③政策目標に応

---

[16] 地方交付税制度についての筆者の考え方については，Mochida and Lotz (1999) および Mochida (1998) を参看されたい．

4. 地方交付税制度の存在根拠

じて異なったものになるからである．

前節での分析で明らかにされたように，準私的財の場合には財政調整が必要となるのは地方税の負担が他の課税管轄圏に輸出される（源泉地課税）か，居住地課税が所得比例的である場合に限られる．その場合，一人当たり税収の平準化が必要である．かかる制度設計は，公平性，効率性いずれの見地からも同じとなる．一方，純粋公共財の場合には，財源の調達方法の如何を問わず，財政的公平性の観点からは総歳入の平準化が必要となる．しかし効率性の観点からは一人当たり居住地課税の平準化のみが必要となる．

地方交付税を分析対象とした場合，このような複数のシナリオのうち，準私的財を居住地課税によって供給するというシナリオを公平性の観点から分析することが突破口になる．このシナリオは，1950年代にブキャナンが数値例として示した標準的なケースと同じである．その理由は以下の通りである．

第1に，日本の地方政府の機能は純粋公共財と準私的財の両方の要素から構成されているが，後者の機能が量的に大きく，かつ少子・高齢化に伴い重要性が高まる．準私的財としては，①社会全体に及ぼす影響が強い性質をもつ，義務教育，結核予防，保健，農林漁業への融資等，②現物給付による所得再分配としての老人福祉，児童福祉，生活保護，あるいは公営住宅，保育所などが含まれる．このように外部効果を伴う準私的財や所得再分配としての現物給付が，日本の地方財政では相対的に大きな比重を占めている．

第2に，府県税は居住地課税と源泉地課税とから構成されているが，前者に含まれる住民税および地方消費税は，有力な基幹税目である．住民税は日本で最も重要な居住地課税である．住民税の本体ともいうべき所得割は，雇用主が源泉徴収し，それを居住地の地方自治体に送金する．したがって住民税は，最終的に管轄区域内の居住者によって負担される居住地課税といえる[17]．

地方消費税は居住地課税の間接的形態であるという点については，普遍的とはいえないまでも，広範囲にわたる合意があると思われる．原産地原則と仕向地原則との区別は，この税が居住地課税かそれとも源泉地課税であるかを決定するうえで重要な決定要因である．都道府県が原産地原則に基づいて，その課

---

[17] 個人住民税利子割は，居住地ではなく，金融機関が所在する地方自治体に帰属するので源泉地課税に分類される．

税管轄区域内で付加価値税を課税するならば，地方消費税は源泉地課税に分類されるだろう．他方，各都道府県が仕向地原則によって（移出非課税，移入課税）付加価値税を課税するならば，地方消費税は居住地課税となるだろう．日本の地方消費税がいずれのシステムにより近いかは，税の徴収と最終的な配分方法如何によって判断されるべきである．日本の地方消費税では，地域間の財貨・サービス取引を含む税の徴収は原産地原則にしたがう．しかし地方消費税では，付加価値が発生した原産地には税収は帰属しない．それとは逆に最終消費地——大雑把にいうと居住地と同じであるが——に税収は帰属する．地方消費税法は付加価値の発生した都道府県に，最終消費額を基準にして，税を都道府県間で再配分させることを決めているからである．したがって，地方消費税は居住地課税の間接的形態とみなすべきである．

第3に，効率性の観点からの分析には地域間人口移動がいかなる要因に基づいて発生しているか，それと財政余剰の関係はどうなっているかをつきとめなければならないが，データの制約から他日を期したい．

転嫁仮説についての考え方

われわれの主要な関心事は，日本の地方財政が歳入・歳出の両面から，所得分配にいかなるインパクトを与えているかにある．地方財政調整が必要となる標準的ケースで，ブキャナンは所得比例的な地方税を想定している．この想定が日本に妥当するか否かを検証するには，居住地課税である個人住民税，間接税[18]および居住用の固定資産税について所得階層別負担率を推計しなければならない[19]．

分析のポイントは，法律上の納税義務者と税の負担者は必ずしも一致しないので，転嫁をどのように考えるかである．われわれは，旧総務庁統計局『家計調査年報』の10分位データの情報を利用した．個人住民税については10分位ごとに記載されている実績値を用いることができる．しかし間接消費税と固定資産税については10分位ごとの実績値は記載されていない．このため，①各

---

18) 家計調査における「間接税」には地方消費税，たばこ税，自動車取得税，娯楽施設利用税，特別地方消費税が含まれる．
19) 地方税の階層別負担についての先駆的業績は林（1995）である．

税目にもっともらしい転嫁仮説を選び,②転嫁を最もよく反映すると思われる配賦基準を設定し,③税収入を配賦基準に応じて10分位ごとに分配する,という作業を行なう必要がある.

われわれの想定した転嫁仮説はつぎの通りである.消費財に対する間接税は課税対象を消費する消費者によって,土地に賦課される固定資産税は所有者によって,家屋に賦課される固定資産税は利用者によって負担されると想定した[20].しかし,固定資産税については土地部分を各分位に配分する基準がないため家屋部分のみを推計するにとどまった.

つぎに各階層への税負担の配賦基準については以下の通りに設定した.借家の負担する固定資産税は家賃で,また持家については帰属家賃で各分位のウェイト付けを行ない,固定資産税額を分配した.地方消費税は,『家計調査年報』から非課税品目[21]を除いた消費で各分位をウェイト付けして,税額を各分位に分配した.たばこ税は「たばこ支出」で,ゴルフ税は「他の教養娯楽サービス」で,特別消費税は「宿泊料・外食」でウェイトづけした.また自動車取得税は「自動車等購入」で,軽油取引税は「自動車等維持」で各分位をウェイトづけした.

居住地課税の負担構造

上記の推計結果を示したのが表5-2であるが,この表からわかることを以下にまとめよう.税目ごとに所得階層別負担率が違うことが判明した.はじめに個人住民税はすべての所得階層を通じて累進的である.課税最低限が高く,かつ緩やかな累進税率が適用されていることを考慮すると,この結果は予測通り

---

20) 固定資産税の納税義務者は当該市町村に存在する固定資産の所有者であり,占有者は法律上の納税義務はない.固定資産税の性格を理解するにはその負担の帰着をどう考えるかに依存する.独立した課税管轄圏が多数あり,その間を資本が移動できる場合には,ある課税管轄圏が固定資産税の税率を変えると資本を他の用途に利用する機会が生じる.資本流入地域の収益率は減少し,流出地域の収益率は上昇する.この傾向は純収益率が地域間で等しくなったときに止まる.このように固定資産税の帰着に関する'新見解'によれば,固定資産税は源泉地課税という性格を帯びる.しかし日本では,長い間,固定資産税の税率はほぼ全国均一であった.また日本では借地・借家人や不在地主が非常に集中している地域というのは,ごく一部を除くと観察できない.したがって,居住用資産に関わる固定資産税は日本では居住地課税であると想定した.

21) 「非課税支出」として控除したのは保健医療サービス,家賃地代,授業料・教科書,他の諸雑費である.

表 5-2 居住地課税の所得階層別負担率（1995年度）　(%)

	個人住民税	固定資産税	間接消費税							合計
			地方消費税	たばこ税	ゴルフ税	特別消費税	自動車取得税	軽油取引税	小計	
I 分位	1.05	2.57	1.44	1.55	0.04	0.05	0.15	0.61	3.84	7.46
II 分位	1.09	1.99	1.21	0.76	0.04	0.04	0.18	0.58	2.80	5.88
III 分位	1.26	1.37	1.05	0.58	0.04	0.05	0.12	0.55	2.39	5.01
IV 分位	1.54	1.15	0.97	0.52	0.03	0.04	0.21	0.55	2.34	5.02
V 分位	2.0	0.84	0.93	0.44	0.03	0.04	0.20	0.52	2.16	5.01
VI 分位	2.17	0.75	0.89	0.34	0.03	0.04	0.16	0.47	1.94	4.86
VII 分位	2.53	0.64	0.84	0.28	0.03	0.04	0.20	0.45	1.83	5.00
VIII 分位	2.74	0.49	0.80	0.28	0.03	0.04	0.14	0.42	1.71	4.94
XI 分位	3.10	0.44	0.76	0.18	0.03	0.03	0.19	0.38	1.58	5.12
X 分位	3.28	0.31	0.60	0.11	0.02	0.03	0.13	0.26	1.15	4.74

注：所得に対する各税目の税額の割合．ただし固定資産税は家屋分のみ．

である．つぎに間接消費税は，人々の負担能力は考慮されず，消費に間接的に課税されるので所得再分配の余地はない．これはデータによって裏付けられた．一般売上税としての地方消費税はわずかに逆進的だが，その他の個別消費税の階層別負担はより逆進的であった．また固定資産税は最低所得階層（第I，第II分位）で逆進的であるものの，それ以外の階層での逆進性はとるに足らない．これはフロー所得の少ない高齢者が最低所得階層に集中していることを反映していると考えられる．

上記の事実は，日本では歳入側について標準的なケースが妥当することを示唆している．換言すれば，総合的にみると居住地課税は最低所得階層を別にして概ね所得比例的な負担構造をもつ．この結果は，間接消費税と居住用固定資産税の緩やかな逆進性が住民税のもつ累進性によって相殺されていることを念頭におくならば，驚くべきことではない．これがわれわれの第1の事実発見である．

歳出を通じた所得再分配

つぎに歳出面に目を転じよう．地方財政の歳出側では所得再分配の手段となりうる経費が多く含まれている．日本の地方財政の公共部門に占める量的比重は連邦国家並に高いが，純粋公共財が地方自体の仕事に占める割合は意外に小

さい．われわれの推計では，警察，消防，街路，公園，徴税，上下水道，ごみ処理，公衆衛生，河川改修等の純粋公共財は，地方財政支出の約35%を占めているにすぎない[22]．これらの歳出が所得再分配を明示的に意図していないことはいうまでもない．

むしろ歳出の大半は，競合性のある準私的財（publicly provided private goods）によって占められている．その割合は都道府県で52%，市町村では50%におよぶ．このうち社会全体に及ぼす影響がつよい性質をもつ，義務教育，結核予防，保健，農林漁業への融資等は26%を占めている[23]．現物給付による所得再分配としての老人福祉，児童福祉，生活保護，あるいは公営住宅，保育所などは約24%である．このように外部効果を伴う準私的財や所得再分配としての現物給付が，日本の地方財政では相対的に大きな比重を占めている．この傾向は都道府県よりも市町村の場合により当てはまる．

われわれの関心は，主要な準私的財である教育費と民生費の所得階層別帰着がどうなっているかである．ブキャナンのいう標準的なケースで想定されているように，一人当たり均等額であれば，何らかの財政調整が必要である．むろん公共サービスの便益を厳密に個人に還元して測定することは私的財といえども困難である．しかし，教育費と社会福祉とはだれが直接的な受益者であるかを比較的明瞭に判別することができる．われわれは旧総務庁統計局『家計調査年報』に記載されている10分位データを用いた．

準私的財の階層別帰着

以下，その手順について説明しよう．教育費については以下の手順で推計した．①『地方財政統計年報』に掲載されている教育費を小学校費，中学校費，高等学校費および大学費の小分類に分ける，②小分類ごとにそれぞれの生徒数

---

[22] 河川行政は治水事業，河川管理，水質汚濁防止などを含む．これらの便益には非競合性と非排除性が認められるので，純公共財の性格がつよい．地方公共団体が管理している通常の都道府県道や市町村道は国の管理する高速道路と違って排除コストが禁止的に高い．食品，浴場，旅館，理容，墓地などの衛生水準を維持するための規制は，純公共財としての性格がある．廃棄物処理施設の設置や環境基準を達成するための規制は，その便益に非排除性と非競合性が認められる．

[23] 港湾施設のサービスの利用については排除原則の適用は比較的容易である．しかし港湾施設は生産関連の外部効果が大きく，準公共財としての性格を備えている．

表 5-3 教育費の所得階層別受益率 (1995 年度)

(%)

	幼稚園	小学校	中学校	高 校	大 学	教育費計
I 分位	0.21	3.78	2.40	2.16	0.28	8.83
II 分位	0.18	2.82	1.58	1.56	0.22	6.36
III 分位	0.15	2.53	1.48	1.30	0.16	5.62
IV 分位	0.15	2.54	1.31	1.13	0.14	5.26
V 分位	0.13	2.59	1.34	1.19	0.21	5.46
VI 分位	0.10	2.37	1.40	1.18	0.15	5.20
VII 分位	0.08	2.01	1.18	1.11	0.15	4.53
VIII 分位	0.06	1.61	1.07	1.02	0.21	3.97
IX 分位	0.05	1.12	0.75	0.77	0.22	2.91
X 分位	0.03	0.66	0.46	0.46	0.09	1.70

注:資料,推計方法については本文参照.

を各分位に割り当てる,③小分類の総支出の2分の1を生徒数で,残りの2分の1を世帯数で各所得階層に按分する.世帯数で按分したのは,義務教育費の外部性を考慮に入れるためである.④按分された支出額を各所得階層の世帯当たり所得で割る.

民生費も基本的には教育費と同じ手法で推計した.すなわち,①『地方財政統計年報』に記載されている民生費を社会福祉費,老人福祉費,児童福祉費および生活保護費の小分類にわける,②小分類の受益者を反映する代理指標をとり,各分位に割り当てる.具体的には,児童福祉費については18歳以下の児童数を,老人福祉費については要介護者数を,そして生活保護費については住民税の均等割非課税世帯数をそれぞれ代理指標とした.③小分類の総支出を上記の指標で各分位に按分する.④按分された支出額を各分位の世帯当たり所得で割る.こうして推計された結果を示したのが,表5-3と表5-4である.

ブキャナンは財政余剰を測定するにあたって,準私的財は消費に競合性があるので,一人当たり均等に帰着すると想定した.教育や医療といった準私的財は,この想定がもっともらしい例といえよう.しかし日本のデータで検証した結果は,この想定とは少し違うように見える.表5-3が示しているように,小学・中学・高校の便益は所得の上昇につれて逓減している.一方,公立の幼稚園と大学教育についてはその便益の帰着は所得比例的であった.総合して見ると日本における教育費の便益は所得の上昇につれて緩やかに逓減している,と

表 5-4　民生費の所得階層別受益率（1995 年度）

(%)

	老人福祉費	児童福祉費	生活保護費	民生費計
I 分位	8.7	1.74	18.11	28.55
II 分位	2.8	1.66	0.91	5.37
III 分位	1.92	1.78	—	3.70
IV 分位	0.58	1.89	—	2.47
V 分位	1.16	1.90	—	3.06
VI 分位	0.97	1.77	—	2.74
VII 分位	0.88	1.43	—	2.31
VIII 分位	0.70	1.14	—	1.84
IX 分位	0.58	0.78	—	1.36
X 分位	0.67	0.42	—	1.09

注：民生費計には社会福祉費は含まず．

いうのがわれわれの事実発見である．

これに対して民生費はその直接的便益が低所得層により多く帰属すると推量できる．この仮説は表 5-4 によって，ほぼ完璧に裏付けられるかたちになった．同表が示すように，生活保護費ならびに老人福祉費は低所得層に手厚いのであって，ひとり児童福祉費のみが所得比例的であった．これらの事実は総体として日本における準私的財の便益は，所得の上昇につれて緩やかに逓減していることを明瞭に物語っている．これが第 2 の事実発見である．

確定的なことをいうのは難しいが，日本の地方財政は歳出と歳入の両面から，所得に対して累進的なインパクトをもつと結論してよい．地方の居住地課税がほぼ所得比例的であり，また地方歳出は所得の上昇につれて逓減している，と特徴づけることは誤りでないであろう．もしそうであるとすれば，地方の予算構造は所得再分配的であって，標準的ケースと比べるとやや累進的である．かかる累進性こそが，日本における居住地課税の完全ないしはそれ以上の平準化を要請する根底的な理由である．対人サービスを住民税，地方消費税で供給すること，地方分権下での地方交付税制度の存在根拠はこの点にあるといえる．

5. 結　語

本章では，日本の地方交付税制度の存在根拠を標準的な財政調整の理論を用いて，実証的に評価した．そこで得られた知見をまとめて結語にかえたい．本

章は,「機会の平等」を保障する財政調整制度の正当化根拠は,地域間での,財政余剰の格差(NFB)を平準化することにあると主張した.そのポイントは,つぎの通りである.

(1) 人々の自由な地域選択は必ずしも最適な資源配分をもたらさない.これは人々の移動は他の人々に外部効果を及ぼすが,移動する人は,それを考慮に入れないからである.したがって,財政調整制度は財政的公平という観点だけではなく,効率性という観点からも正当化しうる.

つぎにわれわれは具体的な制度設計の指針を考察した.その骨子はつぎの通りである.

(2) 財政調整の制度設計は,地方自治体が供給するサービスの性質ならびに財源調達手段に依存する.さらに,財政調整が必要な場合でも,その方法や調整の程度は,政策の目標が,公平性にあるのか,それとも効率性であるのかによって異なる.

さらに制度的な脈絡を仔細に検討した結果,分権下での日本の地方交付税制度は,「機会の平等」を保障する capacity equalization に適合的であるという結論に到達した.まず日本の地方税について,個人住民税,間接税,固定資産税のケース・スタディを行ない,所得階層別負担の帰着を推計した.

(3) 所得階層別の負担は日本では標準的なケースに近い.居住地課税全体では,最低所得階層を除くと,ほぼ所得比例的である.これは個人住民税の累進性によって間接税と固定資産税の逆進性が相殺されている結果である.

歳出側について教育費と民生費のケース・スタディから,準私的財の所得階層別便益の帰着を推計した.標準的ケースでは準私的財の便益は一人当たり均等額と想定されていた.

(4) 日本では準私的財の便益はやや累進的(低所得層に手厚い)であることが判明した.これらを総合すると,地方政府の予算は,源泉地課税と純粋公共財の役割を別にすると,所得再分配的な性格が認められる.

総合すると,居住地課税全体は所得比例的であり,他方,地方歳出はやや累進的である.この累進性ないし所得再分配性は日本における居住地課税の100%ないしそれ以上の平準化を正当化する.これが地方分権下での財政調整の根拠に関する,われわれの結論である.

最後に本章の限界と今後の課題について触れる．公共財の財源となっている源泉地課税を平準化すべきかどうかには，議論の余地がある．その理由は公共財の便益は居住者だけでなく企業や非居住者にも帰属するからである．日本では主要な源泉地課税——事業税，事業用財産税——は地方政府が企業に提供しているサービスの対価支払いであり，応益税の一種であると考えられている．したがって，このような企業用の中間投入財をファイナンスする源泉地課税を完全に平準化する必要があるかどうか検討の余地がある．

参考文献

Boadway, Robin (2000), "Recent Developments in the Economics of Federalism," in Harvey Lazar (ed.), *Toward a New Mission Statement for Canadian Fiscal Federalism,* McGill-Queen's University Press, pp. 41-78.

Boadway, Robin and Frank R. Flatters (1982), "Efficiency and Equalization Payments in a Federal System of Government: A Synthesis and Extension of Recent Results," *Canadian Journal of Economics* Vol. 15, pp. 613-633.

Boadway, Robin and Paul A. R. Hobson (1993), *Intergovernmental Fiscal Relations in Canada* (Toronto: Canadian Tax Foundation).

Boadway, Robin, Paul A. R. Hobson and Nobuki Mochida (2001), "Fiscal Equalization in Japan: Assessment and Recommendations," *The Journal of Economics* (『経済学論集』東京大学), Vol. 66, No. 4.

Boadway, Robin, I. Horiba and R. Jha (1999), "The Provision of Public Services by Government Funded Decentralized Agencies," *Public Choice,* Vol. 100, pp. 157-184.

Boadway, Robin and M. Keen (1996), "Public Goods, Self-selection and Optimal Income Taxation," *International Tax and Public Finance,* Vol. 34, pp. 463-478.

Buchanan, James M. (1950), "Federalism and Fiscal Equity," *American Economic Review* Vol. 40, pp. 583-599.

Buchanan, James M. (1952), "Federal Grants and Resource Allocation," *Journal of Political Economy* Vol. 60, pp. 208-217.

Dahlby, Bev (1996), "Fiscal Externalities and the Design of Intergovernmental Grants," *International Tax and Public Finance* Vol. 3, pp. 397-411.

Flatters, F., V. Henderson and P. Miezkowski (1974), "Public Goods, Efficiency and Regional Fiscal Equalization," *Journal of Public Economics,* Vol. 3, pp. 99-112.

Mieszkowski, Peter M. and Richard A. Musgrave (1999), "Federalism, Grants, and Fiscal Equity," *National Tax Journal* Vol. 52, pp. 239-260.

Mochida, Nobuki (1998), "An Equalization Transfer Scheme in Japan," in Shibata/Ihori (eds.), *Welfare State, Public Investment and Growth,* Springer-Verlag Tokyo, pp. 269-293.

Mochida, Nobuki and Jørgen Lotz (1999), "Fiscal Federalism in Practice, the Nordic Countries and Japan," *The Journal of Economics* (『経済学論集』東京大学), Vol. 64, No. 4, pp. 55-86.

Prud'homme, Remy (1994), "On the Danger of Decentralization," *policy research working paper No. 1252*, The world Bank's Transportation, Water and Urban Development Department.
総務庁統計局 『家計調査年報』各年度版.
林宏昭 (1995) 『租税政策の計量分析——家計間・地域間の負担配分』日本評論社.
堀場勇夫・持田信樹・深江敬志 (2003), 「地方交付税制度とモラル・ハザード——固定資産税制度との関連で」, 『青山経済論集』第54巻第4号, 27-58頁.

6章　持続可能な地方債制度の将来像

1. はじめに

　1980年代の後半，バブル景気を謳歌した日本の地方財政は，90年代に入ると一転，戦後史上，最悪の危機的状況に突入した．停滞する税収と歳出とのギャップを埋めるため，地方債依存度は12-15%という高い水準で推移した．交付税特別会計の借入れも再開されたため，実質的な地方借入れも累積した．地方債残高に交付税特会借入れを加えた地方借入残高は2002年度末で195兆円に上っている．

　この事実のもつ重みを理解するために国民所得に対する地方借入残高の比率を歴史的に概観しよう．図6-1は過去55年間の地方債務残高の対GDP比を示す．同図からわかるように，日本の地方財政は1974-75年の石油危機を境に一大転機を迎えている．第二次世界大戦直後から74年までは高度成長の果実である地方税と有力な国税を原資とした地方交付税とが膨張する経費に十分対応できた．成長に必要なインフラ・ストラクチャー整備のための地方債が発行されたものの，20年の間，残高の対GDP比は5%以下で推移した．

　しかし石油危機とその後の引き締め政策によってスタグフレーションが発生すると，歳出と歳入のギャップが拡大して地方債務残高の相対的水準は15-20%へと飛躍的に上昇している．この時期を皮切りに財源補填を目的とする地方債が増発され，また地方財政対策の柱として交付税特別会計の資金運用部借入れが大規模に始まった．もっとも，80年代後半のバブル景気を背景に債務残高の上昇傾向にはブレーキがかけられ石油危機の負の遺産ともいうべき交付税特別会計借入れは償還された．

　ところが90年代に入ると地方債務残高の対GDP比は再度，14%から36%へと隔絶した水準に達し，一向に下がる気配が見られない．30%以上という

図 6-1 地方借入残高の対 GDP 比

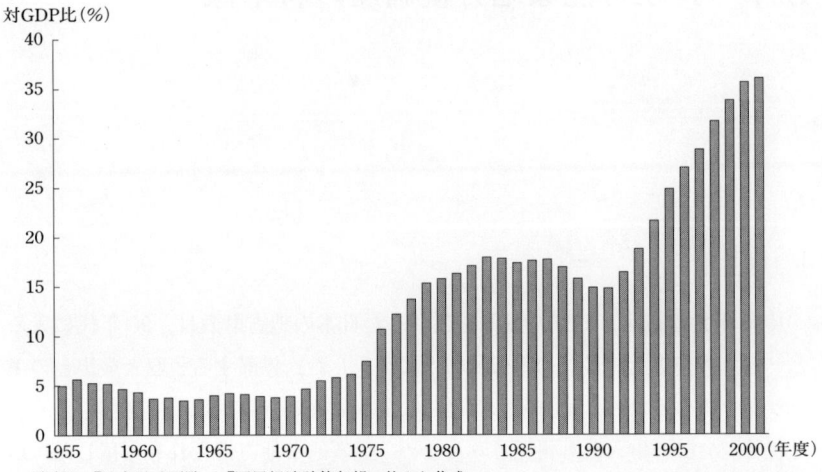

(資料)『地方財政要覧』,『国民経済計算年報』他より作成.
注：地方借入残高は以下の合計．地方債残高，公営企業債残高（普通会計負担），交付税特会借入金残高（地方負担分）．

水準が過去の日本の歴史に照らして際立って高いことは明らかであろう．アメリカ，カナダ，イギリス，デンマーク，スウェーデン等，欧米諸国では，90年代以降，州・地方財政の財政赤字を削減する努力がたゆまなく続けられた．日本の地方財政危機は歴史的に見ても，国際的に見ても，最悪の状態といってよい．

　本章の課題は，過去の経済対策への協力から生じた負の遺産を処理しなければならないだけではなく，地方分権や財投改革などの現在の大きな流れの中でももっとも難しい位置に置かれている地方債制度の問題点を検証し，持続可能なシステムにするための基本的指針と制度設計を模索することである．

　本章の構成は以下の通りである．2節で地方債増発の背景となった地方税の停滞と地方単独事業を概観した上で，事業費補正の弊害を検証する．3節では，地方分権や財投改革など現在の大きな流れの中に地方債制度を位置づけ，「暗黙の政府保証」と台頭する「市場の論理」との緊張関係を分析する．4節では以上の問題を受けて，地方債の管理にあたり市場と国の関与について基本的な方向性を考察する．結語では持続可能な地方債制度構築のための制度設計につき試論を提示する．

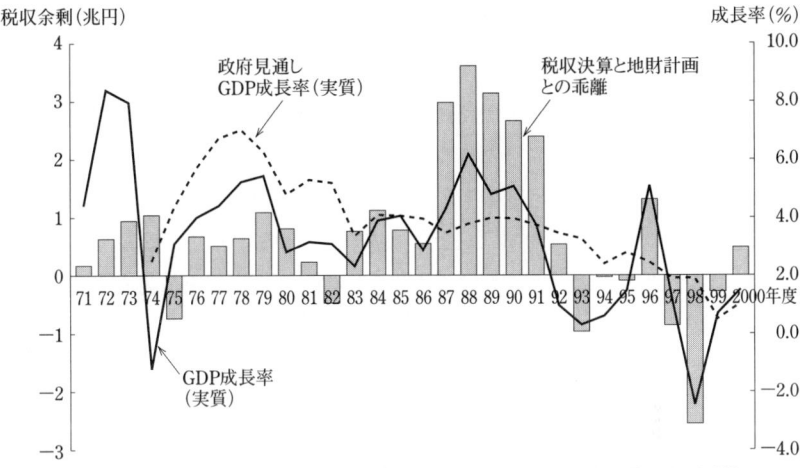

図 6-2 地方税収の歳入欠陥（1971-2000年度）

（資料）　筆者作成．税収不足は地方財務協会編『地方財政要覧』，GDP成長率は『国民経済計算』，政府見通しは「経済見通しと経済運営の基本的態度」『日本経済新聞』による．

2. 経済対策への協力と地方単独事業

　バブル崩壊以降，多額の財源不足額が連続して発生した．景気の低迷により，住民税・事業税の自然減収が生じたのに加えて，所得税・住民税の特別減税が実施され，税収が低迷した．また数次にわたる経済対策に対応して地方単独事業が実施され，投資的経費も増大した．本節では地方債増発の背景にある，これらの複合的要因を考察する．

地方税の自然減収

　多額の財源不足額が1990年代初頭から今日にかけて連続して発生している経済的要因は，地方税の自然減収である．ここで自然減収を地方財政計画（当初）における地方税収予測値と決算値との乖離として，簡単な検証を試みる．図6-2は1971年以降，約30年間の地方税の自然増収（減収）の動向を跡付け，これに実質GDP成長率についての政府見通しならびに実績値を対比させたものである．この図から，高度成長期には自然増収に恵まれ，税収の欠陥は皆無であったこと，70年代央には税収入の欠陥が発生し，とくに第一次オイルシ

ヨック直後の75年と第二次オイルショック後の80年代前半には戦後初の大規模な欠陥に見舞われたことがわかる．またバブル経済が絶頂を迎えた80年代後半には毎年3兆円前後の巨額の自然増収が発生したが，バブル崩壊によって状況が180度逆転したことが窺われる．地方税収入の自然増収（減収）の動向は地方財政赤字の推移と密接に関連してきたことがわかる．

しかし，自然減収の発生は必ずしも，経済成長率の低下だけに原因があるわけではない．自然減収はGDP成長率の政府見通しと実績値との乖離によっても発生する．地方財政計画における税収の見積もりは毎年末に発表される「政府経済見通し」における経済成長率の予測に基づいて計算される．図6-2で政府の経済成長率予測と実績とを比較すると，前者が非現実的なほどに高いことが，75-78，80-82，86，92-95，97-98の各期間に確認できる．これらの年度は自然減収の発生と時期的にも一致している．バブル期を除いてほぼ一貫して政府の経済成長率見通しは過大であった．非現実的な成長率予測を改善し，意図せざる自然減収を減らし，地方財政の予算編成における財政規律を高めるべきである．

裁量的財政政策と地方単独事業

多額の財源不足に寄与したのは，税収の減収だけではない．深刻な不況に対処するために，1990-2000年まで財政政策はごく一時期を除いてほぼ一貫して拡張的であった．政府は景気刺激のための数次にわたる「総合経済対策」を1992-95年にかけて実施し，1998-2000年にも再び大規模な財政支出拡大を伴う経済対策を実施した．表6-1によると経済対策の計画総額は136兆円に及ぶと推計される．この数値には「真水」（公共投資，減税）以外の部分が含まれる．住宅金融公庫を通じる政策金融，地域振興券の交付，98年度に開始された中小企業金融安定化特別保証制度による信用保証など間接的な需要創出手段は52兆円に上る．直接的な需要効果をもつ経済対策は総額66兆円に及ぶ公共投資と17兆円の減税である．しかしケインジアン的な裁量的財政政策が96-97年を除く90年代を通じて一貫して追求されてきたことは紛れのない事実である[1]．

わが国では公的資本形成はGDPの約8%に相当するが，その80%は地方財

2. 経済対策への協力と地方単独事業

表 6-1 総合経済対策の推移
(10 億円)

閣議決定	総額	経済対策の「真水」部分					減税	土地先行取得	投融資[2]
		公共投資							
		一般公共事業	地方単独事業	災害復旧	環境・教育	小計			
1986 年 9 月 19 日	3,000	1,400	800	0	0	2,200	0	100	700
1987 年 5 月 29 日	5,900	2,450	800	400	350	4,000	1,000	200	700
1992 年 8 月 28 日	8,600	3,400	1,800	500	550	6,250	0	1,550	800
1993 年 4 月 13 日	11,170	3,640	3,500	530	1,150	8,820	150	400	1,800
1993 年 9 月 16 日	2,250	1,000	500	450	0	1,950	0	300	0
1994 年 2 月 8 日	13,830	3,590	1,800	0	610	6,000	5,850	780	1,200
1995 年 4 月 14 日	4,617	205	0	718	0	923	0	154	3,540
1995 年 9 月 20 日	14,100	5,040 [5]	2,500	2,110	910	10,560	0	1,730	1,810
1998 年 4 月 24 日	20,200	1,600	1,500	1,000	3,600	7,700	4,600	1,500	6,400
1998 年 11 月 16 日	23,900	5,700	0	600	1,800	8,100	6,000	0	9,800 [3]
1999 年 11 月 11 日[1]	18,000	4,486	0	700	0	5,186	0	1,614	11,200 [4]
2000 年 10 月 19 日[1]	11,000	600	0	0	4,100	4,700	0	0	6,300
2001 年 4 月 6 日[1]	n.a	n.a	n.a	n.a	n.a	n.a	n.a	n.a	n.a
累 計	136,567	33,111	13,200	7,008	13,070	66,389	17,600	8,328	44,250

(資料) OECD (2000), table 7, Mühleisen (2000), 地方財務協会『地方財政要覧』より筆者作成.
注：1) 経済対策の規模・内容は日本経済新聞の記事による. 2) 住宅金融公庫融資を含む. 3) 地域振興券を含む. 4) 中小企業信用保証を含む. 5) ウルグアイラウンド対策を含む.

政によって実施される．林健久 (1998) が指摘するように，財政を反循環的に運営しようとする場合，地方財政を動かさずにすませることは著しく困難である．一方では，全国の地方税を単一の法律で規定する地方税法，地方に対してマクロ経済政策との同調を求める地方財政計画，地方債に対して資金手当てを保証する地方債計画などトータルとしての地方財政を中央が操作・誘導する手段が整っている．このため日本では裁量的財政政策は地方財政を巻き込んで実

---

1) 90 年代以降は租税政策が安定化政策として用いられた．94 年には 6 兆円の特別減税が発表され，所得税 (国・地方) の 20% 一律減税が実施された．翌年には税率の見直しを含む 3.5 兆円の制度減税が実施された．1997 年には消費税率の引上げと特別減税の打切りとにより，約 7 兆円の国民負担が増加し，過去 3 年間つづいた減税はほぼ帳消しにされた．1997 年 11 月には金融連鎖破綻を境にして景気対策一色となり補正予算で特別減税が復活した．1998 年 4 月には 4 兆円の特別減税が実施されるなど財政構造改革路線は事実上，凍結された．橋本内閣の後を継いだ小渕内閣は所得税の 20%，住民税の 15% をカットする総額 5.8 兆円の恒久減税を実施した．このように 90 年代には景気対策のための減税が実施されたが税収入そのものに対する影響は自然減収に比べるとより副次的であった．

施されることになる．この林の仮説を検証するため，80年代後半から90年代の裁量的財政政策の事例を挙げれば以下のようになる．ただし各年度の予算編成方針は対象にせず年度中の裁量的財政政策に地方財政が動員された経緯を跡付けることとする．

(1) 内需中心の景気拡大と円高による影響の著しい地域経済を活性化するため，1986年9月19日，総額3兆円の事業規模を確保することを閣議決定．地方単独事業については，地域の実情に応じ地方債の活用等を図ることにより，追加的措置8,000億円を含め，その円滑な施行を期待するものとした．

(2) 円高による影響に配慮して，上半期の契約目標率につき過去最高を上回る80%以上を目指し，総額5兆円の事業規模を確保することを1987年5月29日，閣議決定．地方単独事業については，地域の実情に応じ地方債の活用等を図ることにより，追加的財政措置8,000億円を含めて円滑に施行すること，道路，河川等の追加事業に対して起債充当率の引上げを行なうほか経済活性化に資するため地方債による特別の配慮を行なうことを決定．

(3) バブル崩壊に伴う景気後退に対して，1992年8月28日に，総額8兆6,000億円の事業規模を確保することを閣議決定．地方単独事業についても道路，下水道，一般廃棄物処理施設等の住民に身近な社会資本整備を推進し，これに必要な地方債の追加を行ない，1兆8,000億円の事業費を確保することを決定．地方公共団体による用地先行取得を図るため，土地開発基金および土地開発公社の活用を図り，事業費1兆5,500億円の確保を図ることも決定．

(4) 景気の足取りを確実なものとするため，1993年4月13日，上半期契約目標率75%以上を目途として，総規模11兆円を上回る総合的経済対策を閣議決定．地方単独事業については道路，下水道，一般廃棄物処理施設等，3兆5,000億円規模の社会資本の整備を行なう一方，「生活大国5カ年計画」に沿って，庁舎等の大規模改造，高齢者，障害者にやさしいまちづくり，情報化に対応した行政機関や学校，試験研究施設等の整備，電線類の地中化等を推進することを決定．

(5) バブル崩壊後の厳しい経済情勢に対処するため，1993年9月16日，景気浮揚効果を勘案しつつ，約2兆円の事業費追加を閣議決定．地方単独事業についても，高齢者・障害者にやさしいまちづくりや住宅宅地関連公共施設を

整備促進するため，5,000億円の事業費追加要請を決定．

(6) 円高ならびに阪神・淡路大震災からの復興を図るため，1995年4月14日，緊急円高・経済対策を閣議決定．地方公共団体の地方単独事業の積極的な施行を要請することを決定．同年9月20日，景気の早期回復を図るため，総額12兆8,100億円規模の公共投資拡大を閣議決定．地方単独事業についても，災害に強い安全なまちづくりをはじめとして社会資本整備が図られるよう，2兆5,000億円の事業費追加を要請することを決定．

(7) 景気が「山」をむかえ「景気後退期」が始まっていることに対処するため，1998年4月24日，上半期契約目標率81％を目途に国・地方あわせて総額10兆7,000億円程度の事業を実施することを閣議決定．地方単独事業についても，地域の実情に即して，住民の身近な社会資本等の整備が図られるよう，地方公共団体に1兆5,000億円の追加要請を決定．

(8) 景気後退に対処し，日本経済再生の道筋をつけるため，1998年11月16日，財政構造改革法を凍結して，事業規模8.1兆円程度の公共事業，6兆円程度の恒久的減税，事業規模0.7兆円の「地域振興券」交付を，閣議決定．翌1999年11月11日には民需中心の本格的な回復軌道に乗せるための経済新生対策を閣議決定．

以上，80年代後半以降に実施された年度途中の裁量的財政政策の推移を見たが，これらの財政政策は国の公共事業よりも，むしろ地方公共団体の行なう地方単独事業の拡大を通じて景気の下降局面で実施されたことがわかる．この点にさらに直感的な論証をつけ加えよう．検証の方法は，国の公共事業費の対前年度伸び率と地方財政計画の投資的経費の対前年度伸び率を比較し，つぎに地方財政計画における補助事業と単独事業の対前年度伸び率を比較することであり，1974年度から2001年度まで28年度について表6-2に示されている．網掛けが景気後退期の年度，アンダーラインが国の公共事業費の伸び率よりも地方財政計画における投資的経費の伸び率の大きい年度，ゴチックが補助事業よりも単独事業の伸び率の大きい年度を示す．

この表から景気後退期には国の公共事業はマイナス（80年代）もしくは穏健な増加（90年代）を示すのに対して，地方財政計画における投資的経費は常に対前年度で膨張しており，その率も国を大幅に上回っていることがわかる．

表6-2 地方財政計画の推移（対前年増加率，1974-2001年度） (%)

年度	中央一般会計			地方財政計画				財政投融資計画
	総額	一般歳出	公共事業費	総額	小計	投資的経費 補助事業費	単独事業費	
74	19.7	19.0	0.0	19.4	6.6	n. a.	n. a.	21.9
75	24.5	23.2	2.4	24.1	11.3	8.8	14.5	16.9
76	14.1	18.8	21.2	17.2	19.7	18.8	21.0	6.2
77	17.4	14.5	21.4	14.2	18.4	18.6	18.2	19.6
78	20.3	19.2	27.3	19.1	26.1	26.3	25.9	4.5
79	12.6	13.9	20.0	13.0	20.3	20.3	20.2	15.4
80	10.3	5.1	1.7	7.3	4.6	2.3	7.5	11.9
81	9.9	4.3	0.0	7.0	3.8	0.3	8.0	7.2
82	6.2	1.8	0.0	5.6	2.7	−2.6	8.5	6.1
83	1.4	−0.0	0.0	0.9	−0.3	−0.7	0.0	0.5
84	0.5	−0.1	−2.0	1.7	−3.2	−3.0	−3.3	−5.3
85	3.7	−0.0	−2.3	4.6	1.5	1.3	1.7	4.5
86	3.0	−0.0	−2.3	4.6	2.5	1.3	3.7	5.1
87	0.0	−0.0	−2.3	2.9	3.1	1.2	5.0	28.1
88	4.8	1.2	19.7	6.3	11.0	9.2	12.6	7.0
89	6.6	3.3	2.0	8.6	5.3	0.8	9.2	9.0
90	9.6	3.8	0.2	7.0	3.9	0.1	7.0	7.1
91	6.2	4.7	6.0	5.6	6.5	2.7	0.0	6.5
92	2.7	4.5	5.0	4.9	7.6	2.2	11.5	10.9
93	0.2	3.1	4.5	2.8	9.5	6.6	12.0	12.2
94	1.0	2.3	5.7	5.9	8.5	3.1	11.8	4.6
95	−2.9	3.1	4.7	2.0	4.4	3.3	5.1	0.7
96	5.8	2.4	4.7	3.4	2.3	0.6	3.0	1.9
97	3.0	1.5	1.5	2.1	0.0	−0.3	0.1	4.5
98	0.4	−1.3	−7.8	0.0	−6.0	−10.3	−3.9	−2.7
99	5.4	5.3	5.0	1.6	0.9	2.0	0.0	5.9
00	3.8	2.6	0.0	0.5	−3.6	−2.7	−4.1	−17.1
01	−2.7	1.2	0.0	0.4	−4.4	−2.5	−5.4	−26.9

(資料)『地方財政要覧』,『地方財政計画』および『財政データブック（財政の現状と展望）』より作成.
注：網掛けは景気後退期の年度．アンダーラインの年度は公共事業よりも地方財政計画の投資的経費の伸び率が大きい年度．ゴチックは補助事業費よりも単独事業費の伸び率が大きい年度．

また国の財政再建が本格化した80年代以降は，地方財政計画における補助事業費は補助金削減のために微増ないし減少しているのに対して，補助金のつかない単独事業は景気後退期に大幅に伸びていることがわかる．しかし90年代後半以降は，税収減による地方財政危機が顕著になったため景気が低迷しているにもかかわらず地方財政計画上の投資的経費は国の公共事業以下の伸び率に

抑制され，単独事業にも強いマイナス・シーリングがかけられている．いずれにせよ中央一般会計は公共投資や補助金の削減によって厳しく抑制しつつ，地方財政には景気を下支えするために投資的経費である地方単独事業を要求し，地方団体はそのための財源を交付税措置つきの地方債で調達して，これに呼応した．それは中央財政で公債発行によるスペンディングを行なうという裁量的財政政策の基本形を，交付税措置つきの地方債を誘引として，地方を巻き込んで変形させたものというべきである．

地方債に対する交付税措置

　裁量的財政政策に地方を巻き込むために，90年代には発行された地方債の元利償還のコストを地方交付税の基準財政需要額に算入して，公債累積からくる負担を危惧する地方団体に受け入れやすくするという方策がとられた．その主柱になったのは財政力が弱い団体も単独事業を実施できるようにする事業費補正方式である[2]．事業費補正方式によって補助金待ち行政や補助金による全国画一的な地域づくりの風潮が打破され，主体的な地域づくりが推進されたことは事実であろう．

　しかし本来，地域づくりの採否を検討する場合，地方が自らの財源を充てるのであれば，その費用に要する費用と効果を比べて事業を採択することになるはずである．だが地方債の償還費を後年度に交付税措置する仕組みである事業費補正によって，地方自治体は事業費の大半を賄える．しばしば言及されている「地域総合整備事業債」の場合，起債充当率は75%であるが財政力の弱い団体は最大で元利償還金の55%が交付税に算入される．とくに積極的に推進する事業は，さらに一般財源分25%のうち15%が「現年事業費補正」となる．したがって最高56.25%（75%×55%＋15%）の事業費は交付税措置されることになる．換言すると初年度は，地方債75%と交付税15%で90%が賄え，残りの10%の金額で，その10倍の事業を開始できる．このため事業費補正は地方の実質的負担の少ない事業にインセンティブを与え，地方が自分で効果的な事業を選択し，効率的に行なっていこうとする意欲を損なっている面がある

---

[2] 事業費補正に関する政治学的分析としては，北山（2001）が優れている．

といわれている.

事業費補正による単独事業拡大が地方団体の財政規律に与える歪みについては多くの優れた実証研究がある. 肥後・中川 (2001) は1999年末における地方借入 (地方債残高と交付税特別会計借入残高の合計) 182兆円のうち, 各自治体が単独で返済する債務は47% (85兆円) にとどまることを先駆的に明らかにし,「財政錯覚」の発生を指摘している. また中野 (2002) は交付税措置が, 実質的に起債制限のシーリングがかさ上げし, 地方自治体, とくに財政力指数の低い地方自治体による投資的経費へのインセンティブを高め, 財政の規律を歪める可能性を定量的に分析している. ここでは肥後・中川 (2001) の手法を踏襲して, 2001年度末について財政錯覚の可能性を検証してみたい.

検証の方法は,「地方借入残高」を普通会計の地方債残高および交付税特別会計借入残高の合計とし, 前者については「個別自治体負担額」と「交付税措置による国の債務」に[3], 後者については「地方連帯負担額」と「国負担の交付税特会借入償還額」に分割するというものである. 交付税措置額は公表されていないので地方債残高に公債費算入率を乗じて推計し公債費算入率に幅のある場合は下限を採用した. これらは次のような式に整理することができる.

   元利償還総額 ＝ 個別自治体負担額 ＋ 地方連帯負担額
           ＋（交付税措置額および国負担の交付税特会償還額）

表6-3から政府統計において「地方借入残高」と一括されている債務が一次的にいかなる主体によって償還されるのかがわかる. 2001年度末の地方借入残高177兆774億円のうち, 国の債務は63兆2,286億円で36%, 地方の連帯負担額は30兆2,983億円で17%, 個別自治体負担は83兆5,504億円で47%であった. 各地方自治体が一次的に償還義務を負うと認識しているのは「地方借入残高」の47%にすぎないと考えられる. しかしこれは真のコストではない. 交付税措置といっても基準財政需要額に占める事業費補正および公債費の割合が13%を超えている現状では[4], 交付税特会借入に依存せざるを得ず,

---

3) 肥後・中川 (2001) では交付税措置分を国が返済する債務と全ての自治体が連帯して返済する債務とに二分している. これは交付税措置による基準財政需要の増加分が地方交付税特別会計借入によって賄われる可能性を考慮したものと思われる.

2. 経済対策への協力と地方単独事業

表 6-3 地方借入残高と償還主体別負担額 (2001 年度)

(1,000 円)

	総額	公債費算入方法		償還主体別負担額		交付税措置額及び特別会計借入金償還国負担分[1]
		単位費用	事業費補正	個別自治体負担	地方連帯負担[2]	
一般公共事業債	25,451,804,073	—	—	11,617,148,335	—	11,067,724,590
うち財源対策債	13,834,655,738	80%	—	2,766,931,148	—	11,067,724,590
一般単独事業債	52,487,042,008	—	—	42,237,627,712	—	10,249,414,296
うち地域総合整備事業債	10,870,885,924	—	30-55%	7,609,620,147	—	3,261,265,777
うち臨時地方道整備事業債	16,070,864,406	—	30-55%	11,249,605,084	—	4,821,259,322
うち臨時河川等整備事業債	2,146,663,579	—	30-55%	1,502,664,505	—	643,999,074
うち臨時高等学校整備事業債	1,500,376,203	—	40%	900,225,722	—	600,150,481
うち日本新生緊急基盤整備事業債	143,674,160	—	—	143,674,160	—	0
うち臨時経済対策事業債	2,050,532,539	—	45%	1,127,792,896	—	922,739,643
公営住宅建設事業債	5,149,903,631	—	—	5,149,903,631	—	0
義務教育施設整備事業債	5,030,858,272	100%	30-70%	3,521,600,790	—	1,509,257,482
辺地対策事業債	493,648,433	80%	—	98,729,687	—	394,918,746
公共用地先行取得等事業	2,226,122,249	—	利子負担	2,226,122,249	—	0
災害復旧事業債	1,303,563,088	—	—	231,148,789	—	1,072,414,299
単独災害復旧事業債	349,411,862	47.50%	—	183,441,228	—	165,970,634
補助災害復旧事業債	954,151,226	95%	—	47,707,561	—	906,443,665
首都圏等建設事業債	1,177,851,437	—	—	1,177,851,437	—	0
一般廃棄物処理事業債	4,702,409,711	100%	50%	2,351,204,856	—	2,351,204,856
厚生福利施設整備事業債	1,976,071,192	—	—	1,976,071,192	—	0
社会福祉施設整備事業債	47,857,300	—	—	47,857,300	—	0
地域財政特例対策債	36,970,591	100%	—	0	—	36,970,591
退職手当債	191,518,824	—	—	191,518,824	—	0
転貸債	629,920,274	—	—	629,920,274	—	0
過疎対策事業債	2,417,873,236	70%	—	725,361,971	—	1,692,511,265
国の予算付・政府関係機関貸付債	1,202,581,249	—	—	1,202,581,249	—	0
地域改善対策特定事業債	212,129,972	80%	—	42,425,994	—	169,703,978
減収補填債 (昭和 50 年)[3]	90,595,016	県 80%, 市町村 75%		18,119,003	—	72,476,013
財政対策債[3]	16,716,388	80%	—	3,343,278	—	13,373,110
財源対策債[3]	3,109,477,081	80%	—	621,895,416	—	2,487,581,665
減収補填債 (昭和 57.8・平成 5-7. 9-13)[3]	5,302,074,546	県 80%, 市町村 75%		1,060,414,909	—	4,241,659,637
臨時財政特例債[3]	2,689,065,050	100%	—	0	—	2,689,065,050
公共事業等臨時特例債[3]	332,136,157	100%	—	0	—	332,136,157
減税補填債[3]	6,226,959,376	100%	—	0	—	6,226,959,376
臨時税収補填債[3]	1,265,342,491	100%	—	0	—	1,265,342,491
臨時財政対策債[3]	1,226,940,517	80%	—	245,388,103	—	981,552,414
調整債 (昭和 61. 61. 62. 63 年分)[3]	549,157,899	100%	—	0	—	549,157,899
都道府県貸付金	1,158,931,428	—	—	1,158,931,428	—	0
その他	4,172,878,797	—	—	4,172,878,797	—	0
小計	130,878,400,286	—	—	83,474,976,371	—	47,403,423,915
特定資金公共投資事業債	75,449,980	—	—	75,449,980	—	—
合計①	130,953,850,266	—	—	83,550,426,351	—	—
交付税特別会計借入	46,123,590,987	—	—	—	30,298,355,908	15,825,235,079
合計②	177,077,441,253	—	—	83,550,426,351	30,298,355,908	63,228,658,994
同上割合%	100%			47%	17%	36%

(資料) 目的別残高は『平成 13 年度地方財政統計年報』, 公債費算入方法と算入率は『地方財政要覧』, 交付税特別会計借入残高の国・地方分は『平成 14 年度改正地方財政詳解』表 8 を参照.

注: 1) 交付税措置による国負担は地方債残高に公債費算入率を乗じた額. 地方負担額は地方債残高から交付税措置額を控除した額. ただし財政力に応じて算入率が違う場合は, 下限の率を適用した. 2) 地方連帯負担は, 交付税特別会計借入金のうち地方分の償還額. 3) 財源対策債は地方財政計画上の財源不足を補填する措置. 減収補填債は景気変動による減収を補填する措置. 臨時財政対策債は交付税特別会計借入にかえて発行する赤字地方債. 減税補填債は住民税減税による減収を補填する措置. 臨時財政特例債・調整債は国庫補助負担金削減の影響に対する措置.

地方連帯負担に変質する可能性が高い．さらに地方連帯負担といっても国税の自然増収で返済できれば個別地方自治体の負担は伴わないが，低成長期には償還繰延べを続けないかぎり歳出削減と増税の組合せという形で最終的には個別地方自治体が「負担」するシナリオの方がもっともらしい．したがって交付税措置の一部と特別会計借入償還（国負担分）以外は，最終的には個別地方自治体が何らかの形で負担すると見るのが自然である[5]．それにもかかわらず一次的には個別地方自治体の観点から見ると「地方借入残高」の半分以下しか債務として認識されていないため，肥後・中川（2001）も指摘するように財政錯覚が発生し，必要以上に単独事業が膨張して，地方債の累積を招いたと考えられる．事業費補正による単独事業実施は個別の自治体だけの財政事情で考えれば歳出を減らす合理的行動ではあった．しかし国民経済全体からみれば不合理で，部分最適ではあっても全体最適ではない行動の典型であったのではないだろうか．事業費補正に関するさらに分析的な実証研究が急務である．

3. 財投改革と事前協議制

わが国の地方債制度は長期不況の下，過去の経済対策への協力から生じた負の遺産を処理しなければならないだけではなく，地方分権や財投改革などの現在の大きな流れの中でももっとも難しい位置におかれている．日本の地方財政システムでは地方財政制度がある限りマクロで財源が確保されており，最悪のときには財政再建団体制度があるので流通市場における地方債の各銘柄間格差に関しては流動性以外に考えられない，デフォルト・リスクは反映していないという考え方が通念であった．

しかし財政投融資改革などによる地方公共団体への資金フローの変化，地方分権の流れに沿った地方債制度の改革によって地方債を取り巻く環境は変化しつつあり，「市場の論理」との折り合いをつけることが避けられなくなりつつ

---

4) 事業費補正等（事業費補正のほか，単位費用の公債費や密度補正により特定の事業の元利償還費を算入するもの）のウェイトについては，『平成14年度改正地方財政詳解』260-261頁の記述を参照．

5) ここでは，既発債に関わる元利償還金についての財政措置の解消を想定しているわけではない．財政措置を継続しても実質的には借入れ（もしくは交付税措置つきの赤字地方債）に依存せざるをえないので地方連帯債務に変質する可能性が高い．

ある．本節では「暗黙の政府保証」ともいうべき日本独特の地方財政制度と台頭しつつある「市場の論理」との緊張関係を財投改革と許可制度の事前協議制への移行を軸に検討する．

「暗黙の政府保証」の副作用

　民間企業や金融機関の場合は会社更生法や預金保険制度のように債務超過に伴う破綻から債権者や預金者を守るための社会的仕組みが用意されている．こうした仕組みは破産によって発生する損失を事後的に関係者に分担する仕組みをルール化するものといえる．しかし更正法にせよ預金保険制度にせよ破産・破綻そのものを防ぐという目的はない．

　これに対して地方公共団体の場合は最低限の公共サービスは提供しなければならないので民間企業のように採算がわるくなれば撤退するというわけにいかない．

　わが国では地方公共団体を破綻から守る社会的仕組みは，①起債許可制度，②地方交付税，③起債制限比率，④財政再建団体制度の四つの柱から構成されている[6]．日本では地方債許可制度と一体となった地方財政・地方債計画および地方交付税制度が，地方公共団体を破産から守る「暗黙の政府保証」として最も重要な役割を担っている．この仕組みによって，現行の地方財政制度の下では地方公共団体のデフォルトは起こらない[7]．

　しかし，「暗黙の政府保証」は無視しえない副作用がある．納税者や個人ならびに機関投資家は地方公共団体の財政破綻による信用リスクを免れている．地方公共団体の財政を注意深く監視し，財政運営のずさんな地方公共団体から資金を回収し，あるいは首長や議員を選挙で落選させるインセンティブが住民

---

[6] 地方債の発行には総務大臣の許可が必要であるが，それによって許可を受けた地方債については，将来の元利償還費は全額地方財政計画に計上して，地方交付税等の仕組みを通じてマクロ的な財源保障を行なっている．それによって投資家や金融機関は信用リスクを個別に審査することなく，弱小な地方公共団体にも融資している．また個々の地方公共団体に対しては，総務省が財政状況を監視して起債を許可する仕組みになっており，起債制限比率が一定限度を超えた団体に対しては，起債制限を行なう制度となっている．

[7] 国際決済銀行規制発足当時（1998年12月），日本の地方債のリスク・ウェイトは10％とされていたが，1994年1月から0％とされることになり，地方債の信用力が国債や政府保証債と同等のものであることが国際的に認められた．

や投資家に働かない．財政破綻を起こさせない仕組みが整備され充実すればするほど，市場規律や納税者の監視機能は弱体化するといえる．

もっとも，このような問題はこれまで表面化してこなかった．従来，地方公共団体の資金調達先を見ると，民間資金の割合が4割前後である一方，受動的に流入してくる資金の運用先を確保しなければならない資金運用部と公営公庫資金の合計は6割にも達し，公的資金に依存した資金調達構造になっていた．また民間資金といっても約4分の3は縁故関係によって地元金融機関から調達する縁故債であって，銀行，証券会社を通じて広く不特定多数の投資家を対象とする市場公募債の割合は全体の9％弱に過ぎなかった[8]．つまり納税者や投資家にとっては地方公共団体の財政運営について地方債の発行や流通を通じて監視しようと思ってもできない制度構造があった．

しかし財政投融資改革などによる地方公共団体への資金フローの変化，地方分権の流れに沿った地方債制度の改革によって地方債を取り巻く環境は変化しつつあり，この点からもマーケットと折り合いをつけることが避けられなくなる．

財投改革と事前協議制の影響

第1に地方公共団体の資金調達構造は，従来の公的資金中心から，今後は民間資金中心に変わらざるをえなくなる．「資金運用部資金法」が2001年4月に施行された結果，①郵便貯金，年金の積立金について，資金運用部に対する全額預託義務が廃止され，②簡保積立金も財投機関などに対する融資を廃止することになり，それぞれ金融市場で自主運用を行なうことになった．ただし財政力の弱い地方公共団体の資金確保のため，自主運用開始後の郵便貯金，簡保積立金は，地方債計画の枠内で例外的に直接融資を行なうことも決定された．この制度改革により，年金積み立て分については，2001年度以降は新たな資金調達先の確保が必要になる．また郵便貯金は高金利期の定額貯金の大量満期による資金流出がつづいている状況であり自主運用と直接融資との資金配分が注目される．

---

8) 地方債に関する調査研究委員会（2002）付属資料による．

3. 財投改革と事前協議制

表 6-4 地方債の資金構成

(億円, %)

区 分	平成15年度計画額 (A) 構成比 (%)		平成14年度計画額 (B) 構成比 (%)		差引 (C) (A)−(B)	増減率 (C)/(B)×100
政府資金	76,900	(41.6)	76,000	(46.0)	900	1.2
財政融資資金	50,700	(27.4)	50,300	(30.5)	400	0.8
郵政公社資金	26,200	(14.2)	—	—	—	—
郵便貯金資金	10,000	(5.4)	9,800	(5.9)	200	2.0
簡易生命保険資金	16,200	(8.8)	15,900	(9.6)	300	1.9
公営公庫資金	17,800	(9.6)	19,000	(11.5)	−1,200	−6.3
公的資金の小計	94,700	(51.2)	95,000	(57.5)	−300	−0.3
民間等資金	90,145	(48.8)	70,239	(42.5)	19,906	28.3
市場公募	24,000	(13.0)	19,400	(11.7)	4,600	23.7
銀行等引受	66,145	(35.8)	50,839	(30.8)	15,306	30.1
合　計	184,845	(100.0)	165,239	(100.0)	19,606	11.9

(資料) 総務省資料.「住民参加型ミニ市場公募債」は上記中「市場公募債」に含まれる.「銀行等引受」は縁故債.

　地方債の資金構成をまとめた表 6-4 から,つぎのことがわかる. 2001年度から交付税特別会計借入れを停止し, 財源不足の2分の1を特例地方債 (臨時財政対策債) 発行で補塡することになったため, 2003 (平成15) 年度の地方債計画額は前年度に比べて, 1兆9,606億円, 約12% も増大した. しかし政府資金ならびに公営公庫資金の割合は逆に2002 (平成14) 年度の57.5% から51.2% へ大幅に減少している. 公的資金の絶対的・相対的減少を補っているのが,民間等資金の増大である. このように財投改革のインパクトは政府系資金の減少と民間資金のウェイトの高まりという形で地方債市場を直撃している.

　第2に地方債を取り巻く環境が変化しているのは,資金調達構造だけではない.「地方分権の推進を図るための関係法律の整備などに関する法律 (地方分権一括法)」が成立したことにより, 地方債の発行は「許可制」から, 2006年度より「事前協議制」に変更される. 協議制のもとでは, かりに総務省との合意が得られない場合でも, 各地方公共団体の議会の承認により, 起債が可能になる. そのため現在の許可制のもとで発行された地方債と,協議制に移行した後に発行された地方債とでは「暗黙の政府保証」に対する国の責任の重さについて違いが生じることも想定される. もっとも許可制度から協議制度への移行ということに関して信用リスクという観点では殆ど影響はないという考え方もある. 移行しても財政再建制度自体は残るので, 最終的なデフォルト・リスク

というのはほぼ完全に回避されるだろう．ただ，これについては行財政改革の動向を注視していく必要がある．

　第3は地方交付税の総額抑制の影響である．留保財源率の引き上げによって地方交付税は財源保障機能縮小の一歩を踏み出した．いまのところ交付税の総額抑制について，地方財政審議会，経済財政諮問会議，地方制度調査会，財政制度等審議会の間で必ずしもコンセンサスが形成されているわけではない．しかし中期的な目標が財政赤字の削減ということを考慮すると現在の地方債・地方財政制度の根幹が大きくかわるとは思わないが，ある程度の影響はでてくるだろう．

対国債スプレッドと銘柄間格差

　「暗黙の政府保証」を支えてきた四つの主柱のうち地方債計画，地方債許可制度および地方交付税制度に変化の兆しが見られる．地方交付税の財源保証機能の見直し，地方債許可制度の廃止という制度変更を織り込んで，市場が個別に地方自治体の財務状況を判断し，信用リスクを乗せはじめる可能性はどのくらいあるのだろうか．

　アメリカ合衆国やカナダでは日本の総務省のように地方行財政を統括する官庁がなく，したがって地方債の許可制度もなければ，公募地方債の発行条件の決定に中央政府が関与することはなされていない．借入れについても，日本のように資金運用部資金や公庫資金等，民間に比べて長期・低利の公的資金が融通されることもない．

　このため地方自治体は基本的に独自の信用力に基づいて資本市場で資金を調達することになる．もっとも一般投資家にとって発行体が多数にのぼる地方債の信用度を判断するのは容易でないので，元利償還の確実性を図る方法として格付けが行なわれる．格付けが低い発行体は，借入れ金利が高くなり，信用力を高める努力を市場によって強いられることになる．財政の健全化に失敗すれば破産することもありえる．健全な財政運営に失敗すれば，市場から厳しい圧力が加えられるという条件は地方行政や議会（彼らは執行部を内部から監視する役割を担う）に対して規律を与える重要な条件の一つである．

　わが国でも「市場規律」の地方財政への影響が注目されるようになった契機

3. 財投改革と事前協議制

図 6-3 地方債の発行条件の推移（対国債スプレッド）

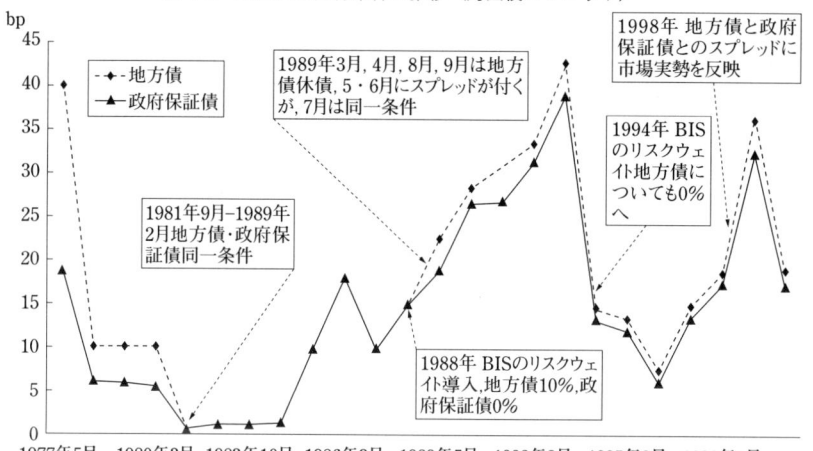

[図中の注記]
- 1989年3月, 4月, 8月, 9月は地方債休債, 5・6月にスプレッドが付くが, 7月は同一条件
- 1981年9月-1989年2月地方債・政府保証債同一条件
- 1988年 BISのリスクウェイト導入, 地方債10%, 政府保証債0%
- 1998年 地方債と政府保証債とのスプレッドに市場実勢を反映
- 1994年 BISのリスクウェイト地方債についても0%へ

（資料）　地方債協会提供.

の一つは，地方債の対国債スプレッド拡大である．1998年秋頃に地方公共団体の財政状況悪化の報道が多々なされ，一部の地方公共団体がデフォルトを起こすのではないか，あるいは場合によっては地方公共団体が破産し，債務償還に影響が出るのではないかという懸念が市場に広がった．これに反応して流通市場において，図 6-3 に見られるように地方債と国債の間でスプレッドが急激に拡大した．

いま一つの契機は流通市場における銘柄間格差の発生と定着である．インターネット上で公開されている店頭気配値から，地方債の流通市場における銘柄間格差の実態をまとめたのが表 6-5 である．この表から種類別の表面利率は同一であるが，発行価格の差を反映して，応募者利回りには，国債＜政保債＜地方債という関係があることがわかる．つぎに地方債について銘柄別の複利利回りを見ると実勢を反映した系統的な格差が存在していることが判明する．市場公募 28 団体は流通利回りの水準から見て東京都，六大都市，大阪等の垣根があり，この順番で複利利回りが高くなっている．流通市場における公募地方債の銘柄間格差は系統的なものであるといえる．

表6-5 地方債の流通市場における銘柄間格差の実態

(単位／価格：円，利回：％)

種類	地方債（市場公募10年物）			国債（10年物）	政保債（10年物）
銘柄	東京都	6大都市	大阪府	長期国債	公営企業公庫債
発行額	500億円	200億円	300億円	1兆4,000億円	2,400億円
発行価格	99.60	99.60	99.60	101.02	99.75
表面利率	1.800	1.800	1.800	1.800	1.800
応募者利回り	1.847	1.847	1.847	1.680	1.829
償還方式	満期一括	満期一括	満期一括	満期一括	満期一括
基準値発表日	複利利回り	複利利回り	複利利回り	複利利回り	複利利回り
2000. 6. 1	1.789	1.830	1.837	1.650	1.767
2000. 7. 3	1.847	1.877	1.886	1.710	1.817
2000. 8. 1	1.782	1.806	1.819	1.640	1.752
2000. 9. 1	1.980	2.008	2.020	1.843	1.948
2000.10. 2	1.930	1.963	1.975	1.795	1.895
2000.11. 1	1.898	1.932	1.942	1.767	1.859
2000.12. 1	1.703	1.740	1.752	1.568	1.675
2001. 1. 4	1.762	1.793	1.817	1.614	1.727
2001. 2. 1	1.552	1.610	1.616	1.394	1.511
2001. 3. 1	1.408	1.469	1.476	1.241	1.363
2001. 4. 1	1.316	1.378	1.389	1.151	1.270

(資料) 日本証券業協会HP「店頭基準気配値 月初ベース」．地方債に関する調査研究委員会 (2002)『地方分権時代における地方債制度の将来像について』資料編Ⅱ 23頁より引用．

市場公募債の流通市場分析

　市場公募債の発行条件は，東京都を含む市場公募団体28団体全ての発行条件が一律の「統一条件決定方式」によって決定されていたが，流通市場では価格に差がついて実質利回りに差が形成されている．市場公募債の条件決定が，東京都も含めて統一条件で行なわれていた背景には，「暗黙の政府保証」の存在によって各地方債には信用度の格差はなく国債と同等であるという姿勢があったと思われる．

　にもかかわらず公募地方債の流通利回りに差がついているのは発行量の差による流動性の違いが主たる原因であると思われる．それだけでは説明できない違いがあると市場が評価しているとすると，地方債務の累積や地方交付税制の変更可能性，起債許可制度の変更等を織り込んで，ロットの大小による流動性だけではなく個別自治体ごとの信用リスクが上乗せされている可能性がある．

　ここで「市場公募債の流通利回りは流動性リスクだけではなく信用リスクを

3. 財投改革と事前協議制

も反映している」という仮説をたてて,検証を試みる.基本的なアプローチは,以下の市場公募債の流通利回り関数を推計して,地方債の需給関係,流動性リスクを表す変数と並んで起債制限比率・債務償還年限が有意となれば,信用リスクが反映していると考える[9].

われわれが行なった流通利回り関数の推計方法は,以下の通りである.被説明変数の流通利回り (YLD) は,日本証券業協会のホーム・ページで公開されている「店頭基準気配値」の 2001 年 12 月分のデータを用いた.流通利回りの格差を説明する変数として,ここでは地方債残高 ($STOCK$),残存期間 ($TERM$),取引銘柄数 ($NTIMES$),起債制限比率 ($DSRATIO$),債務償還可能年限 ($REDMIN$) を用いた.ただし $CONST$ は定数項である.モデルは次の通りである.

$$YLD = CONST + \alpha_1 \log STOCK + \alpha_2 TERM + \alpha_3 NTIMES + \alpha_4 DSRATIO + \alpha_5 REDMIN$$

(ただし $\alpha_1>0, \alpha_2>0, \alpha_3<0, \alpha_4>0, \alpha_5>0$)

「地方債残高」は流通市場の需給関係を表し,残高が増加すれば,販売価格が下がり,利回りが上昇すると考えられる.取引規模や頻度を表す「取引銘柄数」が増えると流動性リスクは低下すると考えられる.「起債制限比率」と「債務償還可能年限」が長くなると元利償還の履行遅滞や不履行の可能性が増大し,信用リスクも高くなる.ここで債務償還可能年限は,包括的に定義した債務残高から,換金可能な資産を引いた純債務残高[10]を,将来の償還に充当可能な一般財源[11]で割って算定した.債務償還可能年限は,地方自治体が課税権に基づいてストックとしての債務残高を償還する能力を表す.金融緩和期には「残存期間」が長くなると市場はキャピタル・ロスに対応するために高めの金利を要求すると考えた.市場公募団体の「取引銘柄数」と「債務償還年限」をまとめたのが表 6-6,上記の関数の推定結果をまとめたのが表 6-7 であるが,

---

9) 本章のアプローチは基本的に堀内 (1987) の手法を踏襲しているが,市場公募債を対象にしている点に新規性がある.より精緻な分析としては田中 (2003) がある.同論文は縁故債を対象に地方債の需要関数を推定して,自治体の財政状況が地方債需要に影響を及ぼしていることを明らかにしている.

10) 純債務残高は以下の式で算出.純債務残高=地方債残高+債務負担行為−積立金現在高.

11) 返済余資は以下の式で算出.返済余資=経常一般財源等収入額−(経常経費充当一般財源−公債費).小西 (2002) は債務償還能力に基づいて地方債の格付けを試算している.

表 6-6 市場公募債の取引銘柄数と債務償還年限（2001 年 12 月）

発行団体	取引銘柄数	債務償還可能年限	発行団体	取引銘柄数	債務償還可能年限	発行団体	取引銘柄数	債務償還可能年限
東 京 都	123	9.89	千 葉 県	5	8.04	仙 台 市	3	6.50
北 海 道	9	9.48	新 潟 県	4	7.28	千 葉 市	3	9.58
宮 城 県	3	7.56	大 阪 市	18	13.39			
神奈川県	8	10.83	名古屋市	12	8.72			
大 阪 府	12	17.81	京 都 市	11	9.66	平　　均	12.3	9.19
京 都 府	3	8.39	神 戸 市	10	11.23	中 央 値	8	8.38
兵 庫 県	8	11.01	横 浜 市	24	7.39	最 頻 値	3	−
静 岡 県	8	8.29	札 幌 市	10	6.18	標準偏差	23.1	2.47
愛 知 県	6	13.61	川 崎 市	7	7.68	最　　小	3	6.18
広 島 県	3	7.66	北九州市	3	7.28	最　　大	123	17.81
埼 玉 県	11	8.38	福 岡 市	9	8.19	合　　計	321	257.35
福 岡 県	5	8.16	広 島 市	3	8.93			

（資料）取引銘柄数は，日本証券業協会 HP「店頭基準気配値 月初ベース」の 2001 年 12 月分のデータより算出．

得られた結果を簡単にまとめると以下のようになる[12]．

(1) 地方債残高の係数が有意でないことから，流通市場への地方債の供給増加は利回りに影響を与えていない[13]．地方債は，民間資金需要が低迷する中，政府保証債とならび国債と同等の信用力をもち，利回りも高い安定的証券として需要があるため，供給増加の影響が相殺されているのではないだろうか．

(2) 取引銘柄数の係数が符号条件を満たし，かつ有意であることから，地方債の流通利回り格差の主たる要因は，流動性の差であるといえる[14]．問題は，流通利回りの差を反映した発行条件になっていないことである．

(3) 信用リスクの代理変数である起債制限比率と債務償還可能年限は，その係数がいずれも統計的に有意でないことから，銘柄間格差には反映していない[15]．「暗黙の政府保証」の存在によって，各地方債には信用度の格差はなく，国債と同等であると市場が評価していると解釈することができる．

(4) しかし，流動性を度外視した回帰分析では，債務償還可能年限の係数

---

12) 決定係数は 0.90 でありモデルはよく当てはまっている．
13) 「地方債残高」は符号条件を満たしているが有意ではない．
14) 「残存期間」と「取引銘柄数」は符号条件を満たし有意．
15) 「起債制限比率」は符号条件を満たしていないだけでなく有意でもない．「債務償還可能年限」は符号条件を満たしているが有意でない．

3. 財投改革と事前協議制

表 6-7　地方債の利回りに関する推定結果

(被説明変数：縁故地方債発行者利回り，市場公募債複利利回り)

符号条件	説明変数	市場公募債[1]/流通利回りモデル		縁故債[1]/流通利回りモデル
		モデル 1	モデル 2	
	CONST 定数項	−0.1421 (−0.72)	0.1847 (1.41)	1.6020 (10.82)
−	AMOUNT (発行ロット)			0.0074 (0.25)
+	STOCK (発行残高対数[2])	0.0068 (0.20)	−0.060*** (−3.6)	
+	TERM (残存期間[3])	0.1465*** (42.34)	0.1479*** (43.88)	0.0282*** (4.42)
−	NTIMES (取引銘柄数)	−0.0007** (−2.24)		
+	DSRATIO (起債制限比率)	−0.0005 (−0.17)	−0.0012 (−0.41)	−0.0015 (−0.38)
+	REDMIN (債務償還可能年限)	0.0021 (1.00)	0.0055* (1.65)	−0.0057 (0.97)
−	FDM (金融機関ダミー)			−0.0723*** (−2.96)
N サンプル数		317	317	59
R^2 自由度修正済み決定係数		0.9005	0.8986	0.3868
F 値		579.85	711.58	6.68

(資料) データについては以下のものを用いている．まず流通利回り (複利)，残存期間，取引銘柄数については，日本証券業協会のホーム・ページで公開されている「店頭基準気配値 月初ベース」の 2001 年 12 月分のデータを用いた．地方債残高，起債制限比率については総務省自治財政局財政調査課『都道府県決算状況調』，同『市町村決算状況調』に掲載されている数値を用いた．また債務償還可能年限は，総務省自治財政局財政調査課『都道府県財政指数表』に掲載されている経常一般財源等収入額と経常費充当一般財源額および『決算状況調』に記載されている債務データより推計．

注：1) 縁故債は平成 11 年度の最終発行月のデータ．市場公募債は平成 13 年 12 月のデータ．
　　2) 発行残高は公募債と縁故債の合計．
　　3) 市場公募債の償還年限は残存期間．
　　4) 括弧内はパラメーターの t 値．*** は 1%水準で，** は 5%水準で，* は 10%水準でそれぞれ有意．

が符号条件を満たし，有意であることから，信用リスクの影響を全く否定することはできなかった[16]．交付税制度や地方債制度の改革の影響を引き続き，監視していくことが重要である．

このように 2001 年 12 月現在では市場公募債の流通利回り格差の「主因」は

---

16) パラメーターから「取引銘柄数」を除いた式を回帰分析した推計結果を追加した．決定係数は 0.90．「債務償還可能年限」は符号条件を満たし，10% 水準で有意．「発行残高」は有意だが符号条件を満たさない．

信用リスクではなく,流動性の違いによって発生している.しかし,この推計結果はタイトな需給関係によって地方債が消化されていることを前提にしているので,信用リスクについては軽視されている動きとも解釈できる.逆にいうと,一旦,需給関係が悪化しだすと地方交付税の財源保障機能の見直し,地方債許可制度の廃止という制度変更を織り込んで市場が個別に地方自治体の財務状況を判断し信用リスクを乗せる可能性を否定できない.地方債市場の需給要因について,いま少し検討を加えておく必要がある.

地方債市場の需給要因

1990年代後半にはもっぱら金融緩和政策が使われついにはゼロ金利まで追い込まれた.ゼロ金利政策に象徴されるような状況では金融政策の有効性は失われる.その分財政政策の出動が期待されるが債務残高発散の可能性があるため財政政策も身動きできない.

この結果,市場に溢れた余剰資金は民間部門や株式市場に向かわず確定利付きの債権市場に向かって投資されていく.ところが債券市場の中でも地方債は国際決済銀行による規制においてリスク・ウェイトがゼロと評価されているように元利償還が国債並に確実であるだけではなく対国債スプレッドがついているため利回りも有利である.

加えてペイオフの段階的解禁を前に個人投資家や地方公共団体自身が預金保全のため(地方債証書と預金の相殺),代替手段として地方債に運用しており地方債市場の需給関係は基本的にタイトになっている.

一方,時価会計制度が導入されたので引受金融機関にとっては金利上昇局面での保有リスク(評価損)を避けるため地方債を事前に売却することが経済合理的行動となった.しかし一口に「地方銀行」といってもすべてが経済合理性だけで融資しているわけではなく,地方銀行の責務として時価会計制度が導入されても満期保有を続ける金融機関も少なくない.不況で預貸率が下がっている状況では都市型地方銀行は融資先を確保できても,融資の伸びない地方では時価会計の影響を受けつつも満期保有を前提に地方債を引き受ける地方銀行もある.

このように様々な要因で残高の累積にもかかわらず地方債は低金利で順調に

消化されている．しかし，それは「暗黙の政府保証」への信頼と一時的な需給関係の中で消化されているだけであって，海外投資家が指摘するように「実力は半分」という全体的雰囲気があることは否めない[17]．中期的に見てこのような状態が続くとは考えられず，「暗黙の政府保証」の変化ならびに民間の資金需要との競合を想定した地方債市場のあり方を再検討する必要がある．

4. 地方債制度の将来像

以上の考察より，一定の公的資金は依然として必要であるとしても，今後は地方公共団体が市場において必要な資金を自らの力で調達することが一層強く求められてくるものと考えられる．また負の遺産を処理し，再び過大な債務を負わないために地方債制度の透明性を高めることも必要である．本節では，こうした二重の責務を果たすために，地方債の管理にあたって市場と国の関与はいかにあるべきかを論じる．

国際的類型

世界各国の地方債の管理は，IMF のタ・ミナシアン=クレイグ（Ter-Minassian, Craig）によると，a) 一元的市場規律型（カナダと最近までのブラジル），b) 中央・地方の協調型（スカンジナビア諸国，オーストラリア，ドイツ），c) ルール型規制（アメリカ合衆国，スイス，スペイン），d) 行政的統制（イギリス，フランス，日本，韓国，インド）という4種類のアプローチに分類できる．この分類で各国を類型化したのが表 6-8 である[18]．

「中央・地方の協調型」とは，法律や中央政府の行政指導によらずに，中央と地方がマクロ経済的な観点から借入総額および個別団体の内訳を交渉して決定する方法を指す．「ルール型規制」とは，債務残高の上限設定，元利償還比率による新規発行の許可，マクロ経済に悪影響を及ぼす借入（中央銀行借入れ，外債等）の制限，借入れを投資目的に限定するゴールデン・ルールなどを指す．「行政的統制」とは，中央政府が直接的な統制を加える権限を有している場合

---

17) 岡部・油井（2001）を参照．
18) Ter-Minassian and Craig (1997). IMF による地方債コントロールの類型化につき，批評を行なったものとして，Dafflon (ed.) (2002) および Rattsø (2002) がある．

表 6-8 世界各国の地方債管理 (IMF 分類[1])

	一元的市場規律型		中央・地方協調型		行政統制型		ルール型規制		借入れ禁止	
	海外	国内	海外	国内	海外	国内	海外	国内	海外	国内
先進国										
オーストラリア			◎	◎						
オーストリア					◎	◎				
ベルギー			◎	◎						
カナダ	◎	◎								
デンマーク			◎	◎						
フィンランド	◎	◎								
フランス	◎	◎								
ドイツ							◎	◎		
ギリシア					◎	◎				
アイルランド					◎	◎				
イタリア										
日本[2]						◎	◎	◎	◎	
オランダ							◎	◎		
ノルウェイ					◎	◎				
ポルトガル	◎	◎								
スペイン					◎	◎				
スウェーデン	◎	◎								
スイス							◎	◎		
イギリス					◎	◎				
アメリカ							◎	◎		
発展途上国										
アルゼンティン					◎	◎				
ブラジル					◎	◎				
ボリビア					◎	◎				
チリ					◎	◎				
コロンビア					◎	◎				
エチオピア						◎			◎	
インド					◎	◎				
インドネシア					◎	◎				
韓国										
メキシコ									◎	
ペルー					◎	◎				
南アフリカ			◎	◎						
タイ									◎	◎
移行経済国										
アルバニア									◎	◎
アルメニア									◎	◎
アゼルバイジャン									◎	◎
ベラルーシ									◎	◎
ブルガリア									◎	◎
中国									◎	◎
エストニア					◎	◎				
グルジア									◎	◎
ハンガリー					◎	◎				
カザフスタン									◎	◎
キルギス共和国									◎	◎
ラトビア					◎	◎				
リトワニア										
ポーランド									◎	◎
ルーマニア									◎	◎
ロシア	◎	◎								
スロベニア									◎	◎
タジキスタン									◎	◎
ウクライナ									◎	◎
ウズベキスタン									◎	◎

(資料) Ter-Minassian and Craig (1997), table 1.

注：1) 各国における支配的なコントロールに基づく分類．いくつかの国々では複数の方法を組み合わせている．
　　 2) 日本では行政統制（許可制）とルール型規制（起債制限比率）を組み合わせている．外債発行も禁止されていない（注記，筆者）．

であり，各地方団体の毎年の借入に対する上限設定，個別の借入取引に対する許可（償還期限・発行条件の承認を含む），中央政府による一元的借入の地方公共団体への交付などがある．

権力的関与の緩和

地方分権化の進展により，国による地方公共団体に対する行政的統制は弱まっていくと思われる．地方公共団体による外債発行については，中央政府が直接に関与することは正当性がある[19]．しかし国内借入れについての中央政府の関与は妥当性が乏しい．中央政府が各地方団体の借入れを許可すれば，債務不履行に陥った地方政府を救済する義務が生じる．地方政府の自主性を高める観点からも地方債への権力的関与は緩和すべきである．

行政的統制を廃止すると，地方財政を監視する国の機関にかわって，市場メカニズムによる規律が地方財政の健全性をチェックすることになる．格付けが低い発行体は，借入れ金利が高くなり，信用力を高める努力を市場によって強いられることになる．財政の健全化に失敗すれば破産することもありえる．健全な財政運営に失敗すれば，市場から厳しい圧力が加えられるという条件は地方行政や議会（彼らは執行部を内部から監視する役割を担う）に対して規律を与える重要な条件の一つである．このような市場メカニズムを「市場による規律」と呼ぶことができよう．これに近いケースとして，Ter-Minassian and Craig (1997) はカナダとブラジルを挙げている．カナダでは地方政府の借入れに関してなんらの制約はなく中央政府のコントロールも受けない．借入能力と元利償還能力は金融市場とくに主要な格付け機関によって厳密に監視されている．

「市場による規律」の限界

しかし「市場による規律」には重大な限界がある．タ・ミナシアン=クレイ

---

19) Ter-Minassian and Craig (1997) は規制の根拠として以下の4点を挙げている．第1に外国借入れは中央政府の責任であるマクロ経済政策（金融・為替政策）と密接に関わっている．第2に外国借入れには発行ロットの小さい個別地方政府が独自に行なうよりも協調して行なった方がよい．第3に一部の借入団体の格付け悪化が関係のない他の地方公共団体にも影響する伝染効果 (contagion effect) がある．第4に外国の貸し手が地方政府の借入れに対し中央政府の保証を要求することがある．

グが指摘するように,「市場による規律」が効果的に機能するための前提条件は,①借り手の負債や返済能力に関する十分な情報公開が行なわれていること,②金融機関に対するポートフォリオ規制(国債・地方債の発行割当て等)が行なわれていないこと,③借り手が債務不履行に陥った場合に貸し手を救済しないという政府のコミットメントが信頼できること,④借り手は,新規借入れが不可能となる前に市場のシグナル(格付けの悪化等)に合わせて俊敏に政策決定を行なうこと等に整理できる[20].

これらの条件を日本の地方財政制度がどの程度満たしているかの検討結果をまとめると以下の通りである.市場公募債のみならず縁故債についても引受金融機関の選定にあたって入札方式やシ団を編成する方式が拡がっていることから,②の条件は満たされつつある.

赤字が一定限度を超えた団体は財政再建法に定める財政再建計画を立てて財政の再建を行なうことになり,財政再建計画は元利償還を確実に行なうことを前提として策定され,総務大臣の承認を得ることとされている.地方債の最終的な元利償還を明示的に政府は保証していない.その点でモラル・ハザードを起こさない仕組みとなっており③の条件は満たしているかに見える.しかし2節で指摘したように交付税特別会計借入れおよび地方債の元利償還に対する交付税措置によって,各地方自治体が償還義務を負うと一次的に認識しているのは地方借入れ残高の半分以下である.最終的な償還に支障が生じた場合に政府による無救済政策へのコミットメントが信頼に足るものであるか否かは不透明であり③の条件が満たされている保障はない.

地方公共団体の首長の任期は短いため近視眼的になりがちである.金融機関のシ団脱退,引受拒否にもかかわらず地方債を増発するなど市場のシグナル(格付けの悪化)にも俊敏には反応しない場合も見られる.④の条件を十分に満たしているとはいい難い.

地方財政の悪化を背景にして公会計制度改革は全国的な潮流となっており現金主義から発生主義会計への変革,単式簿記から複式簿記への移行が試みられている[21].しかし決算統計方式を採っているため資産の時価評価となっていな

---

20) Ter-Minassian and Craig (1997), pp. 157-162.

いこと，対象範囲が普通会計に限定されているため経営状態の悪化している公社，第3セクターを含めた「本来の姿」を表す連結バランスシートが作成されていない．①の条件を満たす移行期間が必要であろう．

以上の点からみて「市場の規律」への一元的依存が有効に機能する条件は現時点では必ずしも十分に整ってはいない．カナダのような先進国で，なおかつ比較的透明性の高い金融市場をもつ国でさえ，格付けや地方債のリスク・プレミアムの増加にもかかわらず，地方政府の債務残高は1990年代前半まで急速に増大しており，地方政府の借入れに対する市場規律は有効には働かなかった．

「無救済政策」(non-bailout) の信頼性

破綻に瀕した地方団体を救済しないという政府のコミットメントは必ずしも信頼に足るものではない．もし政府の公約が信頼できないことを事前に知っていると，地方自治体は歳出を過剰に行ない課税努力を怠り戦略的に借入を増やして，救済措置を当てにするようになるので市場規律は効かなくなる．このようなモラル・ハザードを防ぐには財政窮乏団体向けの救済スキームについての明確なルールを定めて，政府の裁量権を制限する必要がある．しかし実際には政府の裁量権はかなり大きい．この点を検証するためにヨーロッパ評議会の調査報告「財政危機下の州・地方政府の再生」を以下，簡単に紹介しておく．

表6-9-Aによれば，ヨーロッパ27カ国中，半数以上の国で財政破綻に瀕した地方公共団体向けの正式な救済スキームが存在している．しかし正式な救済スキームの発動にあたり政府には裁量権は与えられていない．表6-9-Bに示されているように救済スキームの受給には適格用件が定められており，補助金額も制度によって機械的に算定されるからである[22]．しかし地方自治体の救済は必ずしも正式の救済スキームを通じるものだけではない．表6-9-Cに示されているように他の補助金や一般財源によって事実上の救済が行なわれている．しかも事実上の救済の大半は議会承認が不要であり財政窮乏団体を救済するか否かを政府は裁量的に判断できる仕組みになっている．

---

21) 2002年現在で都道府県のバランスシートは全て公開されており地方自治体の約16.8%で作成済みとなっている．

22) ただし補助金の交付決定は行政措置であり議会の承認は不要とする国が多い．

表 6-9 財政窮乏団体に対する救済措置一覧（ヨーロッパ諸国）

A 財政窮乏団体に対する救済補助金

救済補助金制度のある国	14
救済補助金制度のない国	13
小　計	27

B 救済補助金のルール

	肯定	ある程度	否定	小計
受領資格を得るため地方団体が満たす条件がある	10	2	2	14
補助金額は制度的に決まっている	4	3	4	11
地方団体への交付に際し議会の承認が必要である	1	2	9	12

C 救済補助金以外による支援

財政窮乏団体に対する救済補助金以外の支援ができる	17
財政窮乏団体に対する救済補助金以外の支援ができない	9
可能な場合，議会の承認が必要であるか否か	
必　要	2
不　要	15

（資料）Council of Europe (2002), p. 34. Council of Europe (1993) により補足．
注：調査の対象国28カ国は以下の通り．ベルギー，ブルガリア，クロアチア，キプロス，チェコ，デンマーク，エストニア，フィンランド，ドイツ，ジョージア，ギリシア，ハンガリー，アイルランド，ラトビア，リトアニア，マルタ，オランダ，ノルウェイ，ポーランド，ポルトガル，ロシア，スロバキア，スロベニア，スウェーデン，スイス，ユーゴ（マケドニア），トルコ，イギリス．

　もっとも公的資金による救済はラスト・リゾートであり厳しい場合にかぎって救済スキームが発動されることが周知徹底していればモラル・ハザードは防げる．この点を見るために「財政危機下の州・地方政府の再生」の分析をいま暫く参照しよう．表6-10によればヨーロッパ諸国の大半では公的資金以外の財政再建促進措置が存在している．中央政府は財政状況を検討する協議会を設置し財政再建計画の作成を求めている．その内容としては増税よりもむしろ歳出カットが多い．事務の中央集中，中央による地方債務の肩代わりは稀である．
　しかし行政府の裁量権の制限，公的資金以外の財政再建促進措置に訴えるだけでは不十分である．財政窮乏の最終的なゴールが不透明な場合，政府が無救済政策を貫くことはむずかしい．破産という最終ゴールが明確に規定されていれば財政的な怠慢や不注意に対する強力な抑止力となる．けれども表6-11が示すようにヨーロッパ諸国では一般に地方団体の破産が認められていない．法律上，破産が認められているのは5カ国にすぎず，破産手続きまで整備されて

4. 地方債制度の将来像

表6-10 財政窮乏団体に対する非経済的措置（ヨーロッパ諸国）

	肯定	否定	小計
状況について議論するために地方団体と対話の会合を持つ	23	5	28
財政再建計画の策定を地方団体に求める	22	6	28
地方団体と協力して財政再建計画を立案する	17	11	28
地方団体の経済計画を引き継ぐ	3	25	28
地方債制限の特例措置を講じる	9	19	28
地方団体に地方税の増税もしくは歳入確保努力を求める	9	19	28
地方団体に歳出カットを求める	18	10	28
負担の大きい支出項目を肩代わりして圧迫をやわらげる	3	25	28
地方団体の債務の一部を肩代わりする	7	21	28
上記以外の措置をとる	9	19	28

（資料）表6-9に同じ．

いるのは2カ国に止まる．事実，1999年時点ではヨーロッパ全土で地方団体が破産したケースはない．地方自治体には課税権があるので，多くの国々でいまのところ破産は純学術的な関心事にとどまる[23]．

ルール型規制の意義

もし市場規律を見本にしたルール型規制があるとすれば，ルール型規制に加えて市場規律を導入することの積極的な意味は乏しい．しかしルール型規制が市場による評価方法にかなり近似しているとすれば，両者の差はあまりない．逆にいうと市場規律に近似したルールを実現するのが困難な状況での，それを実現する間接的な方法として市場規律の補完的な意義があるといえる．

ルール型規制とは，債務残高の上限設定，元利償還比率による新規発行の許可，マクロ経済に悪影響を及ぼす借入（中央銀行借入，外債等）の制限，借入を投資目的に限定するゴールデン・ルールなどを指す．

ここでヨーロッパ評議会の調査報告「財政危機下の州・地方政府の再生」に

---

[23] しかし，ヨーロッパでは地方税システムは中央政府に統制されている．デンマークのように地方団体の課税権が無制限であっても財政窮乏団体は自力で脱出できない．破産手続きに類似した仕組みもある．スイスではカントンが市町村の債務を肩代わりできない．しかしスイスの法律にはこの問題を処理する特別ルールがある．イギリスでは2カ月以上元利償還が遅延している場合，管財人が任命される．管財人には資産の売却権はないが歳入を差し押さえることができる．実際にはそのような危機的状況に陥る前に中央政府が介入し市民生活へ累が及ぶことが避けられている．

表 6-11 地方公共団体の破産ルールの有無
       （ヨーロッパ諸国）

地方団体は法律的に破産できる	5
地方団体が破産することは法律上できない	22
小計	27

（資料）表 6-9 に同じ．

より，ヨーロッパ評議会加盟国におけるルール型規制の現状を概観すると，表6-12 の通りである．

この表からわかるように，ヨーロッパ諸国では地方公共団体に対してアメリカの各州で実施されている厳格な均衡予算原則を採用している国はない．大半の国々で資本支出を地方債で調達していることは理論的に適切であるが，28 カ国中，19 カ国で地方債による経常経費の調達が行なわれている．経常経費への地方債の充当は行政サービスを享受しない将来世代に負担を転嫁するもので正当化はできない．また半数に近い国々では起債を制限するルールが存在しないのも目に付く．約 3 分の 1 の国々では中央政府による地方債の元利償還保証が存在しているが，かかる措置は元利償還コストを中央政府に転嫁し地方公共団体に破産のインセンティブを与えているものとして報告書で批判されている．

つぎに起債制限の具体的なルールを纏めた表 6-13 を見ると，何らかの財政指標によるモニタリング制度をもつ国は 27 カ国中，20 カ国に及んでいる．しかし評価基準としては，自主財源に対する元利償還比率を除くと，広く行き渡っている普遍的な基準は存在していない．モニタリングの実施主体は政府から独立した機関ではなく行政府（大蔵省もしくは内務省）が多い．

フロー・ベースの会計情報の限界

ルールに基づいた起債制限の最大の利点は透明性が高く公正性も確保されることである．また健全なマクロ経済運営よりも短期的な政治的要因に左右されやすい，国と地方との間の交渉や駆け引きを避けることができるメリットも大きい．

その反面，柔軟性に欠け，ルールを出し抜こうとする地方公共団体の行動を

表 6-12 ルールによる起債制限（ヨーロッパ諸国）

	肯定	ある程度	否定	合計
地方団体は資本支出のための借入れができるか	25	3	—	28
地方団体は経常支出のための借入れができるか	13	6	9	28
地方団体は外貨建ての地方債を発行できるか	14	8	5	27
借入れには中央政府の許可が必要か	12	5	9	26
地方団体の借入れは立法的に規制されているか	14	4	9	27
地方団体の借入れは行政指導で規制されているか	8	5	13	26
中央政府は地方団体の借入れの元利償還を保証しているか	4	6	17	27

（資料）表6-9に同じ．

助長しやすいという欠点がある．ルールが有効に機能する条件として，Ter-Minassian and Craig（1997）は，①明確で統一的な公会計基準の存在，②オフ・バジェットを通じた債務過少計上の制限，③可能な限り包括的な「地方債務」の定義，④時宜を得た財務情報の開示を挙げている．

わが国においても，近年，地方債務残高の増大を背景に，地方自治体の起債制限を実質収支比率，公債費比率および起債制限比率などフローの会計指標によって評価していることに再検討の機運が高まっている．

以下，その代表的な議論である，醍醐（2000）の所説を紹介する．醍醐の問題意識は，地方財政危機の原因は不況や経済対策だけに還元するのは不十分であり，危機的状況を早期是正できなかったのは財政の実態を反映しない会計情報や操作可能な会計情報を基礎にしたルールで監視していたからである，というものである．そして，既存のフローの会計指標に対して，債務削減のために地方債を繰上げ償還したり，公債費以外の経常経費を削減したりすると，公債費比率が逆説的に上昇し，起債余力や債務返済能力が下がったかのように評価されてしまうこと，積立金を取り崩して歳入に振り替えることによって実質収支が改善し，起債制限比率への抵触を当座回避できることを問題にする．その上で，「監視の失敗」を克服するために「債務のストック情報」重視という指針を提示している．この指針にそって醍醐が強調するのが，①交付税特別会計借入れの地方負担分の負債としての計上，②債務負担行為の貸借対照表への計上，③地方債に対する交付税措置に関わる債権・債務の計上，④償還可能原資と債務ストックの比率による債務償還能力の評価，⑤外郭団体の債務を普通会

表 6-13 地方財政のモニタリング（ヨーロッパ諸国）

a. 中央政府によるモニタリング	
地方団体の財政状況の監視システムをもつ国	20
地方団体の財政状況の監視システムをもたない国	7
小　計	27
b. 地方団体の財政状況を評価する基準	
流動資産に対する元利償還比率	5
自主財源に対する元利償還比率	11
地方団体が供給できる担保総額	2
単一の貸手に提示できる最大の担保額	2
その他の基準	14
c. モニタリング実施主体の制度的連携	
行政府	15
議会	1
独立の機関	2
準独立の行政府機関	1
準独立の議会付属機関	0
小　計	19

（資料）表 6-9 に同じ.

計の債務と連結した会計情報の開示である．そして改革の本筋は連結財務報告の導入である．

　そこで醍醐の問題提起について若干の検証を行ないたい．検証の方法は実質収支比率，公債費比率および起債制限比率などフローの会計指標とストック情報である債務償還可能年限の相関を調べることであり，2001 年度末の公募 28 団体について，表 6-14 にその相関係数行列が示されている．債務償還年限は政府統計にはないので，債務負担行為を含む債務残高から換金可能な資産を引いた純債務残高を将来の償還に充当可能な一般財源で除して算定した．この表から公債費比率および起債制限比率と債務償還可能年限との間には有意な相関は得られていないことがわかる．その理由は前二者には地方自治体の債務負担行為が債務として含まれていないことが大きいと思われる．また実質収支比率と公債費負担の財政指標との相関は，債務償還可能年限だけがマイナスの符号を示しているだけである．これは実質収支が地方債の増発や基金への繰入，取崩を加減することによって伸縮自在であり，当該年度の行政活動からもたらさ

表 6-14　財政指標の相関行列（2001年度，公募28団体）

	実質収支比率	公債費比率	起債制限比率	債務償還可能年限
実質収支比率	1.000			
公債費比率	0.172	1.000		
起債制限比率	0.119	0.950	1.000	
債務償還可能年限	−0.543	−0.097	0.013	1.000

（資料）総務省自治財政局財政調査課『都道府県決算状況調』，『市町村決算状況調』，『都道府県財政指数表』より算出．債務償還可能年限は包括的に定義した債務残高から換金可能な資産を引いた純債務残高を将来の償還に充当可能な一般財源で割って算定．

れた正味のキャッシュ・フローを把握できる情報になっていないからである．

以上のように，フロー・ベースの会計指標は地方自治体の債務返済能力を測るうえで限界があることがわかる．ルールによる監視を確実にし，市場の信頼を確保するためには，醍醐（2000）が提起しているように，財政の実態を反映したストック・ベースの貸借対照表や連結財務諸表の導入が不可欠である[24]．

5.　結　語

以上の地方債の管理にあたっての市場と国の関与についての基本的考え方に基づき，わが国の地方債制度の制度設計について試論を展開し，結語にかえたい．長期的観点から見た制度設計については表6-15に示すように，①弱小団体の資金調達が可能であるが財政錯覚の発生する「行政的分権」論，②標準を超える部分についての自己責任を求める「協調的分権」論，③市場規律で財政運営を監視し，地方自治体の破産を容認する「競争的分権」論の三つの対照的なアプローチがありうる．筆者は協調的分権論がより望ましいと考えているので，以下ではそれを主軸にして制度設計を構想する．

ルールを主柱にした起債制限

わが国では財政投融資制度改革による公的資金から民間資金中心の資金調達構造の変化，許可制廃止と事前協議制への移行に伴い，「暗黙の政府保証」における国の責任は今後，緩和されてくる．それに比例して，市場が個別地方自治体の財務状況を判断したうえで，流動性なり信用リスクを地方債の発行条件

---

24) 小西（2002）も，ストックベースでの起債コントロールを提起している．

表6-15 地方債制度に関する代替的アプローチ

		行政的分権論	協調的分権論	競争的分権論
理念		弱小団体の資金調達 経済政策への協力	健全な財政運営 持続可能性	財政規律の強化 自治体破産の容認
地方債の起債制限		個別許可制 「暗黙の政府保証」	ルールを主柱にした制限 市場規律による補完	市場規律への依存 無救済政策の約束 破産手続法の整備
資金調達方法		公的資金中心 民間資金は縁故債（定時償還・証書）	民間資金へのシフト 市場公募債（テーブル方式）．流動性を反映した利回り	民間資金中心 市場公募債（個別条件決定方式）．信用リスクを反映した利回り
元利償還	新規債務	元利償還の交付税措置 財源不足の特会借入による補填	交付税措置の廃止 特会借入停止	交付税措置の廃止 特会借入停止
	既存債務	交付税措置の継続 地方連帯債務としての特別会計借入れ	交付税措置の継続 特別会計借入れの一部を個別自治体へ按分	交付税措置の廃止 特別会計借入れ全額を個別自治体への按分

(資料) 筆者作成．

に勘案するようになる．

　しかし「市場の規律」への一元的依存が有効に機能する条件は現時点では必ずしも十分に整ってはいない．したがって地方自治体の財政責任が強化されることを前提に，地方債の発行に関しては許可制度を廃止し事前協議制に移行した後，ルールによる管理を起債制限の主柱に据えるべきである．

　もっとも地方自治体の信用リスクは現行制度では十分にモニタリングされていない．国による起債制限は，実質収支比率，公債費比率，起債制限比率などフローの会計指標によって評価されている．これらの指標は現年度の財政の硬直性を判断するには適しているが，将来の債務返済能力を測るうえでは限界がある．

　モニタリングを確実にし，健全な財政運営を図るために財政の実態を反映したストック・ベースの債務返済能力に基づいて監視し，地方公営企業・公社・第3セクターを含めた連結財務諸表を整備すべきである．

　このような方向で国によるモニタリングが改善されれば，あえて市場規律に依存することの積極的な意味は乏しい．しかし地方財政制度全体による元利償還の確実性を保証すべき立場にある国が，個々の地方自治体の信用リスクをモ

ニタリングすることは二律背反であり，現実的ではないかもしれない．

したがって市場規律を見本としたモニタリングを実現するのが困難な状況での，それを実現する間接的な方法として市場規律（格付け等）の補完的な意義があるといえよう．

公的資金から民間資金へのシフト

弱小な地方公共団体向けに一定の公的資金は依然として必要だが[25]，今後地方公共団体は市場において必要な資金を調達すべきである．以下，そのための制度設計を提示する．

(i) 流通性の向上　　時価評価会計制度が2001年度から導入され，証券形式の地方債に評価損の可能性が生じることから，マーケッタブル（売買し易い）な地方債へ向けて，流通性の向上を図ることが不可欠である．民間資金で調達する地方債はできるだけ流通性のない証書形式ではなく流通性のある証券形式で，しかも定時償還方式ではなく流通しやすい満期一括償還方式で発行することが望ましい．その場合，定時償還債の平均償還年限と同じ満期一括償還債の発行を認め，トータルの利払い費が増えないようにすべきである．

(ii) 地方財政法第5条の7による共同発行　　一定のロットが確保できない地方公共団体は，ドイツのレンダージャンボ債のように，民間資金の共同発行化が必要であろう．他団体の債務を連帯して負うことから，地方財政法第5条の7による共同発行を行なったのは稀であった．しかし共同発行に，類似性の高い市場公募団体（ただし東京都を除く）が取り組むことはそうでない場合に比べ，格段に容易であろう．その場合に各団体の持分額に応じて債務を負担することを発行協定書に明示することが適当である．

共同発行方式は連帯債務であることにより，市場からは信用力は高いと評価されると思われる．しかし財政状況が悪化して市場の評価が低下している団体が共同債にシフトしていくことを認めると共同発行債の発行条件に悪影響が生じるだろう．その結果，償還能力の高い富裕な地方公共団体は共同発行から脱退して，条件のよい単独発行に移ってしまう．このような逆選択が起きること

---

25) 財政力の強弱にかかわらず国が義務付けている事業や知名度が低く市場から締め出される可能性の高い小規模団体のためには公的資金を確保すべきである．

のないように，共同発行債の満期一括償還に備えた減債基金積立を区分経理して流動性を補完すること，地方公共団体の固有財源を強化して償還能力を高めることが必要である．

 (iii) **地域限定型市場公募債**　　現行の統一条件交渉方式では，小規模，知名度の低い地方公共団体は評価損が発生することから引受金融機関から敬遠され，市場公募債を発行することは困難である．しかし指定金融機関において縁故債の引受困難となる段階で公募化しても統一条件で発行することは困難なため，公募する意味がなくなるであろう．市場公募団体の増加を図るために全国ベースで一般に募集する「市場公募債」ではなく地域限定型の小規模な公募債を発行することが望ましい．地元金融機関等で募集残を全額引き受けることを前提に個人投資家を対象に満期一括方式で証券形式の地方債を発行する必要がある．

 (iv) **市場公募債の発行条件決定方式**　　既公募団体の市場公募債の厚みを増すためには，発行条件決定方式の再検討が不可欠である．市場公募債の発行条件は東京都を含む市場公募団体28団体全ての発行条件が一律の「統一条件決定方式」によって決定されているが，流通市場の実勢は流動性リスクを反映している．流通市場で売買すると不可避的にキャピタル・ロスを被るという問題を解決するためには流通市場の実勢を踏まえた発行条件を設定すべきである．

 もっとも個別団体ごとに発行条件を決定する個別条件方式にただちに移行すれば，公募団体間でも信用力や流動性に違いがあるため，休債に追い込まれる地方公共団体が発生し，あるいは市場公募債の市場が縮小してしまうだろう．まずはテーブル方式（28団体の発行条件を一つではなく，流通実勢に応じて複数の発行条件とすること）を導入したうえで，漸次，個別条件決定方式に移行していくのが適当であろう[26]．

 (v) **銀行等引受債（縁故債）と公募債**　　公募化のメリットは地方自治体にとっては大量かつ安定的な資金調達，長期的な発行コスト縮減であり，引受機関や投資家にとっては市場実勢にそくした発行，縁故債と比べた流動性の高まり

---

26) 2002年4月発行分からは，東京都とその他団体債という区分ごとに発行条件を決定する「テーブル方式」に変更された．この2テーブル方式への移行により，2002年度4月以降の市場公募債は，発行条件に格差が生じるとともに引受手数料も従来の75銭が48銭に27銭引き下げられた．

5. 結語

等である．また金融システム不安の中，縁故債は引受側の体力に左右されるため，地方銀行側からも公募化の要請が高まる．

しかし非公募団体にとっては市場公募債の発行は，選択肢の一つであっても資金調達の主流とはならないだろう．逆にいうと，公募債と縁故債の形式的な違いにこだわるよりも縁故債の発行を公募債の発行形態に実質的に近づけたうえで，両者の選択を地方自治体に委ねることの方がより現実的なアプローチであると思われる．

両者の形式的な違いは，市場公募債は当初から市場における売却を前提とした証券発行をとるが，縁故債は証書借入または一義的には保有を目的とした証券発行の形態をとることにあるといわれている．しかし縁故債といえども引受金融機関が流通市場で即時に売却することもあり，満期保有の有無という区分は相対的なものにすぎない．

むしろ実質的な相違点は発行条件の決定方法である．縁故債は固定的な少数の引受金融機関から借り入れ，条件決定についても相対交渉している場合が多い[27]．一方，市場公募債の発行は不特定多数の金融機関，投資家を対象にしており，東京都を含む市場公募団体28団体全ての発行条件が一律の「統一条件決定方式」で決まる．それにもかかわらず，縁故債の発行条件は市場公募債に連動して決定される場合が多い．

しかし満期一括償還方式の市場公募債と縁故債で多く用いられている定時償還方式では，平均償還年数が異なるため（後者の方が短い），両者を単純比較して，発行条件を同じにすることは合理性を欠いている．平均償還年限が短い分，縁故債の総利払い費は少なくなっているが，定時償還債の平均償還年限と同期間での満期一括償還債の発行を奨励すれば縁故債と公募債の差は事実上な

---

[27] サンプル期間を1999年度，47都道府県と政令指定都市の縁故債を対象に，縁故債の発行者利回りを被説明変数とし，発行ロット，残存期間，金融機関ダミー，起債制限比率ならびに債務償還可能年限を説明変数とする関数を推計した．推定結果を前掲した表6-7右欄に示す．決定係数は0.38でありモデルの当てはまりはよくない．結果は以下のように解釈できる．①発行ロット，債務償還可能年限の係数が符号条件を満たさず有意でないことから，縁故債の発行には当該自治体の地方債の信用リスクはもちろん流動性も反映していない．縁故債が，固定的な単独引受方式で借り入れ，相対で条件交渉されていることを示す．②モデルの当てはまりはよくないものの，金融機関ダミーが符号条件を満たし，統計的にも有意．単独引受方式よりも複数の引受金融機関（協調融資団，引受シ団など）から借り入れる方が発行体には有利な条件が設定されることを含意している．

くなり非公募団体に公募債発行のインセンティブが働くだろう．その際に発行条件については相対ではなく複数の引受金融機関から引受条件の提示を受け，有利な条件を提示した引受金融機関を選定する改善が必要であろう[28]．

持続可能な地方債制度をめざして

地方債は有形固定資産が継続的に減価していくと想定して，その減価を耐用期間の各年度に配分し，当該資産を使用して生み出される行政サービスを受ける世代に対価の負担を求める仕組みである．したがって，地方公共団体の借入れの元利償還負担が，国や他地域の住民によってではなく，最終的に当該地域の住民が負担する地方税・使用料等で負担される透明な仕組みをつくることが地方債制度を持続可能にするための根本的前提である．

(i) **交付税措置と特会借入れ**　ヨーロッパ評議会の報告書「財政危機下の州・地方財政の再生」で指摘されているように，中央政府による地方債の元利償還保証は地方団体に破産するインセンティブを与えるものである[29]．

繰り返し述べたように，わが国でも地方債に対する交付税措置および交付税特別会計借入れにより，個別地方自治体は「地方借入残高」の半分以下しか債務として認識していない可能性がある．この乖離が地方公共団体に「財政錯覚」を発生させ，必要以上に単独事業が膨張して，地方債の累積を招いた基本的原因と考えられる．

筆者は肥後・中川（2001）が提唱する「新規発行債の交付税措置廃止」を基本的に支持したい．地方単独事業債の交付税措置は全廃してもよいと考える．ただし一般公共債，減税補塡債，臨時財政特例債についての交付税措置については，景気安定化の観点や補助金整理の必要性を考慮した算入率の変更でよい．財源不足の交付税特別会計借入れによる補塡は停止し，国は一般財源で特別会計に繰り入れ，地方分は各地方自治体が地方債発行で補塡すべきであろう．

既存債務に関わる交付税措置については廃止する意見もあるが，地方債に対

---

28) 都道府県・政令指定都市では単独引受方式と引受シ団方式が同程度の割合であるが，市区町村では単独引受方式が多い．市区町村では入札・見積もり合わせを採用しているケースが少なくない．都道府県の方が封鎖的といわれている．市区町村は財政規模が小さく，条件交渉で有利な条件を導くことが困難なため，複数の引受機関に条件提示を求めていると考えられる．

29) Council of Europe (2002), p. 43.

する市場の信認を維持することが今後重要になると思うので，継続すべきであると考える．

(ii) ラスト・リゾートとしての「**措置法**」　将来にわたる地方債残高を確実に減らしていくために，地方債発行額を元利償還費の範囲内に抑えることを目標に，地方債の発行を抑制する中長期的な財政計画を立てるべきである．地方交付税の総額が抑制される可能性を考慮して，臨時財政対策債をはじめとする特別な地方債も抑制対象にする必要がある．

すでに破綻に瀕した地方公共団体をいかに再生させるかは持続可能な地方債制度の試金石となる．ヨーロッパ評議会の報告書「財政危機下の州・地方財政の再生」で指摘されているように，破綻に瀕した地方公共団体向けの救済スキームには政府に裁量の余地を与えず，公的資金の投入以外の財政再建計画立案を優先すべきである[30]．

わが国では実質収支比率が一定限度を超えた場合に，地方財政再建促進特別措置法（「措置法」）の定めを準用する「準用財政再建団体」に指定され，総務省の管理下で再建計画の厳格な実行が義務付けられる．ラスト・リゾートとしての「措置法」がある限り，元利償還の一時的な履行遅滞があっても，履行不能になることはありえないので，地方自治体の破産手続法を整備する積極的な意義は乏しいと考える．

しかし醍醐（2000）が指摘しているように現行の実質収支比率は地方債の増発や基金への繰入，取崩を加減することによって自在に伸縮可能な指標である．このため現行制度は早期是正措置とはならず地方団体の関心は赤字額を限度ライン以下に押さえ込むための決算対策に向きやすい．単年度のフロー・ベースで財政健全性の指標を選ぶならば，翌年度への繰越や基金への繰入・取崩を除いた実質単年度収支を採用するのが合理的である[31]．

参考文献

Council of Europe (1993), *Borrowing by Local and Regional Authorities,* report prepared by the steering committee on local regional democracy (CDLR), local and regional authorities in

---

30) Council of Europe (2002), p. 44.
31) 醍醐 (2000), pp. 60-65 を参照.

Europe, No. 47, Council of Europe press, Strasbourg.
Council of Europe (2002), *Recovery of Local and Regional Authorities in Financial Difficulties,* report prepared by the steering committee on local regional democracy (CDLR), local and regional authorities in Europe, No. 77, Council of Europe press, Strasbourg.
Dafflon, Bernard (ed.) (2002), *Local Public Finance in Europe : Balancing the Budget and Controlling Debt,* Edward Elgar.
Mühleisen, Martin (2000), "Too Much of a Good Thing ?: The Effectiveness of Fiscal Stimulus," in Bayoumi, Tamin and Charles Collyns (eds.), *Post-Bubble Blues : How Japan Responded to Asset Price Collapse,* International Monetary Fund.
OECD (2000), *Economic Surveys : Japan,* Paris.
Rattsø, Jørn (2002), "Fiscal Controls in Europe : a summary," in Dafflon, Bernard (ed.), *Local Public Finance in Europe : Balancing the Budget and Controlling Debt,* Edward Elgar.
Ter-Minassian, Teresa and Jon Craig (1997), "Control of Subnational Government Borrowing," in Ter-Minassian, Teresa (ed.), *Fiscal Federalism in Theory and Practice,* IMF, Washington.
岡部真治・油井聰 (2001),「海外の投資家から見た地方債について」『地方債月報』地方債協会, 263号.
北山俊哉 (2001),「起債の政治分析」村松岐夫・水口憲人編『分権——何が変わるのか』敬文堂.
小西砂千夫 (2002),『地方財政改革論——「健全化」実現へのシステム設計』日本経済新聞社.
総務省自治財政局財政調査課『都道府県決算状況調』各年度.
総務省自治財政局財政調査課『市町村決算状況調』各年度.
総務省自治財政局財政調査課『都道府県財政指数表』各年度.
醍醐聰編 (2000),『自治体財政の会計学』新世社.
田中宏樹 (2003),「地方債市場とリスク」, *discussion paper series,* J-136. (帝塚山大学経済学部).
地方財務協会編 (2002),『平成14年度 改正地方財政詳解』.
地方債に関する調査研究委員会 (2002),『地方分権時代における地方債制度の将来像について』地方債協会.
中野英夫 (2002),「地方債制度と財政規律——地方債の交付税措置を通じた地方債許可制度の歪み」『フィナンシャル・レビュー』第61号, 財務省財務総合政策研究所.
林健久 (1998),「地方財政と景気政策」『地方財政』1998年5月号.
肥後雅博・中川裕希子 (2001),「地方単独事業と地方交付税制度が抱える諸問題——地方交付税を用いた地方自治体への財政支援策の効果と弊害」日本銀行調査統計局, *Working Paper Series* 01-9.
堀内俊洋 (1987),「地方債起債許可制度の問題点と改革案」本間正明・齊藤愼編『税制改革と地方財政』日本経済研究センター研究報告 No. 59.

7章　欧州地方自治憲章と分権化の戦略

1. はじめに

　伝統的に日本の地方財政システムは税負担の平等やサービス水準の均等化を重視し，そのために上位の政府から政府間移転（補助金・交付税）に依存してきた．われわれはこれを行政的分権と位置づけた（1章）．だが経済成長の終焉に伴い巨額の財源不足が発生した．これを交付税特別会計借入れや元利償還つき地方債によって補塡し，後年度負担を増やす手法で乗り切ったかに見えた．

　しかし，そのような便法によって地方団体の財政規律は緩み，歴史上かつてない巨額の借入残高が残された（4章，6章）．問題の解決は受益と負担の関係を明確化し，有権者や納税者に対するアカウンタビリティを高め，地域の選好に合わせた多様なサービスの供給でなくてはならない．

　そのためには分権的な地方財政システムの基本戦略を再検討し，自律的な地方財政制度を確立する必要がある．このことは前章までの考察によって十分明らかであろう．

　1985年に批准が開始された「ヨーロッパ地方自治憲章」（European Charter of Local Self Government）は，われわれがこの課題の解決策を考えるにあたって貴重な手掛かりを与えるものである．本章の課題はこのヨーロッパ地方自治憲章の基本的な考え方を明らかにするとともに，諸勧告の日本への適用の可能性を検討することである[1]．結論を先取りするとヨーロッパ地方自治憲章の財政条項は競争的分権ではなく，むしろ協調的分権論を志向しており，日本の分権化のモデルになると考えられる．

---

1) 本章のテーマに関する先行研究としては山内（1999）と林（2004）が代表的である．前者はヨーロッパ地方自治憲章の紹介とドイツの営業税改革を詳しく検討し，後者はEU統合がヨーロッパ諸国の地方財政に与える影響を各国の事例に即して考察している．あわせて参看されたい．

本章の構成は以下の通りである．まずヨーロッパ諸国における地方分権化の進展をグローバル化・地域統合という視点から考察する．つぎに分権化のケース・スタディを行なって各国ごとの特性と共通性を考察する．これを受けてヨーロッパ地方自治憲章第9条を中心に税財源の分権化についての基本的な考え方を紹介する．最後にヨーロッパ地方自治憲章の日本の地方分権化に対してもつ意義を考察する．

2. 地方分権化の底流

ヨーロッパにおける地方分権化のうねりを理解するためには1990年代以降に特有の要因，すなわち経済のグローバル化と地域統合の影響に注目しなくてはならない．

EU統合と地域再生

(i) **統合の拮抗力としての自己決定** 欧州連合（EU）は従来の15カ国に加えて，中・東欧諸国など新たに10カ国の加盟が決まり，25カ国に加盟国が拡大する．たしかに欧州連合がブリュッセルの欧州委員会や欧州議会によって統治される超国家的な存在なのか，それとも政府相互間の協力関係に基づく国民国家の緩やかな連合体であるべきなのかを判断するのは早計である．しかし，統一通貨，ユーロの更なる強化，金融を含む財貨のための統一的市場の完成，ヨーロッパ全域の税制の整合化，司法および警察活動の統合がすすめば，最終的には域内国境は全廃されるだろう．

これらが実現すれば国際社会において政治的，経済的役割を果たすEUという巨大な国家が誕生することになる．しかしアメリカや中国の台頭に対するヨーロッパ全体の国家戦略であるとしても，EU自体は加盟国内部の大衆からは絶望的なほどに隔絶した存在になっていく．その一方であらゆる分野で人々の日常生活に影響を及ぼすEU発の法令が急増している．そのためEU中枢への権力集中をやめて，住民の身近なレベルで説明責任を求める声が強まりつつある．もっとも共通通貨ユーロの導入に象徴されるように日常生活上で「欧州」に規定される部分が増えている．つまり国民国家への帰属意識が相対化し，地域ないし地方が脚光を浴びている．したがってヨーロッパ統合の中で国民国家

としてのまとまりよりも,イタリアに見られるように,もっと地域住民に近い州や地方単位で自己決定を行なっていく方がよいという声が強くなる. EU 統合に対する拮抗力としての州・地方の再生という構図である.

(ii) 地域開発と EU　　地方政府は,インフラ整備によって外国資本の企業立地を誘致し,教育や職業訓練といった一国の国際競争力に関わる価値財を提供している.したがって地域統合が進展すると,国民国家の役割が低下する反面,地域開発の拠点としての地域・地方の果たす役割が大きくなる.州・地方政府は一国内だけではなく国際的市場を土俵にした地域間競争に否応なしに組み込まれていく.しかし企業が立地を決める要因となるのは熟練労働力の有無であり公共サービスの質なので,後進地域の立場はますます不利化する.こうしてグローバル化に伴う地域間格差の拡大に対して国民国家ないしは超国家組織が所得再分配政策で対応する必要性が高くなっていく.

　ヨーロッパにおける地域再生の背景にも EU レベルでの地域政策の進展がある.周知のように,1975 年における欧州地域開発基金 (ERDF) 創設に伴い,共通市場の形成は地域・地方レベルで実施されることになった.たしかに 1980 年代には EU 財政は財源枯渇に見舞われ,農業を保護するための共通農業政策 (CAP) は停滞を余儀なくされた.しかしスペイン,ポルトガル,ギリシャの加盟を契機にして地域格差是正のための地域政策は膨張していった[2].一方で,地域政策の決定権がますます EU レベルに集中するのに伴って加盟国の権威が低下することになった.その結果,地域・地方による「国家を中抜きにした」構造基金の配分をめぐる競争が活発化しているという[3].マーストリヒト条約で EU 地域諮問会議が創設されたことに象徴されているように,地域は EU レベルで利害が反映することを強く求めて権限の拡張を求めている.

(iii) 国内少数派に対する自治権付与　　各国中央政府の権限の低下に伴って,従来,暴力的に抑圧されてきた国内の文化・宗教・言語における少数者に包括的な自治権を与える動きもある.スペインのバスク地方やカタロニア地方にお

---

2) EU 地域政策の目的は地域格差の是正であり各地域は地域行政区分 NUTS に応じて分類されている.地域予算の位置づけは 87 年単一欧州議定書で確実なものとなった. 85 年, 88 年の改革で EU の財源基盤が強化され構造基金 (ERDF, Cohesion fund) の予算が増大した. EU 地域政策については Council of Europe (1998a), pp. 5-8. を参照.

3) 岡部 (2003) 第 2 章, 第 5 章を参照.

ける強力な地域議会の創設，ベルギーの連邦制移行，そしてスコットランドとウェールズにおける地域議会の創設がその典型的な事例である．同じような趨勢は，イタリアでは地域議会の発展を突き動かしているし，おそらくフランスのコルシカ島やブルターニュ地方でも同様の自治制度がいずれ選択されるであろう[4]．もっとも地域議会の創設は単に少数派による分離主義的な圧力への対応策であると断定はできない．地域議会は実際それ自体が魅力的な自治制度である．事実，スペインでは弱い州にも強い州と同じような権限を与えているし，イギリスではイングランドにも同様の地域議会を創設する関心が高まっている．

行政的分権システム

EU統合の中で，地方の役割が高まるにつれて，何らかの形で従来の地方財政システムの本格的再検討が進展している．なぜならば，ヨーロッパ諸国の地方財政システムは，特定利益集団への政治的配慮から多くの社会・福祉政策が打ち出され，その需要を制御するメカニズムに欠けていたことから政府支出の高騰が続き，それに伴う公的費用負担の上昇に納税者の不満が拡大しやすいという問題があるからである．

ヨーロッパでは，近年，北米大陸で発達した伝統的な財政連邦主義の妥当性に疑問を呈する声が次第に強くなっている．その代表的論者は，ジョーン・ラッツォ（Jørn Rattsø）やユルゲン・ロッツ（Jørgen Lotz）をリーダーとする北欧学派である．ラッツォの問題意識は，伝統的財政連邦主義の処方箋における規範論的な性格があまりにも強く，ヨーロッパの地方財政の現実に関する説明力が弱いという疑問である．地方政府レベルで執行される所得再分配サービスは，その焦点である[5]．

(i) 競争的分権論 かかる問題意識から，近年，ラッツォはヨーロッパ諸国の地方財政は行政的分権という特徴があるとし，アメリカの地方財政システムとそれを念頭において構築された通説とはかなり異なっているという問題提起

---

4) 国内少数派に対する自治権付与については OECD (2002), p. 16 を参照．
5) マスグレイブも「価値財」（merit goods）に関連させて再分配を議論している（Musgrave, 1959）．ただし，具体的な制度設計に関するかぎりは，国家の役割に対する評価に依存すると抽象論を展開しているのに止まる．

を活発に行ない，夥しい実証研究を蓄積している[6]．かかる問題提起が北米大陸の主流派にいかに衝撃を与えているかは，1章で紹介したGoodspeed (2000) や予算制約のソフト化を扱ったRoden, Eskeland and Litvack (2003) への影響を見れば一目瞭然であろう．

地方財政論で，支配的な影響力をもつ学説はMusgrave (1959), Oates (1972), Tiebout (1956) の確立した財政連邦主義モデルである．このモデルを通して，われわれはアメリカ合衆国における大都市圏の地方財政の本質的な機構を鋭く理解することができる．この理論は以下のような基本的仮定に基づいて構築されている．地方公共財，応益課税，住民の移動性，スピル・オーバーの不在，この4点である．これらの枠組みを前提にした地方財政の長所としては，何よりも「足による投票」で地方政府間の競争が刺激されること，便益とその費用が一致するために公共サービスが効率的に供給できる（オーツの分権化定理）ことを挙げることができる．この世界では地方自治体とは住民が共同の問題を解決するために自発的に結成したクラブのような存在である．応益課税中心のため「地方の説明責任」は高くなり，スピル・オーバー効果も不在なため，国から地方への補助金を正当化する根拠が乏しいことも注意すべきであろう[7]．われわれは表7-1に示すように，伝統的財政連邦主義の立場を便宜的に「競争的分権」論と名づけることにする．

(ii) 行政的分権論　しかし，ヨーロッパ諸国の地方財政の現実は競争的分権論では説明困難である．かかる判断の根拠となっているのは，伝統的モデルと比べた場合に四つの基本的仮定のいずれもがヨーロッパには妥当しないことであるとラッツオは指摘する．ヨーロッパでは一般的に，①地方自治体は純粋公共財だけではなく，所得再分配サービスの執行にも重要な役割を果たしている，②税財源は中央から分離した応益課税ではなくむしろ集権化された税収分割が大部分のため，垂直的財政不均衡が発生している，③住民の地域間の移動

---

6) 北欧学派による最新の研究成果は，Rattsø (1998) である．
7) 国による介入・統制の余地を必要とする明確な理由の一つは公平性への関心と配慮であろう．この点，アメリカはかなり特殊なケースである．この国の連邦政府は他の先進国に比べて地方財政調整制度に対する関心が弱く公平性への配慮は州によって異なる．連邦政府が地方レベルで発生していることに関心が薄い場合，地方自治体はあたかも自発的なクラブのように行動する議論が登場するのはこのためだと思われる．

表7-1 地方財政モデルの比較

	(1) 競争的分権モデル separationist-model	(2) 統合モデル integrationist-model 協調的分権 cooperative-model	(2) 統合モデル integrationist-model 行政的分権 administrative-model	(3) 集権モデル centralized-model
システム理念	競争・差別化	国家統合・多様性のバランス，説明責任	画一・平等	開発・統合
税源配分	税源分離 地方は応益課税	調整的重複課税 高い自主財源比率	税収分割の優位 低い自主財源比率	税制の集権化
税率決定権	税率は地方により異なる	地方による税率決定 税率格差は穏便	制限税率の範囲内．実際は画一的	制限
中央・地方の役割分担	中央・地方の事務は明確に分離．公共財の供給．法律に書いていない事務はできない	中央・地方の事務は重複．中央は包括補助金を地方に交付．立法統制*による介入の最小化．所得再分配サービスの供給	中央・地方の事務は重複．中央は補助金を通じて行政統制*を地方に加える．所得再分配サービスの供給	中央政府の出先機関によるサービス供給 小規模自治体が多い
地方債	市場規律への依存 債務返済難の地方政府に対する無救済政策破産ルールの整備	ルールによる規制	行政的許可制 政府による元利保証	地方借入れ禁止
政府間移転	補助金はスピル・オーバーへの対応に限定 地方財政調整の欠如	低い依存財源比率．包括補助金の優位．「機会の平等」を保障する財政調整制度	高い依存財源比率．特定補助金の優位．「結果の平等」を保障する財政調整制度	交渉による補助金配分
中央における地方利害の反映	なし	中央政府と地方の代表が自発的に交渉	自治省，連邦参議院が中央で地方利害を代表	国会議員
該当国	86年緑書（イギリス），アメリカ大都市圏，伝統的財政連邦主義	カナダ，北欧諸国，ヨーロッパ地方自治憲章，シャウプ勧告	日本，ドイツ（州），ノルウェイ，イタリア	旧東欧諸国，アジアの途上国
問題点	再分配の低下，地域格差発生	マクロ的経済政策との整合化	説明責任の欠如 予算制約のソフト化	地方ボスの支配 不透明・腐敗

（資料）筆者作成．各モデルの理念・構造・問題点については以下の文献を参照．分離モデルに関してはMusgrave (1959), Oates (1972), Tibout (1956), 協調的分権に関してはSöderström (1998), 行政的分権に関してはLatts2 (1998), 統合モデルに関してはMuramatsu, Iqbal and Kume (eds.) (2001), 集権モデルに関しては本書8章．＊立法統制と行政統制の概念についてはPage (1991) を参照．

性は低い，④所得再分配サービスは非居住者にもスピル・オーバーしている（学校教育等）ので補助金が必要である，という．

こうした問題意識に立ってラッツォ等はヨーロッパ諸国特有の地方財政の特徴を「行政的分権」(administrative federalism) と命名し，ヨーロッパにおいて北米大陸の「競争的分権」に比肩しうるのはスイスだけであると断言している．

ところでヨーロッパ諸国が通説と異なる道を選択したのは，ヨーロッパ諸国では地方自治体は自発的なクラブであるというよりも，公共部門の一部として福祉国家に統合されているためであろう．一般的にヨーロッパでは共同体や家族関係が縮小し，それらが担っている機能を公共部門が代替しているため，公共部門が国民経済に占める割合が高い．所得再分配に対する強い選好を所与とした場合，中央政府が直接に再分配サービスを執行することは無駄が多い．財源は中央政府に集権化する一方，所得再分配サービスの執行は地方に分散化する方が，無駄が省け，効率的であることはいうまでもない．教育，福祉，医療の各方面で人々の日常生活に地方自治体が深い影響を及ぼしているのはこのためである．

ソフト化する予算制約

競争的分権論の場合は規範論としての性格が強いが，行政的分権論は目指すべき理念というよりも，むしろ現実を描写するための方法的枠組みとしての性格が強い．しかし行政的分権論は現状追認の道具ではない．むしろ行政的分権論には，ヨーロッパの地方財政に対する危機感と批判的精神が横溢している．かかる危機感は EU 統合という大転換の中，マーストリヒト条約の収斂条件に加盟国が直面したときに頂点に達した．

表7-1 に示したように，行政的分権システムでは，中央と地方の機能は重複し，歳入に占める税収分割の割合が高い．このため依存財源比率が高く，かつ特定補助金が優位を占めている．つまり財源は集権化しているが再分配支出は地方に分散化しており，そのギャップを移転財源で補填している．かかる財政システムは全国に画一的サービスを平等に提供するのに適合している．

しかし行政的分権では歳出と負担が乖離しているため，納税者に対する説明

責任は薄れ，地方団体の予算制約がソフト化しやすい．北欧学派の言葉を借りると，行政的分権システムの難点は「共有財源問題」(common pool problem)にある．行政的分権では公共サービスは特定の個人・グループ・地域に分割されて消費されるのに，その費用は社会一般が租税で負担するという「共有財源問題」が発生するからである[8]．

もちろん競争的分権が財政規律の問題と無縁であるというわけではない．競争的分権では住民は地域間を自由に移動する．税金の納付書が送付されてくる直前に他の課税管轄圏に転居できれば，教育や福祉といった経常的支出の負担を将来世代に転嫁する誘因が納税者に働く．資本市場による規律付けが「食い逃げ」を早期に是正できるとはかぎらない．財政規律は競争的分権といえども自動的に高まるわけではない．インマン (Inman) が指摘するように[9]，アメリカ合衆国で財政難に陥った州・地方政府を救済しないという「無救済政策」(non-bailout policy) が19世紀から現在まで継続しているのも，また州・地方政府が憲法で均衡予算原則を自らに課しているのもこのためである．

これに対して，行政的分権システムでは財政規律を強化する最後の拠り所となるのは，納税者や市場規律というよりも，階層的な財政的コントロールであった．けれども，それはヨーロッパ諸国が行政的分権特有の問題点を解決したことと同義ではない．「共有財源問題」を解決する本筋として，北欧学派が地方分権化に熱い視線を向けているのはこのためである．中央と地方の責任を明確化，特定補助金のブロック補助金への統合，政府間移転財源の縮小と自主財源の強化がその柱であることはいうまでもない．

3. EU統合と地方財政の動向

ヨーロッパ諸国では，EUという超国家組織が創設され国民国家の求心力が低下するにつれて，EU中枢への権限集中に対する拮抗力として，地域・地方の再生が一大潮流になろうとしている．しかし1990年代以降の地方分権の潮

---

[8] 「共有財源問題」は二重の意味で発生する．第1に，応益課税によって財源が調達されない場合，住民の公共サービスに対する需要は過剰になる．第2に，補助金への依存傾向が助長される．
[9] ニューヨーク，ワシントン，フィラデルフィア，マイアミにおける地方自治体破産を詳細に考察した Inman (2003) は示唆に富む．

3. EU 統合と地方財政の動向　　291

図 7-1　ヨーロッパ諸国の地方分権化

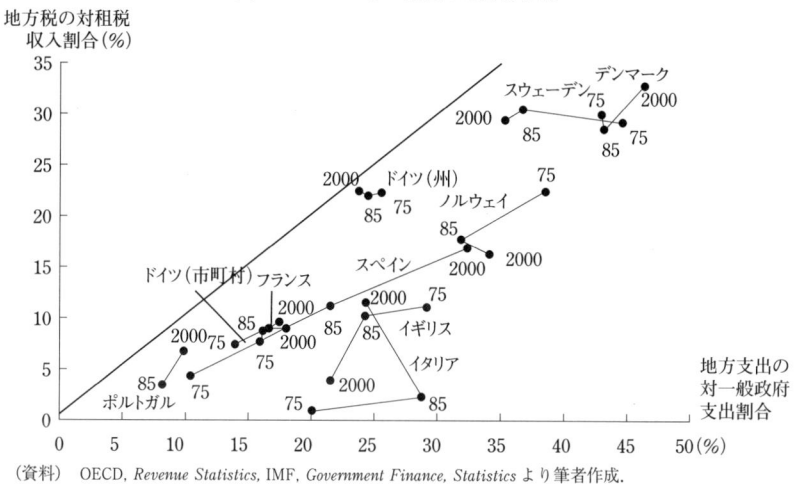

流は，決して一様ではなかった．そこでわれわれは各国別のケースを検討する前提として，全体的な鳥瞰図を得る必要がある．

全体的な鳥瞰図を描くには，政府・市場間関係と政府間関係という二重軸から福祉国家のパラダイム転換を解明したイギリスの地理学者ベネット（Bennett）の論稿が参照されるべきである[10]．本節では，ベネットの手法を踏襲しつつ，これに以下の修正を加えて，ヨーロッパ諸国の地方分権化を数量的に概観する．すなわちベネットのいう政府・市場関係軸を捨象して，ここでは政府間関係に限定する．より具体的には総歳出と総税収に占める地方政府の比重という二つの座標から，過去25年間（1975-2000年）の発展パターンを数量的に検証する．なお財政データの出所は歳出の中央・地方間配分については，IMF の *Government Finance Statistics* 各年度版，税収配分については OECD の *Revenue Statistics* 各年度版を用いた．結果を集約した図 7-1 からわかることをまとめると以下の通りになる．

---

10) Bennett (1990), pp. 8-12.

分権化と集権化のスペクトラム

(1) 典型的な中央集権的国家とみなされてきた南欧諸国で分権化が進展した．スペイン，ポルトガル，イタリアおよびフランスにおいて，地方財政は歳出・税収の両面においてその比重を顕著に増大させており，明瞭に財政的地方分権化の進展をみせている．たとえばスペインでは地方財政は1975年に支出に占める割合が10.4％，税収に占める割合は4.3％にしかすぎなかった．しかし2000年にはそれぞれ32.4％，16.8％へと飛躍的に増大しており，過去25年間にスペインの地方財政はその財政的自律性を高めたことを物語っている．イタリアでは地方税の割合は1975年には2％であったが，2000年には12％へと大幅に増えている．同じような傾向はフランスやポルトガルについても見られる．

(2) イギリスでは南欧諸国と正反対のベクトルが改革を主導した．「地方自治の母国」とさえいわれたイギリスでは，あたかもヨーロッパの異端児でもあるかのように中央集権化が歳出と税収の両面で急激に行なわれた．イギリスの地方財政が支出に占める割合は29％から22％へ，また税収では11.1％から4.0％へと急減しており，凋落という言葉以外に適切な表現を見出しがたい．

(3) 地方分権が成熟していたドイツと北欧諸国は分権化と集権化が交錯している．ドイツを例にとると連邦・州間の関係は比較的安定している．歳入・歳出に占める州の割合は過去25年間，ほぼ安定している．一方，州・地方間に目を転じると，市町村の割合が低下していることからわかるように，州への集権化が進行している．その背景については後述する．北欧諸国の中ではノルウェイが歳出・税収の両面で地方の比重が下がっている．スウェーデンでは歳出に占める地方のウェイトが低下している．デンマークでは，歳出，歳入の両面で地方の割合は高まっている．ただし，北欧の一部で再集権化の兆候が見られるとしても，ドイツと北欧諸国がヨーロッパを代表する地方分権の国であることは今も変わりない．

イタリア：地方分権化の進展

以下においては，主にOECDの「EU加盟国の地方分権化」報告およびベルギー自治体金庫の報告書「EU15カ国の地方財政」を資料として[11]，数カ国に

ついて若干のケース・スタディを行なう.はじめはイタリアである.

イタリアの地方分権化についてまず特筆すべき点は,これが1990年代にEU加盟のための財政再建の一環として進行したことである[12].従来のイタリアの政府間財政関係は,税源配分の著しい中央集中と下位政府(州,県,コムーネ)の歳入に占める補助金の高さ,および条件付特定補助金の優位という特質を刻印されていた.伝統的に強固な集権国家であったイタリアでは,1974年税制改革を画期に税源の中央集権化がすすみ,州の自主財源比率は73年の8-9%から,79年には2%に低下した.

受益と負担の関係の希薄化とそれによる財政錯覚のため,下位政府の財政規律は緩み,借入れが増大した.しかも1970-80年代に中央政府は破綻に瀕した下位政府を数次にわたって事後的に救済したため,予算制約のソフト化は極限に達していた[13].

しかしEU統合が日程に上る90年代には,ユーロに参加するため,マーストリヒト条約の収斂条件を満たして財政赤字を削減することがイタリアの至上命題となった.とくに財政構造改革にとっての隘路はイタリアの深刻な南北格差に起因した地域間の所得再分配コストであって,これを打開するためにも地方分権化で南部の自助努力を高めることが必至となった[14].1990年代にはイタリアの政府間財政関係は地方分権化への大きな一歩を踏み出した.これは先に見た図7-1からも数量的に確認されよう.

イタリアについていま一つ特質すべき点は税財源の充実が税源移譲というよりも,もっぱら新税の導入という形をとったことである.90年代には州とコムーネの歳入構造が顕著に変化し,中央からの補助金が削減される一方,自主財源が増大した.90年代にイタリアは地方自体体の自主財源を強化する努力が積み重ねられた.地方への新税が州・コムーネに導入され(州に対しては州生産活動税IRAPが,コムーネには固定資産税ICIが,そして県には自動車登録税IPTが導入された),さらに国税への付加税(個人所得税への付加税)が

---

11) ここでいう報告書はOECD (2002) およびDexia (1997) を示す.
12) EU統合との関連については工藤 (2002) および林 (2004) を参照.
13) イタリアの地方財政のソフト化についてはEmiliani, Lugaresi and Ruggiero (1997) を参照.
14) 南北格差との関連については工藤 (2002) を参照.

認められた.

　税財源の充実についていま少し立ち入ると1998年に導入された州生産活動税（*imposta regionale sulle attività productive*; IRAP）は従来の健康保険拠出金などの雑税を整理統合する形で導入された. 生産活動税の課税客体は法人企業等によってイタリア国内で生み出された純付加価値である. また課税標準は生産高とその生産に要したコスト（ただし支払利子を除く）との差額で算定し, 州は標準税率4.25%の上下1%以内での税率決定権を保持している. 支払利子が課税標準に含まれるため生産活動税は法人企業の資金調達に中立的であるとされる. 州には1998年以降, 個人所得税の課税標準に対する0.9%分の税収分割が歳入として付与されている[15].

　一方, コムーネの主要な税目は93年に導入された固定資産税（*imposta comunale sugli immobili*; ICI）である. 納税義務者は不動産（建物, 土地）の所有者であり, 課税標準は価格で, 所在地のコムーネに納税される. 税率決定権は下限の0.4%と上限の0.7%との間でコムーネに保持されている. 市町村にはさらに所得税付加税を課すことが認められた.

　イタリアにおける分権化の進展で第3に注目すべき点は, 特定補助金の廃止と一般補助金化がドラスティックに断行されたことである. 自主財源を拡充する一方で, コムーネや州への補助金を大幅に削減する政策がすすめられ, 下位政府の財政規律を高め, 中央・地方を通じた財政赤字の抑制が展望されているといってよい. とくに州財政に関しては2001年に重要な改正が行なわれた. 州の保健医療支出向けの特定補助金が全廃され, 新たに付加価値税の税収分与制度が創設された. これは付加価値税の38.55%を原資として, これを各州の財政需要と財政能力の差の90%を補填するように配分し, 均衡化するというものである[16]. 一方, コムーネにおいても, 1993年以降, 過去の水準をベースに配分されていた補助金が廃止されて, 財政需要と財政能力の差額を補填する財政調整制度が導入された.

---

15) OECD (2002), p. 103, 林 (2004), 16-17頁.
16) OECD (2002), p. 104.

ドイツ：グローバル化と東西統一

ドイツでもグローバル化や地域統合の影響を受けつつ，連邦，州，地方間の財政関係が変容をせまられている点ではイタリアと共通している．ただしドイツの場合は以下のように独特の形をとっていることに注目すべきである．

特筆すべき点は市町村独立税である営業税が縮小し，それに見合う共同税の割合が増大したことである．ドイツの市町村の基幹税である営業税は営業利益だけではなく，事業者の支払い給与や事業者の営業資本をも課税ベースとし，税率決定権が保持されていた．しかし利益に多寡にかかわらず外形標準で課税することに対して，産業界の反発が強く，1980年1月1日から給与総額を課税標準とする部分が廃止された．その際には，州に対する営業税納付金の割合を軽減するとともに，所得税への市町村の参与割合の引上げによって，財源補塡がなされた．しかし，ドイツ統一を経て，EU統合の機運が高まる中，産業界は国際競争力強化の観点から，企業の負担となる営業資本税の廃止を要求した．様々な紆余曲折を経て，1998年1月1日から，営業資本税は廃止され，それによる市町村の減収補塡のために，共有税である売上税収入の一部（2.2％）を市町村に配分することになった[17]．このようにドイツでは1990年代に経済構造改革論議の高まりを受けて，法人課税（営業税）の縮小が行なわれ，代わりに共同税である所得税と売上税への参与割合が引き上げられていった．

いま一つドイツに関して注目すべき点は，東西統一が水平的財政調整制度に大きな負荷をかけたため，拠出州と受取州との利害調整問題がマーストリヒト条約の収斂条件と絡んで噴出していることである．

1990年10月におけるドイツ統一以降，一定の経過措置を経て新諸州（旧東ドイツ地域）をも含む全ドイツ的財政調整への移行は，1995年に実現された．しかし，ブレーメンおよびザールラント州における近年の財政危機とそれへの対処のしかたに凝縮されているように，財政調整制度における受取州では財政規律が緩むという問題が発生している[18]．債務残高が持続不可能なレベルに達

---

17) 営業税改革の経緯については伊東 (1995)，山内 (1999) を参照．
18) 2州は基幹産業の衰退とそれに伴う大量失業に悩まされていたが歳入の自治が欠如しているため，財政調整制度の最大の受益者となっている．両州の財政支出は1980年および90年代を通じて膨張し，経常赤字補塡のための公債を発行した．ブレーメン，ザールラント問題についてはRodden (2003) を参照．

したブレーメン州が連邦政府に債務の肩代わりを求めた結果, 1986年, 連邦憲法裁判所は連邦補充交付金を手段とした救済を合憲であるとした. そして1992年5月, 憲法裁判所は「基本法」(Grundgesetz) に含まれる「連帯」の精神に則り, 連邦政府は連邦補充交付金170億マルクをブレーメン, ザールラント両州に交付すべしとの判決を下した[19]. 両州は事後的救済 (bail out) は基本法の精神に合致し, かつ憲法裁判所によって公認されたと確信した. それは公共サービスのコストを当該地域が最終的に負担しないというメッセージを同様に財政的に貧困な州に送ることになった.

連邦政府による救済とそれによる財政規律の弛緩に対する不満は, 富裕州を代表するバイエルンとバーデン・ビュルテンブルグの両州がドイツの財政調整制度そのものを激しく非難し提訴したことで頂点に達した. 憲法裁判所は1999年11月11日, 2002年末までに連邦と州は財政調整を再検討しなければならないと違憲判決に近い判決を下した[20]. 連邦政府は, 「安定と成長協定」(the Stability and Growth Pact) の下で一般政府の財政赤字限度を守り, 違反した場合に罰金の納付義務をEUに負っているため, 州レベルでの財政規律の緩みにはとくに敏感であった. かくて2001年7月, 2005年以降に施行される新財政調整法に関する基準法が成立した. 中村によると「基準法」のポイントは, ①連邦補充交付金の削減, ②拠出率, 補填率に関する方式を変更し, 貧困州の受領額, 富裕州の拠出額を減らすことであり, この面では州のインセンティブが強化された. しかし, その反面, ③市町村税の財政力測定値への算入率引上げ (50%→64%) により, 州間財政調整による資金移転を拡大させ, ④売上税による事前調整の平準化効果を高めるなど再分配を強化し, 従来の基本構造を温存している面があるという[21]. 売上税配分という垂直的調整によってかろうじて支えられていることからもわかるように, ドイツの水平的財政調整は依然として地域間利害対立を契機とする制度の不断の見直しが繰り返される緊張関係を含む制度である.

19) Rodden (2003), pp. 178-181.
20) この判決は連邦補充交付金の配分基準と財政調整制度の過剰な平準化を批判した. 州の自治を保ちつつも他方で基本法に規定されている連帯責任と生活条件の統一を満たす競争的な分権システムを提唱した. この点について詳しくは中村 (2001) を参照.
21) 中村 (2004) を参照.

北欧諸国：地方自治とマクロ的経済政策

すでに地方分権が進んでいたスカンジナビア諸国では，地方自治とマクロ的経済政策をいかに調和させるかという新たな課題に挑戦している点が注目される．かつてイギリスのレイフィールド委員会は，北欧諸国を「地方の説明責任」(local accountability) の模範として詳細な調査を実施した．1章で見たように，社会サービスをはじめとする広範な所得再分配サービスを執行しつつ，地方所得税により支出の大部分を賄い，不足分を一般補助金で補うという北欧型の地方財政は現代的地方自治のあり方を示していた．

しかしEU統合という中で，地方自治とマクロ的経済政策とをいかに調和させるかという新たな課題に挑戦していることも事実である．

注目しなければならないのは課税自主権と税率制限の衝突である．1960年代から70年代にかけて，北欧諸国では福祉サービスの充実に合わせて，地方所得税の増税を実施してきた．しかし80年代以降，とくに90年代には地方税の増税を抑制することが問題になってきた．事実，91年以前には，地方所得税の課税ベースには法人所得や資本所得が含まれていたが，廃止されて現在では労働所得のみとなっている．またEU統合の中，全体的な税負担をコントロールするための経済政策と地方の自己決定権はしばしば衝突を繰り返すようになったのである．たとえば，スウェーデンでは国会が91-94年度における地方税率の「凍結」を議決した．この凍結措置は95-96年度にいったんは解除されたが，97-99年度には，96年度の水準以上に増税した地方自治体への補助金を半額にするという罰則規定が新たに設けられた[22]．

第2に水平的財政調整内部の摩擦という問題がある．北欧諸国では自主財源比率が高いので，地方自治体間の財政格差も大きくなる．しかし国による垂直的財政調整はコストが高く困難である．このため地方自治体の連帯による水平的財政調整が発展してきたことは1章で明らかにされた．水平的財政調整は国が直接関与することなく，高い財政調整効果を挙げ，自治体間での相互チェックが働く利点をもっている．しかし，地方団体間の摩擦，とくに拠出義務を負う富裕な地方自治体の反発があり，受益者負担の原則や地方の課税権からの問

---

[22] OECD (2002), pp. 107-108.

題がある．このためスウェーデンでは，1995年春，連帯方式についての訴訟が最高裁で起こされ，違憲判決が下された．地方政府間の水平的財源移転はある地方政府による他の地方政府への課税に相当するので，違憲であるというのがその趣旨であった．この判決をうけて法律改正がなされ，いったん中央政府を経由させることで憲法上の問題を回避する道が選択された．デンマークでは，1987年，コペンハーゲン周辺の豊かな市町村が資金の拠出を拒否したため，影響力のある地方自治体連合がいったんは解散の危機に瀕した．これをうけて政府は補助金方式への変更に同意したが，1995年にさしたる議論もないまま，再び連帯方式に戻った[23]．

イギリス：ヨーロッパの異端

以上みたように，ヨーロッパ諸国では地方分権化にむけた地道な努力がつづけられているが，その中にあってイギリスは異端の途を歩んでいる．1988年以降，保守党政権下で地方の説明責任の強化を標榜する，地方税財政改革が行なわれた．しかし15年におよぶ改革は歳出・歳入の両面にわたる地方の裁量権の喪失と中央集権化に終わった．ヨーロッパではイタリアに代表されるように「補完性」原理にしたがった改革が模索されているが，イギリスではそれと正反対のベクトルが改革を主導してきたことは疑いを入れない[24]．

第1にイギリスでは過去15年間に地方自治体の機能自体が大幅に縮小した．これは公営住宅の売却やゴミ処理や道路清掃の民営化政策によって推進された．これを一層強化するために1993年には予算編成にコントロール・トータルの手法が導入され，補助金関連支出のみならず，自主財源を含む地方支出も対象に含められることになった．

第2に，イギリスでは課税権を通じる地方自治の抑制が継続した．90年代には地方自治体が税率決定権をもっているのはコミュニティ・チャージに代わるものとして93年に導入されたカウンシル・タックスのみである．カウンシル・タックスは財産価格を課税ベースにして，価格帯ごとに世帯を納税義務者とする不動産課税である．しかし，地方自治体の経常支出が国が決める標準歳

---

23) Mochida and Lotz (1999), p. 55.
24) Dexia (1997), pp. 271-284.

出評価額の1.25倍を超えると，国が一方的に税収を減額できる．地方自治体の課税自主権はこうした上限設定により，大幅に形骸化している[25]．

また企業に関わるレイト (non-domestic rate) は国税化したままであり，労働党政権も地方税としての復元を認めようとしていない．80年代末まで，企業に関わるレイトは地方税であった．レイトを廃止して，コミュニティ・チャージを導入した際に，地方のノンドメスティック・レイトが廃止され，譲与税化された．これは単一の全国一律の税率が設定され，いったん国庫にプールされたのち，人口数に比例して再配分される譲与税であり，純粋の地方税ではなく，国税と見た方がよい．林 (2004) は，譲与税化をサッチャー政権からの遺産相続であると共に，地方団体が企業に過大な負担を負わせることは，イギリス経済にとって望ましくないという，EU加盟を睨んだ労働党の経済政策に由来すると指摘している．

4. ヨーロッパ地方自治憲章の基本的な考え方

EUという超国家組織が創設され国民国家の求心力が弱まるにつれて，地域の自立・自治要求は高まっている．本節では，「統合」にむかう欧州諸国が長年にわたる議論のすえに選択した地方自治発展のための到達点であるヨーロッパ地方自治憲章を考察する．ヨーロッパ評議会への加盟45カ国中，憲章に署名・批准を行なったのは32カ国となっており，憲章はヨーロッパ・スタンダードになっている．とくに憲章9条は税財源の地方分権化について重要な原則を列挙しており，われわれに貴重な手掛かりを与えている．

しかし，ヨーロッパ地方自治憲章とくに第9条の意義を正しく理解するためには，土台となっている基本的な考え方を知る必要がある．本節では主にCouncil of Europe (1986), *Explanatory Report on the European Charter of Local Self-Government* (以下，「憲章説明書」と記す)，Council of Europe (1997), *Local Finance in Europe* (以下，「リスボン報告」と記す) および Council of Europe (2001), *Methods for Estimating Local Authorities' Spending Needs and Methods for Estimating Revenue* (以下，「補助金報告」と記す) に依拠しながら，憲章に付

---

25) Dexia (1997), p. 270.

属した諸勧告・報告に散在している主張を整理する．

この考察を通じて，ヨーロッパ地方自治憲章の地方財政論が協調的分権モデルを志向していることが明らかになるであろう．

公共部門における地方財政の役割

はじめに地方自治体の役割には，資源配分，所得再分配，経済安定化のどの機能を割り当てるべきかという政府間の垂直的機能配分から始めよう．今日，支配的な影響力をもつ伝統的な財政連邦主義によれば，地方政府の機能は資源配分に限定され，所得再分配と経済安定化機能は，中央政府に割り当てられる．その理由はつぎの二点に求めることができる．

(1) 実施のタイム・ラグ，他地域への有効需要の漏出，資本支出への借入れの限定という諸点から見て，地方自治体が経済安定化に関与する政策手段が限られていること．

(2) 地域間の人口移動のため，個々の地域が独立した所得再分配を追求するのは困難であること．

かかる政府間の垂直的機能配分論を前提とすれば，中央政府が地方政府の経済活動に介入する正当化根拠はない．

このような政府間の垂直的機能配分に関する通説に対して，EU統合を契機にして再検討の機運が高まっているが，ヨーロッパ評議会の考え方はその代表的なものとして位置づけることができる．すなわち，1997年，リスボン会議で採択されたヨーロッパ評議会の「リスボン報告書」によれば，この問題についてのヨーロッパ評議会の立場は極めて興味深いものであり，地方自治体の役割として，所得再分配と経済安定化に肯定的な評価が与えられている[26]．

ヨーロッパ評議会の問題意識は，伝統的な財政連邦主義において資源配分と所得再分配，経済安定化の三機能は分離して考察されているが，現実には厳格に分離できないというものである．このため，ヨーロッパ地方自治憲章ではマ

---

[26] リスボン報告では，マーストリヒト条約の基準（GDP比3％以下の一般政府の財政赤字，GDP比60％以下の一般政府の債務残高）がEMU加盟の条件になったため，マクロ的経済政策をめぐる中央と地方の協調が必要となり，従来の教科書的な垂直的機能配分論は再検討されるべきであると述べられている．Council of Europe (1997), p. 14 を参照．

クロ的経済政策の観点から，中央政府が地方政府の活動をある程度制限する必要性をつぎのように認めている．

「地方団体は国の経済政策の範囲内で，自由に処理できる適度の自主財源を保障される権利がある」(9条1項)

この条項は厳格な財政統制を正当化するものではない．地方団体に対するマクロ的制限といっても，それは自己決定権，民主主義，地方分権を尊重したものでなければならない．しかし，ヨーロッパ評議会の「補助金報告」は，以下のように地方団体の活動といえども，一国全体の経済政策と整合的でなければならないという考え方を表明している．

第1に，安定化機能に関して地方財政は二重の意味で国のマクロ経済政策との整合化が必要である．地方団体の予算編成は正循環的（pro-cyclical）に変動し，それによって景気変動を増幅してしまう[27]．ブームには課税ベースである所得が増大する一方，扶助支出が減るので，地方団体に歳出拡大・減税のインセンティブが働き，景気後退期には逆になる．

このような「財政的倒錯性」(fiscal perversity) によって，中央政府によるマクロ的経済政策の実効性は低下してしまうおそれがある．さらに地方公共財の提供が総需要に影響を与える場合があり，資源配分機能といえども安定化機能と分離することはできない[28]．

第2に，伝統的財政連邦主義では所得再分配機能は中央政府に配分されるが，理論的な当否は別にして，かかる財政システムは現実には存在していないとヨーロッパ評議会は厳しく批判する．地方財政の財源は租税によって調達されるので，納税者とサービス受益者との間には所得再分配が発生する．これは単に結果としてそうだというのではなく，私的財をあえて公共部門が提供する根拠となる，所得再分配として意図されたものである[29]．換言すれば，資源配分と所得再分配は密接不可分の関係にあるのであって，両者を截然と分離することは非現実的であるというのがヨーロッパ評議会の問題意識である．

---

27) Council of Europe (2001), pp. 7-10.
28) 「財源が租税によって調達される場合，総需要に対する影響は均衡予算と同じなので，国が制限する理由は乏しい．しかし借入れや流動資産売却によって資金調達した場合には，総需要への影響はより大きくなる」．Council of Europe (2001), p. 8 より引用．
29) 所得再分配は，医療や教育が公共サービスとして提供されることの中心的な根拠でもある．

第3に，資源配分機能に関して伝統的な財政連邦主義では地方政府は地方公共財の供給に責任をもつとされている．その根拠は，①地方は国と違って，地域の選好に応じて多様なサービスを提供できる．②人々が地域間を移動することによって地方政府の競争が刺激される．③外部性が極小化されているため，公共財の提供が効率的になる，といった点に求められる．

　ヨーロッパ評議会によれば，このような通説は理論的には正しいとしても，その実践的妥当性は限定的である[30]．すなわち地方政府が提供しているのは公共財であるという仮定が非現実的であるとヨーロッパ評議会報告は批判する．一般的にゴミ収集，下水，公園等が地方公共財の代表的事例である．しかし，今日，ヨーロッパ諸国の地方政府は，社会全体に影響を及ぼすような教育，社会保障，医療サービスの提供に深く関わっている．

地方分権の意義と限界

　以上のようにヨーロッパ評議会の報告書は，地方政府の役割を資源配分に限定する競争的分権論と明確に一線を画している．しかし，ヨーロッパ地方自治憲章では，地方自治体の経済的役割として資源配分機能を軽視しているわけではない．その具体的事例として列挙しているのは，①電気・ガス・上下水道等の地域独占，②価格設定不能な公共財，③外部性の解決（ゴミ収集など），④教育・医療などの価値財である．

　ヨーロッパ評議会の「リスボン報告」では，地方分権の限界を指摘し，「地方公共団体にサービス供給を委ねるのが必ずしも適切であるわけではない」と主張されている点に注意せねばならない[31]．これは地方分権がもつ，つぎのような問題点が重視されているからである．

　(1)　他地域への便益のスピル・オーバー効果が大きく，かつ住民がこれを考慮しない場合に，当該公共サービスは過少供給になること．

　(2)　地方自治体の中には「規模の経済」を活かすには小規模なものが少なくないこと．

　しかし，「リスボン報告」は，地方分権にはこうした問題点を上回るメリッ

---

30) Council of Europe (2001), p. 9.
31) Council of Europe (1997), p. 17.

トがあるとし,その根拠をつぎの諸点に見出している[32].

(1) 地方政府の租税と支出が密接に関連している場合には,有権者は公共サービスのコストと便益を比較考量して,意思決定を下せること.

(2) 中央集権的なサービス供給は画一的であるが,地方分権では地方の選好に合わせて,提供する公共サービスの質・量を変更できること[33].

(3) サービス供給の分権化は,実験とそれによる革新を刺激し,そのことがまた異なったサービス供給方法の間での比較を促進すること.

このように「リスボン報告」では,住民の身近なレベルで公共サービスを供給することを通じて,住民がコストと便益を比較対照し意思決定することを非常に重視している.このような立場がとられたのは,ヨーロッパ諸国の地方財政が極めて満足すべき成果を収めたためではない.ヨーロッパ評議会の表現を借りると,「補完性は,ヨーロッパ評議会の地方自治憲章の根本的原則として解釈されているが,依然として大多数のヨーロッパ諸国は補完性原理からはほど遠い」のである[34].

それにもかかわらず,ヨーロッパ地方自治憲章が地方分権を主張しているのは,それが民主主義の基本的支柱であり,ヨーロッパ社会の民主主義的発展を評価する基軸であると認識しているからである.そして政治的に望ましく,かつ行政的に実行可能な原理が「補完性」であり,かまびすしい論争にもかかわらず,それはますます広くゆきわたっていると評価している.この補完性を経済学的に解釈して,公共サービスのコストを可能な限り,その意志決定者に帰属させる分権化を推進しようという基本的立場がとられたわけである.

税率決定権を伴う財源の分権化

地方自治体による資源配分機能の実施を財源面で支えるのは財源の分権化すなわち地方税である.税源に対して地方に認められる権限は,課税ベースや税率構造の選択,および徴税権に大別することができる.移譲する税源の種類に

---

32) Council of Europe (1997), p. 16.
33) かかる利点は,地域の条件に適合して行政が行なえるような裁量権の付与を謳った地方自治憲章第4条で指摘されている.
34) Council of Europe (1997), p. 72.

ついては次節で触れることにして、ヨーロッパ地方自治憲章は、地方税に対する裁量権をどのように評価しているのだろうか。これがつぎに検討しなければならない重要な問題である。

この問題についてのヨーロッパ評議会の立場は、極めて明快であり、地方歳入は税率決定権を伴った地方税を重視すべきであると主張している。「憲章説明書」によれば憲章の該当箇所はつぎの通りである。

「9条1項　地方自治体は国の経済政策の範囲内で、十分な自主財源を付与され、その権限の範囲内で財源を自由に処理できる。(中略) 9条3項　地方自治体の財源は、すくなくとも一部は、法律の範囲内で税率決定権を認められた地方税および料金から構成されるべきである」(傍点筆者)

このように憲章では、税率決定権を伴った地方税がとくに重視されているが、それはいうまでもなく「地方税率の変更によりその歳入額を変更できないと、その地方の要請に合わせてサービスの量と質を変えることが出来ない」からである[35]。また税率が変更できないと「地方政府は、その税収が中央政府によって効率的に与えられたものと感じ、その資金の使途に大きな関心を払わなくなる」。

ヨーロッパ地方自治憲章は、歳出増減と地方税額の関係を重視しているが、地方税は限界支出のみを賄えばよいと主張しているわけではない。「リスボン報告」は「地方の選好に応じてサービスを変えるには、地方政府は小規模の地方税の税率を変えることで十分足りる」という議論があることを指摘し、「歳入のごく一部しか占めない地方税に対する裁量権に依存するのは到底納得がいかない」と述べ、限界的財政責任論[36]への過度の傾斜を戒めている[37]。「ギア効果」の具体的な数値例としては地方税の割合が15%にしかすぎない場合、歳入をたった7.5%増加させるために、税率を1.5倍にしなければならないことを挙げている。このようにヨーロッパ評議会が、イギリスのレイト廃止の理論的支柱となった限界的財政責任論を暗黙的にではあれ、厳しく批判するにい

---

35) Council of Europe (1997), p. 37.
36) 地方自治体の平均費用ではなく、歳出増に伴う限界費用の全額を選挙権を有する納税者が負担することが地方財政責任強化の中心であるべきだという考え方。イギリスの「1986年緑書」が代表的な提案である。
37) Council of Europe (1997), p. 36.

たった根拠として挙げているのは，つぎの3点である．

　第1に，ほんの少し消費を増やすために2倍も支払うことは他に例がなく，有権者に誤ったシグナルを送ることになる．第2に，地方間でサービス水準にあまり違いがないのに何故税率がこれほど変わるのかと有権者が混乱する．第3に，税率が「合理的な」水準から遥かに高いと見なされ，本来必要な増税が反対されることもあり得る．

　しかし「リスボン報告」は単に地方税の比率のみを問題とし，それを量的に高めることだけを主張しているわけではない．ドイツ，オーストリアの例を挙げつつ，分与税（tax sharing）によって「地方政府が，税率の裁量権を全くもたないのに多大な税収入を確保している」国があると指摘し，その長短を詳細に論じている箇所がある．「リスボン報告」は，分与税の徴収コストは対象となる国税の徴収コストと同じであるが故に，地方政府の負担する税務行政コストが低いという長所を評価する．しかしながら，純粋な地方税に比べると分与税には限界があり劣っていると批判を加えている．その根拠として重視されているのはつぎの諸点である[38]．

　（1）　地方政府は自己の税率を決定できない．

　（2）　中央政府は分与税を自己財源の一部分とみなす．この場合，補助金と同じように，地方政府をコントロールする欲求にかられるだろう．

　こうした欠陥に鑑みて，「リスボン報告」では，ドイツ，オーストリアのように，全国一律の画一的サービスを供給し，しかも憲法で配分割合の変更に地方政府の合意が条件づけられている場合にかぎって，分与税が正当化されるという条件付容認論を展開している．このようにヨーロッパ評議会は，一方では限界的財政責任を強調する競争的分権を牽制しつつ，他方では行政的分権の歳入面での特質である税収分割を批判していることがわかる．

租税競争についての評価

　一定の範囲内での税率決定権を認める（財政調整制度に支えられた）協調的分権論がよく表れているのは，ヨーロッパ評議会の租税競争についての評価で

---

[38] Council of Europe (1997), pp. 41-42.

あろう．地域経済は生産要素の移動が自由な開放経済をなしている．しかし，開放経済は地域独自の政策決定を制約することになる．税率決定権を伴う税源の分権化に，財政的外部性が発生するのはその好例である．外部性は，租税競争・租税輸出からなる水平的外部性と国・地方の課税ベース重複から発生する垂直的外部性とに大別できる．地方政府は企業誘致を図るために自滅的な税率引下げ競争を行なうので，公共サービスは過少にしか供給されなくなる．税率決定を認めた税源の分権化については，財政学者の間でも意見のわかれるところであるが，この問題についてヨーロッパ評議会はどのように考えているのであろうか．これがつぎに検討しなければならない問題である．

まず「リスボン報告」では，「租税競争がそもそも問題であるか否かそれ自体を問い返す」十分な根拠があると主張していることに注意しなければならない．これは租税競争の要因について，つぎの2点が重視されているためである．

(1) 地方税の税率が企業の立地に及ぼす影響は，地方政府の企業への公共サービスの影響が大きいのに対して，かなり小さいことが多い．

(2) 地方税の水準と企業が受け取る公共サービスからの受益にギャップがあるか否かが調査されねばならない．なぜならば，そのギャップは租税競争が最も起こりやすい環境だからである．

それでも租税競争が発生している場合，ヨーロッパ評議会が問題視するのは住民の選好と公共サービスの水準に乖離が発生することよりも，むしろ自地域の税率引下げが他地域の非居住者に外部効果を及ぼしている点を住民が考慮しない点である．

しかしヨーロッパ評議会は租税競争に伴う非居住者への外部効果は解決可能であるという立場から，複数の是正措置を比較検討している．第1は法人税が租税競争の道具となることを避けるために北欧諸国のように，地方法人税を廃止する方法である．しかし法人税以外でも，たとえばある地域が税率を低く設定すると，それにより賃金を低くできると考える企業を誘致することができるという限界がある．第2は，画一税率の地方税および企業への補助金交付によって，租税競争を代替する方法である．しかし，中央政府によるコントロールは地方分権の理念に強く抵触することはいうまでもない．第3の，そしてヨーロッパ評議会が最良の策と考えているアプローチは，イタリアの生産活動税や

日本の外形標準課税のように,「企業が地方政府のサービスから受取る利益に合わせて,地方政府が企業に課税すること」である.このように租税競争問題への対応として,応益説に基づく地方法人税を主張しているのがヨーロッパ評議会の「リスボン報告」の特徴となっている.

地方税原則と「最良の地方税」

　税率決定権を伴った地方税を重視する場合に,いかなる税源を選択するかという問題がある.地方自治体の税源は,固定資産,所得,消費,賃金,天然資源のレント等に大別できる.移譲すべき税源の選択問題について,ヨーロッパ地方自治憲章の基本的な立場はどうなっているのであろうか.これがつぎに検討しなければならない問題である.

　まず望ましい地方税の基準として,ヨーロッパ評議会はつぎの諸点を挙げていることに注目しなければならない[39].第1は,「伸張性の高さ」と税務行政・納税協力費用の低さである.第2は,担税力と公共サービスからの受益に応じた,「負担の公平性」である.第3は,納税義務者からみた「視認性」の高さと「租税輸出」が起こりにくいことである.これは住民の選好に基づいて効率的に資源を配分する前提条件とされている.第4は,「歪曲効果」(distortion)の低さである.課税ベースの地域間移動は,地方自治体間の自滅的な租税競争をもたらす.第5は,公共サービスの費用増加に,税収入を追随させるための「弾力性」である.

　望ましい地方税の基準から,個々の税源を吟味したうえで,「リスボン報告」は税源の選択について「個人所得税と住宅用の財産税が「最良の地方税」である」との結論を下している.さらにこれを補完する税源として「事業用の財産税と法人税は,法人に便益をもたらす地方公共サービスの費用を調達するものとして望ましい」と付け加えている.

　競争的分権論の処方箋(固定資産税などの応益課税)や行政的分権に支配的な税収分割とは異なって,ヨーロッパ評議会が重複型の地方所得税を「最良の地方税」として推奨した根拠は何であろうか.その根拠を「リスボン報告」に

---

39) Council of Europe (1997), pp. 44-48.

散在した叙述から整理するとつぎのような諸点にまとめることができる.

(1) 地方所得税なしに,自主財源比率が高い国はヨーロッパ諸国にはない.地方歳入の対GDP比の平均は10-15%であるが,固定資産税はうち4%を占めるにすぎず,所得税なしには歳入の半分にも満たない国が大半である(報告書44頁).

(2) 所得税のように弾力性の高い租税が「財政錯覚」(fiscal illusion)を発生させるとは必ずしもいえない.アメリカ合衆国では州の歳出は価格弾力性が高い所得税をもつ州でより急速に上昇した.ヨーロッパでは1980年代にその逆の事実が確認されている.弾力性の乏しいレイト(財産税)に一元的に依存していたイギリスより,弾力性の高い所得税をもつデンマークとスウェーデンのほうが地方歳出の上昇はゆるやかであった(同48頁).

(3) 事業用固定資産税,法人税,売上税に比べると,個人所得税の帰着はよりはっきりしており視認性が高いといえる.また事業用固定資産税,法人税,売上税は非居住者に税負担が転嫁される可能性が高いが個人所得税では租税輸出はほとんど発生しない(同46頁).

(4) 課税ベースの地域間移動は地方所得税のような家計を客体とする税の場合,法人税や事業用固定資産税に比べて深刻ではない.個人所得税の負担が公共サービスの水準に密接に関連していれば,人々は質の高いサービスを享受するためにより高い地方税をすすんで支払う(同45頁).

(5) 地方所得税の単一比例税化は低所得者への負担を重くするし,逆に累進税率では中央政府が担うべき所得再分配効果を地方に認めることになる.しかし,両者の折衷案として,所得税額を課税標準にした比例税率で賦課する方法がある(同50頁).

政府間移転についての基本的立場

政府間移転は使途を限定された特定補助金とそのような制限なしに地方団体が自由に使える一般補助金とに大別される.ヨーロッパ地方自治憲章はこれらの補助金についてそれぞれどのような役割を認めているのであろうか.これがつぎに検討しなければならない問題である.

この問題についての憲章の立場は明快であって,できるかぎり一般補助金を

優先すべきであると主張している．これはいうまでもなく，特定補助金が地方団体の裁量の自由を著しく制限するからである．「憲章説明書」によれば，該当する条項はつぎの通りである．

「地方団体への補助金は，できるかぎり，特定プロジェクトの資金調達に関連づけるべきではない．補助金の交付は，地方団体がその行政管轄圏で政策上の裁量権を行使する基本的な自由を奪うものであってはならない」（憲章9条7項）

と同時に，「リスボン報告」は特定補助金に言及し，「それを使用することについて正当な根拠がある場合にのみ交付されるべき」と述べ，その無原則な拡大を戒めている．ヨーロッパ評議会が特定補助金を正当化する根拠として挙げているのはつぎの3点である[40]．

第1に，地方政府が中央政府の「代理人」(agent)として公共サービスを提供している場合には，その財源は補助金で調達すべきである．第2に，便益が非居住者に「漏出」(spill-over)する場合，当該サービス（たとえば，道路や教育）の水準は社会的に望ましい水準に比べて過少になる．これを是正するため条件付補助金を交付することが正当化される．第3に，中央政府が決めたナショナル・スタンダードにしたがって地方政府が公共サービスを供給している場合，一括の特定補助金を交付することは意味がある．

財政調整制度の意義と問題点

つぎに一般補助金に目を転じよう．ヨーロッパ評議会のほとんどの加盟国では，一般補助金の水準は特定補助金のそれよりかなり高い[41]．このためヨーロッパ評議会は一般補助金，とくに財政調整制度の役割を極めて重視し，これについてはかなり詳細な考察と助言を行なっている．

まず財政調整制度の意義について「公平性と効率性の両面からの賛成論がある」と指摘し，その正当化根拠は強靭であると主張している[42]．このような主張の根拠はおおむねつぎの通りである．第1に，同じようなサービスを受ける

---

40) Council of Europe (1997), pp. 51-52.
41) Council of Europe (1997), p. 27, table 4 transfers breakdown を参照．
42) Council of Europe (1997), p. 56.

のに，他地域に居住する経済的に等しい人々よりも税負担が高いのは「不公平」(unfair) であること．第2に，公平性の観点だけでなく，効率性の観点からも財政調整制度の必要性がある．税率格差は地域間の人口移動を誘発し，資源を非効率に浪費する．効率性の議論についての唯一の留保条件はコスト差への対応である．もし公共サービスの費用が高い地域から，低い地域へ人口が移動するのであれば，効率性は改善される．これらの理由から，憲章はつぎのように財政調整制度を重視している．

「財政的に脆弱な地方団体を保護するため，潜在的財源の地域的偏在と税負担への影響を是正するため，財政調整制度ないしそれに準じる措置が必要である．そのための制度並びに措置は地方団体がその責任の範囲で行使するであろう裁量権を損なってはならない」(憲章9条5項)

ここからわかるようにヨーロッパ評議会は，競争的分権によって生じる非効率や財政的不公平を是正する手段として財政調整制度を位置づけている．

(i) **水平的財政調整についての見解** 財政的不公平と非効率を是正するために必要とされる財政調整は水平的財政調整と垂直的財政調整に大別される．前者は，ロビンフッド・モデルともよばれ，財政的に豊かな地方団体が調整資金を拠出して，それを貧困な地方団体へ移転し，中央政府の資金が不要となる．これに対して後者では，貧困な地方団体の歳入を一定の全国標準に引き上げるため中央政府が補助金を交付する．二つの対極的な制度設計の評価については財政学者の間でも意見のわかれるところである．

この問題についての「リスボン報告」の立場は明瞭であり，最も広く行きわたった制度設計は中央政府が補助金を交付する垂直的財政調整であり，「(水平的財政調整としての——筆者) 第一の方法は，一般的に評判はよくない」と指摘し，水平的財政調整の適用条件を以下のように厳しく限定している[43]．

水平的調整の限界としてヨーロッパ評議会が重視しているのは，拠出義務を負うことで「損をする」地域が明示的になることである．したがって水平的財政調整はスウェーデンやデンマークのように「垂直的財政不均衡」(vertical fiscal imbalance) が非常に小さい国に限定される傾向があるという．総体とし

---

43) Council of Europe (1997), p. 55.

ての地方に発生する垂直的不均衡が無視しうるほどであれば，少なくない地方団体では適切な税率を設定すれば歳出を賄って余りある歳入を確保できる．かかる豊かな地方団体に拠出を義務づけるのは容易であり正当化できるという．もちろん，垂直的財政調整でも豊かな地方団体に負の補助金を交付することはできる．しかし，中央政府に納付するよりも直接地方団体に移転する方が，政治的により受容されやすいとしている．このような理由から，ヨーロッパ評議会は水平的財政調整を特定の国に限定し，むしろ垂直的財政調整を財政調整の標準的なタイプとして推奨しているわけである．

(ii) 一括補助金と課税努力補助金の比較　　原資の決定方法とならんで重要な制度設計上の問題は，個々の地方団体への配分方法である．財政調整制度は合理的かつ妥当な水準のサービス供給に必要な税率を各地域で平準化する．しかしそのことは各地域での画一的な税率設定を強制するものではない．ここから財政調整制度は，「課税努力」(tax effort) とは無関係に「一括」(lump sum) で交付すべきか，それとも受領団体が税率を上げれば補助金も増額するように設計すべきかという問題を提起する．よく知られているようにこの問題は極めて論争的であって，確定した回答はないといってよい．ヨーロッパ評議会の考え方はどうなっているのであろうか．

まず「リスボン報告」は受領団体の税率や支出水準を反映した方式は不可能ではないと述べつつも，ほとんどの国では一括補助金 (lump sum grant) を選好していると指摘していることに，注目しなければならない．たとえば，イギリスとスウェーデンは税率を反映した補助金から一括補助金に移行したという．ヨーロッパ評議会が一括補助金をより重視する根拠はつぎの2点にあるといってよい．

第1は執行上の利点である．一括補助金では交付額を事前に発表できるし，受領団体も簡単に計算できる．ところが課税努力を反映した補助金では，政府が先に動くときは，最後の地方団体が税率設定を行なうまで総額を予測できない．また政府が後に動くときには地方は税率を設定したときに，受領する補助金額を知ることができない．第2は効率性の観点からみた利点である．一括補助金では限界的支出増加分はすべて住民が負担するので，便益の増加と追加負担が見合っている．したがって納税者の支払う意思に応じて支出が増える．し

かし税負担を反映した補助金の場合，貧困な地方団体はより多く支出すると補助金が増えるかもしれないと考え，過剰な支出を促しやすい．このような理由から，評議会は課税努力を反映した補助金よりも，一括補助金型の財政調整制度を推奨しているのである．

(iii) 財政調整制度の問題点　これまでの考察からわかるように，「リスボン報告」では一般補助金，なかんずく財政調整制度に，極めて重要な地位が与えられている．しかし同時にヨーロッパ評議会報告は「数多くの論点が提起されている」と述べ，財政調整制度の問題点について注意を喚起している．そこで指摘されている問題点とそれに対する評議会のコメントはつぎの諸点である[44]．すなわち，①国が補助金を交付する垂直的調整が主流といっても，実態的には地域間の所得移転なので，「損をする」地域には財政調整制度は不評である，②人々が移動しようとすると，住宅価格が総生計費（住宅コストと公共サービスのコストの和）を地域間で等しくするように変化するので，各地域の厚生水準は自動的に均衡化される．かかる資本化（capitalization）は財政調整を不要にする，③地域経済への影響：完全調整を行なうと課税ベースの増大が補助金の減少によって相殺されてしまうので，地域開発への熱意がそがれてしまう，④固定資産税に固有の問題：敷地価値の低い土地が負担する税率は高くなるが，評価額の低い税負担の格差はなく財政調整の必要はない，というものである．しかし，ヨーロッパ評議会はこれらの問題を認めつつも，地方分権を支えるために財政調整制度が必要であるとしている．

地方債の意義とルール

地方自治体の財源には地方税，補助金の他に，地方債と使用料とがある．憲章は地方債をどのように位置づけているのであろうか．まず地方債の正当化根拠について見ると，「リスボン報告」は将来にわたって住民に便益を与える投資支出に対して地方債による借入れは適しているが，経常支出には借入れは不適切であるという基本原則を述べている．その理由は，前者では受益と負担は世代にかかわらず一致するが，後者の場合には主たる受益者である現在の住民

---

44) Council of Europe (1997), pp. 56-60.

の負担を,そうでない将来の住民に転嫁してしまうため,過剰な支出が発生するからである[45].「憲章説明書」によると,ヨーロッパ地方自治憲章の本文にはつぎのように規定されている.

「投資目的の借入れのために,地方自治体は法律の定める範囲において全国的な資本市場を利用する機会を保障されるべきである」(憲章9条8項)

しかし同時に,「リスボン報告」は厳しい限定条件付きで,経常余剰による投資支出のファイナンスならびに経常支出に対する資金調達手段としての公債の利用が適切な場合があると言及していることに注意せねばならない.これは地方自治体の財政運営に関わるつぎの四つの問題点が配慮されているためである.

(1) 将来世代は返済しなければならない公債発行額の決定権がないので,将来世代は現在世代からの補助を要求する権利を与えられている.したがって,投資支出の財源として公債のほかに,幾分かの租税や使用料を用いることは合理的である.

(2) 銀行その他の貸し手は公債によって投資プロジェクトの全費用を調達することを望まない.貸し手の多くはリスクの一部を借手に負わせるために使用料・租税によって生み出された経常余剰によるいくらかの負担を求めることが多い.

(3) 地方自治体の支出は年間を通しておおむね一定となることが多いが,収入は一定ではない.また嵐や自然災害による損害の発生,予測されなかった多額の警察支出を必要とする大事件が起きても,地方自治体は短期間に増税をする力をもっていない.

(4) 所得税に依存する地方自治体が予期せぬ不況に直面したにもかかわらず,支出義務は変わらないので,臨時の公債発行が必要な場合がある.

このような基本原則に基づいて,「リスボン報告」は理想的には公債の償還期限はそれが賄う資本プロジェクト耐用年数と同じにすべきであり,償還はその全期間を通して行なうべきこと,債権者保護の観点から地方自治体が償還できる以上に公債を発行しないようにルールによる規制が必要であることを具体

---

45) Council of Europe (1997), pp. 29-31.

的な指針として述べている．

5. 地方自治憲章の日本に対する意義

地方自治憲章の日本に対する意義を検討するのがつぎの課題である．1990年代から今世紀初頭にかけて地方分権化は日本の直面する重要な課題であり続けている．すなわち1993年には衆参両院で「地方分権の推進に関する決議」が通り，1995年には自社さ連立政権の下で「地方分権推進法」が成立した．この法律に基づいて設置された地方分権推進委員会は5次にわたる勧告をまとめ，それに基づき地方分権一括法が1999年に成立した．同法によって機関委任事務が廃止された．しかし税財源面では起債許可制度の廃止や制限税率の緩和などに止まり，2001年に発足した地方分権改革推進会議では税源移譲ならびに補助金・交付税改革の「三位一体」改革が果てしなく議論されている．

日本における地方分権化の方向性

地方分権化の上記のような長期的性格を考慮すると，具体的かつ個別的な問題よりも，地方分権化の方向性をめぐる議論をまず整理しつつ検討しておく必要がある．本書では日本の地方財政システムを行政的分権と位置づけているので，分権化の方向性をめぐる議論は競争的分権と協調的分権とのいずれを選択するかという問題に置き換えることができる．それは集権・分権の単純な二分法は有効性が低下していると考えているからである．しかし地方分権化の基本的方向性を決めるには，日本が直面する社会的・経済的要請が何であるかを論じなければならない．前掲表7-1を参照しながら日本の地方分権化の底流がいかなる分権化の形態を必要としているかを以下で論じよう．

(i) グローバル化への対応　EUは統一通貨ユーロのさらなる強化，金融を含む財貨の統一的市場の完成，そしてヨーロッパ全域での税制の整合化を行ない，最終的には域内国境の全面的撤廃をめざしている．地域統合のプロセスの中で，ヨーロッパ諸国が経験しているようなEU中枢への権力集中と加盟国の財政・金融政策決定権の低下は，わが国には現時点で見られない．ヨーロッパではEU中枢への権力集中に対する拮抗力として，住民に身近なレベルでの説明責任を求める声が増している．

しかし日本の地方経済はグローバル化の下で国際的な競争の影響を受けつつ

ある．グローバル化により国と国，地域と地域，都市と都市の間で，モノやサービスが自由に動く．これまで国境の存在によって保護されてきた多くのローカルな企業は，一方で技術の先端性や製品の認知度において優位に立つグローバルな企業の進出との，他方で，安い労働力を使った発展途上国からの輸入品との前面と背面の両面での競争を余儀なくされる．多くの製造業の工場が立地している日本の「地方」の疲弊が目立つのは，このことを物語っている．自由貿易協定の締結が進展すれば，アジア地域での地域間競争は熾烈なものになる．かかる状況に立ち向かうためにも，地方自治体に権限と財源を与え，企業と連携して地域経済の活性化を図る必要性がますます高くなると考えられる．

このような要請に画一的な行政サービスを供給する行政的分権の歳入構造はマッチしていない．この点，競争的分権は地域間競争には適合している．しかし，地方自治体は基本的に公共財を依存財源なしに応益課税で調達しているため，地域格差は拡大し，効率の悪い地方自治体は崩壊してしまうであろう．協調的分権では財政調整制度によって税負担が均衡化しているので，地方自治体は労働力の質を決定する所得再分配サービス（教育，福祉）を執行する自由を獲得できるであろう（表7-1）．

(ii) 地域間の平等と多様性のバランス　日本人とその政府は，第二次世界大戦後，新憲法に「地方自治の本旨」を書き込み，知事公選を断行し，独立税を柱とするシャウプ勧告を受容した．しかし，公共財の平等な供給と財源調達における負担の公平性は，経済社会の発展にとって，不可欠の前提条件とみなされてきた．戦後の日本では成長のアクセルを踏みつつ，その成果については精密な配分公式をもつ地方交付税制度を通じて，公平に各地域に配分して日本人の平等志向を満たした．多様性よりも地域間の平等に重点が置かれたといってよい．

しかしながら経済社会の発展段階によって集権による平等化と分権による個性的なサービスのバランスは変化するといえよう．福祉，教育，都市基盤整備，道路といった基本的なサービスがほぼ整備された現状においては，標準的な水準を越える差別化されたサービスについては，当該地域の住民の支払う意思と地域特性に応じて供給されるべきである．このような経済社会の成熟に伴うニーズの変化が日本の地方分権を支える底流であろう．公共財の平等な供給と負

担の公平性を重視する社会から個性的なサービスをも考慮する社会への移行である．

このような要請に依存財源比率が高く，かつ特定補助金が優位を占める行政的分権の歳入構造はマッチしていない．この点，競争的分権は基本的に公共財を応益課税で調達しているため，住民は「足による投票」で自らの選好に合った地方自治体に居住することになる．しかし財政調整制度がないため，地方自治体は所得再分配サービスを供給できない．

公平性と多様性のバランスをとるには協調的分権がマッチしている．依存財源比率が低く，かつ包括補助金のウェイトが高い協調的分権では，歳出に関するある程度の裁量権が保障される．しかも財政調整制度によって税負担が均衡化しているので，地方自治体は所得再分配サービスを執行する自由を獲得できる（表7-1）．

(iii) **受益と負担の関係の明確化**　ヨーロッパ諸国ではEU統合という外圧を受けて，加盟国が国家としてのパフォーマンスを高める努力を強いられた結果，地方分権化を進めたというケースがある．また各国中央政府の権限の低下に伴って，従来，暴力的に抑圧されてきた国内の文化・宗教・言語における少数者に包括的な自治権を与える動きもある．たしかに日本における分権化では，このような外圧や国内少数者による分離主義的運動は必ずしも強いとはいえない．

しかしバブル崩壊とその後の後遺症によって政府債務残高が制御不可能に陥る可能性は依然として残っている．国・地方ともに地方財源不足を交付税特別会計や地方債によって補塡し，後年度負担を増やす手法は，すでに不可能なレベルまで財政状況が悪化していることは4章・6章で見た通りである．政府間の移転財源を縮小し，地方団体の自主財源比率を高めることは，緩みきった財政規律を回復するためにも必要であろう．イタリアの経験が物語っているように，受益と負担の関係を身近な地方自治体レベルで明確化し，コスト原理を働かせることが公共部門のパフォーマンスを高めるために必要である．

けれども，このような要請に行政的分権の歳入構造はマッチしていない．行政的分権では地方税は実質的に税収分割であり，納税者は公共サービスのコストを自らのものとして認識できず，財政責任は弱くなる．この点，競争的分権では限界的歳出を応益課税で調達する限界的財政責任論をとっているので，受

益と負担の関係は明瞭である．しかし限界的財政責任をつきつめていくと地方税は少なければよいということになってしまう．

　公平性と多様性のバランスをとるには協調的分権がマッチしている．協調的分権では標準的サービスは包括補助金や財政調整交付金で賄われ，それを超えた個性的なサービスについて有力な国税に対する重複課税の税率操作で調達される．これは地方自治体の決定権を保持しつつ，全国的な公平性や統一性を維持する方法といえる（表7-1）．

　以上のような理由から，地方分権化の基本的方向性に関するわれわれの姿勢は協調的分権論を代表するヨーロッパ地方自治憲章の諸勧告の内容を真剣に検討した上で，採用の意義が大きいと思われるものは大胆に取り入れるように努力するということでなければならない．

ヨーロッパ地方自治憲章の問題点

　しかし，憲章の条項と諸勧告が，わが国に対してどのような意義をもつかは，ヨーロッパ地方自治憲章の基礎になっている考え方が，どの程度まで受容されうるものであるかにかかっている．同憲章はヨーロッパの主要先進国における地方財政の経験に基づいて起草されたものである．したがって，わが国の税財源の分権化を設計する場合に，この憲章の考え方にそのまま従えない点がでてくるのは当然のことである．そのような問題点として，たとえばつぎのような諸点を指摘することができよう．

　(1)　ヨーロッパ評議会は，地方政府の役割を資源配分に限定する競争的分権論と明確に一線を画している．しかし，安定化機能に関して地方財政は二重の意味で国のマクロ経済政策との整合化が必要であると述べるに止まる．わが国では財貨サービス購入の面では，地方財政は中央財政に匹敵する規模をもっており，とくに公的資本形成のほとんどは地方財政を通じて執行されている．したがって，公共部門を「反循環的」（counter-cyclical）に運営する場合，地方支出の伸び率を景気政策の観点から補正的に変更するのは難しいとしても，少なくとも民間投資と同じ方向に循環的に変動することは，できるだけ阻止すべきであろう．

　(2)　ヨーロッパ評議会の「リスボン報告」では，地方自治体ごとの税率格

差が越境購買行動を引き起こすという理由から,一般売上税を有力な地方税の候補リストから事実上はずしている.わが国の場合,単一制国家でありながら,個別消費税に加えて多段階の付加価値税の一部を地方税として徴収している.したがって一般売上税に関する限り,ヨーロッパの単一制国家の経験より,むしろ北米や南米の連邦制国家における州税を参考にすべきであろう.

(3) 「リスボン報告」では補助金について,ナショナル・スタンダードを確保するためには特定補助金を活用し,狭義の財政調整機能は地方財政調整制度を通じて発揮するというある種の役割分担を念頭に議論されているふしがある.わが国では国によって多くの事務の義務づけがなされているため,地方交付税は財政調整のみならず,財源保障機能をも担っている.したがって国による事務の義務付けが大幅に縮小されないかぎり,財政調整と財源保障を切り離す役割分担論が簡単に承認されるとは思われない.

6. 結 語

以上のように種々の問題点があるということは,憲章の地方財政論や改革のガイド・ラインを全く軽視してよいということではない.ヨーロッパで地方分権に目を向けさせる諸条件は程度の差こそあれ,日本でも次第に重要性をましている.行政的分権から協調的分権への移行は次のような三つの目標に向けて現行制度を改革することを意味する.まず依存財源比率が高く特定補助金が優位を占める歳入構造を,依存財源比率が低く包括補助金のウェイトが高いものへとシフトする.つぎに実質的に税収分割である地方税を主柱とする自主財源比率を量的に高めると同時に,質的にも現行の事実上の税収分割方式から税率決定権を保持した重複課税方式へと転換する.最後に地方自治体の財政責任が強化されることを前提に,地方債の発行を行政的統制ではなく透明なルールに基づいて管理する.以下では,「憲章説明書」,「リスボン報告」,「補助金報告」の三文書に加えて,「地方税の限界,財政調整制度および一般補助金の算定方法」(以下,「財政調整報告」と記す)および「地方自治体の財政危機からの再生」(以下,「財政危機からの再生」と記す)にも依拠しながら,上記の目標をわが国において具体化する途を考えてみたい[46].

特定補助金の廃止・統合

　ヨーロッパ地方自治憲章9条5項は，地方団体への補助金は，使途の制限がない一般補助金として交付すべきであると勧告している（Council of Europe, 1986, p. 17）．その上で，特定補助金は，①均衡のとれた国土発展のための投資，②全国的なナショナル・スタンダードの保障，③スピル・オーバー効果の内部化，④国の代行事務を執行する場合に限定すべきであると勧告している．

　行政的分権システムである日本では，これまで特定補助金はナショナル・ミニマムの行政を全国一律に浸透させる役割を果たしてきた．しかし国庫補助負担金は各省庁の細部にわたる関与が各地方の自主的な判断を制約し，かつ受益と負担の関係を曖昧にして不要不急の無駄な事業を膨張させるという問題をかかえている．

　協調的分権では特定補助金を一般財源化し，補助金依存度を低くしていくことで国の地方に対する「関与の仕方」を変え，地方の自主性や裁量権を高めていくことが目標となる．

　そのためには国庫負担金（地財法第10条）と国庫補助金（地財法第16条）との区分を明確にし，国庫補助金については廃止を行ない，国庫負担金については生活保護，義務教育等，真に国が義務的に負担を負うべき分野に限定すべきである．

　補助負担金を廃止したのち，地方自治体が引き続き実施すべき事業については廃止した補助金の全額を地方へ税源移譲すべきである．ただし特定地域に交付されるべきで税源移譲になじまないもの（電源3法交付金制度関係），特定地域における巨額の臨時財政負担に対するもの（河川等災害復旧費補助等）や，国策に伴う国家補償の性格を有するもの（原爆被爆者健康管理手当交付金等），あるいは地方税代替財源的な補助金（交通安全特別交付金）はこの原則の例外として存続すべきである．

居住地課税を主柱にした地方税

　ヨーロッパ評議会の「リスボン報告」は「個人所得税と住宅用の財産税が

46）　Council of Europe（1998b）およびCouncil of Europe（2002）．

「最良の地方税」である」との結論を下し，かつ税率決定権の重要性に注意を喚起している（Council of Europe, 1997, p. 48）．わが国では地域の住民が負担する個人所得税や一般消費課税等の居住地課税のウェイトが低く，その分法人課税のウェイトが大きい．かつ地域の住民が負担する居住地課税は限りなく税収分割に近い実態をもっている．このため他地域の負担によって公共サービスを享受しようとするフリー・ライダー的志向を助長しやすく，公共サービスのコストが住民にわかりにくい（2章）．

納税者に対する説明責任を重要視するならば，事実上の税収分割を形式的にも税収分割（共有税制度）にしてしまう行政的分権論よりも，むしろ税率決定権を保持した重複課税を志向する協調的分権論の方がはるかに優れている．ただし地方税の設計を無制限に地方に認めてしまうと種々の非効率（租税競争や国内統一市場への攪乱）や不公平が発生するので，競争的分権論には違和感を覚える．

要するに，わが国の地方税体系の基本的戦略は住民税，地方消費税という基幹的な居住地課税系統のウェイトを増やし，法人税については応益説的観点から税の性格を明確にすることにあると考える（2章結語）．

(i) **簡素で公平な固定資産税**　視認性が高く，租税輸出が少なく，かつ可動性のない固定資産は，地方税の課税客体として理想的な条件を備えた市町村の代表的な居住地課税である．地方のアカウンタビリティを強化するために，固定資産税を納税者から見て簡素で，公平な税に改革する必要性が高い．いわゆる「負担水準」を一定の割合に収斂させていき，将来的には評価額イコール課税標準というような簡素な税制にすべきである．また資産価値に応じて課税する物税という固定資産税の性格に鑑みて，住宅用地の特例のような人的要素を排除して，本来の資産税としての性格に純化すべきである．その上で，市町村の資産の総評価額に対して，どのくらいの税率を乗じれば必要な収入を獲得できるかを市町村自身が判断する財政的アカウンタビリティを強化しなければならない．

(ii) **住民税と地方消費税の充実**　ヨーロッパ地方自治憲章9条4項では多様で伸張性のある地方税体系が望ましいと規定されている（Council of Europe, 1986, p. 16）．わが国では多様で伸張性のある地方税体系の軸になるのは住民税

と地方消費税という重複型地方税である．利子所得が分離課税されている現状では住民税と消費税の課税ベースはほとんど同じである．この面から見ると比例的な住民税があれば地方消費税を居住地課税としてさらに賦課する意味は乏しいかに見える．しかし地方所得税の理想型とわが国の住民税の実態との間には大きな乖離があり，単純な代替論は成り立たず，両税は車の両輪として地方税体系の根幹に位置づけなければならない．

すなわち伸張性に乏しい固定資産税を補完して，公共サービスの費用を広く負担するのが住民税の基本的な役割である．所得再分配を達成するのであれば人的控除ならびに累進税率が必要であるが，応益税としての場合は負担能力に関わりなく「便益の対価」として支払いがなされるので，人的控除なしの比例税率であることが理想である．わが国の住民税も後者のような意味で応益的な比例税と位置づけるのが理想である．しかし，①住民税の均等割りの比重は著しく小さく，②課税最低限も所得税と同様かなり高い．したがって，③課税最低限を引き下げ，比例税にすると低所得階層に不利益となる．

この問題を間接的に解決するのが間接消費税である．地方消費税は税収の地域的な分布が均等であり，所得再分配機能をもっていないので地方税として望ましい．比例的な住民税を実現することが困難な状況で間接的にこれを実現する方法として地方消費税の存在を位置づけることができる．しかし，地方消費税を都道府県の基幹税として位置づけていく場合には，地方税の独自性を発揮できるような制度とすることが必要である．

各県の面積が狭く税率を変えることが困難な事情にあっても，一定のルールのもとで，カナダのHSTにおける割引制度のような制度を創設することは検討に値する．また日本においてもカナダ同様に県別の産業連関表を作成し，企業間取引を消去し各県における最終消費額を推計するとともに，非課税取引についても地方消費税の帰属地を推計すべきである（3章結語）．

(iii) 法人所得課税の外形標準化　地方自治体の公共サービスが対人サービスだけであれば地方税体系は居住地課税のみで構成される．しかし企業は道路，警察，消防署などの公共サービスの恩恵を得ているので，法人企業に提供している公共サービスが中間投入財ないし生産要素としての役割を果たしている場合は，その対価として企業課税を賦課することは正当である．

地方消費税が導入されている現状では企業課税と地方消費税の課税ベースは定義上，同じになる．しかし地方消費税の清算基準となる最終消費の地域分布と企業が受領する公共サービスとの間には関係性がない．また地方消費税では輸出企業にはゼロ税率が適用されるが，付加価値型企業課税では輸出は事業活動量に反映するので実質的に課税される[47]．

平成15年度税制改正では資本金一億円超の法人を対象にして，外形基準の割合を4分の1とする外形標準課税を創設し，平成16年度から適用することが実現した．応益原則に基づく法人事業税の改革は大幅な増収をめざすものではない．法人事業税の性格を明確にするために事業活動量を反映した所得型付加価値に課税標準を改め，低い比例税率を適用し，企業向けの受益と企業が第一次的に負担する税をなるべく一致させることが改革の目標でなければならない．

地方交付税の制度設計

日本では国が地方団体に多くの事務を義務付けておきながら，十分な財源を与えていないため，地方税で足らざる部分を補う画一的な財源保障機能が地方交付税の重要な役割であった．機関委任事務が廃止されても「国の関与」は法定受託事務を通じて残るので画一的な財源保障機能は当面の間，必要になる．

中長期的には特定補助金の廃止・縮減によって「国の関与」が縮小・弾力化し，基幹税（所得税，消費税）が地方に移譲され自主財源が増大する．地方分権型社会では，シャウプ勧告でも指摘されているように地方団体は地方交付税に支えられて「機会の平等」を保障されること，すなわち地方団体がその活動のいわば限界線において真に自由——活動の際明確に責任をもって前進しようが，また後退しようが自由——であることが本来の姿であろう．

(i) **地方交付税改革の基本的な考え方** 地方交付税の改革は，地方公共団体における受益と負担の関係の明確化と財政責任の明確化に資するものでなければならない．地方交付税の役割は地方公共団体が標準的なナショナル・スタンダードの水準でサービスを提供するかぎり，経済的に等しい人々の税負担を居所

---

47) これは地方消費税が消費行為を課税客体とするのに対して，付加価値型企業課税の場合は法人の事業活動を課税客体にしているためである．

6. 結語

の如何にかかわらず等しくすることである．しかしナショナル・スタンダードを超える個性的で多様な限界的歳出増（減）は，なるべく当該地域の住民が負担する地方税の増（減）税で負担する仕組みにすべきである．

また地方交付税の改革は将来にわたり持続可能な財政調整制度の構築をめざすものでなければならない．地方交付税の原資は国税の一定割合とする「独立共有財源」の原点に帰り，後年度に負担を先送りする特別会計借入れや財源対策債からの早期の脱却をめざすものでなければならない．

さらに地方交付税の改革は，ヨーロッパ評議会の「財政調整報告」で指摘されているように，恣意的で不透明な裁量的運営を最小化し，できるかぎり客観的で透明性の高いルールをめざすものでなければならない（Council of Europe, 1998, p. 59）．自己決定権をもった地方公共団体の予算制約がソフト化せずに，財政規律が働きつづけるためには，国からの交付金決定プロセスが客観的で透明な算定公式やルールに基づく必要がある．

(ii) **客観的ルールと独立機関による算定**　地方財政計画の策定に際しては，対人サービスのようなナショナル・スタンダードが明確なものと，投資的経費のような「国土の均衡ある発展」のための歳出を峻別すべきである．前者については国が真に必要な分野に限定すべきだろう．一方，投資的経費については地方議会が個別事務事業の事前評価情報の提示を受けて決定し，事後的にこれを「評価」した上で，総体としての地方と中央との交渉手続きを経て，地財計画歳出の総額とその構成を決定するのが望ましい．

地方交付税の総額は国税5税の一定割合で自動的に決定し，平衡交付金的な運営から脱却をめざす．毎年，地方財政計画歳出と歳入見込みの差額を「地方財政対策」によって補塡する現行の不安定・不透明な仕組みにかえて，地財計画を中期的（3-4年）に固定し，その間の景気変動には対応しない．政府がこのようなコミットメントを行なうことによって地財計画歳出および地方公共団体の財政運営はより慎重なものになるだろう．

上記のような限界的財政責任メカニズムが正常に機能するには，出発点となる基準財政需要が公正かつ客観的に算定されねばならない．ヨーロッパ地方自治憲章9条5項で規定されているように，財政調整制度は支出に関する地方公共団体の裁量権を損なってはならない（Council of Europe, 1986, p. 24）．基準財

政需要算定における事業費補正は原則廃止，段階補正は割増率を縮小すべきである．またヨーロッパ評議会の「財政調整報告」では財政調整制度が税源涵養努力を相殺しないように留意すべきであると指摘している（Council of Europe, 1998, p. 59）．ただし日本ではモラル・ハザード現象の原因が地方交付税制度にあるか否かについては実証的に検証されていないので，留保財源率はこれ以上引き上げる必要はないであろう．

地方交付税の総額確保は，閣僚レベルが参加する協議で決定する．各地方公共団体へ配分するための技術的な算定作業は，オーストラリアの連邦補助金委員会をモデルにして，予算執行官庁から独立し地方公共団体の意向を制度的に反映しうる権威ある専門委員会を創設し，算定作業を委ねるべきである．

さらに地方税の歳入比率引上げが重要である．わが国では地域の住民が負担する個人所得税や一般消費課税等の居住地課税のウェイトが低く，その分法人課税のウェイトが大きい．かつ地域の住民が負担する居住地課税は限りなく税収分割に近い実態をもっている．地方税充実強化の基本的戦略は，住民税と地方消費税の2大基幹税のウェイトを高めつつ，法人税については応益説的観点から税の性格を明確にすることにある．地方税の歳入比率を十分に高めることができれば，ナショナル・スタンダードを超える部分の歳出について，イギリスの歳入援助交付金に見られるように極端なギア効果を生じることなく，限界的財政責任メカニズムが働くだろう．

(iii) 対人サービスを支える「機会の平等」　協調的地方分権が実現すると，再分配の基準は地方が独自に設定し，地方税の歳入比率も高く，政府間移転では一般補助金が主柱になる．協調的分権では，財政調整制度は国が決定した画一的な行政サービスの財源を保障する performance equalization ではなく，ヨーロッパ評議会の「リスボン報告」でも指摘されているような，標準的なサービスを提供するかぎり経済的に等しい人々の税負担を居所の如何にかかわらず等しくする capacity equalization になる（Council of Europe, 1997, p. 56）．交付税プラス地方税で「結果の平等」を保障するものから地方税プラス交付税で「機会の平等」を与えるものに，主役から脇役に財政調整制度の役割は再定義される．

「機会の平等」を保障する capacity equalization の算定公式において，基準財

政需要の算定は大幅に簡素化できるだろう．行政項目別に測定単位・単位費用・補正係数を乗じる現行制度にかえて，北欧諸国をモデルとして，年齢別人口構成による対人サービス算定方式に段階的に移行する．この方式では各地方公共団体の基準財政需要は年齢区分別人口に，その区分に適用される単位費用を乗じて算定されるであろう．

　地方分権下での財政調整制度の原資は，現行制度と同じく国税の一定割合とすべきである．ドイツの州間財政調整の優れた点は日本の地方交付税と異なり，富裕州の超過財源が財政調整の対象になること，補正人口をベースにしているため「財政需要」の算定が簡素であり，事実上課税能力格差の平準化になっていること等である．しかしドイツのシステムを日本に移植できるかというと実はそう単純ではない．具体的には，①売上税による事前調整と連邦補充交付金による最終的な財源保障によって，州間の財源格差の大半が事前調整されていること，②拠出義務を負う富裕州の不満が強く，不断の制度見直しが繰り返される不安定性があるといった難点がある．ヨーロッパ評議会の「リスボン報告」でも指摘されているように（Council of Europe, 1997, p. 55），水平的財政調整の優位論には疑問が残る．

ルールによる地方債の管理

　わが国では財政投融資制度改革による公的資金から民間資金中心の資金調達構造の変化，許可制廃止と事前協議制への移行に伴い，「暗黙の政府保証」における国の責任は今後，緩和されてくる．それに比例して，市場が個別地方自治体の財務状況を判断したうえで，流動性なり信用リスクを地方債の発行条件に勘案するようになる．

　(i) **ルールを主柱にした起債管理**　しかし「市場の規律」への一元的依存が有効に機能する条件は現時点では必ずしも十分に整ってはいない．したがって地方自治体の財政責任が強化されることを前提に，地方債の発行に関しては許可制度を廃止し事前協議制に移行した後，ヨーロッパ評議会の報告書「財政危機からの回復」でも勧告されているように（Council of Europe, 2002, pp. 34-35），ルールによる管理を起債制限の主柱に据えるべきである．

　もっとも地方自治体の信用リスクは現行制度では十分にモニタリングされて

いない．国による起債制限は，実質収支比率，公債費比率，起債制限比率などフローの会計指標によって評価されている．これらの指標は現年度の財政の硬直性を判断するには適しているが，将来の債務返済能力を測るうえでは限界がある（醍醐，2000）．モニタリングを確実にし，健全な財政運営を図るために財政の実態を反映したストック・ベースの債務返済能力に基づいて監視し，地方公営企業・公社・第3セクターを含めた連結財務諸表を整備すべきである．

このような方向で国によるモニタリングが改善されれば，あえて市場規律に依存することの積極的な意味は乏しい．しかし地方財政制度全体による元利償還の確実性を保証すべき立場にある国が，個々の地方自治体の信用リスクをモニタリングすることは二律背反であり，現実的ではないかもしれない．したがって市場規律を見本としたモニタリングを実現するのが困難な状況での，それを実現する間接的な方法として市場規律（格付け等）の補完的な意義がある．

(ii) 公的資金から民間資金へのシフト　弱小な地方公共団体向けに一定の公的資金は依然として必要だが，今後地方公共団体は，ヨーロッパ地方自治憲章9条8項に規定されているように (Council of Europe, 1986, p. 17)，資本市場においてより多くの必要資金を調達すべきである．

一定のロットが確保できない地方公共団体は，ドイツのレンダージャンボ債のように，地方財政法第5条の7による共同発行が必要であろう．他団体の債務を連帯して負うことから，共同発行を行なったのは稀であったが，類似性の高い市場公募団体（ただし東京都を除く）が参加することで，かかる難点は克服されるだろう．その場合に各団体の持分額に応じて債務を負担することを発行協定書に明示することが適当である．

しかし財政状況が悪化して市場の評価が低下している団体が共同債にシフトしていくと，償還能力の高い富裕な地方公共団体は共同発行から脱退して，条件のよい単独発行に移ってしまうだろう．このような逆選択が起きることのないように，共同発行債の満期一括償還に備えた減債基金積立を区分経理して流動性を補完することが必要である．

市場公募債の発行条件は東京都を含む市場公募団体28団体すべての発行条件が一律の「統一条件決定方式」によって決定されているが，流通市場の実勢は流動性リスクを反映している．流通市場で売買すると不可避的にキャピタ

ル・ロスを被るという問題を解決するためには流通市場の実勢を踏まえた発行条件を設定すべきである．

　もっとも個別団体ごとに発行条件を決定する個別条件方式にただちに移行すれば，公募団体間でも信用力や流動性に違いがあるため，市場公募債の市場が縮小してしまうだろう．まずはテーブル方式（28団体の発行条件を一つではなく，流通実勢に応じて複数の発行条件とすること）を導入したうえで，漸次，個別条件決定方式に移行していくのが適当であろう．

　非公募団体にとっては市場公募債の発行は，選択肢の一つであっても資金調達の主流とはならないだろう．公募債と縁故債の形式的な違いにこだわるよりも縁故債の発行を公募債の発行形態に実質的に近づけたうえで，両者の選択を地方自治体に委ねることの方がより現実的なアプローチである．縁故債の発行条件は市場公募債に連動して決定される場合が多い．定時償還債の平均償還年限と同期間での満期一括償還債の発行を奨励すれば縁故債と公募債の差は事実上なくなり非公募団体に公募債発行のインセンティブが働くだろう．

　(iii) 持続可能な地方債制度　地方公共団体の借入れの元利償還負担が，国や他地域の住民によってではなく，最終的に当該地域の住民が負担する地方税・使用料等で負担される透明な仕組みをつくることが地方債制度を持続可能にするための根本的前提である．

　ヨーロッパ評議会の報告書「財政危機からの再生」で指摘されているように，中央政府による地方債の元利償還保証は地方団体に破産するインセンティブを与えるものである（Council of Europe, 2002, p. 43）．わが国でも地方債に対する交付税措置及び交付税特別会計借入れにより，個別地方自治体は「地方借入残高」の半分以下しか債務として認識していない可能性がある．この乖離が地方公共団体に「財政錯覚」を発生させ，必要以上に単独事業が膨張して，地方債の累積を招いた基本的原因と考えられる．

　したがって新規発行債，とくに地方単独事業債についての交付税措置は廃止すべきである．財源不足の交付税特別会計借入れによる補塡は停止し，国は一般財源で特別会計に繰り入れ，地方分は各地方自治体が地方債発行で補塡すべきである．既存債務に係わる交付税措置については，地方債に対する市場の信認を維持することが今後重要になるので，継続すべきである．

破綻に瀕した地方公共団体をいかに再生させるかは持続可能な地方債制度の試金石となるだろう．ヨーロッパ評議会の報告書「財政危機からの再生」で指摘されているように，破綻に瀕した地方公共団体向けの救済スキームには政府に裁量の余地を与えず，公的資金の投入以外の財政再建計画立案を優先すべきである（Council of Europe, 2002, pp. 38-40）．

わが国では実質収支比率が一定限度を超えた場合に，地方財政再建促進特別措置法（「措置法」）の定めを準用する「準用財政再建団体」に指定され，総務省の管理下で再建計画の厳格な実行が義務付けられる．ラスト・リゾートとしての「措置法」がある限り，元利償還の一時的な履行遅滞があっても，履行不能になることはありえないので，地方自治体の破産手続法を整備する積極的な意義は乏しいと考える．ただし実質収支比率よりも，翌年度への繰越や基金への繰入・取崩しを除いた実質単年度収支で，実質破綻を判断する方が合理的である．

参考文献

Bennett, R. J. (1990), "Decentralization, Intergovernmental Relations, and Market : Towards a Post-Welfare Agenda ?" R. J. Bennett (ed.), *Decentralization, Local Governments, and Markets : Towards a Post-Welfare Agenda,* Clarendon Press.

Council of Europe (1986), *Explanatory Report on the European Charter of Local Self-Government,* Strasbourg.

Council of Europe (1997), *Local Finance in Europe,* local and regional authorities in Europe, No. 61, Strasbourg.

Council of Europe (1998a), *Regionalism and its Effect on Local Self-government,* local and regional authorities in Europe, No. 64, Strasbourg.

Council of Europe (1998b), *Limitations of Local Taxation, Financial Equalization and Methods for Calculating General Grants,* local and regional authorities No. 65, Strasbourg.

Council of Europe (2001), *Methods for Estimating Local Authorities' Spending Needs and Methods for Estimating Revenue,* local and regional authorities No. 74, Strasbourg.

Council of Europe (2002), *Recovery of Local and Regional Authorities in Financial Difficulties,* local and regional authorities No. 77, Strasbourg.

Dexia (1997), *Local Finance in the Fifteen Countries of the European Union,* Dexia, Brussels.

Emiliani, Nicoletta, Sergio Lugaresi and Edgardo Ruggiero (1997), "Italy," in Teresa-Minassian (ed.), *Fiscal Federalism in Theory and Practice,* IMF, Washington.

Inman, Robert P. (2003), "Transfers and Bailouts : Enforcing Local Fiscal Discipline with Lessons from U.S. Federalism," in Roden Jonathan A., Gunnar S. Eskeland, and Jennie Litvack (eds.), *Fiscal Decentralization and the Challenge of Hard Budget Constraints,* The MIT press, Cambridge.

Muramatsu, Michio, Farrukh Iqbal and Ikuo Kume (eds.) (2001), *Local Government Development in Post-War Development,* Oxford University Press.
Mochida, N, and Jørgen Lotz (1999) "Fiscal Federalism in Practice, the Nordic Countries and Japan," *The Journal of Economics* (東京大学『経済学論集』), Vol. 64, No. 4.
Musgrave, Richard (1959), *The Theory of Public Finance,* New York : McGraw-Hill.
Oates, Wallace E. (1972), *Fiscal Federalism.* New York : Harcourt, Brace, Jovanovich.
OECD (2002), *Fiscal Decentralization in EU Applicant States and Selected EU Member States,* report prepared for the workshop on "decentralization : trends, perspective and issue at the threshold of EU enlargement," Paris.
Page, Edward C. (1991), *Localism and Centralism in Europe : The Political and Legal Bases of Local Self-Government,* Oxford University Press.
Rattsø, Jørn (ed.) (1998), *Fiscal Federalism and State-Local Finance : The Scandinavian Perspective,* Edward Elgar.
Rodden, Jonathan A. (2003), "Soft Budget Constraints and German Federalism," in Rodden Jonathan A., Gunnar S. Eskeland and Jennie Litvack (eds.), *Fiscal Decentralization and the Challenge of Hard Budget Constraints,* The MIT press, Cambridge.
Söderström, L. (1998), "Fiscal Federalism : The Nordic Way," in Rattsø, J. (ed.), *Fiscal Federalism and State-Local Finance : The Scandinavian Perspective,* Edward Elgar.
Tiebout, Charles (1956), "A Pure Theory of Local Government Expenditure," *Journal of Political Economy,* 64, pp. 416-424.
伊東弘文 (1995),『現代ドイツ地方財政論 (増補版)』文眞堂.
岡部明子 (2003),『サステイナブルシティ――EU の地域・環境戦略』学芸出版社.
工藤裕子 (2002),「イタリア――地方分権委員会ヒアリング」神野直彦・伊藤祐一郎編『どうなる地方税財源』ぎょうせい.
醍醐聰編 (2000),『自治体財政の会計学』新世社.
中村良広 (2004),『ドイツ州間財政調整の改革――「水平的財政調整」の射程』(自治総研ブックレット 79) 地方自治総合研究所.
林健久 (2004),「福祉国家の経済政策と政府間財政関係――1990 年代の EU 諸国の若干の事例」林健久・加藤榮一・金澤史男・持田信樹編『グローバル化と福祉国家財政の再編』東京大学出版会.
山内健生 (1999),『「ヨーロッパ統合」時代の地方自治――地方分権の国・ドイツの挑戦』日本法制学会.

8章　東南アジアにおける分権改革

1. はじめに

　東南アジアの途上国における地方分権化の急激な進展は既定事実となりつつある．わが国は，農業・農村開発，教育，保健医療，地域インフラの整備（道路，上下水道）などの分野での援助を東南アジア地域で行なってきた．その目的や背景の如何を問わず，地方分権化は，これらの援助対象分野に横断的な反作用を及ぼすだろう．たとえば地方政府が援助申請に関して直接ドナーにアプローチできるようになる．援助ニーズの発掘にあたっては中央省庁中心の協議だけではなく地方政府との接触が不可欠となる．いや地方政府さえパスして，NGOに援助がなされる時代がくるかもしれない．

　それだけではない．地域の所得向上や基礎的な社会サービスに関連する分野へのハード面での支援に加えて，地方分権化を含む中央政府の政策決定や地方政府の行財政能力向上に対するソフトな政策支援活動へのリソース配分が重みを増すだろう[1]．しかし，こうした地方政府へのアプローチ，政策支援活動へのシフトはわが国の援助活動ではおそらく新境地に属すものといえる．

　このような状況を鑑みると，途上国の地方分権化の現状と課題についての十分な理解は極めて重要である．しかし，そのための蓄積は必ずしも十分であるとはいえない．本章では，主として筆者の関わった「DOLA-JICAタイ日共同研究会」の研究成果に依拠して，東南アジアにおける地方分権化の課題とわが国の援助にあり方を検討したい[2]．

---

1) 日本の援助動向と展望については国際協力事業団 (1997) を参照．
2) 「DOLA-JICAタイ日共同研究会」は，タイ日両国の行財政研究者が地方自治体の能力向上に関わる四つの課題について調査研究をし，政策提言を内務省地方行政局 (DOLA) に対して行なうことを目的に設置された委員会である．内務省地方行政局の要請を受けて，国際協力事業団との共同事業として2000年8月17日から約2年間継続され，2002年8月26日，最終シンポジウム

本章の構成はつぎの通りである．まず分権化の背景とその隘路を考察する．
つぎに事務配分，税制，政府間移転をそれぞれ検討する．最後に援助のあり方
についての若干の提言をまとめる．なお対象国については資料・情報の制約か
らタイを中心とするが，インドネシアとフィリピンについても補足的に触れる．

2. 分権改革の背景

民主化との連動

　東南アジアの途上国における分権化の背景は複雑である．社会が成熟し人々
の欲求が多様化すると，中央集権的な体制による画一的な公共サービスはそれ
に対応できなくなる．わが国の地方分権化の底流ともなっている「多様な住民
選好の反映」は地方分権を正当化するもっとも強力な要請である．しかし途上
国ではむしろ基本的なニーズを充足することが優先される必要性が高い．途上
国では学校などの教育施設や道路，病院などが整備されているのは首都をはじ
めとする都市の一部にすぎない．東南アジアの地方分権化の底流にあるのは，
「民主化」である．社会的亀裂が大きいために国民統合を上から進める必要が
あったこと，工業化の担い手を欠いていたために国家主導の経済開発を必要と
したことを要因として，アジアの途上国は専制的な政治体制をとってきた．し
かし開発政策の行き詰まりは後者の意味での強権的政府の正統性を掘り崩し，
地域の実状にあった開発計画の制度的環境として分権化を要請した．また社会
主義経済国の崩壊による東西冷戦の終結は一党独裁の正統性を揺るがし，前者
の意味での正統性をも揺るがした．政治的権利が制限されていた人々は政治的
民主化要求を掲げるようになった．強権的政治体制の終焉および「民主化」の
高まりが，1980年代後半から90年代にかけての東南アジアにおける地方分権
化の一般的な原動力になっている．

　タイは植民地支配を免れながら，19世紀末以来，国王のリーダー・シップ
の下で中央集権的な国家統治が行なわれてきた国である．しかし1992年5月
の「五月流血事件」により軍を基盤とするスチンダー政権が退陣し，民主党の

でDOLAを中心とする中央政府機関に対し，政策に資する提言提示を行なった．その集大成が
DOLA and JICA (2002) である．本章の内容ならびに意見は，筆者個人に属し，DOLA-JICAタイ
日共同研究会の公式見解を示すものではない．

チュアン・リークパイを首班とする連立政権が発足して民主化の流れは決定的になった．民主化の一環としての地方分権化は知識人を中心として段階的に実施されてきた．県知事公選は実現しなかったが，タンボン自治体が内務省主導で新たに設置された．県自治体首長や衛生区委員長は内務官僚である県知事や郡長が兼任していたが，県自治体議会議員からの互選に改正され，衛生区についても基礎的自治体としての性格をもテーサバーンに格上げされた．1999年地方分権推進法は歳出全体に占める地方自治体の比率を2006年度までに35％まで引き上げることを政府に義務付けた．こうした段階的な分権化の頂点に位置しているのは97年憲法制定であり，第282条から第290条に至る全9条で地方自治に関する規定が盛り込まれ，地方自治体の改編や地方分権化の推進が憲法の要請事項となった[3]．

フィリピンでは地方分権はアキノ政権の政党綱領である「ピープルパワー」において最も重要な項目の一つであり，87年憲法に分権化が明記された．1991年の地方政府法における分権改革により地方自治体に行政権限が委譲された．中央政府の業務であった保健医療を地方に移管して，国家公務員を数万人規模で地方公務員に振り替えるという改革が断行された．．このように東南アジアではナショナルなレベルでの民主化の一環として分権化が加速している．

財政赤字の下方転嫁

途上国の分権化の根本的で内在的な原動力は，強権的政治体制の終焉と民主化の波であろう．しかしやや短期的な観点からみた場合に，分権改革を加速化している第2の背景としてアジア通貨危機後の公共部門のダウン・サイジングへの要請がある．地方分権には，「ヒト，モノ，カネ」の3要素がある．途上国の分権化ではヒトとモノの移譲が先行しており，「カネ」の面の権限移譲は不透明である．分権化のバランスシートはおそらく中央財政の負担軽減になっている．タイでは1997年憲法を境に分権化が加速化した直後に財政危機に陥った．もともと対外債務の支払いの負担が大きかったところにアジア通貨危機が追い討ちをかけた．通貨危機の打撃によってタイの税収は大幅に縮小し，加

---

3) タイにおける地方分権化の背景について，「DOLA-JICA タイ日共同研究会」メンバーの永井（2002）を参照．

えて対外債務支払いの負担増で追い討ちをかけられ[4]，かかるデフレ効果が引き金となり，行政改革により9万人の国家公務員が削減された．大蔵省から金融部門，国際収支部門が分離されたのをはじめ，教育省や内務省での予算が削減された．中央政府・地方行政部門の公務員と予算が削られ，十分な財源の裏付けなしに中央政府の事務を地方に移管している面は否定できない．タイでは「地方分権計画及び手続き規定法」で2001年度予算において地方の歳入を10%から20%へ，さらに2006年度予算では35%にするという大胆な計画が承認された．この計画の裏付けがどこにあるのかは不明であるが，それだけ中央政府の財政が逼迫していることの現れでもあるように思われる．

国家統合の維持

東南アジアでは，権威主義的な政府が全国レベルの民主化や民族問題との関連で生じている自治要求の高まりに対する譲歩として地方分権が進められる．換言すると分離・分裂を回避し，国家的統合を維持するための政治的コストとして，地方自治を認める傾向がある．戦後の日本では高度成長期に全国的に革新自治体が誕生し，福祉や環境政策で国をリードした経験をもっている．革新自治体はしばしば国と対立したが，国家としての統合が根底から揺らぐということはなかった．しかしカナダにおけるケベック問題やイギリスにおけるスコットランド問題，あるいはスペインのバスク地方の問題を挙げるまでもなく，民族や言語の亀裂を抱えた社会では，「国家統合」は為政者が取り組むべき最も優先度の高い政治的アジェンダである．

アジアではインドがしばしばその例に挙げられるが，インドネシアも例外ではない．タイでは国民に支持された国王を戴く体制であることもあり，知識人を中心にして分権化は漸進的に進められ，目立った「反中央」の様相は見られない[5]．しかしインドネシアでは経済危機の中でスハルト体制との決別をはかり，分裂の危機を回避するためにハビビ政権がとった政治的リーダー・シップ

---

4) 末廣昭教授のご教示（2000年8月18日，於バンコク）による．Fiscal Policy Office (1998) (1999)（タイ大蔵省の財政政策研究所）によると1996/97年度の中央政府の歳入は8,440億バーツであったが，1997/98年度には7,270億バーツに激減した．

5) 「反中央」の有無によってタイとインドネシアの分権化を比較しているのは秋月 (2001) である．

のもと上からの地方分権化が断行された．1998年に東ティモールの分離独立運動の住民投票が行なわれ，国民協議会で承認された．アチェの特別州などで独立運動が非常に強くなり，東カリマンタン州などの天然資源に恵まれた州が分離・独立を迫った．1999年10月にワヒド政権が中央政府の中に地方自治担当大臣を新設し分権化に対応したのはこのためである．権威主義的で中央集権的なスハルト体制と決別し，国家の分裂を回避して統合を維持するための分権化という位置づけができよう[6]．このため強力な政治的支持があるが，短期的に何らかの成果を上げなければ，地方からより急進的な連邦制あるいは独立の要求が出される可能性がある．インドネシアの分権化では「反中央」の色彩が強く，制度的には分離型を志向する度合いが強い．1999年5月の地方行政法と地方財政均衡法によって，中央政府の機能の限定，中央政府の地方出先機関の統廃合，地方公務員への配置換え，政府間財政移転の急増が一気に進められている．

タイでは第一次チュアン連立政権期（1992-95年）に，19世紀以来内務省が独占してきた県知事ポストの公選制問題が政治的イシューになった．同政権の内務大臣は公選制を撤回するかわりに，農村区域に新たに基礎的自治体を設置することを提案した．地方行政の末端である「タンボン」を自治体化することによって設置された「タンボン自治体」（TAO）の増加数は，95年には617，96年には2,760，97年には3,020，そして99年には350に上った[7]．タンボン自治体設置には民主化運動が知事公選制に突き進むのをそらす内務省の必死の巻き返しという一面があったことは否定できない．

3. 分権化の隘路

急激な地方分権化の隘路とはいかなるものなのだろうか，それは分権化に内在する「不治の病」なのか，それとも制度設計如何で改善しうるものなのだろうか．この節では分権化の隘路を「受け皿」問題，地域間格差の拡大，マクロ

---

6) インドネシアの地方分権化の背景について国際協力事業団 (2001)，第2章「インドネシアにおける地方分権について——国家統合のための分権プロジェクトの行方」（岡本正明執筆）を参照．国際協力事業団 (2000) もインドネシア問題に詳しい．

7) Noranit and Niyom (2000) を参照．慣用に従い，タイ人は First Name で表記する．

的不安定の三つの観点から考察することを通じて，東南アジア諸国がかかえる問題点を抽出したい．

「受け皿」問題

タイ，インドネシア，フィリピンでは制度的な改革が先行し，その実践あるいは地方の能力的な受け皿の問題が十分には解決されていない．とくに分権化の歴史が浅いタイとインドネシアにおいては深刻な問題を投げかけている．議会や住民参加などの意思決定の段階，財務や人事あるいは行政文書などの管理の段階，具体的な行政サービスの段階などそれぞれにおいて地方が経験をつみ，一定の信頼を住民や中央から獲得するには時間がかかるとみられる．ここではいわゆる受け皿論が最も厳しく突きつけられているタイについて，「DOLA-JICAタイ日共同研究会」で行なった問題点の抽出と提言を紹介する．

日本では明治維新以降，明治および昭和の二度の大合併により，地方公共団体の数は7万余から約3,300にまで減少してきており，現在さらなる合併の取組みを行なっている．一方，タイの基礎的自治体数は都市部を含めて現在7,000余りであり（人口比において日本の約4倍），予算および職員の不足から十分な行政サービスを行なうことが困難である．

1994年「タンボン評議会及びタンボン自治体法」でタンボン評議会がタンボン自治体（TAO）へ昇格する条件として過去3年平均の歳入が15万バーツ以上という基準が示され，これに基づいて6,747の基礎的自治体がわずか数年のうちに農村部に忽然と設置された．設置されたタンボンの社会経済的環境（人口，面積，歳入，地理環境，議員の資質等）は極めて多様であるが，級別分類される際にこれらの要因は考慮されず年間歳入だけが基準となった．年間歳入300万バーツ未満の最も貧困な5級タンボンは全体の82％を占めている．5級タンボンの常勤職員定数は3人にすぎず，議員の学歴も低い．1998年の公式統計によると税収が経常支出（50万バーツ）に満たない自治体は2,084にのぼり，21のタンボン自治体では最低基準の15万バーツを下回る[8]．

このためタイでは自治体合併の必要性が高まり，1999年5月，内務省は人

---

8) DOLA and JICA (2002), Chapter IV "Possibility of Amalgamation of Local authorities," pp. 5-6.

3. 分権化の隘路

口2,000人未満のタンボンを合併するために前記の法律を改正した[9]．しかし90年代に地方分権化を段階的に積み重ねてきたため，現在の法律では「上から押しつける」合併ではない方法がとられた．しかも日本のように合併の最終段階ではなく，はじめから住民投票を行なうという民主的方法がとられることになる．内務省行政局は人口2,000人未満のタンボン自治体の行政効率を高めるため，合併を法律で強制する道もあったが民主的手続きを選んだのである[10]．

しかし予想される通り，内務省の合併政策は現在までのところ成功していない．ラームカムヘン大学のニヨム准教授の独自調査によると，165の住民投票が実施されたが約8割（132）が合併反対であった．合併が成功した事例では合併する自治体のリーダー利害の一致，格上げに伴う歳入ならびに補助金増加等が要因であるという．逆に合併の失敗例から引き出せるのは，合併によって地位を喪失する政治家の抵抗，タンボン自治体化による開発資金へのアクセス改善，住民の郷土愛の強さという教訓であるという[11]．

たしかにタイの世論は合併反対に傾いている．しかし合併による「規模の経済」に関心が集まるほどタンボン自治体の行政活動は多くはない．逆にいうと，今後，中央から地方へ機能と権限を移譲した時点で合併はタイでも検討を避けて通れない問題となる．人口2,000人は最適規模に比較すると明らかに過少である．少なくとも3ないし5のタンボン自治体が合併して10,000人規模にすることを目標にし，補助金等のインセンティブを付与すべきであるとニヨム准教授は提案している[12]．

「DOLA-JICAタイ日共同研究会」の提言に対して内務省地方行政局は現時点では直接の取組みは行なわないという対応をとっている．しかし自治体への事務・権限移譲が進んだ時点でその検討が避けて通れない問題となることが関係者間の共通認識となった．日本の明治・昭和の大合併の経験を分析した報告書は，必ずある時期には再び関係者の注目を集めると予想される．

---

9) Royal Gazette, Vol. 116, Section 40 kor, May 20, 1999.
10) DOLA and JICA (2002), Chapter IV, pp. 14-17.
11) DOLA and JICA (2002), Chapter IV, pp. 19-35.
12) DOLA and JICA (2002), Chapter IV, pp. 100-110. 自治体合併問題について日本側のカウンター・パートは村松岐夫，林正寿の両教授である．タンボン自治体財政の優れたケース・スタディとしてCharas (1999) も参考になる．

地域格差の拡大

　先に触れたように東南アジアでは，輸入代替化やトリックル・ダウン式の開発政策の反省にたって，地域の実状にあった開発計画の制度的環境としての分権化が要請されている．この点からいうと分権化には地域格差の拡大の緩和・縮小が期待されている．しかし経済活動水準に見られる首都突出を与件にすると，分権化によってサービスや税負担の水準が地域によってアンバランスになる可能性も否定できない．

　タイではバンコクのような都市部と東北タイのような農村部では財政力の格差が著しい．テーサバーンやバンコク都では付加価値税の付加税がかなり手厚く配分されているが，農村部のタンボン自治体には全く配分されていない．フィリピンでもマニラとそれ以外の地域では財政力に格差がある．天然資源からの収入が多い場合に地域格差はより深刻である．インドネシアでは1999年中央・地方の財政均衡法によって，従来，中央政府が独占していた石油とガス等の天然資源収入が，アチェ特別州，リャウ州といった分離独立の動きを見せる天然資源の産出州に対する要求に応えて，州に配分される歳入分与のリストに加えられた．天然資源は賦存状態が地域によって不均衡なので財政能力の格差は拡大する．

　しかし分権化が地域間の格差を拡大することから救う手段がないわけではない．公平性に対する国民的価値観に依存しつつ，水平的公平性——全国津々浦々で比較可能な水準の公共サービスを提供する財政力を保証すること——は財政調整交付金を含む政府間財政移転によって達成することが可能である．インドネシアでは1999年法律25号により，国家歳入の25％にリンクさせて，州（10％）と県・市（90％）に財政力と財政需要の差額に比例して配分する，「一般配分資金」が導入された．どのようにして政府間財政移転が設計されるのかが，教育・保健衛生・インフラなどのサービス供給における県・市・町村間の不均衡の度合いを決めるといっても過言ではない．

マクロ経済の不安定化

　途上国では分権化を成功裏に実施する条件はかなり厳しい．分権化は公共サービスの改善に失敗するだけではなく，国民経済全体を大混乱に陥れる潜在的

リスクがある．1980年代のアルゼンチンはしばしば指摘されるケースであるが，同様の事態は東ヨーロッパの移行経済国に見出せる．同じような懸念は90年代の中国における財政改革で大きな役割を果たした[13]．

確かな証拠があるわけではないが，東南アジアの途上国で分権化が実際にマクロ的安定を危険性に曝したという事例はいまのところない．しかし潜在的な危険性が全くないわけではない．インドネシアでは地方分権化で政府収入の最低25%を地方政府へ移転することになっているが，地方政府に移譲される公共サービスを維持するためには，中央政府からの財政移転への圧力が増大することが予想される．それにより，中央政府の赤字が増大し，地方への歳出割り当ては倍増すると推計されている．地方分権化により，政府歳入が不足する事態になれば，公的債務の返済にも影響を及ぼす可能性がある．政府のマクロ経済安定に必要な中央政府の財源を維持しながら，地方政府への政府間財政移転を慎重に管理していくことが必要である[14]．

4. 地方政府への権限移譲の問題点

東南アジアの地方分権化はどのような形態をとっているのであろうか．「地方分権」概念は多様であるが，「分散」，「委任」，「分権」の区別は有用である．「分散」(deconcentration) は中央政府の機能がその地方出先機関自身によって執行される．「委任」(delegation) では代理人としての地方政府が中央で決められた政策を執行し中央へ必要な地域情報の提供を行なう．独自の財源と公選議員・職員をもつ地方政府へ権限を移譲するのが狭義の「分権」(devolution) である．この分類に従えば東南アジアの途上国では従来，権威主義的な政治体制のもと「分権」は明示的に抑制されてきた．この点につきタイを例に考察しよう．

出先機関によるサービス供給

タイの中央集権化を象徴するのは内務省の地方支配である．タイの行政は日

---

13) 分権化がマクロ経済に及ぼす影響については，Bird and Vaillancourt (1998), pp. 5-8 を参照．
14) 地方分権化がインドネシアの中央政府の財政へもたらす影響については国際協力事業団 (2000) を参照．

本のような中央政府と地方政府という二層構造になっておらず，中央政府，中央政府の出先機関の集合体としての地方行政，地方自治体の三つのラインから構成されている[15]．日本では機関委任事務などを通じて，地方自治体が中央政府から委任された仕事を行なってきたが，タイでは中央の出先機関が地方自治体とは別個に存在し，地方における業務を実施している．そのタイの地方行政は19世紀末以来，県（75）—郡（795）—タンボン（7,255）—村（71,212）という階統的制度のもとに置かれてきた．地方行政官である県知事と郡長は内務省地方行政局（DOLA）から派遣されている．一方，地方自治体は広域自治体としての性格をもつ「県自治体」（PAO）と基礎的自治体としての性格をもつ「テーサバーン」（市・町）および「タンボン自治体」（TAO）の二層制をとっている．しかし地方行政は，職員の量的比率，自治体職員の人事権，地方自治体に対する管理監督権などの点から，地方自治体に対して圧倒的に優位な立場にある．そして内務省の地方支配の末端を担っているのがタンボンの長である「カムナン」である．上記の分類に従うならば分散（出先機関によるサービス供給）の圧倒的優位といえよう．

「DOLA-JICA タイ日共同研究会」の永井によれば[16]，1997年憲法以来の地方分権化で行なわれていることは「中央政府」，「地方行政」，「地方自治体」の三層構造には手をつけず，「中央政府」と「地方行政」に所属する権限義務，カネ，ヒトをできるだけ「地方自治体」に移譲させることであるという．インドネシアのように中央政府の出先機関を廃止して地方自治体に統合するという手法をタイはとっていない．これはタイにおいて地方行政の存在がいかに大きいかを物語る．フィリピンでは1991年の地方政府法によって保健医療をはじめ複数の分野で中央政府からバランガイ，市，町村への分離型に近い形で権限が移譲された．東南アジアの途上国における分権化の特徴は「分散」から「分権」へという点にあるが，国による違いが大きいことに注意する必要がある．

---

15) タイの行政システムについては永井（2002）およびDOLA and JICA (2002), Chapter I を参照．
16) 永井（2002）を参照．永井によれば，地方行政の末端を担ってきたカムナンは，タンボン自治体発足後も治安維持等の行政機能を担っているばかりか，発足後4年間は自動的にタンボン自治体の執行委員長を兼務しているという．

地方ボスの影響力

　伝統的な財政連邦主義モデルでは,「外部性」,「規模の経済」,「所得再分配」,「ミニマム・スタンダード」を基準に, 中央と地方の事務を截然と分離する. 機能を分離することは, 行財政の責任を明確にする. しかし, 東南アジアの途上国の制度的特殊性に鑑みると, このような「分離型」の事務配分には多くの注釈を加えておく必要がある[17].

　第1に, 移譲された権限に責任をもちうる地方レベルでの民主主義的なチェック機構（代議制）が途上国の場合, 機能不全を起こしている. 東南アジアの途上国では代議制による意思決定は弱く, ローカル・エリートが確固たる地位を占めている. 政治ビジネスが地方の開発計画策定の過程でさまざまな影響力を行使してリソースを私物化し（タイ）,「ミニ・マルコス」が中央の政治家にアプローチして補助金を獲得するレント・シーキング活動を行なう（フィリピン）. ボス主義の問題は東南アジアの途上国では無視しえない.

　タイでは, 1994年タンボン評議会・タンボン自治体法から97年までの3年間に, 約7,000余の基礎的自治体が創出された. しかし公選議員の教育水準は全般に低いため, 内務省統治局は地方自治体の開発計画策定能力に対して懸念をいだいている. 腐敗や政治ビジネスの跳梁跋扈を防ぐためには, タンボン自治体の透明性を確保して, 住民に情報を与えることによって, 監視することが重要である. その具体的な手段としてタイでは「プラチャーコム」に代表される住民による公聴会制度が注目されている.「プラチャーコム」には住民の意向を開発計画に反映させるという民主主義的契機と自治体の予算行動の監視と

---

17) 伝統的な財政連邦主義モデルでは, 州・地方政府への権限配分を検討するとき,「外部性」,「規模の経済」,「所得再分配」,「ミニマム・スタンダード」を配慮する. 外部性が発生する場合は, 公共サービス水準についての地方政府の意思決定は社会的にみて望ましい水準を下回る. 教育や広域の道路がその例である. 負の外部性が発生すると過剰となる. ゴミの不法投棄がその例である. 人口規模が増大するにつれて公共サービスの平均費用が逓減するような場合,「規模の経済」が発生する. また全国統一的なサービスを供給する必要がある公共サービスがある. 公衆衛生, 社会福祉, 幹線道路などがこれに相当する. 地方政府が貨幣的給付を通じた所得再分配を行なうことは貧困者の流入を招き, 中産階層が流出する.「外部性」や「規模の経済」が比較的少なく,「ミニマム・スタンダード」や「所得再分配」も考慮する必要のない機能が地方政府に適しているといわれる. 図書・公園・街路・消防・ゴミ収集は基礎的自治体へ, 地域間交通, ゴミ処理は中間段階の政府へ, そして社会保障, 教育, 公衆衛生は中央政府もしくは州政府というのが標準的な処方箋とされている. この点については Kitchen（1997）がわかりやすく説明している.

いう二重機能が期待されている.筆者が1999年に訪問したチェンマイ市近郊の1級タンボンは創造的な活動を行なっていた.反面,「プラチャーコム」への住民の出席率の高い地域でも,建設請負業者からなるタンボン自治体執行部の意見に同調する傾向があるという批判的な観測もある.住民の参加と財政責任を高めるため,代議制にかわる間接的なチェック機構,たとえば予算編成や開発計画策定過程での公聴会の開催や透明性の高い公開入札制度を導入することが不可欠である.

地方政府間の水平的連携

第2に,東南アジアでは基礎的自治体の利害や諸計画を調整する水平的な自治体間連携の必要性が高まっている.しかし連携が不十分であるため政策の整合性の欠如,資源配分の非効率が発生している.この問題の根底にあるのは「外部性」(externality)である.基礎的自治体は他の行政区域に漏れる便益(不経済)を考慮しないので公共サービスの水準は社会的に見て望ましい水準より過小(過大)となる.通過交通のもたらす便益を考慮しないために道路投資が少なくなり,他地域の住民への不便を軽視してゴミの最終処理を区域外に求めようとするのは,その一例である.外部性が発生するかどうかはサービスの性格や基礎的自治体の規模に依存する.経済開発や環境,ゴミ処理において,また行政区域が小さいほど外部性が生じやすい.かかる外部性の発生に対処する一つの方法は自治体間の水平的連携である.ここでは「DOLA-JICAタイ日共同研究会」で抽出された問題点と改善策を事例的に取り上げよう[18].

(i) 自治体間連携 タイの地方自治体は小規模なために,都市化に伴うゴミ処理や汚水処理に対処できていない.しかし自治体は合併したくないので自治体間連携が現実的な解決であると内務省は判断している.日本では複数の自治体で廃棄物処理や消防等の事業を実施する一部事務組合や全ての自治体業務を共同で行なう広域連合といった取組みが広く行なわれている.タイにおいてもサハカーンと呼ばれる一部事務組合に相当する団体が法律で規定されているものの,これまでサハカーンの設立例はない.このためゴミ,廃棄物,汚水を巡

---

18) DOLA and JICA (2002), Chapter III "Local Management Cooperation".

る地方自治体間の連携は困難な状況にあり，たとえばチェンマイ市では連携が阻害されたが，プーケット市は最新のゴミ焼却設備の民営化に成功するなど事態は一様でない．

「DOLA-JICAタイ日共同研究会」の最終報告書でスコタイタマティラート大学のパタン准教授は日本の経験を分析したうえで，①中央政府の自治体間連携に係わる政策の明確化，②自治体間連携のためのガイドライン策定，③パイロット・プロジェクトの実施を提言した[19]．内務省は自治体へ移譲される事務・権限が現行の自治体規模では応えきれない状況で，自治体間連携が今後益々重要な課題になると認識している．このため地方行政局は本提言をもとに自治体間連携に関わる具体的なガイドラインの作成を開始する一方，テーサバーン・レベルの自治体でのパイロット・プロジェクトについて国際協力事業団に協力要請し，現在実施中である．

(ii) 地方開発計画の調整　タイでは地方自治体間の開発計画の調整も重要な問題となっている．タイでは県，郡，基礎的自治体の各レベルで年度ごとおよび5年間の開発計画を作成している．しかし各自治体の開発計画は地域の状況および課題を踏まえて作成されておらず，また郡，県の開発計画も自治体開発計画を束ねたものにすぎず，効果的・効率的な地域開発のツールとして十分に活用されていない．このため，ある県が通商県や観光県を目指したとき県内の自治体がバラバラにプロジェクトを立案したり，複数の県を跨る道路建設の場合，ある県では片側2車線の舗装道路があるのに別の県では未舗装道路1車線という問題が発生している．「DOLA-JICAタイ日共同研究会」の最終報告書で，開発行政大学院のスラシット准教授は，日本の県による開発計画調整業務および事業計画と予算編成との連動の仕組みを参照しつつ，タイにおける効果的な開発計画策定のための提言を行なった[20]．

中央政府による調整機能の停止

第3に，地方政府への権限移譲といっても中央政府が当該分野にいかなる責

---

19) DOLA and JICA (2002), Chapter III, pp. 54-57. 自治体間連携問題についての日本側のカウンター・パートは片山裕，秋月謙吾の両教授である．

20) DOLA and JICA (2002), Chapter IV "Coordination of Development Plan". 地方開発計画の調整問題について日本側のカウンター・パートは秋月謙吾，永井史男両教授である．

任をも負わなくなるということを意味するわけではない．分権化の進行プロセスを実施し監視する中央政府の役割はとくに保健・衛生や教育など経済開発や貧困克服に関わる分野では本質的である．途上国での分権化の意味することは中央政府の役割が公共サービスの直接供給主体（「分散」）であることから，地方政府による効率的なサービス供給に対する監視・調整機能にシフトすることである．しかし不幸なことに，いくつかの途上国では急激な分権化の副作用として，中央政府による監視・調整機能が消失し住民へのサービス水準が大幅に低下したケースが見られる．

フィリピンの保健・医療業務の分権化を例にとろう．フィリピンでは国家公務員としての助産婦が多様な地域医療サービスを提供していた．公衆衛生（家族計画，予防接種等）は国家的問題であるので，その実施について地方政府に裁量が与えられるにしても，最終的な責任は中央政府が負うべきである．しかし公衆衛生部門の全面的な権限移譲によってある県では薬品の入手難や賃金の不払いにより家族計画の実施が頓挫した[21]．保健衛生の分権化は本来，肯定的に評価されるべきである．しかし保健省の機能が「分離型」に近いような形で行政能力の乏しい地方自治体に全面移管されたために調整の空白が起きている．

中央政府による監視・調整機能には複数の分野での分権化の進行をコーディネートすることも含まれる．タイの場合には中央省庁の諸権限がタンボン自治体とかテーサバーンに移譲されているというよりも，ライン官庁が委員会を各地方に組織し，そこに権限を移譲することが先行している．教育省は数百の教育改革委員会を全国に組織して，教員の人事権などを与えようとしているが，既存のタンボン自治体との関係は不明確である．保健省は県単位で保健・医療委員会を作り，病院などの分権化を進めているが既存の自治体である県自治体との関係は不明確である．

中央政府の監視機能を維持するには地方政府の予算行動についての正確な情報システムを構築すること，特定補助金によって中央政府のプライオリティを確保することなどが必要である．

---

21) 国際協力総合研究所「地方行政と地方分権」第3回研究会（2000年6月16日）における中原教授の報告を参照．

5. 地方税拡充の障害

タイでは，全政府歳出に占める地方歳出の割合を従来の 10% 未満から，2001 年度までに 20% に，2006 年度までには 35% に引き上げようとしている．このためには事務の地方への移譲に対応した財源の確保が至上命題となる．しかし，東南アジア諸国の地方政府の財政規模は押しなべて小さい．地方政府の歳入に占める自主財源（地方税，税外収入）の割合は低く，歳出との差額を埋めるために中央政府からの財政移転に多くを依存している．地方歳入という面から分権化の可能性と課題をつぎに検討しよう．

集権的な税源配分

多くの途上国の抱えている問題は中央政府自身が財源不足に直面していて潜在的に豊富な財源を地方に移譲したがらないこと，地方の税務行政能力が中央政府のそれに比べて劣ること，地方政府が利用しうる潜在的な課税ベースが地域的に偏在していること（所得，天然資源）などである．

インドネシアでは全租税収入のうち 93% が中央政府に割り当てられている．所得税，付加価値税，天然資源税などの有力な租税は 100% 中央に割り当てられ，州政府には自動車税，市町村には娯楽税やホテル及びレストラン税が配分されているにすぎない[22]．フィリピンでも税収総額に占める地方税の割合は 11% にすぎない．1991 年地方政府法をかわきりとする地方財源拡充は，内国歳入割当（IRA）の拡充を中心に行なわれており，地方税は伸張していない．移転財源である内国歳入割当の地方歳入に占める割合は，1990 年に 36% であったが 1994 年には 63% に急増している．しかし基幹的な地方税である固定資産税の割合は逆に 14% から 6% へと低下した[23]．タイでは 1993 年 8 月，大蔵省が 9 項目からなる地方歳入強化策をチュアン内閣に提案し，1994 年 7 月に承認された．その柱は付加税の徴収手数料の軽減，付加価値税付加税のバンコクへの配分割合削減，たばこ税に対する 10% 付加税の創設，土地家屋税と土地開発税の新しい「固定資産税」への統合である．しかし地方税が総税収入に

---

22) Sakon (1995), pp. 3-5.
23) Sakon (1995), pp. 7-9.

占める割合は 1993 年の 8% から 1997 年の 11% へと僅かに上昇したにすぎない.

固定資産税の問題点

東南アジアの途上国では零細な個別間接税が数多く徴収されているが,基幹的な地方税目は固定資産税である.地方への権限移譲に伴って地方税を拡充するには固定資産税の強化が鍵をにぎる.

タイでは固定資産税としては,家屋・建物税と地方開発税との二種類があり,税収に占める割合は 16% である.バンコク都での固定資産税収入は全国の約半分を占めている.フィリピンでも固定資産税は基幹的税目であり,税収に占める割合は 45% 程度である.インドネシアの固定資産税はやや変則的である.インドネシアでは固定資産税が中央政府からの税収分与という形で地方に交付されている.固定資産税は地方税として広く利用されている.それは税務行政コストが相対的に低い,税収の予測可能性が高い,固定資産税は公共サービスの対価としての応益原則が適用しやすい,税率を変えても課税ベースが逃げないことによる.

しかし固定資産税は主要な地方税であるにもかかわらず実際の税収は潜在的なそれに比べて極めて少ない[24].タイを例にとってこの点を検討してみよう.固定資産税の課税ベースは土地と家屋であるが,納税義務を負っているのは賃貸の家屋・土地だけで持家は非課税である.内務省地方行政局の推計によれば持家の非課税によって課税ベースが 3 割に縮小している.財産所有者が家賃を引き上げて固定資産税を転嫁することを考慮すると負担構造は逆進的である.

第 2 に課税ベースの評価は資本価格ではなくて賃貸価格であり,このため 12% という高い税率が適用される.また賃貸価格評価なので持家には課税できないという問題がある.第 3 は税務行政の問題である.タイでは固定資産の評価を自己申告に基づいて行なう.固定資産税の評価は台帳方式に基づいている.すなわち地方公共団体が土地台帳をつくり,土地所有を確定して,一定の基準で土地を評価し税を賦課する方式が一般的である.しかしタイでは台帳方

---

24) Sakon (1995), pp. 10-15.

式の導入を試みてきたものの成功しなかった．現在は納税申告書に記載された賃貸収入をベースにして固定資産税を賦課している．詳しい検討は今後の課題としたいが，これはタイだけの特殊な問題というよりも途上国一般に妥当する．

しかし，東南アジアの途上国における固定資産税の強化にはいくつかの障害がある．都市部で固定資産税を強化するためには持家非課税の廃止，資本価格ベースへの評価方法の変更，台帳方式の導入等が必要となる．しかし固定資産税問題は政治的軋轢を生む可能性を否定できない．地主勢力の強い支配や地方有力者が票との引き換えに個別の優遇措置を支援者に与えるという伝統的な権力構造がある場合（フィリピン）や王室が巨大土地所有者になっている場合（タイ）には，固定資産税評価の適正化は政治的問題になりやすい．

税源の偏在

東南アジアの途上国では首都の経済的優位と地域間の格差は従来から深刻な問題であった．経済活動水準の地域格差は潜在的な課税ベースを大都市圏に偏在させるので地方への税源移譲に対する制約条件となる．地方政府が中央政府の有力な税源に課税する場合，問題はより大きくなる．インドネシアでは所得の低い東部インドネシア開発が優先されてきた．にもかかわらず首都ジャカルタには所得税の72％，付加価値税の62％が集中し，個人所得税の90％は納税者全体の0.5％の人々によって納められている．所得税付加税は地域間の税収格差を拡大している．タイでもバンコクと東北タイとの間には著しい所得格差があるし，フィリピンでも首都マニラとそれ以外の地域との間では格差が生じている．地域格差が深刻な途上国のような場合には財源拡充にどのような選択肢がありうるだろうか．この問題に教科書的な解答はない．

6. 政府間財政移転の制度設計

地方自治体への権限移譲がすすむにつれて，地方税収入の絶対的不足を補い，かつ税収の地域間格差を是正するための政府間財政移転は重要性を増してくるであろう．フィリピンは1967年に財政調整制度を導入しており長い実績を誇る．1991年の地方政府法を契機に内国歳入割当（Internal Revenue Allotment; IRA）は拡充された．インドネシアでは国家統合問題と密接なつながりをもち

ながら，1999年5月の地方財政均衡法で一般配分資金（General Allocation Fund；GAF）が創設された．タイでも地方分権委員会が財政調整制度を検討中である．以下では東南アジアの財政調整制度の問題点を概観した上で，タイ政府内務省地方行政局に対するチャラット准教授の提案を紹介する．

財政調整の未成熟

先進工業国では，実際の地域格差は小さいにもかかわらず，過剰ともいえる財政調整を行なっている国もあれば，逆に地域の経済的格差が深刻なのに調整をほとんど行なわない国とがある．前者の代表はオーストラリアであり，後者の代表はアメリカ合衆国であろう．戦後の日本では成長のアクセルを踏みつつ，その成果については精密な配分公式をもった交付税制度を通じて，公平に各地域に配分し，日本人の平等感を満足させた[25]．反対に中国は社会主義国でありながら内陸部と都市部との所得格差を拡大させるような成長戦略をとっている．財政調整制度の設計は最終的には理論ではなく，国民全体の水平的公平性に対する熱意に依存し，支えられる．東南アジアではどうであろうか．

第1に，地方税の枠内で偏在度の高い国税に付加税を課しているケースがある．典型はタイにおける付加価値税への付加税である．同税は旧事業税に替えて1992年に導入された地方付加税であり，国税としての付加価値税に10%分が付加され，内務省を通じて各地方政府に配分される．配分基準には1960年当時の事業税収入が使われており，財貨・サービス取引の活発な大都市に有利になっている．最大の地方税でありながら，95%がバンコク都に集中していることからもわかるように偏在度が著しい[26]．

第2は，税収分与形態をとる場合でも財政調整の要素は軽微であり，税収発生地に手厚い配慮がなされている．東南アジアの途上国の税収分与システムには還付税的な要素が強い．インドネシアでは1999年改革で従来，中央政府が100%独占してきた天然資源・ガス収入を，州に配分する税収分与のリストに加えた．税収分与にしたにもかかわらず，産出州に手厚く配分せざるをえなかった．天然資源は元来最も地方税としては望ましくない．天然資源は賦存状態

---

25) 日本の地方交付税の果たした役割についてMochida (1998) を参看されたい．
26) 付加価値税の配分についてはSakon (1995) の指摘による．

が地域的に偏在しやすく安定性に欠ける．石油・ガス等の天然資源は価格変動が激しく，奔馬のような性質をもつ．けれども国家の分裂を避け統一を維持するための政治的コストとして分離独立の動きを見せてきた産出諸州の要求は認めざるを得なかったのであろう．

　第3に，本格的な財政調整制度という形態をとる場合でも財政調整の効果は弱い．フィリピンの内国歳入割当（IRA）に典型的に見られる現象である．フィリピンでは1994年にIRAの内国歳入へのリンク率が40％へと引き上げられて垂直的財政不均衡が是正された反面，水平的不均衡の是正は改善されなかった[27]．補助金はルソン島の首都地域のような発展した地域に手厚く配分され，荒廃した地域には平均以下しか配分されていない．マニラのように財政需要が高い人口密集地帯の自治体では，一人当たり補助金額も小さい．市は町よりも優遇されており，町は先を争って市への昇格を議会に申請している．財政能力を配分公式から捨象しているために，都市化や工業化の進んだ地域を優遇するという財政調整制度本来の目的と相反する事態を招いている．

交渉による補助金配分

　このように途上国では首都突出と地域間格差の中，地域間所得再分配のコンセンサスはかつての高度成長期の日本のようには強くない．しかし中期的に見ると，分権化が進展することで，小規模な地方自治体に権限が移譲されるため，財政調整制度や補助金の制度設計は重要になってくると思われる．以下では制度設計の観点から，現状の問題点を明らかにしたい．政府間財政移転の制度設計や役割は各国の政治経済的な環境に依存して異なる[28]．しかし優れたケースには共通の特徴が見られることもまた事実である[29]．

　(i) ルールによる配分　　第1に財政移転はできるかぎり客観的かつ誰にでもわかるように，信頼性の高い配分公式によって決定されるべきである．裁量的な交渉に配分が左右されるようなことはあってはならない．財政移転の総額・

---

27) 内国歳入分与（IRA）の配分公式については Milwida (2000) を参照．
28) 地方分権化との関連で，政府間財政移転の根拠，制度設計について理論的に検討したものとして，Boadway, Hobson and Mochida (2001) を参照されたい．
29) 財政調整制度の制度設計については，Litvack, Ahamad and Bird (1998) および Kitchen (1997) を参照．

配分は中央政府，中立的な専門機関ないしは公的な政府間関係委員会等で決定すべきである．ルールによる配分か裁量による配分かは，法律の条文や制度の調査だけではわからない．地方開発において事業選定から予算額の確定および執行に至る過程で国会議員の果たす役割が大きいフィリピンの「ポーク・バレル資金（Pork Barrel Fund）」は後者の可視的な例である[30]．しかし，それは例外である．確かな証拠には欠けるが，客観性を装いつつ，実際には政治的交渉や中央財政の逼迫の度合いに応じて裁量的に配分されるケースが東南アジアの途上国では圧倒的に多い．

その一例がインドネシアである．インドネシアでは天然資源収入を税収分与のリストに加えたため，財政調整制度の設計と導入が喫緊の課題となっている．1999年の法律25号では，一般配分資金を国家歳入の25％にリンクさせて，州（10％）と県・市（90％）に財政能力と財政需要の差額に比例して配分することが明記された．財政需要については人口，面積，地理的条件，貧困者数をもとに算定する．財政能力については地域総生産（GRDP），製造業の生産額，天然資源，人的資源をもとに潜在的な歳入調達力を推計する．2001年度は急激な変化を避けるための移行措置として新配分公式の適用を全体の5分の1にとどめ，残りは旧来の地方自治補助金（SDO）や開発補助金（Inpres）の配分を継続する[31]．

一般配分資金の配分公式は，一見すると需要と能力の両面を客観的に測定しており合理的に映るが，配分公式の決定プロセスには政治的裁量の余地がある[32]．中央政府が新しい算定公式で計算しても，受領側の州や県は自己流で補助金を計算しているため，配分公式の信認性が確立するまでの間，紆余曲折を経るであろう．

(ii) 安定性と伸縮性　第2に政府間財政移転は地方政府の合目的的な予算

---

30) 片山裕教授（神戸大学）のご教示による．
31) インドネシアの政府間財政については，Brodjonegoro and Asanuma (2000) を参照．一般配分資金の配分公式については岡本（2001）も参考になる．
32) 財務省の現地報告によると政府はアチェ州，ジャカルタ特別市に配慮した算定式を構想している．算定方式の恣意性に他の州が不満を持つと不満を宥めるために一般交付金を増やさなければならず，マクロ経済が不安定化するというおそれもあるという．インドネシア要請背景調査「地方分権化技術支援に係わる報告書」（財務省主計局・藤井健志），2000年3月による．

編成が可能となるよう,毎年毎年,比較的安定しているものが望ましい.他方,地方財政が国家レベルのマクロ的安定化を妨げることのないよう柔軟性を兼ね備えることが必要である.相反する二つの要請を満たすための解決策は,財政移転の総額を国家歳入の一定割合に固定し,その比率を定期的な再交渉(3-5年ごと)で見直すことである[33].

東南アジアの途上国における財政移転の一般的傾向は総額の国家歳入へのリンクにあり,望ましい方向に沿っている.フィリピンの内国歳入割当では内国歳入の40%が,インドネシアの一般配分資金では国家歳入の25%が財政移転のプールとして確保されている.しかし実際の運用では政府の裁量によって総額が左右されることが依然として多いことも事実である.

フィリピンのIRAは模範としてしばしば言及される.しかしフィリピンですら,3年前の内国歳入をベースにIRAの総額が決定されるためインフレによる実質価値の減少が問題となっている.現在下院では2年前の内国歳入に変更する提案が提出されている.ラモス政権時の1997年とエストラーダ政権時の1998年には財政赤字が大きい場合にIRAをカットできるという条項に基づき削減された.この結果,地方政府の抗議を受け最高裁が違憲判決を下すという混乱が生じた.総額が国家歳入の一定割合にリンクしている場合でもインド,パキスタン,南アフリカで行なわれているような総額や配分公式をめぐる定期的な再交渉を制度化している国はほとんどない.

(iii) 簡素な算定公式 第3に財政移転の配分公式は信頼性のある要素に基づく明晰性があり,できるかぎり簡素なものがよい.むやみに複雑な配分公式は実現可能性が低い.途上国では配分公式に用いるパラメーターの数値を入手するのは困難を極める.データがないので一般的な財政需要を測定する便法として人口規模や簡単な自治体の分類(規模や種類)を使う簡単なアプローチが採用されているのも肯ける.事実,東南アジアの途上国で配分公式に財政能力を明示的に含むものはほとんどない[34].地方政府に課税自主権がある場合に財政能力を考慮する意味がある.途上国における税率決定権の欠如およびデータ

---

33) 政府間移転のあり方については,Litvack, Ahmad and Bird (1998) が示唆に富んだ提言を行なっている.本章もこれに負うところが多い.
34) Litvack, Ahmad and Bird (1998) の指摘.

の入手が困難であることが財政能力を明示的に配分公式に含めることを難しくしている.

補助金交付にリンクした自治体分類

ここでは制度設計の事例として筆者の関係するタイを取り上げよう.制度化が終わったインドネシア,フィリピンと異なって,タイ政府は現在,財政調整制度を設計中である.タイでは政府間財政移転には税収分与と補助金との二種類がある.税収分与の対象は付加価値税,特別事業税,個別消費税,酒税の4種類である.補助金の約4割は一般補助金,残りの6割が特定補助金である[35].タイではチュアン前政権からタクシン現政権に至るまで,地方自治体への補助金交付の改善を重視している.現在,基礎的自治体であるテーサバーンやタンボン自治体には人口や面積によってそれぞれ7級,5級の区分がなされているが,適正な補助金交付に資するのではなく,専ら内務省地方行政局 (DOLA) による役職の設置および自治体職員数の調整に用いられているのみである.

「DOLA-JICA タイ日共同研究会」の2002年8月の最終報告で,チュラロンコン大学のチャラット准教授は,日本の地方交付税の算定方法を参考にしつつ,タイにおける補助金交付の適正化に資する新たな自治体区分の導入についての政策提言を行なった.その要点は,DOLAによる人事管理目的の分類は自治体側に人事権が法的にある地方分権化の時代には不要であること,級分けによる財政調整資金の配分は,自治体の「格差指標」と「パフォーマンス指標」という簡単な配分公式によって継続的・自動的に配分されるシステムによって代替すべきことの二点である.

---

35) 従来のタイにおける政府間財政移転については Thailand Development Research Institute (1999) が詳しい.タイでは,1999年5月,国連開発プログラムとタイ開発研究所が共同で,財政調整と市町村のパフォーマンス指標についての最終報告書「Revenue Sharing and Municipal Performance Indicators」を,内務省地方行政局宛てに提出した.従来のタイの一般交付金は人口・面積という客観基準により配分されていた.実際には申請書の作成に長じている大都市に有利であるため,同報告書は,需要と徴税努力を要素にした算定式に基づく財政調整制度を勧告した.具体的には 1) 一般補助金の優位(特定補助金との比率を 7:3 とする)を確立し,総額を一般財源の一定割合にリンクさせる,2) 総額の50%は人口規模によって測定された財政需要を基準に各地方自治体に配分する,3) 残りの50%はパフォーマンス指標で配分する,4) パフォーマンス指標は,サービス提供,財政運営,人的資源管理等の六つのカテゴリーに分類され,地方自治体の効率性を反映する,というものである.

表 8-1 タンボン自治体の級別分類と財政指標

	1級	2級	3級	4級	5級
タンボン数	74	78	205	843	5,545
人口					
最大	36,800	47,133	34,040	37,275	28,090
最小	3,930	2,800	240	408	21
中位数	15,360	10,960	9,898	9,100	5,640
標準偏差	8,730	6,690	5,987	4,197	2,562
一人当たり支出					
最大	4,200	5,480	7,328	5,470	8,640
最小	170	230	100	22	22
中位数	1,180	830	698	468	468
標準偏差	814	697	1,657	813	1,020

(資料) DOLA and JICA (2002), Chapter I, table 7 (チャラット准教授作成).

チャラット准教授が自治体分類基準の廃止を提案した根拠は，現行基準が地方自治体の財政力やニーズを反映していないという問題意識からであった．テーサバーンやタンボン自治体には人口や面積によってそれぞれ7級，5級の区分がなされ，各級別に人口一人当たり補助金額と職員数が内務省によって統制されている．しかし表 8-1 に見られるように，同一の区分に分類された地方自治体間で各種財政指標は不均等であり，補助金配分の基準としては不適切な点が多いという．こうした問題意識からチョンブリ県を事例にとって，「格差指標」と「パフォーマンス指標」という簡単な配分公式で分類し，チャラット准教授は新しい財政均等化補助金を提案したのである[36]．

これに対して DOLA からは分類基準の見直しは必要であるが，自治体の機能および能力に応じた補助金の配分，人事管理上の問題から自治体分類は必要であるとの見解が示された．チャラット准教授と筆者の共同提案では，現時点で現行制度に代替するものの提示には至らなかった．しかし DOLA には分権化時代に対応していない自治体分類の再考を迫るものとなった．

---

[36] 提案の細部については DOLA and JICA (2002), Chapter I を参照されたい．自治体分類基準の再検討に関する，日本側のカウンター・パートは持田信樹である．

7. 結　語

統合型分権化へ

　東南アジアの途上国における急激な分権化に伴う副作用を抑え，分権化の本来の長所を活かすには，財政システムの適切な制度設計が不可欠である．第1に，東南アジアの途上国の制度的特殊性に鑑みると，「分離型」の事務配分には多くの注釈を加えておく必要がある．中央と地方の事務を截然と区分することは，行財政の責任を明確にするという意味では有益である．しかし，東南アジアの途上国の制度的特殊性に鑑みると，問題は簡単ではない．移譲された権限に責任をもちうる，地方レベルでの民主主義的なチェック機構（代議制）が，機能不全を起こしている．

　住民の参加と財政責任を高めるため，代議制にかわる間接的なチェック機構，たとえば予算編成や開発計画策定過程での公聴会の開催や透明性の高い公開入札制度を導入することが不可欠である．開発プロジェクトの優先順位を決定するための技術についても検討すべきである．

　途上国では基礎的自治体の利害や諸計画を調整する水平的な自治体連携が不十分である．ゴミ処理，汚水処理などの都市化に伴う問題を解決するためには，中央政府は自治体連携についての政策を明確化し，ガイドラインを具体化すべきである．しかし，中央から地方への事務・権限移譲に伴って小規模な地方自治体の合併は避けることのできない問題になるだろう．

　第2に，地方政府の住民に対する財政責任（アカウンタビリティ）を高めることが重要である．分権化の加速にもかかわらず，東南アジアの途上国の財政システムは中央集権的である．その規模は極めて小さい．自主財源（地方税，税外収入）の割合は低く，歳出との差額を埋めるために中央政府からの財政移転に多くを依存している．中央政府自身が財源不足に直面していて，潜在的に豊富な財源を地方に移譲したがらないこと，地方の税務行政能力が中央政府のそれに比べて劣ること，地方政府が利用しうる潜在的な課税ベースが地域的に偏在していること（所得，天然資源）などがその原因として挙げることができる．

　地方政府の住民へのアカウンタビリティを高めるには，基幹的な税目である

固定資産税の強化が鍵をにぎる．戦後の日本では，1970年代の列島改造や90年代の「失われた10年」のように，いくつかのマクロ経済的な大混乱が生じた時に市町村財政は外生ショックから遮断され，比較的安定した運営が可能であった．その理由の一つは景気変動に左右されやすい都道府県の歳入構造と異なって，市町村では戦後のシャウプ勧告以来，安定した固定資産税を基幹税としていたことである．途上国における固定資産税を強化するための基本戦略はループ・ホール（持家非課税など）の縮小・廃止，資本価格ベースへの評価方法の変更，台帳方式の導入等であろう．

　第3に，適度な所得再分配を伴わない急激な分権化は地域間の所得格差を拡大するだろう．多くの東南アジア諸国では分権化の加速に伴い，地域間の所得格差が拡大する兆候がみられる．さらに民族的，文化的な亀裂が，地域間所得格差によって増幅されると，旧ソ連やユーゴスラビア，現在のインドネシアに見られるように，国家は「分解」の瀬戸際に立たされる．地域間所得格差の拡大は適切な政府間財政移転によって是正できる．戦後日本の政府間財政の根底にあったのは，公共サービスへの平等なアクセスとその負担の地域的平等に対する日本人の強い選好であった．

　財政移転はできるかぎり客観的かつ誰にでもわかるように，理想的にいうと信認性のある配分公式によって決定されるべきである．政府間財政移転は，地方政府の合目的的な予算編成が可能となるように，毎年毎年，比較的安定しているのがよい．同時に，地方財政が国家レベルのマクロ的安定化を妨げることのないよう柔軟性を兼ね備えることが求められる．相反する二つの要請を満たすための一つの解決策は，財政移転の総額を国家歳入の一定割合に固定し，その比率を定期的な再交渉で見直すことであろう．さらに財政移転の配分公式には信頼できる要素に基づく明晰性があり，かつできるかぎり簡素なものがよい．むやみに複雑な配分公式は実現可能でも当てになるものでもない．

分権化についてのソフトな政策支援

　最後に，分権化についてのソフトな政策支援のあり方をまとめよう．わが国の対外援助機関は，途上国における地方分権化の傾向を既定事実として受け止めたうえで，中央政府の分権化政策策定や地方政府強化策などに対するソフト

な「知的支援」により多くのリソースを配分すべきである.欧米に根拠を置く国際機関(UNDP, World Bank, DTZ, CIDA 等)は,かなり早い時期から途上国の分権化についての政策支援を開始した.これら国際機関が用いる分権化モデルでは,財政リソースと権限配分および政府間移転などを扱う伝統的な財政連邦主義に依拠する傾向がある.しかし途上国の分権化を支援する場合には,財政面は重要ではあるがあくまで一要素にすぎず,それだけでは把握できない重要な領域があることに注意しなければならない.とりわけ重要なイシューは地方政府の能力向上問題,いわゆる「受け皿」問題である.

ソフトな政策支援は日本の国際協力援助の新境地を開くものであるが留意すべき点がある.分権化のソフトな政策支援は被援助国に押し付けるものであってはならず,理想的には被援助国自身が中央・地方関係を自らの意思で変えていくのを政策的に支援していくことが望ましい.知的支援プロジェクトが増える中,研究のための研究に終始しないためにも,被援助国の行政を巻き込み,かつその研究成果が在来型の技術協力や無償協力援助にむすびつくものであることが決定的に重要である.「タイ国・地方行政能力向上共同研究会」では他省庁の官僚を巻き込むことはできなかったが,DOLA との信頼関係を築き,次のプロジェクトへの橋渡しにもなった.タイ側委員は担当分野における一線の学者だけでなく,分権化法等の重要な法律起草を担当する学者であったり,地方分権化委員会をはじめとする分権化推進および自治体能力向上に関わる政府機関の委員会の委員である[37].長期的な視点で考えれば,対等な立場での共同研究を通じた「技術移転」はタイ地方行政の発展に大きく寄与するであろう.

参考文献

Bird, Richard M. and Francois Vaillancourt (eds.) (1998), *Fiscal Decentralization in Developing Countries,* Cambridge University Press.

37) 「タイ国・地方行政能力向上共同研究会」のメンバーは以下の通り.タイ側委員——座長/タマサート大学:ノーラニット・セータブット氏,委員/ラームカムヘン大学:ニヨム・ラッタマリット氏,チュラロンコン大学:チャラット・スワナマーラー氏,スコタイタマティラート大学:パタン・スワナモンコン氏,タマサート大学:ソムキット・ラートパイトーン氏,開発行政大学院:スラシット・ワジラカチョン氏.日本側委員——座長/京都大学:村松岐夫氏,東京大学:持田信樹,神戸大学:片山裕氏,早稲田大学:林正寿氏,京都大学:秋月謙吾氏,大阪市立大学:永井史男氏.

参考文献

Boadway, Robin W., Paul A. R. Hobson and Nobuki Mochida (2001), "Fiscal Equalization in Japan: Assessment and Recommendations," *The Journal of Economics (Tokyo University)*, Vol. 66, No. 4.

Brodjonegoro, Bambang and Shinji Asanuma (2000), "Regional Autonomy and Fiscal Decentralization in Democratic Indonesia," in Asian Tax and Public Policy Program of Hitotsubashi University (eds.), *Decentralization and Economic Development in Asian Countries*.

Charas, Suwanmala (1999), "Local Fiscal Capability, Thailand," *Regional Development Dialogue*, vol. 20, no. 2, Autumn.

DOLA and JICA (2002), *Thailand Japan Joint Research Project on Capacity Building of Thai Local Authorities*.

Fiscal Policy Office (1998), *A Guide to Thai Taxation 1998*.

Fiscal Policy Office (1999), *Thailand's Economic Reform*.

Kitchen, Harry (1997), *Municipal Finance Guidelines for Thailand: Principles and Best Practice*, TDRI.

Litvack, Jennie, Junaid Ahmad and Richard Bird (1998), *Rethinking Decentralization in Developing Countries*, The World Bank, Washington, D. C.

Milwada, M. Guevara (2000), "Decentralization and Economic Development: The Philippine Experience," in Asian Tax and Public Policy Program of Hitotsubashi University (ed.), *Decentralization and Economic Development in Asian Countries*.

Mochida, Nobuki (1998), "An Equalization Transfer Scheme in Japan," in Shibata/Ihori (eds.), *The Welfare State, Public Investment and Growth*, Springer-Verlag Tokyo, pp. 269-293.

Noranit, Setabutr and Niyom Ratamarit (2000), "The Current Movement and Issue Regarding Thai Decentralization," paper presented at conference on Thailand-Japan Joint Research Project on Capacity Building of Local Authorities, November 3-5, 2000, held in Tokyo.

Sakon, Varanyuwatana (1995), "Non-Land Based Sources of Municipal Revenues: Case of Thailand." memo.

Thailand Development Research Institute (1999), *Revenue Sharing and Municipal Performance Indicators (final report)*, supported by UNDP, submitted to Ministry of Interior, Government of Thailand.

秋月謙吾 (2001)、「行政の観点から見た途上国の地方分権」国際協力事業団『地方行政と地方分権』.

岡本正明 (2001)、「インドネシアにおける地方分権について——国家統合のための分権プロジェクトの行方」国際協力事業団『地方行政と地方分権』.

国際協力事業団 (1997)、『地域の発展と政府の役割』(座長:村松岐夫).

国際協力事業団 (2000)、『第4次インドネシア国別援助研究会報告』総研 JR00-33.

国際協力事業団 (2001)、『地方行政と地方分権』総研 JR00-52.

永井史男 (2002)、「曲がり角に来たタイの地方分権化」『アジ研ワールド・トレンド』第85号.

(慣用に従い、タイ人は First Name で表記)

索 引

abc

Capacity equalization　199, 209, 211, 215
DOLA-JICA タイ日共同研究会　331, 336, 337, 340, 342, 352
EC ノイマルク委員会　86
　――勧告　7, 106, 130
EU　284
　――統合　2, 293
GST 税収分与制度（オーストラリア）　201
OECD　292
OECD 新分類　74
Performance equalization　199, 208, 211, 215

ア行

アキノ政権　333
アジア通貨危機　333
足による投票　37, 81, 287
安定性　31
安定と成長協定　296
暗黙の政府保証　15, 255, 275
一括補助金　311
一般歳入分与（アメリカ）　44
一般消費税　72
「一般的便益」の対価　92
一般配分資金（インドネシア）　19, 338, 348, 350, 351
一般報償関係　84
一般補助金　309
移動性の低さ　6, 76, 82
委任　339
インボイス　133
ヴィクセル（K. Wicksell）　29

「受け皿」問題　18, 336, 356
現年事業費補正　251
売上高　117
営業税（ドイツ）　72, 295
営業税納付金（ドイツ）　295
エーデル改革　25
越境購買行動　85, 118
縁故債　256, 278
応益課税　84
応益原則的な課税根拠論　141
欧州地域開発基金　285
応募者利回り　259
公会計制度改革　268

カ行

外形課税　88
外形標準課税　99
開発計画　343
外部性　342
カウンシル・タックス　205-207, 298
家屋・建物税（タイ）　346
革新的実験　218
格付け　258, 267
課税権　119
課税最低限　83, 93
課税自主権　73
課税努力　56, 186-188, 311
　――へのインセンティブ　56
課税標準　187
　――の視認性　79
カナダ歳入関税庁　127, 150
カナダ統計局　154
ギア効果　207

機会の平等　11, 13, 47, 223, 240, 324
機関委任事務　314, 340
　——の廃止　174
企業に関わるレイト　299
起債許可制度　255
起債制限比率　261, 274
技術移転　356
基準財政収入　189
基準財政需要　54, 175, 181
　——額　172
基準税率　184
基準法（ドイツ，2001年）　204, 296
規模の経済　229, 302
基本法（ドイツ）　202, 296
客観的ルール　210
キャッシュ・フロー問題　144, 145
救済スキーム　269, 270
97年憲法（タイ）　18, 333
教育費　238
境界税調整　123
供給地ルール　153
行政項目別算定　54
行政的分権　5, 16, 63, 275, 289
　——論　287
行政統制　24, 62
競争的分権　275, 283
　——論　286
協調売上税（カナダ）　8, 86, 96, 112, 126, 152, 160
協調的分権　5, 17, 62, 64, 275
　——論　283, 317
共通農業政策　285
共同型付加価値税　126, 157
共同税（ドイツ）　121, 202, 203
共有財源問題　290
居住地課税　6, 13, 34, 88, 221, 227, 232
均衡化率　53, 57
均衡予算原則　272
均等割　92, 94
クノッセン説　139, 140
繰延べ支払い方式　8, 86, 124, 147, 160

グローバル化　3, 314
経済安定化　300
結果の平等　11, 49, 324
欠損金の繰越し　98
ケベック売上税　8, 86, 127, 149
限界的財政責任メカニズム　206, 210
限界的財政責任論　304
県境税調整　111
原産地原則　7, 86, 104, 106, 159
源泉地課税　13, 221, 226, 228, 232
憲法第36条2項（カナダ，1982年）　197
公開入札制度　354
恒久的減税　174
公共財　228
公債の償還期限　313
公債費　181
公債費算入率　252
公債費比率　273
公聴会　354
交付税措置　167, 252, 280
交付税特別会計借入　14, 167, 243, 280
交付税の特例減額　173
交付税法定繰入分　165, 170, 172, 183
交付税余剰給付額　10, 191, 192
公平性　216, 240
公募地方債の銘柄間格差　259
小売売上税　85, 109, 125
効率性　240
合理的かつ妥当な水準　175
ゴールデン・ルール　271
五月流血事件（タイ）　332
国際決済銀行による規制　264
国土の均衡ある発展　210
国内共通市場の攪乱　219
個人住民税　91
　——の課税最低限　94
個人所得税　17, 72, 83
コックフィールド報告　124, 143, 144
国庫負担金（地方財政法第10条）　319
国庫補助関連事業　178, 181
国庫補助金（地方財政法第16条）　319

索引　361

固定資産税　5, 32, 81, 89, 189, 192, 194, 236, 293, 294, 320, 345, 346, 355
個別条件決定方式　278
ゴミ焼却設備の民営化　341
コミュニティ・チャージ　207, 298
コントロール・トータル　298

サ行

サーリ（R. Searle）　199
財貨・サービス税（カナダ，オーストラリア）　122, 125, 201
財源対策債　168, 179
財源保障機能　49, 209, 318, 322
財源保障水準　176
最終消費地と税収の帰属地の一致　103, 108, 109, 111
財政援助交付金（オーストラリア）　11, 198, 201
財政規律　316
財政構造改革　174
財政再建　182
財政再建団体制度　15, 255
財政錯覚　50, 308, 327
財政需要の算定　50
財政戦争（ブラジル）　132-134
財政的アカウンタビリティ　32
財政的外部性　229, 230, 306
財政的公平性　47, 221, 223
財政的倒錯性　301
財政の非効率性　220
財政投融資制度改革　275
財政余剰　12, 220, 225, 228, 231
　　──の発生メカニズム　225
財政連邦主義　4, 105
　　伝統的な──　22, 41
歳入援助交付金（イギリス）　11, 204
再分配サービス　22
債務償還可能年限　261, 262, 274
差額補塡方式　50, 55
サハカーン（タイ）　342
サリバン（C. Sullivan）　99

産業連関表　96, 154, 161
32％ルール　9, 166
仕入税額控除　96
　　──の否認　155
仕送り状の観光旅行（ブラジル）　132, 133
時価会計制度　264, 277
事業者免税点制度　96, 117, 158
事業税　97
事業費補正　14, 210, 251, 252
資金運用部　165
資金運用部資金法　15, 256
資源配分機能　302
資源配分に対する中立性　121
自己決定権　119
事後的救済　204
自主財源比率　28
市場公募債　256, 260, 326
市場の規律　258, 267, 269, 276
　　──への一元的依存　325
事前協議制　15, 257, 275
自然減収　246
慈善的政府　77, 221
自治体間の税率格差　36
自治体合併　336
自治体金庫（ベルギー）　292
自治体分類基準（タイ）　353
自治体連携　354
実効税率　10, 191, 196
実質収支　273
実質収支比率　274, 281
実質単年度収支　281
視認性　307
自発的交渉システム　60
自発的に結成したクラブ　287
資本化　82, 312
資本財税額控除問題　135
仕向地原則　7, 85, 86, 95, 104, 106, 142, 159
シャー（A. Shar）　198
シャウプ（C. Shoup）　139, 141
シャウプ勧告　1, 98, 315
シャウプ使節団税制報告書　176

社会的基準　52
社会的便益　230
州間財政調整（ドイツ）　11, 202, 203, 325
州生産活動税（イタリア）　88, 293, 294
重複課税方式　28, 33, 84
重複型　71
　——付加価値税　127, 150
自由貿易協定　3, 315
住民税　34, 40, 211, 233, 320, 321
住民税利子割　98
住民投票　337
住民に対する財政責任　354
準私的財　217, 226, 237
準用財政再建団体　328
証書借入　279
消費支出ベース　155
消費譲与税　107, 116
消費税　109
消費税法（カナダ）　153
商品サービス流通税　86, 123, 131
情報の優位性　218
使用料・手数料　56
職業税（フランス）　71
所得階層別負担　240
　——率　235
所得再分配　236, 300
人頭税　227, 230
信用リスク　15, 260, 262, 276, 325
垂直的財政外部性　219
垂直的財政調整　47
垂直的財政不均衡　26, 68-70, 310
垂直的税源配分　76
水平の公平性　43, 114, 140, 222, 223
水平的財政調整　41, 47, 48, 63, 202, 212, 297, 310
スハルト体制　334
スピル・オーバー　219, 302
税額控除清算方式　8, 86, 124, 142, 160
生活保護費　239
生計同一の妻に対する非課税措置　94
制限税率　186

税源配分における公平性基準　114
税源配分に関する効率性　112
税源配分論　6, 67, 80
清算　40
　——システム　95, 159
清算基準　104, 111, 117
税収の偏在度　115
税収分割　6, 63, 74, 88
　——システム　28, 73
税収分与　106
　——システム　348
　——方式　121
正循環的機能　40
製造者売上税（カナダ）　129
政府間財政移転　42
政府税制調査会中期答申　99
税務行政　79
税率決定権　61, 62, 80, 103, 304
ゼロ税率適用　147
選好の反映　217
総合経済対策　246, 248
相対係数　199, 200
総務省　57, 58
測定単位　54
租税回避　149
租税関数　188
租税競争　42, 77, 113, 219, 306
租税輸出　78, 307
租税力測定値　202
ソフトな政策支援　331, 356

タ行

タイ国・地方行政能力向上共同研究会　356
第三者機関（クリアリング・ハウス等）　142, 143
対人サービス　83, 91
台帳方式の導入　346
代表的税システム　197, 224
代理人　309
タクシン政権　352
単一事業税　88

索引

単一制国家 68, 81
単位費用 52, 54
段階補正 211
タンボン自治体（タイ） 335, 337, 340
タンボン評議会及びタンボン自治法（タイ，1994年） 18, 336
地域格差の拡大 338
地域格差の是正 222
地域間所得格差 355
地域間の可動性 113
地域議会の創設 286
地方行政法及び地方財政均衡法（インドネシア，1999年） 18, 335, 338
地域経済の開放性 137
地域限定型市場公募債 278
地域再生 285
地域振興券 246, 249
地域選択 240
地域総合整備事業債 251
地価公示価格 194
地方開発税（タイ） 346
地方借入残高 167, 254
地方交付税 8, 45, 232, 322
地方交付税法（昭和25年法律第211号）
　――第6条の3第2項 9, 166, 169
地方債許可制廃止 15
地方債計画 247, 256
地方債の行政的統制 265
地方財政危機 244
地方財政計画 58, 169, 177, 245, 249, 323
　――上の財源不足 170, 175
地方財政再建促進特別措置法 281, 328
地方財政責任型 61
地方財政対策 9, 165, 169, 210, 323
地方財政の説明責任 81, 88
地方財政平衡交付金 8, 166
地方財政法5条の特例 179
地方財政法第5条の7による共同発行 277, 326
地方債の各銘柄間格差 254
地方債の元利償還保証 272

地方債の対国債スプレッド 259
地方債務残高 243
地方自治体連合（北欧） 49, 58, 59
地方自治の母国 292
地方消費税 6, 94, 103, 159, 211, 233, 321
　――構想 108
地方所得税 4, 28, 33, 307
地方税収見込み額 170, 172, 183
地方税の自然増収 245
地方税の弾力性 30
地方政府の役割分担 23
地方政府法（フィリピン，1991年） 18, 333
地方税法本則の「適正な価格」 91
地方単独事業 173, 180-182, 248
地方の説明責任 4, 297
地方付加価値税 120
地方分権一括法 1, 257
地方分権計画及び手続き規定法（タイ，1999年） 334
地方分権推進委員会 42
地方分権推進法 21, 314
地方分権推進法（タイ，1999年） 333
地方分権のコスト 216, 218
地方分権のメリット 217
地方法人税 35
チュアン内閣 333, 345
中央・地方の協調型 265
中小企業金融安定化特別保証制度 246
昼夜間人口比率 117
超過課税 72
賃貸価格評価 346
定時償還方式 279
ティブー（C. Tiebout） 37
テーサバーン 338, 340
テーブル方式 278, 327
出先機関 340
転嫁 234
天然資源税 345
デンマーク／スウェーデン方式 38, 40
ドイツ統一 295
統一条件決定方式 260, 278, 326

統一所得税法（オーストラリア，1942年）
　198
等価理論　140
統合型　24
東部インドネシア開発　347
登録輸入業者　148
特定補助金　294, 309
独立国家連合体　124
途上国の地方分権化　331
土地・建物の再評価　82
土地評価の均衡化・適正化　89

ナ行

内国歳入割当（フィリピン）　19, 345, 347, 349, 351
内務省（北欧）　59
内務省地方行政局（タイ）　337, 340, 352
ナショナル・スタンダード　209
7割評価　193, 196
二段階調整方式　50, 55
年齢区分別人口　51
年齢別人口構成による対人サービス算定　212
ノイマルク委員会報告　122
納税協力費用　118
納税者に対する説明責任　67
ノーリガード（J. Norregaard）　77, 83
ノルウェイ方式　38, 39

ハ行

バード（R. Bird）　78, 126, 128, 208
　——の地方税原則論　79
配分公式　351
　——の信認性　350
破産　270
破産手続法　328
破綻懸念　168
ハビビ政権　334
パフォーマンス指標　353
払戻し　150
東ティモールの分離独立運動　335

非課税事業者　117
非効率な人口移動　231
非住宅レイト　205
標準化歳出　200
標準化収入　200
標準歳出評価額　205
標準税率　32, 186
標準的歳出評価額　206
標準的な行政サービス　176, 179
標準的な行政水準　177, 178
標準予算収支　200
貧困の罠　185
ファルサーノ（R. Varsano）　133
付加価値税　85, 348
　付加税タイプの——　125
ブキャナン（J. M. Buchanan）　13, 216, 233
福祉国家　289
負担水準　10, 90, 189-191, 194
負担調整措置　89, 189
負担の公平性　307
プラチャーコム　341
フラッタース（F. Flatters）　220
ふるさと創生　173
フローの会計指標　273
分権化
　保健・医療業務の——　344
分散　339
分与税　26, 305
分離型　24, 71, 340, 341, 344
　——の事務配分　354
分類所得税　84
ペイオフの段階的解禁　264
平衡交付金（カナダ）　11, 197
ペイジ（E. Page）　25
平準化係数　45
ベネット（R. Bennett）　291
便益の対価　321
包括的所得税　84
包括補助金化　41
法人事業税　74, 182
　——の外形標準化　97

索引　365

法人住民税　74
法人所得課税　72, 114
　──の外形標準化　321
法人税　87
　応益説に基づく──　88
法人二税　32
法定外目的税　33
ポーク・バレル資金　350
ボーダー・コントロール　112
ボードウェイ（R. Boadway）　12, 216
ポートフォリオ規制　268
補完性　17, 303
　──原理　298
補償原則　43
補助付き融資　135
ボス主義　341
補正係数　54, 55
補足徴収率　187, 193
ポダー（S. N. Poddar）　145, 146
ホブスン（A. R. Hobson）　216
本社一括納税方式　116
本人─代理人問題　218

マ行

マーストリヒト条約の収斂条件　289, 293
マイナス・シーリング　251
前段階税額控除　109
　──の否認　158
マクリュアー（C. McLure）　28, 74, 132
マスグレイブ（R. Musgrave）　22, 76, 208
満期一括償還債　327
満期一括償還方式　277, 279
ミツコウフスキィ（P. Mieszkowski）　223
民主化　332
民生費　238, 239
無救済政策　268, 269, 290
明治・昭和の大合併　337
持家の非課税　346
モニタリング　15, 151, 276
モラル・ハザード　10, 184, 185, 187, 190, 192, 193, 215

ヤ行

ヤードスティック・コンペティション　37
有権者に対する説明責任　21, 35, 63
郵便貯金　256
輸入平衡税　148
ヨーロッパ地方自治憲章　16, 42, 283, 299
予算協調制度（デンマーク）　60
予算制約のソフト化　80, 290, 293
予算制約のハード化　78
予算保証制度（デンマーク）　43, 60

ラ行

ラッツォ（J. Rattsø）　22, 286
利子割　92
リスボン報告　299, 300
立法統制　24, 25, 62
流動性　262
留保財源　184
留保財源率　185, 211, 324
臨時財政対策債　281
リンダール（E. Lindahl）　30
ルール型規制　265, 271, 313
ルールによる配分　349
レイト援助交付金（イギリス）　205
レイフィールド委員会　4, 21, 297
レヴァイアサン　77, 218
連邦憲法裁判所　204, 296
連邦参議院　201
連邦制国家　68, 81
連邦補充交付金（ドイツ）　203, 296
連邦補助金委員会（オーストラリア）　199, 206, 211, 324
ロッツ（J. Lotz）　23, 286
ロビンフッド・モデル　47, 310
ロンゴ（C. Longo）　132

ワ行

ワヒド政権　335
割引制度　96, 154, 160

著者略歴

1953 年　東京に生れる
1977 年　東京大学経済学部卒業
現　在　東京大学大学院経済学研究科教授

主要業績

『都市財政の研究』(東京大学出版会，1993 年)
Local Government Development in Post-War Japan (共著)，
　Oxford University Press, 2001.
『グローバル化と福祉国家財政の再編』(共編，東京大
　学出版会，2004 年)

地方分権の財政学——原点からの再構築

2004 年 3 月 30 日　初　版
2004 年 11 月 1 日　第 2 刷

［検印廃止］

著　者　持田信樹(もちだのぶき)

発行所　財団法人　東京大学出版会

　　　　代表者　五味文彦

113-8654 東京都文京区本郷 7-3-1 東大構内
電話 03-3811-8814　Fax 03-3812-6958
振替 00160-6-59964
http://www.utp.or.jp/

印刷所　株式会社三陽社
製本所　誠製本株式会社

© 2004 Nobuki Mochida
ISBN 4-13-046081-1　Printed in Japan

®〈日本複写権センター委託出版物〉
本書の全部または一部を無断で複写複製(コピー)することは，著作権法上での例外を除き，禁じられています．本書からの複写を希望される場合は，日本複写権センター(03-3401-2382)にご連絡ください．

林 ・加藤編 金澤・持田	グローバル化と福祉国家財政の再編	A5・5200円
林　健久	財政学講義〔第3版〕	A5・2600円
林　健久 今井勝人編 金澤史男	日本財政要覧〔第5版〕	B5・2800円
貝塚啓明	財政学〔第3版〕	A5・2600円
今井勝人	現代日本の政府間財政関係	A5・3800円
吉岡健次	戦後日本地方財政史	A5・3600円
村松岐夫	地方自治　現代政治学叢書15	46・2500円
秋月謙吾	行政・地方自治　社会科学の理論とモデル9	46・2600円

ここに表示された価格は本体価格です．御購入の際には消費税が加算されますのでご了承ください．